# O PARADOXO SEXUAL

SUSAN PINKER

# O PARADOXO SEXUAL
HORMÔNIOS, GENES E CARREIRA

*Tradução*
Eduardo Rieche

CIP-BRASIL. CATALOGAÇÃO-NA-FONTE
SINDICATO NACIONAL DOS EDITORES DE LIVROS, RJ.

Pinker, Susan, 1957-
P725p   O paradoxo sexual – Hormônios, genes e carreira / Susan Pinker; tradução: Eduardo Rieche. – Rio de Janeiro: Best*Seller*, 2010.

Tradução de: The sexual paradox
ISBN 978-85-7684-219-4

1. Divisão do trabalho por sexo. 2. Sexo – Diferenças. 3. Papel sexual. I. Título.

08-3674                   CDD: 306.3615
                              CDU: 316.74: 331.101.232

Texto revisado segundo o novo Acordo Ortográfico da Língua Portuguesa.

Título original norte-americano
THE SEXUAL PARADOX

Copyright © 2008 by Susan Pinker
Copyright da tradução © 2008 by Editora Best Seller Ltda.

Capa: Rafael Nobre
Imagem da capa: Istockphoto/iofoto
Editoração eletrônica: Abreu's System

Todos os direitos reservados. Proibida a reprodução, no todo ou em parte, sem autorização prévia por escrito da editora, sejam quais forem os meios empregados.

Direitos exclusivos de publicação em língua portuguesa para o Brasil adquiridos pela
EDITORA BEST SELLER LTDA.
Rua Argentina, 171, São Cristóvão
Rio de Janeiro, RJ – 20921-380
que se reserva a propriedade literária desta tradução.

Impresso no Brasil

ISBN 978-85-7684-219-4

PEDIDOS PELO REEMBOLSO POSTAL
Caixa Postal 23.052
Rio de Janeiro, RJ – 20922-970

Tenho uma natureza dupla.
WOODY ALLEN

# Agradecimentos

Não existe livro sem história. Mais de duas dúzias de pessoas confiaram em mim para me contar as suas. Algumas não tinham nem ideia de quem eu era quando as contatei pela primeira vez, ou haviam me conhecido há muito tempo, durante períodos complicados de suas vidas. Então, eu lhes pedi que me revelassem o que, de modo geral, são reflexões bastante particulares sobre amor, ambição e trabalho. Sem a sua confiança e receptividade, para não falar do tempo e da paciência que lhes exigi todas as vezes em que as consultava mais uma vez para amarrar os detalhes, estas páginas seriam compilações inanimadas de estatísticas. Muitos mantiveram contato comigo durante os anos em que este livro tomava forma, e fico-lhes agradecida por sua generosidade.

O mundo das ciências elucida as próprias histórias, e sou grata a muitos pesquisadores e especialistas que leram as primeiras provas ou seções dos capítulos deste livro relativas a suas áreas de especialização. Devo agradecer a Kingsley Browne, da Wayne State University; Simon Baron-Cohen, da University of Cambridge; Sue Carter, da University of Chicago; Nancy Eisenberg, da Arizona State University; John Evans, da Christchurch School of Medicine; Uta Frith, da University College London; Jeffrey Gilger, da Purdue University; Fiona Kay, da Queen's University; Ilyana Kuziemko, da Princeton University; Michael Lombardo, da University of Cambridge; Laura-Ann Pettito, da University of Toronto; Charles A. Pierce, da University of Memphis; Bernard Rosenblatt, da McGill University Health Centre; Darold Treffert, da University of Wisconsin Medical School; Elizabeth Walcot, da University of Sherbrooke; Gabrielle Weiss, do BC Children's Hospital, e Sandra Witelson, da McMaster University. Todas estas pessoas foram fontes inestimáveis de informação e inspiração.

Outros cientistas foram bastante gentis, respondendo às perguntas quando lhes escrevi para dizer: "Isso é muito interessante, mas você poderia me explicar novamente?" Aprecio a ajuda de Lea Baider, do Hadassah University Hospital; Andreas Bartels, do Max Planck Institute; Turhan Canli, da Stony Brook University; Elizabeth Cashdan, da University of Utah; Eric Courchesne, da University of California San Diego; Catherine Hakim, da London School of Economics; George Hynd, da Purdue University; Ronald Kessler, da Harvard Medical School; Doreen Kimura, da Simon Fraser University; Michael Meaney, da McGill University; Phyllis Moen, da University of Minnesota; Tom Mortenson, do Pell Institute for the Study of Opportunity in Higher Education; Saroj Saigal, da McMaster University School of Medicine; David Skuse, da University College London; Laurel Ulrich, da Harvard University; Margaret Weiss, do Children's and Women's Health Centre of British Columbia, e Harold Wiesenfeld, do the Magee-Women's Research Institute, da University of Pittsburgh.

Meus editores do *Globe and Mail* apoiaram fielmente este projeto. Sem suas amáveis palavras e sua tolerância quanto a meu afastamento por longas semanas de minha coluna, este livro não poderia ter sido concluído. Foi no *Globe* que aprendi a ser uma escritora obsessiva, mas uma obsessão e uma ideia não bastam para escrever um livro, e tive dois ótimos editores, Anne Collins, da Random House Canadá, e Alexis Gargagliano, da Scribner, que foram os melhores orientadores que eu poderia ter neste ofício. Tendo praticamente memorizado os primeiros rascunhos, eles sabiam naturalmente os contornos do livro, identificando onde ele precisava ser aprimorado. Sou grata a Katie Rizzo por ter controlado com firmeza o processo de revisão e de preparação de originais, assegurando em todas as etapas que eu colocasse pingos em todos os meus "is", e que o que estava escrito era realmente o que eu queria dizer. Meus agentes literários, Jackie Joiner e Denise Bukowski, simplesmente tornaram o livro possível e me orientaram de várias maneiras. Por isso, jamais serei capaz agradecer a elas o suficiente. Obrigada também ao Westmount Masters Swim Team, que forneceu as endorfinas e o coleguismo necessários para enfrentar a longa viagem.

Sou profundamente grata a Terri Foxman, um pesquisador que move céus e terras, por me oferecer uma indispensável assistência, com fatos, tabelas e imagens durante os meses finais do projeto. Antes de Terri, uma notável equipe de estudantes percorreu as estantes das bibliotecas e as enigmáticas bases de dados, com temas tão variados quanto fichas de inscrição de estudantes de pós-graduação e tão distantes quanto o Oriente Médio e o Extremo Oriente. Com a ajuda de Razielle Aigen, Eva Boodman, Sarah Pearson, Jacqueline Rowniak e David Weinfeld, pude dedicar mais tempo à escrita e menos à busca booleana de termos. Também devo agradecer ao mago da estatística Martin Lysy, que me ajudou a transformar, no último momento, os dados em gráficos inteligíveis, e a Benjamin Silver, que verificava se eu estava lendo com regularidade a *Science Times*. Nos momentos em que todos estes auxílios não estavam disponíveis — na verdade, em todos os momentos —, uma pesquisadora incomparável ajudava intensamente. Minha mãe, Roslyn Pinker, lançava seu olhar e mente afiados sobre a imprensa popular. Qualquer artigo relacionado a meus interesses era devidamente enviado por e-mail, ou recortado e colocado em um envelope de papel-manilha, e se eu mencionasse sobre o que estava escrevendo, uma pilha organizada de papéis impressos pelo computador chegava até minha casa no meio da semana, geralmente acomodada entre alguns potes de geleia de damasco, feita em casa. Combinar rigor intelectual com amor e carinho é uma receita que demonstra a afeição transmitida por meus pais e que espero poder repassar a meus filhos.

Minha família e meus inúmeros amigos leram generosamente excertos de capítulos inteiros, oferecendo, ao mesmo tempo, apoio moral, incluindo Martin Boodman, Roslyn Pinker, Harry Pinker, Steven Pinker, Robert Pinker, Kristine Whitehead, Rebecca Newberger Goldstein, Barbara Baker e Stephanie Whittaker. Steven me encorajou de todas as formas. Dos detalhes do software Endnote até as sutilezas das linhas secretas de orientação, os sábios conselhos que ele me deu sobre como escrever um livro fizeram com que eu mantivesse meus dedos grudados no teclado. Na verdade, eu não poderia ter contado com assistentes mais empenhados que os membros de minha família. Meus filhos, Eva, Carl e Eric, toleraram estes meus dois anos de perturbação com um bom humor inigualável e me propiciaram inúmeros momentos de pura alegria. Finalmente, agradeço a Martin por tudo.

# Sumário

*Introdução*
  Mulheres-faraó e mulheres-eunuco — 13

*Capítulo 1*
  Seriam os homens o sexo frágil? — 33

*Capítulo 2*
  Meninos disléxicos bem-sucedidos — 57

*Capítulo 3*
  Abandonem o navio! Mulheres de sucesso que desistiram das carreiras nos campos da ciência e da engenharia — 86

*Capítulo 4*
  A vantagem da empatia — 121

*Capítulo 5*
  A vingança dos nerds — 161

*Capítulo 6*
  Ninguém nunca me perguntou se eu queria ser o papai — 198

*Capítulo 7*
  Escondendo o impostor dentro de si — 229

*Capítulo 8*
   Competição: coisa de meninos?                        247

*Capítulo 9*
   Turbinados: homens com TDAH bem-sucedidos           290

*Capítulo 10*
   As coisas não são o que parecem                      313

   *Notas*                                              329

   *Bibliografia*                                       377

   *Créditos dos Gráficos e Tabelas*                    401

# Introdução
## Mulheres-faraó e mulheres-eunuco

*Por que uma mulher não pode ser mais parecida com um homem?*
    A questão parecia inocente demais em 1964. Conforme cantada por Henry Higgins, o apaixonado professor vitoriano de *My Fair Lady*, a classe social era passível de mudança — era só uma questão de ajustar a pronúncia e os hábitos —, mas a diferença de gênero era algo completamente insuperável. Quatro décadas depois, a questão ainda está sendo formulada, mas sob uma perspectiva diferente. Agora, de modo geral, ela é entendida como "Uma mulher *não deveria* ser mais parecida com um homem?". A frustração ainda está presente, agora incrementada por expectativas não atendidas.
    Da mesma forma que Higgins, muitos de nós não percebemos que consideramos o homem como padrão, e a mulher uma versão desse modelo básico — com o acréscimo de apenas alguns componentes opcionais. Fomos levados a acreditar que não deveria haver diferenças reais entre os dois gêneros. Mas a ciência emergente subverte a noção de que o homem e a mulher são intercambiáveis, simétricos ou equivalentes. Para colocar claramente a questão central deste livro, com o que sabemos sobre a psicologia, a neurociência e a economia das escolhas e do comportamento das pessoas — campos que, somente nos últimos dez anos, fizeram descobertas incríveis —, é razoável esperar que uma mulher se pareça com um homem? E qual a probabilidade de um homem parecer-se com uma mulher? Dessa vez, trata-se mais de descrever como as coisas

são, em vez de investigar por que não deveriam ou não poderiam ser de outra forma, pois a expectativa de que o homem é o ponto de partida parece ter-nos levado para caminhos errados.

A suposição de que a mulher é apenas uma sombra ligeiramente diferente do homem foi perfeitamente retratada pela situação embaraçosa em que se viu a equipe de *Vila Sésamo* ao tentar criar uma série de personagens para seu popular programa de tevê, voltado a crianças em idade pré-escolar. Em 2006, o *New York Times* fez uma matéria sobre como os produtores de *Vila Sésamo* evitaram, durante muito tempo, criar seu primeiro fantoche feminino, por conta da ansiedade de que quaisquer características parecidas com as das meninas poderiam servir para reproduzir certos estereótipos. "Se Cookie Monster fosse um personagem feminino, teria sido acusado de ser anoréxico ou bulímico", declarou o produtor executivo do programa. Outros membros da equipe concordaram que, se Elmo fosse mulher, seria visto como irresponsável. Especialmente depois da reação indignada contra Miss Piggy, do *Muppet Show*, parecia simplesmente mais seguro reforçar a suposição comum de que o homem era o padrão de comportamento para ambos os gêneros. Os fantoches masculinos — fossem eles pássaros incapazes de voar, monstros cabeludos, ou enérgicos garotinhos — não eram *realmente* masculinos, mas genericamente humanos. Entretanto, quaisquer fantoches femininos seriam vistos como fora do padrão, ou possuindo traços que os identificariam com meninas. Como resultado, foram necessários 37 anos, após a criação de Garibaldo, Cookie Monster e Elmo, para que os produtores do programa apresentassem Abby Cadabby, um eufórico fantoche com poderes mágicos e estética feminina.[1] Sua personalidade nitidamente feminina era um sinal de que as pessoas estavam começando a ficar menos rígidas em relação às questões de gênero, mas, ainda assim, esse fato se transformou em notícia.

Eu não tinha ideia de que a proposta de combinar duas áreas de interesse pessoal e profissional — traços masculinos radicais e singulares, e as escolhas profissionais das mulheres — em um livro sobre homens, mulheres e trabalho seria um tema tão delicado. O plano era mostrar os casos de vários homens poucos comuns, pelo menos vinte anos depois de terem tido problemas na infância, para ver o que havia sido feito deles. Suas histórias iriam se contrastar com aquelas de mulheres talentosas, com todas as chances de obter sucesso. As histórias humanas eram irresistíveis, assim como o conhecimento científico que estava por trás de suas experiências. Tentar dar um sentido às suas histórias foi como adentrei no mundo politicamente carregado das diferenças de gênero, no qual, como pude perceber, quase todos aqueles com quem encontraria já haviam tomado uma posição. Ao longo do caminho, descobri que as diferenças de gênero não apenas matizavam meu trabalho, mas haviam, provavelmente, afetado minhas escolhas. Como na canção de Higgins, comecei a pensar em mim mesma, nas minhas amigas e em outras mulheres que eu conhecia e me perguntar: "Por que elas fazem tudo que suas mães faziam? Por que, em vez disso, elas não crescem como seus pais?"

Eu aproveitava todas as oportunidades. Em 1973, aos 16 anos, trabalhei para meu pai. Naquela época, ele era representante comercial de uma fábrica de tecidos e, por dois meses, em todos os verões, viajávamos juntos pelo interior de Québec em sua caminhonete com painel de madeira, com a caçamba apinhada com uma dúzia de sacos de lona, cheios de uniformes e roupas de dormir femininas, cada um deles do tamanho de uma geladeira, e pesando aproximadamente 34 quilos. Com um novo apreço, eu descobria o trabalho que financiava nossa vida suburbana, de classe média. Os anos que meu pai passou na estrada conseguiram, no fim das contas, financiar a universidade de três filhos, a pós-graduação de minha mãe, e assegurar sua transição para uma carreira de sucesso na advocacia. O trabalho era geralmente solitário e fisicamente exaustivo, e, como em muitos campos de trabalho naquela época, 99 por cento masculino.

Até então, eu tinha certeza de que qualquer mulher poderia fazer, e faria, qualquer trabalho feito por um homem. Em *O segundo sexo*, Simone de Beauvoir havia colocado tudo em termos bem claros: a biologia não era um destino. "Ninguém nasce mulher, torna-se mulher." Não haveria algo como um instinto maternal — os humanos não eram como os animais, com hábitos observáveis e fixos, como as gazelas no cio, ou os babuínos que exibiam seus traseiros cor-de-rosa. Estávamos acima de tudo isso. Como humanos, estávamos "sempre em estado de mudança, sempre nos tornando algo", uma premissa existencialista que, certamente, ia ao encontro de minha visão de mundo aos 16 anos. Portanto, as mulheres poderiam ser definidas pela situação na qual se encontravam e por suas possibilidades, mas era só isso. Se houvesse uma grande demanda por jalecos de enfermeiras e conjuntos de penhoar, isto se explicaria porque a sociedade havia definido as mulheres como profissionais de saúde e objetos sexuais. Mas, em breve, tudo isso mudaria. É claro, eu não sabia nada sobre o abismo entre esta feminista clássica e as particularidades da vida pessoal da escritora, sobre o modo como Beauvoir se permitia ser tratada por Sartre, não como uma igual, mas como uma fornecedora ou agenciadora de jovens e belas mulheres, algumas delas tão jovens quanto eu naquela época.[2] Mas isso não teria feito diferença. O que acontecera nos anos 1940 e 1950 era história. Aquilo era o momento atual.

Com a chegada à idade madura, no auge da segunda onda feminista, minhas expectativas divergiam profundamente daquelas das gerações anteriores. Ao contrário das mulheres que amadureceram durante a Depressão, eu confiava na educação e em uma carreira, e não apenas no trabalho. E, como minhas amigas, não imaginava que me casar e ficar grávida fosse um plano satisfatório para o futuro. Era exatamente esse plano que havia representado uma armadilha para nossas mães. Em 1963, Betty Friedan havia esmiuçado o idílio da vida doméstica do pós-guerra em *A mística feminina*, mostrando donas de casa suburbanas sobrecarregadas por afazeres domésticos, filhos resmungões e uma anomia inclassificável e sufocante. Essas eras as donas de casa desesperadas originais e o clamor estridente de Friedan para que as mulheres rejeitassem essa situação não era apenas da boca para fora. "Nós absorvemos aquilo tudo", lembra-se minha mãe, que se casou aos 19 anos e, então, passou os 18 anos seguintes em casa, "limpando incansavelmente o mesmo pedaço da estante". (De acordo com a socióloga Juliet Schor, uma mãe de classe média com três filhos gastava, em 1973, aproximadamente 53 horas semanais com trabalhos domésticos.)[3] Estimulada por Friedan, Gloria Steinem e outras, naquele verão de 1973, minha mãe começou seu curso de pós-graduação. Todas as suas amigas estavam fazendo o mesmo, retornando aos empregos que tinham antes de se casar, ou procurando treinamento profissional que as permitisse encontrar um trabalho remunerado.

Houve outros indícios de uma mudança radical na atitude da sociedade.[4] A pílula anticoncepcional era legalizada desde 1969 no Canadá, e algumas colegas minhas do ensino médio já eram adeptas a ela.[5] Uma sólida economia de pós-guerra havia despertado nosso senso de infinitas possibilidades, mas A Pílula levou-o às alturas, junto com o idealismo e o individualismo da era Vietnã. Nenhuma de nós queria ter nossas aspirações abreviadas pela gravidez ou pelo casamento — ou que alguém nos dissesse que tipo de trabalho deveríamos ou poderíamos fazer. *A mulher--eunuco* acabara de ser publicado, e eu fui uma das primeiras adeptas da prosa vigorosa de Germaine Greer. As mulheres estavam condicionadas a ter as características de um castrado, escreveu ela, listando passividade, obesidade, timidez, languidez, delicadeza e preciosidade como virtudes femininas que eram celebradas pelos homens, e, assim, obedientemente imitadas pelas mulheres. "A nova hipótese por trás da discussão do corpo é que tudo o que observamos *poderia ser diferente*", escreveu ela. O grifo nestas últimas palavras captava a autoconfiança da época — e sua esperança. Tudo era passível de mudança. Se as mulheres rejeitassem seus papéis condicionados, recusando-se a ser empregadas domésticas dos homens, evitassem empregos "serviçais", como ser professora ou enfermeira, e abandonassem as roupas, os cosméticos e, até mesmo, as tarefas domésticas que as transformavam em escravas, o mundo poderia ser diferente. A suposição era de que os homens já tinham tudo pronto; *eles* eram o padrão, aqueles que deveriam ser copiados. Apenas quando as mulheres retirassem sua máscara feminina e assumissem os papéis masculinos é que seriam verdadeiramente iguais. Era verdade que muitas mulheres da minha família e do meu círculo social eram obesas, mas eu não conhecia nenhuma que fosse remotamente passiva, delicada, tímida ou lânguida. Ainda assim, a ideia de uma completa reestruturação exercia apelo sobre nós.

O feminismo, ao lado do espírito dos anos 1960, havia instilado uma poderosa crença na liberdade de escolha. Por trás da ilusão cultural, éramos equivalentes, quando não idênticas, aos homens. E, quando as barreiras artificiais caíram, muitas mulheres supuseram que possuíamos vidas semelhantes. De fato, houve mais progresso na minha geração do que nos 150 anos anteriores, durante os quais as mulheres norte-americanas lutaram — mas fracassaram — para ter os mesmos direitos constitucionais que haviam sido concedidos aos ex-escravos. Por ter tido a sorte de ter nascido quando nasci, beneficiei-me das realizações duramente conquistadas com a segunda onda do feminismo. Não fui forçada a uma domesticação compulsória aos 20 anos. Simplesmente, assumi como algo natural que minhas opiniões tivessem o mesmo valor que as de qualquer homem, e que tinha os mesmos direitos à educação e ao trabalho, a votar, a ter posses e a decidir se teria e quando teria filhos. O fato de considerar estas verdades autoevidentes prova o quanto as mulheres e a sociedade haviam progredido em um curto período.

Ainda assim, nunca me ocorrera que as mulheres escolheriam fazer *esse* tipo de trabalho, o trabalho que meu pai fizera durante anos. É claro, os rendimentos dele sustentavam abundantemente uma família de cinco pessoas. Mas, e quanto a suspender sacos de lona, trabalhar sozinho na estrada, e apenas raramente ver sua família e seus amigos? Quer dizer, quantas mulheres realmente gostariam de fazer isso?[6]

O que as mulheres querem, e por que elas querem, é o tema de metade deste livro. A outra metade é sobre os homens, e se faz algum sentido considerá-los modelos de referência quando pensamos sobre as mulheres e sobre o trabalho. Passados trinta singulares anos daquele meu primeiro emprego de verão, imaginava se a biologia seria, se não exatamente o destino, pelo menos um profundo e significativo ponto de partida para um debate sobre as diferenças de gênero. Muitas mulheres ocidentais estão, agora, no mercado de trabalho. Mas mulheres talentosas e qualificadas, com as maiores possibilidades de escolha e liberdade, não parecem optar pelos mesmos caminhos, e na mesma proporção, que os homens à sua volta. Mesmo com as barreiras já removidas, elas não se comportam como clones dos homens. Então, comecei a imaginar o que aconteceria se todas as "promessas" — as agendas diplomáticas e de políticas — pudessem ser colocadas de lado por um momento para examinar o conhecimento científico. As mulheres, realmente, se pareceriam com uma versão alternativa dos homens? Como psicóloga do desenvolvimento, podia perceber que os homens, raramente, eram um grupo neutro, homogêneo. Em vez de ser o que de Beauvoir chamou de "o vertical absoluto, com base no qual o oblíquo é definido", era claro que os meninos e os homens demonstravam uma ampla gama de fraquezas de origem biológica, que transformavam alguns em imprevisíveis, outros em frágeis, e outros, ainda, em impulsivos ou, até mesmo, em radicais. Se existe alguém oblíquo, esse alguém são os homens.

Para mim, a questão de saber se os homens realmente atendem à nossa expectativa de ser o gênero padrão, neutro — que eu chamo de gênero "baunilha" —, começou na sala de espera da minha clínica pediátrica. Ao longo de vinte anos de prática clínica e de magistério na área de psicologia infantil, havia atendido homens, em sua maioria. Meninos e homens com problemas de aprendizagem e atenção, meninos agressivos e antissociais, com características autistas, os que não dormiam bem ou não faziam amizades, ou que não conseguiam ficar quietos, dominavam a minha prática — e a de todos os outros psicólogos do desenvolvimento que eu conhecia. As pesquisas confirmaram a divisão de gênero que existia em minha sala de espera. Problemas de aprendizagem, transtorno de déficit de atenção e transtornos de espectro autista são de quatro a dez vezes mais comuns em meninos; a ansiedade e a depressão são duas vezes mais comuns em meninas. Do ponto de vista da aprendizagem e do autocontrole, os meninos são, simplesmente, mais vulneráveis. Definir suas forças e fraquezas, e ensinar aos outros como fazê-lo, foi o foco da primeira metade da minha vida profissional. Estou envolvida com isso há tanto tempo que muitos de meus primeiros pacientes já se tornaram adultos, e, para minha surpresa, começo a ver alguns deles aparecendo em matérias de jornal sobre pessoas bem-sucedidas. Um deles se tornou um designer de renome internacional. Outro fez fortuna como analista financeiro e pulava de um banco de investimento para outro. Um terceiro se tornou engenheiro elétrico, sendo o pioneiro em determinado invento. O quarto era um chefe de cozinha em ascensão. E existiam outros. Esses meninos aparentemente frágeis haviam superado suas dificuldades iniciais por meio do apoio de pais e professores, que, afinal de contas, estavam atentos e vigilantes o suficiente para procurar uma psicóloga, presumivelmente apenas um dos muitos passos que devem ter tomado visando ao bem-estar daquela criança. Entretanto, me passou pela cabeça que deveria existir, também, uma perspectiva biológica. Em alguns deles, parecia haver outro lado da moeda, que compensava sua precoce vulnerabilidade masculina. Muitos desses meninos inicialmente frágeis continuaram a ter interesses obsessivos ou apetite para o risco, o que preparou o terreno para suas carreiras. Enquanto isso, muitas das meninas na sua faixa etária, que estavam anos à frente em termos de aprendizagem em sala de aula, linguagem, habilidades sociais e autocontrole, escolheram caminhos que, não necessariamente, as levariam a posições de alto status ou a carreiras mais lucrativas. Elas tinham outras metas. Portanto, mesmo que a condição masculina transformasse a infância em uma estrada mais acidentada, a situação se invertia na idade adulta, no campo profissional.

Em *O paradoxo sexual,* examino as trajetórias desses dois grupos extremos — os meninos frágeis, que, depois, se tornaram bem-sucedidos, e as meninas talentosas, altamente disciplinadas, que os superavam no terceiro ano de ensino fundamental —, como uma forma de explorar as diferenças de gênero. Esses aparentes contrastes desafiam nossas crenças. Supomos que os meninos frágeis continuarão a lutar com grande esforço. Supomos que as meninas com alto desempenho chegarão imediatamente ao topo. O fato de que muitos indivíduos desses grupos contradizem nossas expectativas nos revela algo importante sobre as diferenças de gênero. Se, em média, os meninos e as meninas são, desde o começo, diferentes do ponto de vista biológico e do desenvolvimento (e vou mostrar-lhes algumas das evidências mais intrigantes), essas diferenças não afetariam as escolhas que eles farão, mais tarde, em sua vida? Poderia haver alguma ligação entre os diferentes caminhos de desenvolvimento de homens e mulheres e suas distintas prioridades no trabalho?

## A história

A ideia de que há diferenças inerentes é, atualmente, uma questão delicada, pois já serviu de abrigo para abusos no passado. Até a metade do século XX, uma rígida discrepância de gênero, estabelecida pelas leis e pela tradição, era a regra. Exceto em uma pequena elite, poucas mulheres podiam escolher o que queriam. E, sem escolhas, seus desejos eram controversos. Elas poderiam cuidar de pensionatos, lavar roupas para fora ou realizar trabalhos temporários, mas, até a Segunda Guerra Mundial, mulheres casadas não poderiam ser contratadas na maioria dos estados norte-americanos e em grande parte do Canadá ou da Grã-Bretanha (o serviço civil australiano baniu a contratação de mulheres casadas até 1966). Portanto, as mulheres solteiras que ficavam noivas eram demitidas sumariamente, barradas em empregos em muitas escolas e escritórios, precisamente os lugares em que as mulheres tinham mais probabilidades de encontrar uma colocação. As fábricas sempre empregaram mulheres, mas, usualmente, pagavam menos a elas, e, portanto, os sindicatos as viam como uma espécie de fura-greves, que minavam os meios de subsistência masculinos. Mesmo depois das privações da Depressão e dos anos de guerra, quando, para manter a economia em atividade, as mulheres foram agressivamente recrutadas para empregos em fábricas e na produção de equipamentos de guerra, ter uma esposa que "não trabalhava" e receber um "salário-família" era algo visto como um privilégio para as mulheres e um dever para os homens.[7] Esqueça Rosie the Riveter, que mostrava seus bíceps em cartazes de recrutamento e que estava "extremamente atenta às sabotagens, sentada na fuselagem", de acordo com a canção popular. Quando a guerra terminou, algumas mulheres saíram ganhando, especialmente as negras, mas, para a maior parte delas, houve um regresso ao *status quo*. A discriminação de gênero predominava, e, sem nenhum controle de natalidade, poucos empregos formais e pouco acesso ao dinheiro ou à propriedade, as mulheres eram, geralmente, presas pelas circunstâncias.

A segunda onda do feminismo mudou tudo isso, além das nossas expectativas sobre o que aconteceria depois. As mulheres se tornaram uma presença inegável no mercado de trabalho, com os números se multiplicando em uma única geração — a minha.[8] Em 1930, 25% do mercado de trabalho era feminino. Em 1950, havia crescido para 29%, mas, em 1975, havia se transformado em uma onda de mais de 40%, alcançando 47% em 2005.[9] As mulheres conquistaram o direito ao voto em 1918, no Canadá; em 1920, nos Estados Unidos, e em 1928, na Grã-Bretanha, mas foi somente na década de 1970 que começaram a fluir para programas educacionais que as preparavam para se tornar médicas, advogadas e arquitetas, apenas algumas das carreiras antigamente identificadas como masculinas.[10] Esta mudança de atitude entre as gerações foi devidamente refletida nas políticas públicas. Ao longo dos anos 1960 e 1970, leis de igualdade de direitos foram introduzidas na Grã-Bretanha, nos Estados Unidos, na União Europeia e no Canadá, tornando ilegal a discriminação contra mulheres ou a remuneração inferior à dos homens. Ironicamente, considerando seu papel o estopim das revoluções sociais dos anos 1960, os Estados Unidos, dentre as nações ocidentais, ficaram isolados ao se mostrarem incapazes de aproveitar as condições favoráveis e incluir as leis de igualdade de gênero em sua constituição — apesar de 35 anos de debate e um vivo apoio à ideia. Em vez disso, havia estatutos específicos que tornavam ilegais a discriminação no local de trabalho e o assédio sexual (a Lei de Igualdade de Pagamentos, de 1963, e o Título VII da Lei de Direitos Civis, de 1964), e impediam que escolas com financiamento público oferecessem cursos com base no gênero (Título IX, promulgado em 1972). Por um longo tempo, esses estatutos ainda geraram controvérsia. Ao mesmo tempo em que eliminavam óbvias injustiças, como escalas salariais separadas para homens e mulheres, e infelicidades como "salas de *boom-boom*", em que os empregados homens socializavam-se com strippers, as leis também apagavam quaisquer diferenças fundamentais entre os gêneros, criando situações absurdas, em que a permissão para gravidez ou times de futebol totalmente masculinos se transformavam, subitamente, em práticas discriminatórias. Ainda assim, não havia dúvida de que outro movimento social decisivo estava prestes a acontecer no Ocidente, um movimento voltado à correção das desigualdades do passado, por meio de uma legislação protetora e programas de ação afirmativa, concebidos para aumentar os números de meninas e mulheres em escolas e no mercado de trabalho.

A legislação de igualdade de gênero e o raciocínio por trás da segunda onda de feminismo, que deram forma à geração do *baby-boom*, produziram efeitos não desejados. Juntos, criaram a expectativa de que *todas* as diferenças entre homens e mulheres eram criadas por práticas injustas e que, portanto, poderiam ser apagadas com uma simples mudança. Com novas leis e políticas em andamento, e com as mulheres constituindo quase a metade da força de trabalho, havia uma grande crença de que seria apenas uma questão de tempo chegar ao ponto em que todas as ocupações se dividissem em uma proporção equilibrada de 50-50. Números iguais de homens e mulheres trabalhando lado a lado, fazendo exatamente o mesmo tipo de serviço pelo número exato de horas e remuneração pareciam uma extensão lógica do ideal igualitário lançado nos anos 1960. Portanto, quando a proporção de 50-50 não se concretizou em todos os campos de trabalho, perto do ano 2000, houve uma grande sensação de decepção. "A igualdade completa ainda é uma promessa distante", escreveu a jornalista britânica Natasha Walters, em

2005, sobre o fato de que os salários das mulheres, quando calculados em média, atingem 85% do salário médio dos homens.¹¹

"O que há de errado com esse quadro?", dizia a manchete de um artigo assinado pelo Feminist Research Center, em 2007, que relatava que "com o ritmo atual de crescimento, serão necessários 475 anos, *ou somente a partir do ano 2466, para que as mulheres atinjam a igualdade com os homens na área executiva*".¹² (Ocupando 16,4% de todos os cargos corporativos nas 500 maiores empresas relacionadas pela revista *Fortune* em 2005, essa estimativa para as mulheres não é exatamente verdadeira. Considerando as atuais taxas de crescimento, seriam necessários outros quarenta anos, e não 475, para que o número de mulheres em cargos de direção executiva se equiparasse ao número de homens, de acordo com projeções feitas pelo Catalyst, outro grupo de pesquisas sobre mulheres.) Ainda assim, a hipótese parecia ser a de que, se a ordem social tivesse *realmente* mudado, as mulheres estariam, agora, exatamente como os homens. Elas teriam feito as mesmas escolhas, optando, em proporções equivalentes, por posições de gerência executiva, carreiras em física teórica, ou em gabinetes políticos. Mesmo entre as mulheres que não escolheram esses campos de trabalho, quanto maior a discrepância do índice de 50%, maior o sentimento de desapontamento. Isso se deve ao fato de que, geralmente, assume-se que o que está por trás desses números é a discriminação de gênero. E, embora a discriminação ainda exista — tanto a Wall Street quanto a Wal-Mart enfrentaram, recentemente, processos de ação coletiva abertos por mulheres que sentiram que sua ascensão profissional estava sendo obstruída —, conforme eu conversava com mulheres bem-sucedidas e começava a olhar para os dados, ficou claro que os interesses e as preferências de mulheres e de homens também estavam distorcendo o quadro.¹³ Oportunidades iguais não levam, necessariamente, a resultados iguais. De fato, as preferências das mulheres se destacam exatamente porque elas *têm* opções. Observando o que mudou drasticamente em trinta singulares anos, e o que mudou apenas em parte, podemos ter uma percepção das atividades que as mulheres escolheram depois que as portas se abriram para elas.

Uma das mais notáveis transformações ao longo desse período aconteceu nos campi universitários. Em 1960, 39% dos alunos de graduação eram mulheres. Agora, 58% dos estudantes universitários norte-americanos são mulheres; de fato, as mulheres ultrapassam o número de homens em campi universitários em todo o mundo desenvolvido.[14] Seus fortes perfis acadêmicos e amplos interesses extracurriculares — em todas as áreas, desde debates até a construção de casas para a Habitat for Humanity — significaram que mulheres com alto desempenho vêm selecionando suas escolas e áreas de estudo. Os cursos para obter diplomas como profissionais liberais em advocacia, medicina, farmácia e biologia, todas elas áreas tradicionalmente dominadas por homens, estão agora divididos uniformemente, ou admitem mais mulheres. Dois campos altamente competitivos — psicologia clínica e medicina veterinária — têm, agora, entre 70% e 80% de mulheres.[15] Claramente, as meninas e as mulheres estão superando os homens nas salas de aula e fazendo progressos significativos além de seus domínios, e, portanto, os esforços para diminuir as discrepâncias de gênero obtiveram sucesso nos países ocidentais. Cinquenta e seis por cento de todas as categorias de profissionais liberais altamente remuneradas são, atualmente, ocupadas por mulheres, e elas detinham mais da metade de todas as posições administrativas e como profissionais liberais no Canadá e na Grã Bretanha.[16] Até mesmo nos altos escalões do mundo dos negócios, em que executivas femininas estiveram notoriamente ausentes no passado, um estudo desenvolvido em 2006 com 10 mil funcionários das 500 maiores empresas relacionadas pela revista *Fortune*, revela um fenômeno interessante. Apesar de quase a metade das empresas não ter nenhuma mulher nas posições de chefia, a outra metade promove mais mulheres para cargos de direção executiva, e lhes propicia uma ascensão profissional mais rápida — quando são mais jovens e com menos experiência que homens em posições comparáveis (as mulheres são promovidas depois de uma média de 2,6 anos no emprego, em torno dos 40 anos, e os homens depois de 3,5 anos, na faixa dos 50 anos).[17] Atualmente, qualquer discrepância de gênero na remuneração é menor do que jamais foi. Em contraste, existem muitos lugares no mundo em que as meninas ainda não podem frequentar a escola; são forçadas a trabalhar, a se prostituir ou a se casar ainda como jovens adolescentes; e, quando chegam à idade adulta, não podem trabalhar fora de casa nem votar. Mas, nas democracias do Ocidente, qual é o problema? Por que as pessoas não estão comemorando?

## ISSO FOI NAQUELA ÉPOCA, AGORA É ASSIM

A percentagem de diplomas conquistados
por mulheres em áreas tipicamente masculinas

|  |  | 1973 | 2003 |
|---|---|---|---|
| Medicina veterinária: | Canadá | 12 | 78 |
|  | EUA | 10 | 71 |
| Farmácia: | EUA | 21 | 65 |
| Direito: | Reino Unido | ... | 63 |
|  | EUA | 8 | 49 |
| Medicina: | Canadá | 17 | 58 |
|  | EUA | 9 | 45 |
| Administração: | EUA | 10 | 50 |
| Arquitetura: | EUA | 13 | 41 |
| Física: | EUA | 7 | 22 |
| Engenharia: | EUA | 1 | 18 |

... significa nenhuma informação disponível.
*Fontes na p.401.*

Percentual de mulheres trabalhando
em áreas formalmente identificadas como masculinas

|  |  | 1973 | 2003 |
|---|---|---|---|
| Músicos de orquestra: |  | 10 | 35 |
| Advogados: | Canadá | 5* | 34* |
|  | EUA | 5 | 27 |
| Médicos: | Canadá | ... | 31 |
|  | EUA | 8 | 26 |
| Juízes federais: | Canadá | 1 | 26 |
|  | EUA | — | 23 |
| Empregados em ciências e engenharia: |  | 8 | 26 |
| Legisladores: | Canadá | 7 | 17 |
|  | Países da União Europeia | ... | 16 |
|  | EUA | 3 | 14 |
| Guardas florestais e ambientalistas |  | 4 | 13 |
| Engenheiros aeroespaciais: |  | 1 | 11 |
| Instaladores e técnicos de linhas de telefonia e computadores: |  | 1 | 6 |
| Bombeiros: |  | 0 | 3 |
| Representantes comerciais: |  | <1 | 3 |
| Eletricistas: |  | 0,6 | 2 |
| Encanadores e mecânicos: |  | 0 | 1 |

... significa nenhuma informação disponível.
*Fontes nas p.401.*

---

\* As informações estavam disponíveis somente para os anos de 1971 e 2001.

Uma das razões para as contínuas preocupações é que, embora as mulheres tenham invadido certas áreas nas quais eram presença rara há poucas décadas, ainda há discrepâncias significativas em outras. Mais do que nunca, elas estão estudando engenharia, física e informática, embora não estejam exatamente disputando vagas entre si nesses campos, como ocorre na medicina e na advocacia. Apesar de dúzias de forças-tarefa e dos milhões de gastos para aumentar a diversidade de gênero, a inscrição de mulheres em cursos de engenharia, na maior parte das universidades, não foi além de 20%. Os homens ingressaram no magistério, na enfermagem e no serviço social — mas estes, também, permanecem como territórios predominantemente femininos. Mesmo com mais escolhas, as mulheres ainda se agrupam em determinadas ocupações, assim como os homens continuam fixados em outras.

E uma segunda razão para o fato de as pessoas estarem preocupadas é que, quando se calcula a média dos rendimentos em termos de gênero, os homens ainda ganham mais. Esses índices gerais, usualmente, abrangem ocupações díspares, diferentes subespecialidades e agendas de trabalho em uma bolha indiferenciada. Nas páginas seguintes, veremos como inclinações e preferências de origem biológica podem influenciar detalhes significativos para cada um dos gêneros. As diferenças de desenvolvimento de meninos podem lançar alguma luz sobre por que seu desempenho acadêmico e sua frequência à universidade ficam muito aquém das meninas. Por outro lado, as prioridades das mulheres — mais abrangentes e, em geral, envolvendo contato com pessoas — influenciam suas escolhas profissionais. Apesar do crescimento das oportunidades e dos programas de ação afirmativa, muitas mulheres, de modo geral, desprezam diversas ocupações agora franqueadas a elas, dentre as quais, programação de computadores, a derrubada de árvores para transformá-las em papel e política. Tomando por bases seus perfis de formação educacional, fica claro que, ao chegar o momento das escolhas profissionais, não se trata de uma questão de "não poder". Tampouco é uma questão de "não dever", já que muitos domínios originalmente masculinos fizeram investimentos significativos para recrutar mulheres. Ainda assim, a questão do que as mulheres deveriam ou não fazer ainda domina as histórias femininas retratadas aqui. Uma das dificuldades que as mulheres talentosas e bem-sucedidas encontram, de maneira mais intensa, é fazer as mesmas escolhas que os homens. Isso nos leva de volta aos homens, e investigar se, para eles, faz algum sentido ser o modelo a ser seguido.

## Os extremos

"Não há um Mozart feminino porque não há um Jack, o Estripador feminino", escreveu a crítica social Camille Paglia, e sua ironia insinua uma verdade biológica. Comparados às mulheres, há mais homens em situações extremas. Embora os dois gêneros sejam equiparáveis na maioria das áreas, incluindo a inteligência, há menos mulheres que homens nas extremidades da distribuição normal. Os homens são, simplesmente, mais variáveis. Seus "meios", ou os escores médios do grupo, são basicamente os mesmos das mulheres, mas seus escores individuais distribuem-se com mais abrangência. Portanto, há mais homens muito estúpidos e mais homens muito inteligentes, mais homens extremamente preguiçosos e mais homens dispostos a se matar de trabalhar. Há mais homens com fragilidades biológicas, e mais homens com áreas isoladas de brilhantismo, inclusive aqueles descompensados por outros déficits, exatamente como mostram os problemas que atormentam as crianças em minha sala de espera. A curva de sino, simplesmente, é diferente para eles, com mais homens nas extremidades da distribuição, em que suas habilidades mensuradas são deploráveis, excelentes, ou uma mistura de ambas. Portanto, embora as médias dos homens e das mulheres sejam as mesmas, há mais homens em posições discrepantes — e mais mulheres "normais", de um modo geral.[18] Comparando homens e mulheres nas faixas intermediárias, encontram-se menos diferenças de gênero, mas, nas extremidades, o panorama fica — precisamente — extremo.

As diferenças de gênero nas posições extremas foi uma das questões que provocou a queda do ex-reitor da Harvard University, Larry Summers. Este livro já estava sendo elaborado, em janeiro de 2005, quando recebi um e-mail de uma de minhas agentes literárias. "Você viu isso?", ela escreveu, anexando um artigo eletrônico da edição daquela manhã do *New York Times*. Em uma conferência sobre diversidade nas ciências e na engenharia, Summers dera uma palestra a respeito da origem das diferenças de gênero nos corpos docentes da área de ciências nas mais conceituadas universidades norte-americanas. Seus comentários geraram mais de mil artigos na imprensa, incitando duradouras e amargas discórdias em Harvard; exigiram diversas desculpas públicas de Summers, e, finalmente, um compromisso de investimento de U$50 milhões para contratar os serviços e promover o corpo docente feminino e as minorias na universidade. Ainda assim, em 2006, ele foi forçado a se afastar do cargo. Afinal, qual era o motivo de tanto barulho? Summers conjecturava que havia três razões para explicar a escassez de mulheres ocupando posições de alto nível no corpo docente das ciências e da engenharia. A primeira era que esses empregos eram tão mesquinhos que muitas mulheres o evitavam. "Que parcela de mulheres jovens, por volta dos 25 anos, decide não querer um emprego no qual tenha de pensar oitenta horas por semana? Que parcela de homens jovens não está disposta a ter um emprego no qual tenha de pensar oitenta horas por semana?", disse ele, acrescentando que investigar se seria correto a sociedade exigir esse tipo de compromisso era outra questão. Seu segundo argumento foi sobre a variabilidade masculina. Se os homens são mais variáveis que as mulheres, então haverá mais homens próximos à base e ao topo da distribuição. Portanto, em posições nas áreas de pesquisa em física ou engenharia, que disputam uma pequena fração do talento humano do mais alto nível — em que não apenas há pouquíssimas mulheres, mas também muito poucos homens —, é possível observar com mais nitidez as diferenças de gênero, completou.[19] Essa não era uma ideia nova, tendo sido mapeada anteriormente por, pelo menos, uma dúzia de pesquisadores. Um psicólogo de Edimburgo, Ian Deary, havia, até mesmo, documentado o fenômeno, depois de examinar os registros de mais de 80 mil crianças, praticamente todas nascidas na Escócia, em 1921. A equipe de Deary descobriu que, aos 11 anos, os escores de QI dos meninos e das meninas não apresentavam, em média, nenhuma diferença. Mas a desigualdade na variabilidade masculina era inegável: havia significativamente mais meninos que meninas nas extremidades mais baixas e mais altas de habilidades.[20]

## ESCORES DE QI DE 80 MIL CRIANÇAS ESCOCESAS NASCIDAS EM 1921

### Distribuição de QI em crianças escocesas

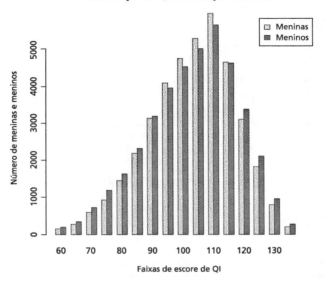

Os escores de QI de quase todas as crianças escocesas nascidas em 1921 não mostram, em média, nenhuma diferença de gênero. O QI médio dos meninos é de 103,03 e o das meninas é de 103,19, e não há diferenças estatísticas entre os dois. Nas faixas de médio e alto escore há um número ligeiramente maior de meninas. Os meninos estão mais representados em ambos os extremos.

Por mais de uma década, outros pesquisadores — Amy Nowell, Larry Hedges, Alan Feingold, Diane Halpern, Camilla Benbow e Julian Stanley, Yu Xie, Kimberlee Shauman, o Scholastic Aptitude Testing Service, assim como meu próprio irmão, Steven — descobriram e escreveram sobre o mesmo fenômeno, mas, no caso de Summers, provocou-se um grande alvoroço, que não parecia querer ceder. "Senti que ia ficar enjoada", disse a professora de biologia do Instituto de Tecnologia de Massachusetts, Nancy Hopkins, afirmando que os comentários de Summers a aborreceram de tal forma que "meu coração ficou apertado e fiquei com falta de ar". Summers prosseguiu, apresentando um terceiro fator — socialização e contínua discriminação —, mas poucas pessoas ouviram. Sua mensagem sobre extremos, desvios-padrão e trabalhos mesquinhos foi resumida a "mulheres não são tão boas quanto os homens em mate-

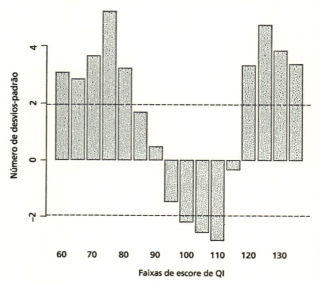

**Significância da diferença em cada faixa de escores de QI**

As barras representam o número de desvios-padrão — ou o quanto cada gênero diverge de nossa expectativa de uma proporção equilibrada de 50-50. Os valores positivos demonstram um número maior de meninos, já os negativos mostram um número maior de meninas. Apesar de suas médias praticamente idênticas, os homens mostram uma variabilidade bem maior, que torna-se mais evidente nas extremidades.

mática e ciências". A atmosfera eletrizante que circunda os debates sobre diferenças de gênero ficou ainda mais carregada.

E, então, a questão das diferenças de gênero sob o ponto de vista da biologia já estava na ordem do dia quando entrei na briga. Mas um calafrio se instalara em muitos pesquisadores, que ficaram receosos de conversar sobre seus trabalhos. Muitas cientistas mulheres, especialistas nesta área, declinaram do convite para ser entrevistadas; elas não queriam chamar a atenção para nada que pudesse ser visto como politicamente incorreto, e também não lhes parecia agradável ser alvo de críticas. Quando perguntei a uma cientista social por que ela achava que mulheres inteligentes e bem-sucedidas estariam fazendo escolhas profissionais diferentes das dos homens, ela se revoltou, "Isso, de novo, não!". Perguntei ingenuamente: "De novo, o quê?" "Essa coisa de falar de escolhas, de novo!" Involuntariamente, eu havia tocado na ferida.

Aparentemente, no "feminismo de escolha", as mulheres são livres para escolher quaisquer trabalhos que apareçam — trabalhar em meio expediente, horário integral, não trabalhar — e, mesmo assim, se consideram feministas. Mas esse desdobramento acabara desafiando a ideia de que qualquer desvio do padrão masculino seria um retrocesso para as mulheres, já que mais mulheres inteligentes e capazes não estavam fazendo escolhas "masculinas". Esqueçam as diferenças e os desejos individuais. Oportunidades iguais para as mulheres — um princípio do qual gosto muito — deveriam levar a um resultado matematicamente equivalente. O fato de isso não ter acontecido estimulou a incendiária Guerra das Mães, e um sentimento persistente, entre os cientistas, de que o assunto é tabu.

Mas os cientistas não são a única voz neste livro. As pessoas reais contam histórias de suas carreiras, e por que tomaram suas decisões. Nenhum dos perfis deste livro é forjado ou fictício, embora, ocasionalmente, tenham sido alterados os detalhes capazes de tornar os retratados passíveis de identificação. As entrevistas com homens e mulheres acabaram assumindo uma qualidade de autorreflexão, já que todas as mulheres que entrevistei me pediram para usar pseudônimos, e a maioria dos assim chamados homens frágeis insistiu para que eu usasse seus nomes verdadeiros. Como resultado, usou-se um nome próprio fictício para designar as mulheres cujas histórias são contadas aqui. Quando o nome próprio e o sobrenome são mencionados neste livro, como é o caso da maior parte dos homens retratados, esse é o nome verdadeiro daquela pessoa. Foi decisão minha usar pseudônimos para os homens muito jovens, até a idade de vinte e poucos anos, para o caso em que eles viessem a se arrepender, dentro dos próximos anos, de ser identificados. Embora todos os homens tivessem histórias clínicas delicadas, eles pareciam menos preocupados em parecer vulneráveis que as mulheres, que temeram parecer pouco comprometidas com sua experiência profissional e sua prática científica. Apesar de todas as mulheres terem falado aberta e sensivelmente sobre suas experiências profissionais, três dessas mulheres com alto desempenho hesitaram, em seguida, em participar — mesmo sob pseudônimos e com uma mudança no figurino e na cor do cabelo. Nenhum dos homens demonstrou este tipo de reserva. Talvez esses homens tenham lutado tanto por seu sucesso que se consideravam pessoas vencedoras. Talvez a liberdade das mulheres de fazer escolhas ainda seja muito recente para que se sintam invencíveis.

"A confiança é uma coisa muito frágil", disse o jogador da Liga Nacional de Futebol Americano, Joe Montana. Embora seja difícil imaginar um zagueiro como uma autoridade em fragilidade, os homens pouco usuais retratados neste livro e os dados que fundamentam suas histórias demonstram que os homens não constituem nem o padrão, nem um modelo generalizável. Tampouco são os modelos corretos para as aspirações profissionais das mulheres. Afinal de contas, muitos homens demonstram uma ampla gama de forças e disfunções que criam obstáculos para o desenvolvimento, assim como seu sucesso. Os homens são mais inclinados a ter disfunções de desenvolvimento, a ficar doentes, a se machucar, ou a assassinar os outros. Eles também são mais propensos a trabalhar por horas a fio em empregos que lhes exigem muito, e a morrer mais jovens. *O paradoxo sexual* mostra como essas características estão, pelo menos parcialmente, ligadas à biologia. Ser percebido como uma variação de seu próprio tema favorecerá uma compreensão mais matizada do que significa ser homem. E, em vez de se considerar versões frustradas desse modelo masculino, as mulheres talentosas explicarão por que, depois de tentarem utilizá-lo, tal exemplo não se mostrou adequado.

Na realidade, nenhum dos dois gêneros é uma versão mais poderosa ou mais enfraquecida do outro. Neste livro, não se perde tempo acusando os homens de grosseiros, insensíveis e simplórios. E as mulheres não são descritas como vítimas desafortunadas, impedidas de atingir seus objetivos. As histórias que esses dois grupos contam e o conhecimento científico que está por trás deles são os códigos por meio dos quais examino as diferenças básicas entre os gêneros. Esses aparentes opostos — homens frágeis, mulheres talentosas — fornecem um foco pouco usual para o debate de gêneros. Se eles são extremos em uma série contínua, então aquilo que os move também é verdadeiro para o restante de nós.

CAPÍTULO 1

# Seriam os homens o sexo frágil?

Quando era um garoto espirituoso e sagaz de 4 anos, Cutler Dozier foi retratado no *New York Times* como um dos primeiros bebês de uma nova geração de prematuros muito pequenos a sobreviver. "Não sabemos o que acontecerá quando ele entrar para a escola", disse sua mãe à repórter. Sua preocupação tinha fundamento. Cutler havia começado sua vida fora do útero com apenas 26 semanas de gestação, pesando menos de 1,10kg, e, nos primeiros meses de vida, enfrentou uma complicada situação médica. Como a maior parte dos bebês prematuros, ele era incapaz de respirar ou, até mesmo, mamar por conta própria. Ele era alimentado por uma sonda ligada ao intestino, e apresentava um buraco no coração que necessitava ser corrigido imediatamente. Seu futuro não era nada promissor. Novamente retratado pela mesma repórter, Jane Brody, 15 anos depois, Dozier vencera as dificuldades. Aos 19 anos, havia se transformado em um saudável estudante de Estudos Asiáticos e de cinema na University of Minnesota, praticava artes marciais e acabara de ganhar um prêmio por seus poemas.[1] Em função do cuidado de especialistas altamente treinados, apoiados por unidades de tratamento intensivo neonatal de última geração, ele não apenas havia sobrevivido, como também obtivera sucesso, muito antes de os especialistas saberem o que iria acontecer com ele.

O progresso de Cutler Dozier era digno de mérito, e não apenas porque representava uma bem-sucedida história de um prematuro que havia conseguido prosperar. Ser homem tornava seu caso uma anomalia particular. Os bebês prematuros com mais chances de sobreviver são do sexo feminino.[2] Segundo médicos norte-americanos que acompanharam o progresso de 5.076 bebês que nasceram com pouco peso, as meninas prematuras têm 1,7 mais chances de sobreviver que os meninos prematuros, sendo que as afro-americanas têm mais que o dobro de chances de sobreviver que os meninos brancos.[3] Assim como Cutler, muitos desses bebês, eventualmente, conseguem se desenvolver. Entretanto, mais da metade dos prematuros apresentam transtornos de déficit de atenção ou disfunções comportamentais, e a maioria dos que apresentam tais problemas é formada por meninos, confirmando que, muito antes do nascimento, os homens já são mais vulneráveis.[4] Como os cidadãos na minha sala de espera, muitos travam batalhas no campo da fala e da linguagem, ou com as habilidades sociais e de aprendizagem à medida que crescem. Como se estivessem estacionadas em um estágio anterior de desenvolvimento, as regiões responsáveis pela leitura, linguagem e regulação das emoções nos cérebros de meninos prematuros são menores que as das meninas prematuras, e as diferenças de tamanho ainda são visíveis em tomografias do cérebro quando as crianças atingem 8 anos. "Quando dividimos o grupo de prematuros por gênero, descobrimos, bingo!, que as meninas tinham um volume de massa branca normal ou preservado, mas os volumes dos meninos eram reduzidos, se comparados aos dos seus companheiros não prematuros", explica Allan Reis, o autor responsável pelo estudo, descrevendo as descobertas de sua equipe para um colega do Stanford Hospital. Essa descoberta era apenas a última em uma longa série de estudos, mostrando que as meninas prematuras têm mais probabilidades que os meninos de alcançar as outras meninas não prematuras em todos os aspectos, desde o peso até as habilidades de leitura. As meninas, nascidas tão prematuramente e tão pequenas quanto os meninos, são, simplesmente, mais flexíveis, desde o começo.[5]

Desde o primeiro dia, os embriões masculinos, embora sejam em maior número, são mais suscetíveis aos efeitos do estresse maternal. Quando as coisas ficam mais difíceis, os embriões femininos têm, simplesmente, mais capacidade de sobreviver. Eles estão mais preparados para sobreviver às primeiras e inseguras horas após a concepção, e apresentam menos probabilidade de ser afetados por problemas obstetrícios, disfunções de todos os tipos e morte prematura. Até mesmo a poluição atinge com mais força os homens. Os demógrafos estão descobrindo que menos bebês do sexo masculino nascem em regiões ribeirinhas, circunvizinhas a parques industriais. (Em uma área conhecida como "Vale Químico", no norte de Ontário, as mães da comunidade da Primeira Nação Aamjiwnaang dão à luz duas vezes mais meninas que meninos.) A seleção baseada em diferenças de gênero pode dar margem a uma sensação apocalíptica, mas, de modo geral, os especialistas esperam que embriões masculinos mais frágeis tenham menos chances de sobreviver quando as condições ambientais ou sociais são deficitárias.

Em um impressionante estudo longitudinal de vinte anos, que investigou o progresso de 700 crianças nascidas na pobreza, em 1955, em Kauai, "a ilha do jardim", no Havaí, as psicólogas norte-americanas Emmy Werner e Ruth Smith descobriram que, a partir das semanas anteriores ao nascimento e até a idade de 18 anos, os meninos eram significativamente mais vulneráveis que as meninas. Nessa comunidade extremamente fechada, mas racialmente diversificada, mais meninos que meninas foram afetados por traumas relacionados ao nascimento, e mais da metade desses meninos morreu na infância, enquanto menos de um quinto das meninas pereceu. Entre o nascimento e os 2 anos, mais meninos do que meninas tiveram acidentes graves ou doenças, e os meninos, em comparação com as meninas, apresentavam duas vezes mais escores de QI abaixo de 80, ou tinham dificuldades com o desenvolvimento linguístico, social ou motor. As duas crianças que morreram após um acidente ou um afogamento eram meninos. Mais de 50% de todos os meninos apresentaram problemas escolares. Os meninos eram mais afetados por condições adversas — pobreza, instabilidade familiar ou falta de estímulo — do que as meninas.[6]

Sob uma perspectiva biológica, ser mulher simplesmente propicia uma barreira defensiva, do berço ao túmulo. Ninguém sabe exatamente por que isso acontece, mas há várias hipóteses. As meninas podem estar protegidas por ter dois cromossomos X, e, portanto, se um estiver danificado ou contiver déficits em seus códigos, elas têm um cromossomo extra. Como muitos genes relacionados ao cérebro estão localizados no cromossomo X, os traços neurológicos são particularmente afetados.

Com apenas um cromossomo X, há mais probabilidade de aparecem variações extremas, variações que poderiam ter sido compensadas ou, até mesmo, eliminadas se uma segunda cópia do cromossomo X estivesse presente para reduzir os efeitos dessa alteração.[7] As meninas também estão protegidas dos hormônios masculinos, que reduzem o ritmo e dificultam o desenvolvimento dos cérebros dos meninos dentro do útero — um dos temas deste livro —, e uma das razões pelas quais os meninos prematuros podem ser mais vulneráveis que as meninas, antes mesmo do nascimento. Poderoso estimulador químico, a testosterona masculiniza o cérebro antes do nascimento, e continua a rearranjar subsequentemente o sistema, mesmo depois deste evento, geralmente com efeitos contraditórios. Os animais machos apresentam mais probabilidades de ficar doentes e de morrer durante o período de acasalamento, quando seus níveis hormonais estão mais elevados. A testosterona exerce um impacto paradoxal similar nos seres humanos. Ela aumenta a agressividade, os comportamentos de risco e o vigor. Mas suspeita-se de que ela esteja envolvida nas taxas masculinas mais elevadas de quase todas as doenças crônicas, incluindo câncer, diabetes, doenças hepáticas, doenças cardíacas e Aids.[8] As descargas de testosterona aumentam a força e a resistência, e, em certo nível, ajudam os homens a resolver problemas espaciais. Mas também diminuem a resposta imunológica do corpo. Isso é explicitamente demonstrado pelos índices de sobrevivência nos hospitais. Quanto maior o nível de testosterona, menos resistentes são os homens às infecções pós-cirúrgicas. Essas infecções matam 70% dos homens que as contraem, comparados com apenas 26% de mulheres.[9]

Portanto, o que essa vulnerabilidade biológica nos informa? A história da evolução pode explicar a fundamentação original para uma constituição feminina mais forte. As mulheres que foram resistentes o suficiente para dar à luz crianças, alimentá-las e cuidar delas até a longa estrada para a vida adulta tiveram mais chances de ter uma prole que conseguiu sobreviver. Dessa forma, as mais resistentes tiveram herdeiros que carregaram sua marca genética. Em contraste, os homens podiam procriar impunemente. Se eles vivessem ou não tempo suficiente para acompanhar sua prole até a maturidade, isso importava menos, no fim das contas, que o fato de ter conseguido, em primeiro lugar, gerar uma descendência. Esse feito não pode ser considerado verdadeiro em todas as espécies, já que alguns machos acasalam-se com mais de uma fêmea, e outros não se acasalam em momento algum. Nessas competições de alto risco, ser o mais forte, o mais rápido, ou o mais disposto a correr perigo pode significar a diferença entre o sucesso na reprodução ou o esquecimento, e se houve um preço a ser pago na longevidade masculina ou em sua saúde a longo prazo, a evolução, provavelmente, estava disposta a pagá-lo. Essa vantagem do macho em termos de velocidade, força e bravura pode ser exagerada em função das preferências das fêmeas. Como metade do destino reprodutivo das fêmeas está ligado a seus filhos, elas podem ter evoluído de modo a preferir machos que sejam mais fortes, mais rápidos e que tenham um apetite maior para o risco, já que estes terão mais probabilidades de ser pais de filhos que apresentem as mesmas vantagens.

É impossível não perceber o apetite pelo risco em meninos adolescentes, fissurados por emoções fortes, em qualquer lugar, desde garotos que andam de skate sem capacete nos subúrbios, até gangues que empunham facas nas áreas pobres do centro da cidade. As evidências estão à nossa vista todas as vezes que observamos jovens audaciosos nos parques, ou quando lemos os obituários. A fragilidade dos homens é ainda mais exacerbada em países em desenvolvimento, onde ser homem é, simplesmente, o maior fator de risco de mortalidade na juventude.[10] Consideremos, por exemplo, os adolescentes conhecidos como surfistas de trem em Soweto, que desafiam a morte praticando acrobacias em cima de composições em movimento, abaixando-se sob pontes, pulando de vagão em vagão e fazendo o "cascalho" — arrastando seus calcanhares no solo enquanto estão pendurados no trem em movimento. No funeral de um de seus colegas, que morreu quando se chocou contra um poste de eletricidade, um membro de uma gangue de surfistas de trem conhecida como Vandals [Vândalos], contou por que eles corriam esse tipo de risco: "Sentimos que estamos em outro mundo quando fazemos isso, no céu, ou alguma coisa parecida. É como se estivéssemos flutuando, e não temos medo de nada. As garotas adoram isso, e ficam gamadas em nós", disse o rapaz sul-africano de 19 anos. Ele foi entrevistado quando o grupo estava surfando no trem, em um tributo macabro a outro elemento da gangue, que caíra de um trem alguns dias antes. "Jananda se esqueceu de descer rápido (...) Ele morreu na minha frente. Pensamos que seria conveniente dar um adeus adequado a nosso amigo, fazendo exatamente o que fazíamos com ele antes de morrer", acrescentou outro rapaz, Julius.[11] Nas cruéis apostas da seleção sexual, correr riscos de morte imediatos, parece uma grande sensação.

Programados, dessa forma, para amadurecer mais tarde, competir ferozmente e morrer mais jovens, os homens continuam a experienciar uma precária e acidentada expectativa de vida, que os demógrafos identificaram tanto nos registros arqueológicos quanto nas sociedades modernas ao longo dos últimos 250 anos, e em vinte culturas diferentes.[12] A natureza ainda dá preferência ao magnetismo reprodutor da testosterona, sob o preço da redução da expectativa de vida, uma das razões pelas quais o antropólogo biológico Richard Bribiescas sintetizou claramente os estágios de vida de um homem desta forma: "Vigor, Fracasso, Baque".[13] Mesmo hoje, à medida que os desenvolvimentos na medicina e na tecnologia ampliam a expectativa de vida dos seres humanos, a diferença entre os índices de mortalidade entre homens e mulheres aumenta ainda mais.[14]

Os homens continuam a correr mais riscos, a se envolver mais em acidentes, a ficar doentes com mais frequência, e também têm menos probabilidade de prestar atenção às suas doenças, e, portanto, morrem mais cedo (a expectativa de vida das mulheres está, agora, em 83 anos, enquanto a dos homens é de 78). Os homens também bebem, fumam e usam armas letais mais que as mulheres, e utilizam menos os cintos de segurança, protetores solares e serviços médicos. A realidade da vulnerabilidade dos homens me impressionou bastante quando recebi um e-mail cujo assunto era "Notícias tristes". O e-mail informava que o encontro de colegas do ensino médio, prestes a acontecer, teria um momento dedicado ao serviço memorial dos colegas de classe que haviam morrido. Por acaso algum de nós teria alguma foto ou algum objeto de recordação? Treze dos 17 colegas que haviam morrido antes de completar 50 anos (alguns deles enquanto ainda estávamos no ensino médio), ou 76%, eram homens. Assim, a proporção de gênero equivalia, mais ou menos, a três mortes masculinas para cada óbito feminino, espelhando as taxas de mortalidade dos quinquagenários na população genérica da América do Norte, onde, ao contrário das mulheres, muitos homens não chegarão aos 80 anos.[15]

Portanto, quem é o mais forte? A sala de espera da psicóloga infantil e o setor de emergência do hospital contam-nos a história de uma precoce fragilidade masculina. Uma visita em uma casa de repouso nos oferece o desenrolar desta história; as mulheres, simplesmente, ultrapassam os homens.

## Meninos em idade escolar

Esse panorama de fragilidade está refletido no progresso escolar dos meninos. É difícil conciliar a ideia de que os homens são mais vulneráveis com a suposição comum de que eles são não apenas o padrão, mas também o sexo mais poderoso. Mas os números são claros. A história pode ter favorecido os homens, mas a biologia foi mais econômica, e em nenhum outro lugar isso fica tão evidente quanto nas salas de aula. Nos Estados Unidos, os meninos têm três vezes mais probabilidades de ser colocados em turmas de educação especial, duas vezes mais probabilidades de repetir uma das séries e três vezes mais chances de abandonar o ensino médio. No Canadá, a taxa de evasão escolar é duas vezes maior entre os meninos do que entre as meninas, e eles estão mais propensos a considerar a escola uma perda de tempo, pois entregam menos trabalhos de casa, têm mais dificuldade de se entender com os professores e estão menos interessados no que estão aprendendo em sala de aula.[16] Na Grã-Bretanha, as moças que frequentam o ensino médio apresentam um rendimento maior que o dos rapazes em todas as disciplinas, exceto ciências; nos últimos sete anos, as moças ultrapassaram os rapazes em todas as notas A e nos exames pré-universitários. "Desde o começo da vida escolar, as meninas sentem atitudes diferentes em relação à aprendizagem", comentou a britânica Diane Reay, socióloga da educação, quando questionada sobre os resultados pouco expressivos dos meninos. "As meninas sentem uma vontade de seguir as regras do jogo educacional, e um engajamento com a aprendizagem. Mesmo se consideram as matérias entediantes, elas continuam, em vez de desistir".[17]

As meninas têm menos probabilidade de fazer críticas posteriores aos exercícios escolares e de considerá-los insatisfatórios, como fez este "estudante norte-americano comportamentalmente deficiente" do segundo ano do ensino médio, descrito da seguinte maneira por seu professor, enquanto o aluno aguardava o término de sua enésima suspensão: "O problema atual de Brandon começou porque a senhora Waverly, sua professora de estudos sociais, não conseguiu responder a uma questão básica: qual era a utilidade da lição que ela estava ensinando. Uma das primeiras observações que fiz, como professor, foi a de que os meninos, invariavelmente, fazem esta pergunta, enquanto as meninas raramente a fazem. Quando um professor determina que se faça uma redação ou um trabalho, as meninas, obedientemente, abrem seus cadernos e anotam a data de entrega. Os meninos irão encurralar o professor contra a parede, como se fosse uma mariposa. Eles querem uma explicação racional para *tudo*. Se não estiverem convencidos das razões que você expuser — ou se você não quiser oferecer nenhuma —, eles se esparramam desdenhosamente em suas cadeiras, batem com os lápis na mesa, ou ficam olhando para os esquilos do lado de fora da janela."[18] Um relato ligeiramente mais ameaçador das frustrações dos adolescentes do sexo masculino é oferecido por Bill Bryson em sua autobiografia *Vida e época de Kid Trovão*. O capítulo sobre a escola começa com uma matéria de jornal em que se lê: "Em Pasadena, Califórnia, o estudante Edward Mulrooney foi detido, depois de arremessar uma bomba na casa de sua professora de psicologia, deixando um bilhete em que dizia: 'Se você não quiser ter a sua casa bombardeada ou as janelas metralhadas, então seja justa em sua avaliação e coloque as tarefas no quadro — estou pedindo demais?'"[19]

Esta não é a noção geral que as pessoas têm sobre um homem frágil. Mas os números mostram, em grande escala, a história dos desafetos e de seu baixo rendimento acadêmico. As meninas sempre se saíram melhor nas salas de aula, um ponto que abordarei posteriormente. Mas, desde 1992, elas também ultrapassaram os meninos com os maiores escores globais em testes de aquisição de competência no ensino médio.[20] Os testes de uma grande amostra de adolescentes de 15 anos, provenientes de trinta países da Organização para Cooperação e Desenvolvimento Econômico, mostram que as meninas, em todas as nações europeias, têm, atualmente, um rendimento maior que o de meninos nas áreas de leitura e escrita, e estão praticamente empatadas com eles em matemática.[21] Esta paridade em matemática é relativamente recente. No início dos anos 1980, uma forte vantagem masculina em raciocínio matemático em testes padronizados foi observada por duas pesquisadoras norte-americanas da Johns Hopkins University. Camilla Persson Benbow e Julian Stanley haviam examinado os escores de testes de 40 mil jovens estudantes do ensino médio — metade meninos, metade meninas —, que foram submetidos ao Scholastic Aptitude Test, um teste de avaliação de conhecimentos exigido para entrar em cursos superiores nos Estados Unidos, e um dos pré-requisitos para se candidatar ao programa Johns Hopkins Talent Search. Houve uma vantagem de trinta pontos, em favor dos meninos, nos escores dos testes em raciocínio matemático, uma liderança que se tornou mais evidente na faixa superior de resultados, em que, apesar de os alunos terem recebido exatamente as mesmas aulas de matemática no ensino médio, havia 13 meninos para cada menina.[22]

Que 1% de alunos bem-sucedidos em matemática seja composto por meninos é uma informação a se considerar. Conforme vimos, os escores dos testes dos homens são mais bem distribuídos, refletindo uma ampla gama de altos e baixos. E, como é mais provável que os que estejam mais próximos à base ou ao topo sejam meninos — com "mais homens gênios e mais homens idiotas", como afirmou, sem rodeios, o cientista político James Wilson —, quaisquer testes voltados aos mais talentosos irão colocar as diferenças de gênero em grande evidência. Mas o desempenho nas salas de aula e os escores de testes na população em geral mostram que as meninas estão nas posições superiores. Em 26 dos trinta países da Organização para Cooperação e Desenvolvimento Econômico, qualquer vantagem generalizada dos meninos em matemática e ciências mostrou-se tão tênue que chegava a ser insignificante.[23] Isso também é verdadeiro na Ásia. Dentre os alunos do oitavo ano do ensino fundamental no Japão, há uma pequena diferença de gênero favorecendo os meninos (o escore médio das meninas foi de 569, enquanto o dos meninos foi de 571), ao passo que, em Cingapura, as meninas suplantaram o desempenho dos meninos, com escores médios em matemática de 611 e 601, respectivamente. (Os dois países asiáticos superaram, com uma boa margem, os estudantes norte-americanos de ensino médio.)[24] Mesmo nos Estados Unidos, onde os meninos têm um desempenho ligeiramente superior ao das meninas nos testes padronizados de matemática, os índices mais altos nas habilidades de leitura e escrita das meninas ofuscam enormemente essa vantagem masculina. Referindo-se aos meninos como "embotados", Judith Kleinfeld, professora de psicologia que vive em Anchorage, Alasca, apresentou um estudo de 1.195 estudantes de nível médio selecionados aleatoriamente, em que um terço das meninas recebeu majoritariamente nota A em seu último boletim, em comparação com menos de um quinto dos meninos. Os estudantes foram divididos em três grupos: estudantes bem-sucedidos; estudiosos (com grande dedicação); e estudantes alienados, que eram amargos e desiludidos. Dois terços dos estudantes bem-sucedidos eram meninas; 55% dos estudiosos eram meninas, e 70% dos alienados eram meninos.[25]

Claramente, toda e qualquer liderança masculina no desempenho acadêmico está evaporando. Enquanto as meninas e as mulheres fizeram progressos educacionais significativos nos últimos trinta anos, os meninos não saíram do lugar, ou perderam posições. Na verdade, essa vantagem escolar feminina pode não representar, de fato, uma novidade. Registros históricos mostram que uma diferença de gênero favorecendo as meninas sempre existiu em níveis de conhecimento da leitura e da escrita, aprendizagem em sala de aula e índices de graduação. Mesmo durante a última metade do século XIX, quando os meninos tinham muito mais acesso à educação, as meninas já demonstravam habilidades maiores em leitura, de acordo com três economistas de Harvard, Claudia Goldin, Lawrence Katz e Ilyana Kuziemko. Vasculhando inúmeros dados coletados em censos, eles descobriram que, uma vez que se possibilitou às mulheres acesso equivalente à educação nos anos 1920, os meninos passaram a ter menos chances de chegar ao ensino médio, e 24% menos chances de obter a graduação. Nos anos 1950, as meninas ocupavam mais de 60% das turmas de ensino médio — a maioria excedia os meninos em termos de capacidade e sabedoria. A menina média ou normal estava 21% acima do menino médio, em 1957. Essa menina média estava 17% acima de seu colega masculino em 1972, e 16% acima dele em 1992.[26] Em outras palavras, cem anos antes da predominância do feminismo e quarenta anos depois dele, os meninos eram e ainda são ultrapassados pelas meninas na escola.

Quando os baixos desempenhos acadêmicos atravessam os séculos e vários países em três continentes, não estamos testemunhando um discreto indício cultural. O fato de os meninos apresentarem defasagem no ensino fundamental e no ensino médio desde épocas mais remotas faz sentido se suas dificuldades forem, pelo menos parcialmente, imputadas à sua constituição biológica. Mas estariam eles realmente se encaminhando na direção de uma espiral descendente? Se olharmos para os dados dos primeiros dois terços do século XX, teríamos de responder que não, por duas razões. Primeiro, a fragilidade masculina parecia invisível quando a discriminação era comum, quando as mulheres se casavam jovens e abandonavam logo a escola para constituir famílias. Mas agora que as mulheres estão na competição por mais tempo, as contínuas diferenças entre homens e mulheres no desenvolvimento e no desempenho escolar tornaram-se, subitamente, evidentes. Goldin e sua equipe mostraram que, desde os anos 1970, as mulheres não apenas estão adiando o casamento, como se inscrevendo em tantas cadeiras de matemática e ciências no ensino médio quanto os meninos. Ambos os fatores estimularam significativamente o número de mulheres inscritas em cursos superiores.[27] Portanto, os homens não estão blefando, realmente, quando perdem o jogo. Trata-se, antes, do fato de o grau de mudança para eles não ter acompanhado o rápido e notável ritmo de aumento de oportunidades para elas — uma das conquistas mais significativas do feminismo. Uma segunda razão está no otimismo despertado, pura e simplesmente, por essa transformação. Quando os problemas são identificados — especialmente se eles forem documentados científica e imparcialmente —, são passíveis de solução.

Atualmente, no entanto, os números nos mostram que as mulheres ultrapassaram os homens nos campi universitários. Nos Estados Unidos, atualmente, 140 mulheres recebem diplomas de bacharelado para cada cem homens, e a diferença deve aumentar ainda mais. No Canadá, a maior parte dos campi tem 60% de ocupação feminina. "É uma questão disseminada no mundo industrial. As mulheres estão simplesmente massacrando os homens na universidade", diz o analista político norte-americano Thomas Mortenson, que pesquisou as admissões nas universidades desde a década de 1970. Entre 1969 e 2000, o número de estudantes de graduação do sexo masculino aumentou em 39%, enquanto o número de estudantes femininos aumentou em 157%.[28] Agora, as mulheres já ultrapassaram os homens em quase todas as instituições póssecundárias, e, de forma mais dramática, em prestigiadas universidades particulares e dentro de comunidades negras, onde há duas mulheres com formação universitária para cada homem. Mas isso também é verdadeiro no interior da classe média. "Não há muitos homens na minha turma de Hegel", disse minha filha, ao começar o terceiro ano de seu curso de graduação em filosofia na McGill University. A cada mês de setembro, os homens parecem estar cada vez menos engajados, disse ela. "Nas minhas turmas, a maior parte é formada por mulheres, com alguns homens gays, e, se, por acaso, aparece algum rapaz, eles têm em torno de 17 anos. Realmente, é difícil escolher." E também era verdade que, entre seus amigos da pré-escola, todas as mulheres estavam, agora, na universidade, porém mais da metade dos homens havia abandonado o ensino superior, ou estava se esforçando para se manter nos cursos escolhidos. Seus pais, médicos, engenheiros ou jornalistas, se mostravam preocupados a distância, conforme estes meninos iam abandonando a escola antes da graduação, preferindo trabalhar como vendedores ou ingressando nas forças armadas ou em cursos profissionalizantes. Enquanto isso, suas irmãs, sujeitas à mesma criação, ao mesmo ambiente e às mesmas escolas, perseveravam.

Não se trata das notas alcançadas por essas meninas, mas, sim, de seu nível de engajamento e de seus planos no longo prazo. O National Assessment of Educational Progress, teste realizado com estudantes norte-americanos do quarto e do oitavo anos, comumente conhecido como o boletim escolar nacional, confirma que as meninas leem e escrevem melhor que os meninos. Elas concluem o ensino médio com médias superiores às dos meninos, e mais meninas do que meninos planejam entrar para a universidade. E não apenas para a universidade, note-se bem, mas para cursos de pós-graduação. O National Center for Education Statistics, outra iniciativa de pesquisa do governo norte-americano, começou a monitorar o progresso no longo prazo de mais de 15.300 estudantes norte-americanos que, em 2002, estavam no segundo ano do ensino médio. Quando se perguntou aos estudantes até onde eles pretendiam estudar, 42% das meninas disseram que queriam obter um diploma de pós-graduação ou uma formação de profissional liberal. Apenas 29% dos meninos afirmaram ter planos semelhantes.[29] As meninas pareciam mais felizes, também. Em uma pesquisa realizada com 99 mil estudantes de ensino médio, as meninas estavam mais motivadas que os meninos, e demonstravam ter propósitos mais fortes na vida e mais autoconfiança.[30]

Quando se leva em consideração tudo o que foi dito, tem-se a impressão de que há um panorama solar para as meninas, mas não foi isso que encontrei na imprensa nos anos 1990, quando procurava um curso de ensino médio para minha filha, então com 12 anos. As manchetes de revistas e jornais exibiam meninas como alvos indefesos de discriminação — tratadas injustamente durante a vida escolar, e que, aparentemente, eram deixadas à margem, enquanto os professores concentravam-se nos meninos. Muitas dessas matérias citavam um estudo mostrando "discrepância de verbalização" — que os meninos se manifestavam, exigindo respostas, com oito vezes mais frequência que as meninas. Segundo o estudo, quando os meninos falavam, os professores escutavam. Mas, quando as meninas se manifestavam, dizia-se que eram ignoradas ou "silenciadas", sendo informadas de que deveriam levantar a mão primeiro, antes de falar. Era algo parecido com um menosprezo explícito, ou, pior, um favoritismo descarado. Fiquei alarmada com essas notícias, assim como minhas amigas, mães de meninas adolescentes. Havia um senso de urgência quando começamos, todas, a procurar escolas exclusivas para meninas — e nenhuma delas, como pudemos perceber, eram escolas públicas.[31] Naquela época, não sabíamos que o estudo havia sido conduzido para encontrar evidências de discriminação, e, de fato, foi exatamente o que ele fez. "Queríamos embasar com informações fidedignas nossa crença de que as meninas estavam sendo discriminadas em sala de aula", afirmou ao *New York Times* a presidente da American Association of University Women, Susan Schuster.[32] Na verdade, se houvéssemos procurado, teria sido um tanto difícil ter acesso a este estudo — e, ao contrário de muitas pesquisas científicas, consultar esses dados ainda parece algo impossível. Agora, tornou-se mais fácil localizar pesquisas publicadas, e a maior parte dos pesquisadores coloca links para seus artigos em suas páginas na internet ou fica contente de encaminhar cópias de seus estudos, quando solicitados. Mas minha assistente de pesquisa não recebeu nenhuma resposta quando enviou um e-mail com uma solicitação de consulta ao estudo sobre a discrepância de verbalização. Ao contrário, o pesquisador-chefe, o professor de educação da American University David Sadker, que, ao lado de sua última esposa, Myra

Sadker, escreveu o livro *Failing at Fairness: How Schools Cheat Girls*, colocou, em seu website, uma retificação genérica: "Cada sala de aula difere uma da outra em termos das vantagens na verbalização masculina. Em nosso estudo-piloto, observamos que os meninos se manifestavam oito vezes mais que as meninas. Em nosso estudo completo, que compreendeu um número maior de salas de aula, apuramos uma vantagem masculina de dois meninos para cada menina. Na edição de 1995 de *Failing at Fairness*, descrevemos o tema da seguinte maneira: 'Nossa pesquisa mostra que os meninos solicitavam verbalmente as professoras com mais frequência que as meninas.'"

Ora, *esta* era uma situação familiar. Como psicóloga, geralmente visitava as salas de aula para observar uma criança que passava por dificuldades. Encolhida em uma minúscula cadeira e tentando me tornar invisível, quase sempre observava que os meninos eram mais indisciplinados que as meninas — mais inquietos, presos em *suas* pequenas cadeiras; deixavam as coisas caírem, manifestavam-se verbalmente, dirigindo-se à professora e uns aos outros. Vi professoras sábias, que conseguiam se adaptar a esse estilo de aprendizagem impetuoso e variável. Mas era mais frequente observar as professoras paralisadas, com turmas imensas e cronogramas apertados, reagindo a esse subgrupo de meninos que queriam chamar a atenção com broncas e castigos sem nenhum efeito — em oposição à especial solicitude direcionada aos meninos, descrita na pesquisa. Na verdade, eram as meninas que recebiam um feedback positivo. O comportamento delas, em média, era mais aquiescente e controlado. Isso tornava mais fácil, para elas, absorver o conteúdo das aulas, que eram ministradas, geralmente, em forma de palestras. Diversos estudos confirmaram minha observação de que as professoras repreendem e criticam os meninos muito mais significativamente do que as meninas, castigando-os até mesmo quando seu comportamento não é inadequado.[33] Portanto, uma discrepância de verbalização era plausível, embora não com a magnitude descrita. A hipótese do gênero baunilha — de que *não deveria* haver diferença de comportamento ou de aprendizagem entre os gêneros, e de que quaisquer diferenças que viessem à tona automaticamente beneficiariam os homens — estava longe da realidade. Ainda assim, mesmo que não haja qualquer fundamento para a afirmação de que as meninas são silenciadas na escola (Christina Hoff Sommers faz uma busca por evidências em estilo detetivesco em seu livro *The War Against Boys*), uma parte significativa dessa história é que qualquer suspeita de tratamento diferenciado parece-nos dolorosamente familiar. Ninguém quer repetir os erros do passado, e, menos ainda, uma geração de pais e professores que estavam entre os primeiros a constatar as mudanças no panorama das questões de gênero. Mas, nos anos 1990, não fazia mais sentido ver as meninas como vítimas silenciosas na escola, e, agora, isso faz menos sentido ainda. Não surgiu qualquer evidência empírica para sustentar esse injusto tratamento dispensado às meninas, e, se houvesse aparecido alguma, deveria ser capaz de explicar o brilhante desempenho dessas meninas.

Uma década após o estudo, e depois de considerar a hipótese de que os dois gêneros se comportarão da mesma maneira e receberão exatamente o mesmo tipo de tratamento, encontramo-nos em outro incômodo lugar: ações afirmativas para os homens. Poucas escolas revelarão como fazem isso, mas o fato de as mulheres apresentarem perfis acadêmicos mais fortes significa que, caso se espere uma proporção equilibrada de 50-50 nos campi, então deve-se lutar para implementá-la. E é exatamente isso que está acontecendo em muitas universidades. Suspeitou-se que os rapazes teriam preferência, quando os campi se tornassem mais solidamente femininos, e, em 2005, dois professores de economia decidiram investigar se os rumores tinham fundamento. Sandy Baum e Eban Goodstein pesquisaram as matrículas em 13 universidades de ciências humanas nos Estados Unidos e descobriram duas tendências: uma evidência clara da preferência de admissão de homens em cursos historicamente femininos (em que ser homem aumentava as probabilidades de ser aceito entre 6% a 9%), e a última quarta parte das listas de alunos inscritos e aceitos ser desproporcionalmente constituída por homens, em todas as áreas observadas pelos pesquisadores.[34] Havia, portanto, evidências de homens distribuídos em posições extremas. Entretanto, dessa vez, os homens pareciam dominar as camadas inferiores, e não o topo.

Ações afirmativas para as mulheres são uma realidade há bastante tempo em departamentos universitários de engenharia e informática.[35] O modelo baunilha masculino — o de que as mulheres devem querer o que os homens querem, e ser energicamente estimuladas a fazer essa escolha em 50% das vezes — está implícito. Mas até mesmo os que defendem os meninos acreditam que o inverso — ações afirmativas para os homens

— é algo repugnante. Quando o psicólogo, palestrante e autor do livro *Raising Cain*, Michael Thompson, foi questionado sobre sua reação ao estudo de Baum e Goodstein, respondeu como um pai — isto é, visceralmente. "Ficaria horrorizado se algum menino imbecil fosse aceito em algum curso no lugar de minha filha, talentosa e bem preparada, somente porque é um menino", disse ele à repórter do *Salon*, Sarah Karnsierwicz.[36] A decana de admissões do Kenyon College, em Ohio, universidade antes exclusiva para homens, percebeu como é delicada a questão das cotas masculinas em março de 2006, quando escreveu um editorial opinativo no *New York Times* sobre os requisitos de ingresso em sua universidade, que se tornaram mais difíceis para mulheres inteligentes, qualificadas e dedicadas, mas que são parte de "enormes conglomerados de candidatos, decididamente femininos". Dois terços das faculdades e universidades norte-americanas recebem mais inscrições de mulheres do que de homens, disse ela, o que significa que, para alcançar o equilíbrio entre os gêneros, há a incidência de um duplo padrão sobre quem obterá sucesso. Os responsáveis pela matrícula estão desesperados, com medo de chegar ao "ponto de desequilíbrio", em que 60% ou mais de seus alunos matriculados sejam mulheres. "Nós dissemos às jovens mulheres de hoje que o mundo estava a seus pés; o problema é que muitas delas acreditaram em nós, e os padrões de admissão às universidades atualmente mais seletivas são mais severos para mulheres do que para homens. O que dizer dessa consequência inesperada do movimento de liberação feminina?" Os cursos de ciências humanas estão rejeitando milhares de candidatas altamente qualificadas, temendo que seus campi universitários se transformem em cursos exclusivamente femininos, escreveu ela.[37] As mulheres eram candidatas tão fortes que, sem a criação de cotas favorecendo os rapazes, as admissões baseadas no mérito teriam transformado o Kenyon College — exclusivamente masculino por 145 anos — em uma universidade majoritariamente feminina, no intervalo de apenas uma geração.

## Trabalhando com afinco: a diferença da autodisciplina

Em uma chuvosa noite de junho de 2004, imaginei onde poderiam estar os rapazes na prestigiada universidade jesuíta, antigamente exclusiva para homens. Sessenta e quatro anos depois de o ex-primeiro-ministro canadense Pierre Elliot Trudeau ter se graduado no Collège-Jean-de-Brébeuf, 80% de todos os prêmios acadêmicos foram concedidos a mulheres. À medida que cada uma daquelas mulheres de salto alto e rabos-de-cavalo se encaminhava para o palco para receber seus diplomas e prêmios, eu pensava: O que aconteceu com os rapazes? Os psicólogos da University of Pensylvania, Angela Lee Duckworth e Martin Seligman, fizeram-se a mesma pergunta quando seu jornal local destacou o fato de o número de mulheres escolhidas como oradoras de turma nas formaturas superar o número de homens, na proporção de duas mulheres para cada homem.

Há muito tempo Martin Seligman interessa-se pelo tema da motivação — no fim dos anos 1960, ele observara que animais expostos a situações dolorosas que não podiam ser controladas ficavam simplesmente inertes na maior parte das situações novas. Ele deu a isso o nome de desamparo aprendido, e passou décadas tentando entender seus efeitos nas pessoas, querendo saber quem perseverava em circunstâncias difíceis, quem desistia, e se isso poderia ser mudado em algum momento.[38]

Quando leram a matéria no jornal, Seligman e Duckworth estudavam a persistência em estudantes do ensino médio e haviam acabado de dar início a inúmeros estudos com alunos do oitavo ano para investigar sua autodisciplina. Para ter certeza de que haviam mensurado esse aspecto um tanto indefinível, eles o consideraram de algumas maneiras distintas. Foram feitas centenas de perguntas aos estudantes, assim como a seus pais e professores, como, por exemplo:

Você costuma economizar com frequência?
Você costuma falar antes de pensar tomando cuidado com o que vai dizer?
Você preferiria ter U$55 hoje ou U$75 daqui a 61 dias?

Os estudantes também tiveram de classificar a si mesmos com base em afirmações do tipo:

Considero muito difícil acabar com os maus hábitos.
Tenho uma autodisciplina ferrenha.
É muito difícil resistir a coisas que são prejudiciais a mim.

Embora eles não estivessem planejando focar a pesquisa em termos de gênero, surgiram diferenças impressionantes entre ambos. "As estatísticas simplesmente apareceram", disse Duckworth. "Foi uma coisa evidente. As meninas eram sempre mais autodisciplinadas em todas as mensurações. Pensamos: Por que as estatísticas estão aparecendo dessa forma? Talvez tenhamos compilado os dados de maneira errada? Foi por isso que realizamos o estudo duas vezes." Duckworth chamou-o de uma revelação — que as meninas não apenas são mais autodisciplinadas, mas que suas notas eram seguramente mais altas que a dos meninos, em todas as matérias. Mesmo na mais avançada aula de matemática, frequentada pelos cinco primeiros alunos da turma, as meninas eram significativamente mais fortes. Quando começaram a falar sobre suas descobertas, todos aqueles em contato com as crianças — professores em sala de aula, diretores de colégio, instrutores do exame de admissão à universidade — confirmaram que as meninas se engajavam com mais rapidez e dedicavam-se aos estudos.

Duckworth e Seligman descobriram que não é o controverso índice de QI que melhor prevê o desempenho no ensino médio. É a autodisciplina.[39] Não deveria ser surpresa o fato de que dedicar-se aos estudos com afinco ajuda as meninas a conseguir notas melhores. Ainda assim, a expectativa de todos era o contrário — a de que as mulheres estariam em defasagem. Afinal, elas pareciam estar em defasagem em outras áreas importantes — por exemplo, em testes padronizados de raciocínio matemático, e na usual discrepância salarial entre os dois gêneros. Que a maior autodisciplina e capacidade de aprendizagem das meninas não estejam automaticamente traduzidas na remuneração no mercado de trabalho parece especialmente absurdo. Talvez deva haver outras diferenças de gênero — em interesses, prioridades e apetites para o risco — que possam dar conta da discrepância, sugeri à professora Duckworth em uma conversa por telefone. Ela concordou, mas mencionou algo a mais. Talvez, no início, a autodisciplina demorasse um pouco mais para aparecer nos meninos, mas depois eles a alcançariam. Afinal de contas, a maior parte das meninas de 12 anos era mais alta que os meninos em suas turmas. Mas, aos 20 anos, a maioria dos meninos era mais alta. Talvez alguns traços psicológicos levassem algum tempo para aparecer. Os meninos podem ser mais lentos para atingir a maturidade. Não se tratava apenas do fato de que algumas habilidades e interesses eram diferentes, em média, entre meninos e meninas, mas que o ritmo com que apareciam poderia não coincidir entre ambos os gêneros. Foi isso que Allan Reis, o neonatologista que estudou o crescimento do cérebro de bebês prematuros, descobriu. Foi também o que Emmy Werner e Ruth Smith revelaram sobre sua vulnerável população de crianças em Kauai. Enquanto o desenvolvimento psicológico dos meninos e sua resistência física retardavam-se significativamente em relação às meninas na infância, o equilíbrio começava a ser alterado quando o grupo atingia a adolescência. Os meninos, em seu estudo, começavam a alcançar as meninas no desempenho verbal e acadêmico ao se tornarem adolescentes, enquanto as meninas começavam a experimentar mais problemas de estresse e saúde mental no início da idade adulta. E isso poderia ajudar a explicar o paradoxo de as meninas serem mais bem-sucedidas academicamente na juventude, enquanto, mais tarde, os meninos acabem superando-as em alguns campos. As diferenças de gênero observáveis na disciplina e nas realizações pessoais podem ser comparadas com dois programas de software, que rodam com velocidades diferentes.

## A sequência contínua masculina

O motivo da existência dessas diferenças será examinado no próximo capítulo, quando investigarei como os problemas de desenvolvimento dos homens podem explicar por que os meninos se saem pior na escola. Não se trata apenas do fato de os problemas de aprendizagem, déficits de atenção, transtornos sociais e agressividade física serem as condições biológicas mais comuns entre os homens. A preponderância desses problemas de desenvolvimento entre pessoas do sexo masculino é clara, e é senso comum o fato de que eles afetarem o rendimento dos meninos na escola. Mas as experiências desses meninos e homens mais incomuns também nos revela algo importante sobre os homens mais medianos, comuns. Estou sugerindo que os homens com esses transtornos ocupam posições extremas em uma sequência contínua, e que aqueles que estão nas faixas intermediárias têm mais probabilidades que as mulheres de exibir alguns dos mesmos traços, de uma forma mais branda. Isso não significa que homens e mulheres estão, agora, mudando de lugar — que as mulheres são o padrão, e que os homens são os desajustados. Nesse cenário, nenhum dos gêneros é uma versão do outro. Ao contrário, os extremos dentro de cada gênero lançam luzes para compreender as características dos que estão na zona intermediária. Portanto, considerando-se o que sabemos sobre esses extremos, por que meninos regulares e medianos teriam mais dificuldades na escola que as meninas? Quatro áreas de seu desenvolvimento podem nos fornecer uma rápida percepção do quadro.

*Movimento e autocontrole*: o transtorno do déficit de atenção, ou síndrome hipercinética, é, pelo menos, duas vezes mais comum em homens que em mulheres. Ele afeta a habilidade de controlar a própria atenção e dominar a inquietação e a impulsividade e requer um diagnóstico bastante cuidadoso, precisamente *porque* os meninos medianos, saudáveis são mais inquietos e mais impulsivos que as meninas (o TDA é considerado um transtorno apenas quando essas tendências são tão extremadas e persistentes que acabam interferindo na vida cotidiana). O TDA pode ser visto como o que acontece quando as diferenças médias entre os gêneros, no tocante à impetuosidade e ao autocontrole — o que os psicólogos chamam de autorregulação —, são levadas ao extremo. Os estudos mostram que, desde a mais tenra idade, os meninos participam, mais que as meninas, de jogos mais competitivos e que requerem mais energia, perseguição e brigas, e menos de jogos em que têm de ceder a vez, esperar e compartilhar. Esses comportamentos aumentam quando os meninos estão em grupos, como é o caso na escola.[40] Esse perfil ativo e inquieto afeta o progresso escolar dos homens mais medianos, e, até mesmo, talentosos. Um exemplo pode ser o gênio da computação Steve Jobs, fundador da Apple Computer. Ele abandonou a universidade, mas considera que seu desencanto com a escola começou desde muito cedo. Ele descreveu os fatores limitadores da escola como algo "bastante difícil para mim", porque queria estar lá fora caçando borboletas ou construindo ativamente parafernálias eletrônicas. Forçado a se sentar em sua carteira escolar, foi expulso da sala de aula uma série de vezes, conforme se recorda. Ele afirmou que sua palestra na colação de grau da turma de graduação de 2005 de Stanford foi o mais perto que ele já chegou de um diploma universitário, porque "depois de seis meses, eu não conseguia enxergar o valor daquilo tudo".[41]

*Um ponto de vista de coisas* versus *pessoas*: a forma de alto desempenho do autismo, chamada de síndrome de Asperger, é dez vezes mais comum em homens que em mulheres. Este transtorno, altamente hereditário, é caracterizado por traços antagônicos: dificuldades em "ler" outras pessoas, ao lado de um intenso interesse em sistemas espaciais, matemáticos ou altamente organizados e previsíveis. É difícil imaginar que uma pessoa capaz de compreender a teoria das cordas ou o funcionamento do próprio disco rígido não consiga decodificar facilmente os sinais de embaraço no rosto de outra pessoa. Ainda assim, interpretar essas manifestações e responder a sinais emitidos rapidamente por outras pessoas requer o acesso a um conjunto de habilidades que têm raízes no desenvolvimento neurológico. Tais habilidades incluem a capacidade de "captar" as nuanças das expressões faciais, e a noção de que os outros têm pensamentos e sentimentos distintos dos nossos. Como resultado, os déficits do autismo e da síndrome de Asperger foram batizados de "cegueira mental", porque aqueles que nascem com esse transtorno parecem cegos aos sentimentos e as intenções ocultas das pessoas à sua volta.[42] No Capítulo 5, conheceremos diversos homens que têm esse ponto cego, e, ainda assim, são extremamente talentosos em áreas como matemática, memória espacial ou computadores. São homens radicais, não há dúvida, e seus perfis ainda exemplificam um padrão que foi documentado em homens medianos; há evidências de que, em média, os homens têm mais probabilidade de gerenciar sistemas espaciais detalhados do que captar os sinais sociais. Mesmo a partir dos primeiros anos de vida, os homens estão mais propensos a olhar para as máquinas que se mexem, enquanto as mulheres preferem olhar a animação no rosto das pessoas.[43] Os homens estão mais propensos a encontrar detalhes obscuros em um complexo plano de fundo; as mulheres têm mais probabilidades de considerar o contexto circundante.[44] Os homens são mais capazes de predizer o nível de água em uma jarra quando ela se inclina (ela continua na horizontal), enquanto as mulheres têm mais chances de focar no contexto (e, portanto, esperar o nível da água coincidir com o ângulo do seu recipiente).[45] Os homens são mais capazes de imaginar como os objetos tridimensionais se comportarão quando rotacionados no espaço, e também têm mais chances de usar essa estratégia para resolver novos problemas.[46] Os homens são melhores ao elaborar mapas mentais de um percurso (vá 5km para o norte, e, depois, 800m para o leste). As mulheres têm mais facilidade de se deslocar usando pontos de referência (dirija até a igreja com telhado vermelho, vire à direita e continue até o rio).[47] Essas diferenças não nos dizem nada sobre os indivíduos, é claro. Ao contrário, nos informam sobre qualidades mais comumente encontradas entre os homens, em média, que influenciam seus interesses em sistemas previsíveis, como estrelas, carros ou computadores.

*Agressividade e competição*: embora eles ultrapassem as meninas problemáticas na proporção de três para uma, não há meninos com transtornos de conduta neste livro — molestadores, agressores e transgressores de leis, que pouco se importam sobre como seus atos afetam as outras pessoas. E não há entrevistas com assassinos, embora existam nove assassinos homens para cada mulher. Esses são os homens em posições extremas, mas, mesmo excluindo os criminosos, poucos gostariam, realmente, de ver sua história pessoal servindo de base para um capítulo sobre agressividade. Mesmo competidores declarados em fóruns legítimos (esportes, política, negócios) não assumem abertamente a falta de escrúpulos. Ainda assim, os números demonstram a tendência competitiva dos homens em todos os âmbitos. Eles têm mais probabilidades que as mulheres de usar meios agressivos para impedir o progresso de seus rivais, e para reivindicar e manter seu status em uma hierarquia.[48] Enquanto a raiva, o ciúme e a agressividade verbal são características indistintas, tanto por parte do homem quanto da mulher, estabelecer o controle por meio do roubo, da violência e da guerra tem sido o domínio dos homens ao longo da história. Nos últimos 700 anos, e em diferentes sociedades, os índices de homicídio mostram que os homens matam uns aos outros com trinta a quarenta vezes mais frequência do que as mulheres matam umas às outras. Mais recentemente, uma análise de 450 casos de comportamentos violentos em escolas ou no local de trabalho, envolvendo disparos com armas de fogo, descobriu que os homens puxaram o gatilho 93% das vezes.[49] E, apesar da universalidade da cobiça às coisas alheias, 94% dos arrombamentos são cometidos por homens, e, portanto, aqui também há um monopólio fundamentado no gênero.[50] Como saber se uma demonstração agressiva de superioridade não é, simplesmente, o reflexo de uma criação que exacerba a porção irracional dos homens? As crianças pequenas do sexo masculino são mais agressivas que as do sexo feminino, mesmo antes de poder fazer distinções entre os gêneros e saber o que é "certo" para cada um. Os meninos contam histórias agressivas 87% do tempo, enquanto as meninas o fazem 17% do tempo. Noventa por cento das crianças concordam que os pais e os professores punem mais os meninos do que as meninas em função de seu comportamento agressivo, mesmo que a punição aplicada aos meninos agressivos produza menos impacto do que a aplicada às meninas. Ainda assim, a maioria dos meninos torna-se menos agressiva com o tempo. Se a agressividade fizesse parte de um meio de socialização, destinado a prejudicar os outros para poder trilhar o próprio caminho, seria possível esperar que os meninos se tornassem *mais* agressivos conforme envelhecessem, e não menos. Mas estudos realizados com uma grande quantidade de pessoas pelo pesquisador Richard Tremblay, de Québec, mostram que o contrário é verdadeiro: o pico da agressividade masculina ocorre durante os anos pré-escolares, depois dos quais 96% dos homens tornam-se, gradualmente, mais pacíficos e cooperativos, conforme desenvolvem suas habilidades sociais e aprendem a ter mais autocontrole e a dominar as regras da sociedade.[51] Desde cedo, no entanto, e não por culpa deles, os meninos jovens são naturalmente menos hábeis que a maioria das meninas no controle de seus impulsos, sejam eles agressivos ou de qualquer outra natureza. Como resultado, os meninos têm mais probabilidade que as meninas de não ficar quietos em sala de aula, estar desatentos, se manifestar impulsivamente e incitar reações nos outros — especialmente em outros meninos —, com quem estão constantemente disputando status.

*Linguagem*: há mais de quatro meninos com problemas de linguagem e de leitura para cada menina.[52] Estou sugerindo que esses problemas são exacerbações das diferenças de gênero com base na constituição cerebral, diferenças em fluência na linguagem e na capacidade de ler e escrever, que existem em muitos de nós. No próximo capítulo, veremos como a linguagem é armazenada e acessada de forma um tanto diferente nos cérebros masculino e feminino. Essas mudanças da disposição neural são sutis, fundamentadas no gênero, e influenciam a natureza e a velocidade da linguagem da criança, ao longo do seu crescimento.[53] As meninas, em média, são mais fluentes na linguagem e na escrita que os garotos. Elas começam a falar mais cedo que os meninos, falam mais rapidamente, usam um número maior de palavras, produzem frases mais longas e cometem menos erros. Com 2 anos, as meninas têm, aproximadamente, cem palavras a mais em seu vocabulário que os meninos, e, conforme avançam na pré-escola, usam uma linguagem mais complexa, variada e espontânea, de modo que não se trata apenas de uma questão de quantidade. Essa diferença aparece assim que se desenvolve a linguagem verbal, e continua ao longo do ensino fundamental e do ensino médio. Ela está refletida na melhor compreensão de leitura, ortografia, pontuação e nas habilidades de escrita que as meninas possuem — características que são demonstradas por meio de escores mais altos em linguagem e em redação nos testes de avaliação realizados posteriormente.[54] As meninas e as mulheres sentem-se mais à vontade com materiais de referência e são mais rápidas que os meninos em encontrar sinônimos — talvez esta seja uma das razões pelas quais há tantas mulheres no mercado editorial. A vantagem feminina na escrita é tão forte que um subteste de escrita foi acrescentado ao Preliminary Scholastic Aptitude Test (PSAT), para contrabalançar a tradicional vantagem masculina em matemática.[55] A diferença feminina em fluência verbal aparece muito cedo e é tão consistente ao longo dos anos e das culturas que o conhecimento científico sobre as diferenças de gênero deve ser aplicado.

Mas, como? E, indo mais diretamente ao ponto, como poderia um homem ocupando uma posição extrema, com complicadas habilidades de linguagem e de leitura, conseguir, enfim, ser bem-sucedido? Alguns dos homens com problemas precoces em linguagem e leitura alcançaram o sucesso — a maior parte modestamente, mas alguns, de forma brilhante. Ao tentar descobrir o que se passava no cérebro de disléxicos antes que os exames de ressonância magnética e tomografia por pósitrons houvessem sido criados, o neurologista e estudioso britânico Macdonald Critchley comentou que "ao testar disléxicos no tocante à sua capacidade de leitura silenciosa ou em voz alta, não é infrequente observar que a criança não tem um desempenho pior — algumas vezes, o desempenho é até melhor — se o livro estiver de cabeça para baixo".[56] O erudito clínico estava intuindo algo muito importante, décadas antes de a ressonância magnética ser inventada. Algumas vezes, a resposta a uma questão é o contrário daquilo que esperamos.

CAPÍTULO 2

# Meninos disléxicos bem-sucedidos

Andrew se parecia com um menino normal de 8 anos — um sorriso discreto e assimétrico, o cabelo escuro desalinhado — e, na superfície, também se comportava como um, com queda por piadas sobre as partes íntimas do corpo. Mas não havia nada de normal em Andrew.[1] O que o trouxe até minha clínica foi o fato de ele parecer suficientemente inteligente, mas não conseguir ler com fluência — não importava quantas aulas tivesse, ou quanto amor e carinho recebesse. Depois de três anos na escola, a palavra impressa ainda lhe oferecia possibilidades ilimitadas de interpretação. Ao olhar a primeira letra, ele, usualmente, tentava adivinhar o resto. *Lista* virava *letra*, *poltrona* virava *patroa*, *partes* viravam *portas*. A leitura era algo tão doloroso que Andrew observava, geralmente, apenas as figuras na página e construía uma história plausível. Quando lhe perguntei o que ele mais gostava na escola, ele respondeu rapidamente: "Ser o garoto mais alto da turma." O que mais? "As férias." Quando mencionei os 12 anos de escola que ele teria pela frente, Andrew se equilibrou nas pernas traseiras da cadeira do meu consultório, com uma das mãos apoiada na quina da minha mesa. Seus pés balançavam livremente para a frente e para trás, tocavam o chão rapidamente, e mais uma vez começavam a balançar. Dei a ele um punhado de clipes de papel enquanto voltava a conversar com seus pais. Ele bateu com força a cadeira no chão e começou a encaixar os clipes uns nos outros, cantarolando, com os lábios fechados, a música "La Bamba".

Seus pais me disseram que o problema não estava somente no fato de que Andrew não conseguia transformar as palavras em sons, de modo que pudesse lê-las ou soletrá-las. Às vezes, ele não conseguia se lembrar dos nomes de alguns objetos de sua casa, e também estava começando a bater nos meninos no pátio da escola. Usando as ferramentas usuais da avaliação psicológica, eu deveria vasculhar o que poderia estar interferindo em sua aprendizagem — audição? falta de atenção? estresse familiar? —, antes de considerar o que deveria ser feito em seguida. Uma avaliação significava que Andrew deveria encontrar-se comigo várias vezes, para se submeter aos testes padronizados de memória, resolução de problemas, escuta, linguagem e leitura. Mas eu já tinha um palpite sobre seu caso. O histórico de sua infância — lentidão ao falar, um pouco de agressividade por não conseguir se expressar e o esquecimento de palavras estranhas quando finalmente conseguia dizer algo, além do fato de seu pai, dois tios e inúmeros primos também terem tido problemas de linguagem ou na escola — era um indício de que havia uma origem biológica em sua inabilidade de unir os sons da linguagem às palavras impressas no papel. Enquanto sua mãe tivera um histórico escolar cheio de altos e baixos, a irmã de Andrew e suas primas eram boas alunas. O padrão das forças, as peculiaridades e os obstáculos de Andrew apareciam com frequência em meninos e homens de sua família. Ser homem tornou Andrew mais vulnerável.

Suspeitei que ele tivesse dislexia, uma disfunção de leitura fundamentada na linguagem, que é comum em algumas famílias. Em geral, definida como uma lacuna entre a inteligência de uma criança e sua habilidade de aprender a ler, é normalmente identificada depois que a criança já está na escola por alguns anos, e, assim como Andrew, demonstra uma peculiar falta de progresso. Mas os sinais aparecem muito antes disso. Na idade pré-escolar, as crianças com dislexia são incapazes de se lembrar de palavras sem sentido, aprender cantigas ou nomear as coisas rapidamente, e, geralmente, têm problemas em "ouvir" e brincar com os sons individuais que formam as palavras, uma habilidade inata chamada consciência fonológica.[2] Geralmente, as crianças em idade pré-escolar identificam as partes das palavras que têm um som semelhante e acham divertido brincar com a linguagem e as rimas. É por isso que os mesmos versos sem sentido tornam-se populares com crianças de cinco anos por centenas de anos, embora queiram dizer pouca coisa ou quase nada. A cantiga seguinte:

*Oh, my finger, oh, my thumb,*
*Oh, my belly, oh, my bum*

(algo como *Oh, meu dedinho, oh, meu dedão, / Oh, minha barriga, oh, meu popô*), circula na Inglaterra desde 1910, aproximadamente, e os versinhos infantis como "Eeentsy Weentsy Spider" são extremamente divertidos para quase todas as crianças pequenas, *especialmente* quando repetidos inúmeras vezes. Quando há pausas apropriadas, a maior parte das crianças analisa, automaticamente, a palavra que está faltando, esperando ouvir alguma que tenha uma terminação gratificante. É assim que elas conseguem preencher as lacunas com as palavras que rimam, ou com aquelas que tenham um som muito próximo, um sinal de que sua consciência fonológica se desenvolve conforme o programado.[3] Por achar difícil dividir as palavras em partes, as crianças disléxicas têm mais chances de apresentar problemas com isso, como pude constatar novamente ao me despedir de Andrew aquele dia, no meu consultório. "Tchauzinho, gatinho", eu disse. "Até mais, sua babuína", ele respondeu.

Andrew realmente acabou provando que se enquadra nos 8% de todos os homens com dislexia. Por alguma razão qualquer — e, como poderemos observar, uma predisposição genética seria a causa mais provável —, a parte de seu cérebro especializada em dividir a linguagem em suas partes componentes fora comprometida durante o desenvolvimento prénatal. Oito anos depois, Andrew apresentava problemas ao aprender a ler, soletrar e encontrar as palavras corretas. Mesmo com todas as oportunidades disponíveis, incluindo uma inteligência acima da média, pais zelosos e bons professores, ele correria um risco maior de abandonar a escola mais cedo que as meninas de sua idade. Duas entre cada três pessoas que abandonam o ensino médio são homens, e muitos desses estudantes têm disfunções de aprendizagem, das quais a dislexia é a mais comum.[4] Eles vivenciam um duplo obstáculo: uma leitura mais fraca e, por fim, uma educação mais empobrecida.

Dificilmente isso se assemelharia a uma receita para o sucesso profissional. Considerando os números, caso fosse possível prever o futuro tomando por base apenas o desempenho escolar, o mundo seria um matriarcado. Ainda assim, alguma alquimia entre talentos contraditórios, habilidades compensatórias e condições sociais torna possível que alguns homens fora do comum, como Andrew, sejam bem-sucedidos no trabalho. Com as condições e os empregos corretos, os rendimentos de muitos desses homens "frágeis" podem, com o tempo, eclipsar os salários das meninas inteligentes e disciplinadas que se sentavam ao seu lado na terceira série. Uma antiga colega observou, ironicamente, que um menino que frequentou classes de educação especial no ensino fundamental está, agora, gerenciando o fundo de pensões de sua empresa, ganhando dezenas de vezes seu salário e dirigindo um sedan europeu de último tipo. O gênio das finanças teria conseguido tantas oportunidades especiais assim, que não estariam acessíveis à minha colega editora, uma estudante altamente preparada, pelo simples fato de ser mulher? Ou o histórico biológico de ambos fizera com que tomassem duas direções totalmente diferentes?

Para Andrew, o caminho parecia mais árduo quando ele ainda era jovem. Passava seu tempo "prestando atenção" em uma sala de aula, ou fazendo os deveres de casa, atividades das quais ele menos gostava. Conforme foi crescendo, ele gradualmente ajustou a proporção, fazendo mais coisas, e prestando menos atenção. Quando chegou ao último ano do ensino médio, já tinha um punhado de amigos, tocava violão, levantava peso na academia e aprendera a dirigir. Mas quase não conseguia levantar da cama para ir ao colégio todas as manhãs. "Ele lutou tanto quando era criança que agora estamos realmente muito satisfeitos", disse sua mãe, quando a chamei para uma entrevista de acompanhamento, 15 anos depois de tê-lo visto pela última vez. Ela me deu informações sobre partes da história de seu filho que eu desconhecia. Como seus outros amigos da classe média, ele havia, automaticamente, migrado para a universidade depois de se graduar no ensino médio, embora soubesse que estudar seria sempre uma tortura. Em meados de setembro, sua irmã mais velha encontrou, em um ônibus, uma colega de turma que estudava em um instituto de culinária para se tornar chefe de cozinha. Quando chegou em casa, ela contou as novidades a Andrew. "Você adora cozinhar. Por que não tenta isso?" E foi assim que, duas semanas depois de começar um curso universitário que se estenderia por dois anos, Andrew abandonou a faculdade para se inscrever em uma escola de culinária. Em uma semana, ele estava tentando decifrar *A Ilíada*; na outra, estava aprendendo a fazer cenouras à Juliana. Subitamente, o fisiculturista de 1,90m não era mais aquele que nunca conseguia se lembrar de como soletrar a palavra "pessoa". Ninguém se importava se ele lia a palavra *blusas* como *bolsas*, ou disfarçava o riso quando dizia que o cara na academia tocava *bandô*. Pela primeira vez, ele estava em um lugar onde sua presença física, seu olhar apurado para os detalhes visuais e sua abordagem metódica seriam minimamente respeitados pelos outros.

Essa transformação, se é que podemos chamá-la assim, merecia uma visita, a fim de poder constatá-la com meus próprios olhos. Combinei de encontrar-me com meu marido e um amigo no elegante restaurante francês em que Andrew trabalhava agora, e, depois de almoçarmos, dei um pulo na cozinha para ver se estava tudo bem com meu antigo paciente. Empurrei a porta vaivém dupla, e lá estava ele, com o uniforme branco de chefe de cozinha, a cabeça pairando acima da divisória de acrílico que separava sua estação de trabalho da série de imperturbáveis ajudantes que retiravam e substituíam os pratos, as mãos ocupadas em pegar os pratos que eram colocados na pequena abertura da parede. Todas as vezes que as portas se fechavam, os pedidos, rabiscados em uma comanda, se amontoavam em uma prateleira à sua frente. Andrew estava espalhando tiras de atum vermelho, dispondo-as de modo a formar um pequenino monte, e, então, esguichando sobre ele um "S" de creme branco de raiz forte, com um frasco. "Como você vai?" Ele me cumprimentou com um sorriso tímido, mas não parou de distribuir o atum e as endívias no prato. Conforme conversávamos sobre amenidades, me dava conta da furiosa atividade de uma cozinha comercial de última geração ao fim de um movimentado horário de almoço, e observava aquela versão adulta do antigo menino que se cansava ao ler, que pensava em voz alta e que soletrava as palavras aleatoriamente. Enquanto a tensão aumentava no exíguo espaço da cozinha, ele mantinha a calma. "Andrew lê cem pedidos em vinte minutos, e faz isso com velocidade, mas se mantém calmo. Ele não parece nem um pouco disléxico", disse o *maître* daquele brilhante restaurante, quando conversamos um pouco, no bar, por alguns minutos, logo depois. "Talvez ele tenha aprendido a lidar com isso, mas, se você não soubesse previamente desse problema, não seria possível adivinhar. Nós o chamamos de 'o profissional'."

Para Andrew, cozinhar como forma de sobrevivência significava que ele não teria de permanecer na escola. E havia um estímulo inesperado para o ego: a maioria das pessoas que faziam parte das equipes de cozinhas de restaurantes vinha de algum outro país, disse ele, e, portanto, em comparação com elas, a leitura e a escrita de Andrew eram excelentes. Perguntei se a imponência de sua estatura física fizera com que ganhasse pontos na cozinha, sem falar nas horas extras, em que trabalhava como segurança. Olhando para baixo cerca de trinta centímetros na minha direção, ele concordou com a cabeça, e abriu um largo sorriso. Se um chefe de cozinha não estiver disposto a encarar os "peixes-ratos" e os comentários depreciativos impregnados de testosterona de uma cozinha profissional, não durará muito tempo. "Algumas vezes, os caras não aguentam", disse Andrew sobre a mistura diária de brincadeiras agressivas, piadas grosseiras e difamações. "Há uma porta giratória. Todas as vezes que eles trazem uma nova pessoa, todo mundo pensa que será demitido. Porque você tem de provar que é bom todos os dias." As zombarias e a gritaria constante são "muito divertidas", completa. E, exceto pela prateleira cheia de comandas rabiscadas, não há texto impresso à vista. "Eu deveria ler mais receitas, mas não sou, realmente, um bom leitor", acrescentou.

## Preenchendo as lacunas biológicas

Por que, exatamente, um homem jovem, aparentemente saudável, ter aversão pela leitura era, até muito recentemente, um mistério? Uma geração atrás, havia poucos bons estudos de laboratório, as técnicas de captação de imagens cerebrais estavam engatinhando — e eram muito invasivas e caras para serem utilizadas em crianças saudáveis, de qualquer forma —, e não havia nada parecido com o Projeto Genoma Humano. As crianças como Andrew geralmente comportavam-se mal quando experimentavam algum tipo de frustração, ou quando apresentavam dois transtornos simultaneamente — um transtorno de déficit de atenção *e* uma disfunção na leitura —, existindo, portanto, uma confusão geral sobre as causas. O açúcar não refinado, os maus professores ou a apatia eram, de modo geral, vistos como os culpados. Mais próximos ao ponto nevrálgico da questão, muitos acreditavam que a dislexia estava, de alguma forma, relacionada ao cérebro, e termos vagamente técnicos como "disfunção cerebral mínima" e "transtorno de integração perceptivo-visual" entraram em voga por um período, embora ninguém estivesse realmente certo do que queriam dizer. As águas se tornaram mais turvas com a inserção de modas passageiras no ensino, com muito pouco embasamento científico. As abordagens de Linguagem Total, que eram populares nos anos 1970 e 1980, não ensinavam a análise da palavra, mas dependiam da habilidade intuitiva da criança para dividir e reconhecer as palavras por conta própria. Isso era exatamente o que as crianças disléxicas não conseguiam fazer, e, então, elas se sentiam cada vez mais deixadas para trás. Em quase todo o século XX não houve muitas evidências sólidas que pudessem explicar por que um talento especial para decifrar textos escritos poderia estar presente em 90% dos seres humanos e ausente nos demais. Ler e escrever são, claramente, atividades que se aprendem. Então, por que algumas crianças simplesmente não conseguiam aprendê-las?

A resposta ficou mais nítida na metade dos anos 1990, conforme as evidências começaram a esclarecer as raízes neurológicas e genéticas da capacidade de ler e escrever. Não existe um gene único que provoque dislexia. Já que ela pode ser originada a partir de diferentes permutações e combinações de problemas relacionados à linguagem — não apenas a consciência fonológica, mas uma nomenclatura comprometida, ou uma memória preguiçosa para símbolos escritos —, ela se parece mais com uma síndrome do que com um fenômeno único. Conhecem-se, pelo menos, oito variações genéticas em fragmentos de diversos cromossomos (incluindo os cromossomos 2, 6 e 15) que estão envolvidas em rearranjar o desenvolvimento do cérebro. Quando presentes em diversas combinações, essas variações genéticas podem interferir no processo de aprendizagem da leitura. Outras regiões dos cromossomos foram identificadas como responsáveis, possivelmente, por carrear genes envolvidos na dislexia, e o mapeamento do genoma está se tornando cada vez mais refinado dia após dia.[5]

Reforçando suas origens biológicas, os estudos com gêmeos mostram que a probabilidade de gêmeos idênticos apresentarem dislexia aumenta de 91% a 100% (gêmeos idênticos compartilham a mesma assinatura genética). A chance de ambos os gêmeos bivitelinos — que compartilham aproximadamente metade dos genes relevantes — apresentarem dislexia varia entre 45% e 52%.[6] Notadamente, a dislexia é herdada, embora o ambiente possa desempenhar um papel misterioso no modo como ela se manifesta em cada pessoa. E, embora possa ser reparada com uma abordagem educacional correta, não é *causada* por um ensino deficiente (da mesma forma que uma visão deficitária pode ser corrigida usando óculos, mas não é causada por não haver um par de óculos à mão). Também não há evidência alguma de que a dislexia é provocada por cuidados parentais negligentes ou por uma dieta com base em refeições ligeiras. É, também, um problema universal: cerca de 10% da população mundial apresentam esse transtorno.[7] Os meninos são, geralmente, mais afetados que as meninas: a proporção entre meninos e meninas é, em qualquer lugar, entre dois e dez meninos para cada menina, dependendo de como a dislexia é definida e de quão seriamente atrapalha a vida diária. A dislexia severa, acompanhada por múltiplos problemas de linguagem, é seis vezes mais comum em homens.[8]

Mas qualquer diferença entre os gêneros é controversa. Mesmo com as evidências biológicas, houve um esforço, na metade dos anos 1990, para atribuir ao preconceito de gênero quaisquer oscilações que se mostrassem desfavoráveis aos meninos. Assim como na discrepância de verbalização, a hipótese parecia ser a de que os cérebros masculino e feminino deveriam ser idênticos, ou que os cérebros das meninas — e, dessa forma, seu comportamento — deveriam se assemelhar aos dos meninos em todos os aspectos. Portanto, se mais meninos se manifestavam verbalmente, ou se 10% dos meninos apresentavam um transtorno que chamava a atenção das professoras ou da equipe da escola, então as meninas também deveriam ter e fazer a mesma coisa, em proporções equivalentes.[9] Em seu livro *Entendendo a dislexia*, a professora de pediatria Sally Shaywitz identifica o problema desta forma: "Os professores incorporaram uma norma para o comportamento em sala de aula que reflete o comportamento de meninas normais. Como resultado, os meninos impetuosos — embora ainda dentro da faixa normal para o comportamento de meninos — podem ser percebidos como portadores de um problema de comportamento, e ser encaminhados para uma avaliação mais profunda. Enquanto isso, as meninas bem-comportadas que se sentam silenciosamente em suas cadeiras, mas que, ainda assim, não conseguem aprender a ler, são, geralmente, negligenciadas."[10] Os estudos da Dra. Shaywitz em crianças de uma comunidade, que não haviam sido apontadas por suas escolas ou clínicas como portadoras de quaisquer problemas, repercutiram a previsível descoberta de que mais meninos que meninas apresentavam dislexia. Mas, ao observar os problemas de leitura na comunidade como um todo, ela descobriu que as diferenças entre os gêneros eram menos expressivas. Sua descoberta de "nenhuma diferença significativa" contrastava significativamente com as enormes diferenças de gênero anteriormente descobertas no tocante à dislexia, e ela sugeriu uma explicação: as meninas pacatas não estão sendo levadas em consideração.

Isso pode ser verdadeiro em alguns casos. Mas também é provável que uma triagem completa da dislexia possa revelar uma enormidade de falsos positivos — sinais de um transtorno onde, de fato, não há nenhum. As habilidades acadêmicas das meninas tendem a ser subestimadas em testes padronizados. Por exemplo, as habilidades que apresentam em matemática podem ser tão fortes quanto as dos meninos em sala de aula, e, ainda assim, podem ficar atrás deles nos escores dos testes. Escrutinar a mais ampla rede possível de pessoas com a aplicação de testes em toda uma comunidade pode, portanto, resultar em algo discutível: é provável que muitos casos reais sejam identificados "com sucesso", para compensar aqueles falsamente identificados. No caso da dislexia, quanto mais extremo e persistente o transtorno, maior a probabilidade de que os homens sejam afetados, e, portanto, identificados. Superdiagnosticar um problema quando não há evidências dele na vida real é uma ação que envolve riscos particulares. Avaliações de acompanhamento dispendiosas, necessárias para confirmar o diagnóstico, algumas vezes deixam de acontecer.[11] E não há menção às origens cerebrais da dislexia. Quando estava escrevendo este capítulo, recebi um pedido para fazer uma entrevista de acompanhamento com um menino inteligente, porém disléxico, que eu havia atendido seis anos antes. Seu pai me disse que ele estava, agora, em uma turma especial para crianças com problemas de leitura, e os 15 alunos eram meninos. "A atmosfera é tão caótica quanto a de *Clube dos Cafajestes*", disse-me o pai, descrevendo a cena após tê-la observado atentamente ao deixar seu filho na escola. Parece que alguns daqueles meninos tinham TDAH, além de dislexia. Os meninos têm mais probabilidade de ser duplamente azarados, apresentando mais de um transtorno de desenvolvimento ao mesmo tempo. Mas as razões fundamentais para maior proporção de meninos com dislexia, no fim das contas, têm menos a ver com os preconceitos dos professores ou com diagnósticos duplos do que com a geografia dos cérebros masculino e feminino.

O cérebro dos homens é, simplesmente, menos versátil quando se trata da linguagem, seja ela escrita ou falada. Então, se alguma coisa der errado, os homens podem se ver condenados. Seja um coágulo ou uma hemorragia, ou a sutil má conexão de estímulos da dislexia — os cérebros femininos parecem, simplesmente, mais bem equipados para lidar com o inesperado. Grande parte dessa versatilidade tem a ver com a maneira como os dois hemisférios cerebrais são organizados, em homens e mulheres, quanto às funções de armazenamento e acesso da linguagem. Estudos realizados com imagens de ressonância magnética mostram que, nos homens, a maior parte das funções de linguagem está localizada no hemisfério esquerdo. Enquanto isso, a maioria das mulheres utiliza *ambos* os hemisférios para acessar a linguagem.[12] Um dos primeiros dos inúmeros artigos científicos a demonstrar essa diferença de gênero foi um estudo realizado com imagens de ressonância magnética em 1995 por Sally Shaywitz e seu marido, Bennett Shaywitz, e publicado na revista *Nature*. Ao lado de seus colegas de Yale, os Shaywitz mostraram que as tarefas de linguagem essenciais à leitura e à escrita — escrever versos, reconhecer as letras e compreender as palavras — são altamente lateralizadas no hemisfério cerebral esquerdo nos homens, mas representadas em ambos os hemisférios nas mulheres.[13] As descobertas particulares dos Shaywitz pareciam contradizer a noção de que a alta proporção de homens diagnosticados com dislexia devia-se aos preconceitos dos professores. Mas, naquela época, houve uma resistência muito grande à ideia de que diferenças de gênero materiais e passíveis de observação no cérebro fossem significativas, especialmente considerando o fato de se ter descoberto que o cérebro das mulheres é menor e mais leve.

Em 1995, uma neurocientista canadense, Sandra Witelson, esclareceu, em grande parte, a confusão. Ela descobriu que o cérebro das mulheres pode ser proporcionalmente menor que o cérebro masculino, mas tem uma teia maior de interconexões na área da linguagem. Literalmente contando os neurônios em ínfimas partículas do tecido cerebral, a Dra. Witelson e seus colegas também descobriram que os cérebros femininos são compactados mais solidamente com os receptores, especialmente no córtex temporal posterior, uma região especializada em linguagem. Essa densidade celular notadamente superior — a diferença é de 11% a favor das mulheres — pode ser uma das razões pelas quais as mulheres são igualmente inteligentes, mesmo com cérebros proporcionalmente menores.[14] Também pode explicar a vantagem geral das mulheres em fluência de linguagem e ortografia. Eis, portanto, uma evidência que poderia nos revelar por que há diferença de gênero em habilidades de linguagem, que se torna ainda mais acentuada quando há predisposição à dislexia. E o cenário estaria armado para que as habilidades de linguagem, nas mulheres, sejam mais bem integradas com outras habilidades cognitivas, como a memória e a emoção, e mais protegidas de qualquer dano localizado. Se houvesse um problema no hemisfério esquerdo, as mulheres simplesmente passariam a acessar o hemisfério direito. Em circunstâncias normais, as diferenças de gênero seriam sutis, mas, se algo desse errado, elas seriam radicais.

Não se trata apenas de uma diferença entre os hemisférios; há outras mudanças anatômicas no cérebro de uma criança disléxica que o diferenciam dos demais. Enquanto a exposição precoce aos hormônios masculinos no útero logo no começo do desenvolvimento pré-natal estabelece interconexões nos cérebros masculino e feminino de maneiras ligeiramente distintas no tocante à capacidade de ler e escrever, acredita-se que, no último trimestre de gravidez, inúmeros genes candidatos a ter ligação com a dislexia põem em movimento uma migração pré-natal de neurônios que provocarão má-formação congênita.[15] São feixes de neurônios que se acomodam em áreas do córtex às quais não pertencem (alguns cientistas chamam-nas de protuberâncias do cérebro, embora não aumentem de tamanho).¹⁶ E há outras irregularidades visíveis na dislexia. Em vez de o lobo direito frontal e os lobos occipitais esquerdos (posteriores) do cérebro tornarem-se salientes de forma desigual, como é a norma, nos disléxicos, essas assimetrias são revertidas ou apresentam um tamanho menor.¹⁷ Outras irregularidades nas circunvoluções e pregas do cérebro obstruem a transmissão estável de sinais neurais relacionados à leitura, em três áreas: o giro frontal inferior (localizado aproximadamente atrás da sobrancelha), onde as palavras são transformadas em sons; a região têmporo-parietal (localizada atrás da parte superior da orelha), local em que palavras são submetidas a outras análises; e a região occipito-temporal (na parte posterior, bem atrás do lóbulo da orelha), onde acontecem a nomenclatura e o reconhecimento das palavras.¹⁸ Navegando por entre essas áreas, é como se os sinais da linguagem do cérebro disléxico atravessassem caminhos anatômicos repletos de buracos e elevações, resultando em processamento preguiçoso, má comunicação entre as células e conexões anormais. Mas existiriam desvios mais cômodos? O cérebro das mulheres apresenta mais recursos desse tipo. Com menos rotas alternativas ou "partes livres" neurais para assumir o comando em caso de emergência, as habilidades de linguagem e de leitura nos homens são, portanto, mais vulneráveis, seja em relação a um dano cerebral específico ou a disfunções de linguagem mais difusas, como é o caso da dislexia. A neurocientista britânica Uta Frith e sua colega, Faraneh Vargha-Khadem, encontraram evidências disso quando observaram a ortografia e a leitura de 46 crianças com danos cerebrais precocemente detectados. Os meninos com lesões no hemisfério esquerdo apresentavam mais dificuldades com a ortografia e a leitura que as meninas com danos localizados em áreas similares. Nas meninas, a leitura e a ortografia não eram melhores nem piores que a média das crianças, não importando qual lado de seu cérebro apresentasse o dano, porque outras regiões podiam assumir o controle daquelas funções.¹⁹

A assimetria entre os hemisférios cerebrais — e entre homens e mulheres — é a regra para a linguagem. Nesse particular, os cérebros de homens e mulheres não são idênticos.²⁰ Ainda assim, uma simetria maior entre aspectos dos lados direito e esquerdo do cérebro é uma característica anatômica comum no cérebro de pessoas com dislexia. Tais diferenças anatômicas distorceram primeiro as experiências, depois o comportamento, e, posteriormente, o diagnóstico dos meninos disléxicos.

## Territórios masculinos

É claro que é altamente improvável que Andrew soubesse qualquer uma dessas coisas quando decidiu se tornar um chefe de cozinha. Mas as cozinhas de restaurantes são, notoriamente, guetos masculinos, e depois de tomar conhecimento dos inexpressivos históricos escolares de inúmeros chefes de cozinha famosos, comecei a pensar se o fato de abandonar a escola pode ser um pré-requisito para a fama masculina na cozinha. Os restaurantes mais conceituados de Londres, Paris, Berlim, Nova York e da Califórnia, mesmo atualmente, são gerenciados por chefes de cozinha do sexo masculino. E, apesar de a discriminação de gênero ter sido sempre o padrão nas cozinhas de restaurantes, especialmente na Europa, é mais provável que a autosseleção explique por que as mulheres ainda sejam figuras raras em restaurantes sofisticados do nosso tempo. A discriminação tem diminuído, mas o ambiente básico de trabalho em um restaurante nunca muda. É um trabalho braçal, extenuante e sujo, e os horários de expediente são árduos. Apesar da celebridade dos chefes, trabalhar em uma cozinha de restaurante é como trabalhar em uma prisão, ou em uma plataforma de petróleo — é um trabalho realizado em turnos, em um ambiente masculino.

A princípio, porém, muitas mulheres se mostram interessadas. Metade dos estudantes das escolas do American Institute of Culinary Education e do Cordon Bleu são mulheres. Mas a desilusão logo aparece. Espreite por trás das portas de quase todas as cozinhas de restaurante em qualquer noite da semana e você verá, majoritariamente, homens suados, usando calças de pano e um par de tamancos. Isso porque, quando as mulheres se formam nas escolas de culinária, muitas descobrem que os expedientes e as condições da arte culinária confrontam-se com a vida familiar. Quando todos os outros estão com seus entes queridos todas as noites, nos fins de semana ou feriados, o chefe de cozinha está levantando panelões de sopa e escorredores de macarrão. Quando perguntada sobre o fato de haver tão poucas mulheres no comando de cozinhas, Missy Robbins, chefe do Spiaggia de Chicago, comentou com um repórter: "Como vou fazer para ter filhos e estar no trabalho à meia-noite?" Outra chefe afirmou: "É duro. Não tenho vida. Não tenho namorado. Algumas vezes, é muito ruim. Minha vida é meu restaurante." "Eu não podia sequer cogitar ter um filho sendo chefe de cozinha. Era uma coisa óbvia", disse outra chefe. "É como ser um trabalhador da construção civil. Não é tão conveniente quanto parece".[21]

De fato, as cozinhas de restaurantes competem com as cenas de batalha como ícones de cenários masculinos. Adam Gopnik descreve da seguinte maneira a formação do chefe três estrelas Bernard Loiseau: "Ele aprendeu a cozinhar fazendo um estágio na cozinha dos irmãos Troisgros, nos arredores de Lyon, onde adquiriu a assustadora disciplina de descascar cebolas e cortar filés de peixe durante 12 horas por dia; aprendeu, até mesmo, a matar sapos batendo suas cabeças despreocupadamente contra a mesa da cozinha."[22] Após ler o sincero relato de Anthony Bourdain em *Cozinha confidencial*, perdi por vários meses o apetite para comidas preparadas em cozinhas profissionais, e, mais ainda, o desejo de trabalhar em uma delas. Bourdain descreve da seguinte forma o chefe e a equipe de cozinha de um restaurante de Provincetown, onde começou sua carreira:

> Eles se vestiam como piratas: a jaqueta do chefe tinha as mangas cortadas, jeans azul, uma bandana esfarrapada e desbotada, um avental cheio de manchas, argolas de ouro nas orelhas, algemas nos pulsos, colares e cordões azul-turquesa, anéis de osso ou marfim, tatuagens (...) Eles tinham estilo e andavam com arrogância, parecendo não ter medo de nada. Bebiam tudo que estivesse à sua frente, roubavam tudo que não estivesse precisamente especificado no estoque e se deslocavam por entre os membros da equipe, clientes do bar ou visitantes eventuais como eu nunca havia visto ou imaginado antes. Carregavam facas grandes e pontiagudas, mantendo-as amoladas e afiadas como se fossem uma lâmina de navalha. Atiravam frigideiras e panelas sujas na minha pia com uma precisão negligente.[23]

E no livro *Calor*, o instigante relato de Bill Buford sobre seu aprendizado com o chefe Mario Batali e o ídolo deste, Dario Cecchini, o leitor ora sente simpatia, ora um profundo alívio por não estar na pele de Buford enquanto ele aprendia os segredos do negócio. Em uma cozinha profissional de um restaurante, há uma hierarquia do espaço ("Eles o provocam porque podem — colocam você no seu devido lugar", Batali diz a ele); há demonstrações clássicas de força, de acordo com a categoria que se ocupa ("Aqui estão as ervilhas de neve, senhor", mas ele não gosta do seu aspecto. "Estão erradas, seu imbecil. Você as cozinhou demais, seu maldito idiota. Você acabou com elas, seu amador de merda"); e há a agressividade, que seria chamada de abuso em qualquer outro lugar. Quando Buford não cozinhou uma costeleta de porco o suficiente, a resposta de Batali foi retirá-lo de seu posto de trabalho, censurá-lo severamente na frente de todos e enfiar comida quente em sua boca.

> Ele fez isso várias vezes, entupindo-os com montes de gordura branca de porco e molho apimentado, um preparado com textura porosa e derretida. Mario mordeu um pedaço e a mistura escorreu pela sua bochecha, um filete de gordura brilhoso e ardido. Eu assisti a essa cena porque, mais uma vez, era isso o que eu estava fazendo, observando. Então, ele veio na minha direção e enfiou um resto de pizza na minha boca — empurrando rapidamente e com força.
> "Esse", disse ele, "é o sabor pelo qual a América está esperando." Ele estava a alguns centímetros do meu rosto. "Você não acha que é esse o sabor que a América quer?" Sua cabeça estava inclinada para trás, como se fosse um lutador de boxe, erguendo o queixo para mim, mas protegendo o próprio nariz. Ele estava com uma postura aberta e agressiva. O olhar era duro, quase de desprezo. Ele me olhou fixamente, esperando que eu concordasse com ele.
> "É isso", disse eu, "que a América está esperando."[24]

Obviamente, há mulheres que conseguem suportar o calor dessas cozinhas por 16 horas ininterruptas, mas há um alto nível de desgaste. Para que uma mulher aprecie trabalhar ao lado desses homens, precisaria ser mais corajosa que todos eles juntos — ser mais desbocada e tão impulsiva quanto eles. E, ao fim do dia, teria de dar menos importância à sua vida doméstica e se preocupar mais com os pratos preparados para estranhos. Ainda na faixa dos 20 anos, essa não era uma preocupação para Andrew — pelo menos, não naquele momento. Além disso, que escolhas tinha ele? Conforme ele mesmo disse: "Gosto de cozinhar. Eu não era feliz na escola." Era simples assim.

## Tom, Dick, Harry... e Wendy

A história de Andrew revelou-se clássica. Tendo abandonado a universidade para aprender uma ocupação, Andrew era um caso típico entre muitos homens jovens com disfunções de leitura. Em 2001, o Departamento Americano de Educação começou a acompanhar 11 mil adolescentes que recebiam serviços de educação especial, em um estudo prospectivo chamado National Longitudinal Transition Survey. Esse amplo grupo de adolescentes entre 13 e 16 anos estava sendo acompanhado, à medida que entrava na idade adulta, e, em 2006, já haviam sido feitas duas avaliações. Naquela época, o estudo NLTS descobriu que três quartos do grupo haviam se formado no ensino médio, e que, dentre aqueles que não haviam se graduado, a maioria era formada por homens. Apenas 9% do grupo seguiu em frente, ingressando em cursos universitários de quatro anos de duração, e a maior parte desse percentual era formada por mulheres. Parecia ser uma má notícia para os meninos. Mas as boas notícias, se é que podemos chamá-las assim, é que os meninos com disfunção de aprendizagem eram muito mais fortes que as meninas em testes de matemática, ciências e habilidades motoras, e essas habilidades pareciam auxiliá-los a encontrar um caminho em algumas ocupações e nos negócios. Quando foram pesquisados pela última vez, 85% trabalhavam em horário integral e investiam longas horas no trabalho.[25]

Em abril de 2006, recebi um e-mail de Mary Wagner, a pesquisadora-chefe do estudo, informando-me que os meninos com disfunção de aprendizagem que haviam abandonado o ensino médio tinham duas vezes mais probabilidades que as meninas de trabalhar em horário integral e estavam ganhando mais por hora de trabalho que elas. Eis o paradoxo: as mulheres eram mais bem-sucedidas na escola, mas os homens trabalhavam por mais horas em empregos com melhor remuneração. Outros estudos que haviam investigado como as pessoas jovens portadoras de disfunções de aprendizagem estavam se saindo revelaram a mesma tendência: os homens trabalhavam arduamente em empregos em horário integral; as mulheres tinham mais probabilidade de trabalhar em meio expediente, se tanto, ou estavam em casa cuidando dos filhos.[26] Curiosamente, esses homens ganhavam mais que as mulheres sem qualquer tipo de disfunção de aprendizagem — o que me fez lembrar de minha amiga editora e de seu colega de turma que cuidava do seu fundo de pensão. As habilidades de leitura dele provavelmente ainda eram fracas, mas suas longas horas e sua motivação de fazer dinheiro em um campo altamente arriscado estavam compensando seus esforços.

E havia uma questão a mais. Geralmente, as pessoas com dislexia que conseguiram ser bem-sucedidas tinham um único interesse, que as absorvia por completo. A obsessão por uma só causa era o que caracterizava sessenta adultos disléxicos bem-sucedidos, segundo a pesquisadora de habilidades de leitura e escrita, Rosalie Fink, de Boston. Ela estava interessada em pessoas com dislexia que ficaram empacadas no ensino pós-secundário por muito tempo, para depois se tornar cientistas ou profissionais liberais, e descobriu que o que as caracterizava era a persistência obstinada em continuar lendo, mesmo que vagarosamente — e interesse apaixonado por um único assunto. Elas liam obsessivamente sobre assuntos relacionados àquela área, dominando o vocabulário próprio, de modo que pudessem apoiar-se no conhecimento acumulado, em vez de ter de parar e desmembrar cada nova palavra.[27] Felizmente, os estudos de Fink reproduziam as falas de seus sujeitos disléxicos, discorrendo com empolgação sobre como se haviam autoeducado, de modo que não se tornou necessário vasculhar os dados estatísticos para apreender suas histórias.

"Tudo começou com meu interesse por aeronaves no ensino fundamental, que, rapidamente, evoluiu para sistemas propulsores, no sétimo e no oitavo anos (...). Fiquei fascinado com a química do nitrogênio. Portanto, a maneira de entendê-la era começar a ler livros de química. E, assim, peguei livros de química orgânica e li tantos quantos pude encontrar", disse Ronald W. Davis, atualmente professor de bioquímica, em Stanford. James Bensinger, especialista em física, descreveu a atração por seu trabalho da seguinte forma: "Eu sabia, desde o quinto ano, que a física era, certamente, o que eu queria fazer. Então, li muitas coisas. Você sabe, leio revistas e livros, e levo muito tempo fazendo isso, apenas lendo sobre física." Um desejo de dominar uma área específica da ciência levou esses homens a ler, e, por serem radicais, eles eram igualmente radicais em seus gostos.

As mulheres disléxicas bem-sucedidas leem assuntos com uma abrangência maior, para vivenciar outros mundos ou passear por outras mentes, e não para adquirir uma base concreta de dados. Ann Brown, pesquisadora educacional com dislexia, descreveu o desenvolvimento de seus conhecimentos de leitura e escrita da seguinte forma: "Lembro-me de ler muitos romances históricos; lia-os avidamente, em particular sobre os períodos Tudor e Stuart, porque eram, principalmente, histórias de amor." Outra mulher contou que foi seduzida pelos romances de Judy Blume desde cedo. Por mais que Rosalie Fink quisesse evitar os estereótipos de gênero, não havia como negar o fato de que homens e mulheres disléxicos escolhiam tipos diferentes de livros, assim como fazem homens e mulheres de modo geral. Oitenta por cento dos livros de ficção são comprados por mulheres, provavelmente porque permitem que elas vivenciem os estados mentais de outras pessoas.[28] Os homens disléxicos estavam em posições mais extremas que os rapazes na zona intermediária, apresentando habilidades de linguagem mais fracas, e também eram mais radicais que as mulheres disléxicas, ao focar em coisas, em vez de pessoas. Ao se concentrar em uma área específica com aplicação restrita, eles adquiriam uma destreza que poucas pessoas conseguiam obter.

Ler muito sobre uma área quando não se é um leitor fluente é, também, um indicador de profundo sofrimento. E o sofrimento, conforme descobri, era outra característica de homens disléxicos bem-sucedidos. Ler ficção científica e as aventuras de Tin-Tin acendeu a imaginação de Daniel Paley, disse ele, em um e-mail, mas, sob seu ponto de vista, o que realmente garantiu o sucesso que obteve no Vale do Silício foi sua habilidade de continuar lutando por um objetivo. Também disléxico, Daniel lia tão superficialmente quanto uma criança, e sua ortografia era ainda pior. Ele, então, enfrentava muitas dificuldades, saindo-se bem quando as professoras o avaliavam oralmente, e saindo-se mal quando as professoras insistiam que ele fizesse exames com um tempo máximo estipulado. Daniel interessava-se por sistemas eletrônicos e sonhava em conseguir um diploma em engenharia, apesar de seus crônicos problemas de leitura e das esperanças alimentadas por seus pais de que ele encontraria algo que eles julgassem mais fácil. "Você tem certeza de que é isso que você quer?", sua mãe recorda-se de ter-lhe perguntado. "Ele disse: 'Por favor, me deixe fazer isso.' Dos meus três filhos, ele foi o que realmente sabia o que queria fazer. Ele entendeu melhor quais eram seus problemas quando cresceu e, de fato, assumiu o controle da situação. Ele sempre tomou conta de si mesmo."

Essa persistência obstinada, combinada sua habilidade em solucionar problemas espaciais e técnicos, permitiu que Daniel criasse chips digitais "por meio de uma ampla aplicação da lógica e de habilidades de renúncia — coisas nas quais sou bom", contou-me pelo telefone, enquanto dirigia rapidamente em uma autoestrada da Califórnia. A cada vez que ele entrava em uma zona de sombra, nossa conversa sumia. Então, meu telefone tocava e ele simplesmente continuava a frase do ponto em que parara. Trabalhando atualmente em um dispositivo de identificação de radiofrequência que substituirá o código de barras em grandes cadeias de lojas, Daniel explicou como suas dificuldades com a leitura fizeram com que ele reduzisse o ritmo, mas, paradoxalmente, permitiram-lhe desprezar os detalhes desnecessários e focar em uma visão dedutiva, "como em *Gödel, Escher, Bach*", disse ele, referindo-se ao livro, publicado em 1979, de Douglas Hofstadter, que traçava paralelos entre os campos da matemática, das artes e da música. Aparentemente, observar um sistema sob uma perspectiva panorâmica consolida as forças de Daniel. Sua forma direta de falar obrigava-o a "espancar" os problemas e a "queimar" o texto, metáforas que ele empregou para descrever a energia desacelerada que usava para ler. "É como usar madeira de uma floresta monçônica para fazer fogo, em vez de usar madeira flutuante seca, que é possível encontrar em qualquer lugar na praia", explicou, comparando seu modo de ler com o modo que acredita ser o das outras pessoas. "Eu tenho de gastar mais tempo e mais energia para assimilar as informações." Uma vez feito isso, no entanto, ele afirma conseguir observar padrões que outras pessoas não conseguem perceber, e raramente se desvia do assunto, caso haja interseção de algum conflito ou de emoções. "Depois de entender um sistema, consigo manipulá-lo muito bem."

Descrever sem embaraço as próprias falhas e talentos, e orquestrá-los com uma profissão é, precisamente, tudo o que é necessário para ser bem-sucedido, diz o pesquisador Paul Gerber. Os adultos disléxicos que fazem isso encontraram um nicho que se adapta às suas forças, e podem identificar o que precisam para ter êxito, de acordo com os estudos de Gerber.[29] Ao lado de seu colega Rick Ginsberg, Gerber entrevistou 46 adultos com disfunções de aprendizagem, altamente bem-sucedidos, e 25 outras pessoas como grupo de controle. Os bem-sucedidos não eram apenas altamente focados em seus objetivos, mas também adaptativos, encontrando soluções pouco usuais para seus problemas de aprendizagem. "Entrevistei um dermatologista que disse haver 28 especialidades médicas", disse-me Gerber. "Ele afirmou que a razão pela qual escolhera ser dermatologista é que todos os problemas dermatológicos vêm acompanhados de uma foto nos livros, de modo que ele podia olhar para elas e identificar os problemas." Wendy Wasserstein, a autora teatral que recebeu o Prêmio Pulitzer, passou sua vida escolar em um seminário judeu feminino no Brooklyn, virando as páginas dos livros tão rápido quanto possível, para que ninguém descobrisse que ela mal estava conseguindo ler. Mas disfarçar essa dificuldade já não era mais necessário quando adulta. Ela escolheu as artes cênicas porque achou que as peças de teatro eram mais fáceis de ler do que qualquer outro tipo de texto. "Descobri que elas são curtas, são impressas com letras maiores e há muito espaço em branco nas páginas. E você pode ir até a Library of Performing Arts e ler e ouvir as peças ao mesmo tempo. E, depois, lendo-as novamente, é possível ouvir as vozes daquelas pessoas."[30] Além de se valer de um revisor para corrigir seus erros de ortografia, a adulta Wasserstein havia encontrado o mais dinâmico dos meios de escrita, em que as palavras saltavam da página.

## O talento paradoxal

Como dramaturga, Wasserstein escrevia sobre mulheres como ela, da geração do baby-boom, e que não haviam encontrado uma via estável de satisfação pessoal. Com passagens pelo cômico e pelo absurdo, suas obras estão distantes das de um engenheiro elétrico. Ainda assim, ela concordaria com Daniel Paley; ela também pensa que "ser disléxica é um dom, porque você pensa menos linearmente". É uma ideia atraente a de que as pessoas cujos cérebros trabalham de maneira pouco convencional também podem ser dotadas de poderes não usuais. No livro *The Spirit Catches You and You Fall Down*, Anne Fadiman descreve como a epilepsia é reverenciada entre o povo Hmong, do sudeste da Ásia. "Acredita-se que seus ataques são evidências de que as pessoas têm um poder de perceber coisas que outras não conseguem ver (...). O fato de terem estado doentes faz com que demonstrem uma compaixão intuitiva pelo sofrimento dos outros." As pessoas com *quag dab peg*, que pode ser traduzido como "o espírito que pega você", são usualmente homens, e são consideradas particularmente aptas para se converter em líderes espirituais ou curandeiras, precisamente por causa de sua epilepsia.[31] Os pontos de vista românticos em relação aos transtornos cerebrais podem ter consequências trágicas. Lia Lee, a jovem objeto de estudo da descrição de Fadiman, morreu por causa de uma confusão transcultural originada pela hesitação em tratar ou não sua doença, e visões igualmente românticas da esquizofrenia produziram efeitos desastrosos. Ainda assim, as pessoas com dislexia geralmente mencionam as vantagens de seu quadro clínico. Mas trata-se, simplesmente, de dar ênfase positiva a um lance de dados genético desastrado?

A questão é saber se a neurociência que fundamenta a dislexia pode, igualmente, explicar uma compreensão afiada dos números ou uma percepção criativa e pouco ortodoxa do mundo físico. A força da genética, dos hormônios e do ambiente que propiciam um frágil conhecimento de leitura e de escrita poderiam estar ligadas a outras qualidades? Albert Galaburda, neurologista da Harvard Medical School, foi o primeiro a especular que, na dislexia, os déficits do hemisfério esquerdo podem ser contrabalançados por uma série de vias corticais aprimoradas, em áreas do cérebro não ligadas à linguagem. Os pesquisadores norte-americanos Paul Gerber, Sally Shaywitz e Maryanne Wolf concordam que, nos disléxicos, os talentos do hemisfério direito não são apenas uma coincidência; fatores relacionados à dislexia podem permitir que as pessoas consigam ver sistemas ou padrões onde outras veem apenas um acúmulo de partes e peças sem qualquer relação entre si.[32] Do outro lado do Atlântico, John Stein, que pesquisa a neurobiologia da dislexia em Oxford, abriu uma palestra, em 2001, dizendo: "Os disléxicos têm cérebros diferentes; portanto, seus problemas não estão restritos à leitura, à escrita e à ortografia, mas estendem-se para a falta de coordenação, confusões entre os lados esquerdo e direito e um sequenciamento deficitário, em geral, tanto no domínio temporal quanto no espacial." Isso parece muito ruim, mas há o outro lado. Stein especulou que essa baixa articulação subsistiu porque propicia uma "vantagem compensatória". Ele a comparou com a anemia celular falciforme, uma mutação genética que faz com que as células dos glóbulos vermelhos cresçam de modo anormal e com viscosidade, fazendo com que não consigam deslizar livremente pelos vasos sanguíneos. Os biólogos evolucionistas acreditam que a doença subsistiu nas regiões baixas da África porque oferecia uma vantagem de sobrevivência, protegendo as pessoas contra o mosquito transmissor da malária. Qualquer conexão entre a dislexia e as conquistas alcançadas pelos seus portadores é apenas uma analogia, e não uma comparação rigorosa com a perfeita acomodação existente entre o vetor e o hospedeiro de uma doença. Ainda assim, Stein sugere que "grandes talentos artísticos, criativos, políticos e empreendedores podem ser mais comuns entre dislexicos do que o esperado (...). Certamente, há um número considerável de pessoas muito famosas, ricas e bem-sucedidas que eram provavelmente dislexicas, como Hans Christian Andersen, Churchill, Edison, Einstein, Faraday, Rodin, Leonardo da Vinci, para mencionar apenas alguns".[33]

Nem todos concordariam que este time de estrelas se encaixaria no perfil da dislexia. Diagnósticos retroativos são sempre um exercício falho. Mas, mesmo sendo cética em relação aos detalhes (é difícil imaginar Winston Churchill com dificuldades para ler ou para encontrar as palavras adequadas), podemos ver como os homens dominam as duas posições extremas do espectro de habilidades. A questão é saber se alguns homens têm mais probabilidade de exibir os dois extremos ao mesmo tempo: uma disfunção em uma área e um dom em outra. Muitos inventores — que, usualmente, possuem incríveis habilidades de resolução de problemas visuais e espaciais — já declararam que suas habilidades de leitura e escrita eram comprometidas e que vivenciaram fracassos acadêmicos. Thomas Sowell, que estudou crianças que aprenderam a falar mais tarde do que o normal, descobriu que 72% eram incomumente boas em solucionar quebra-cabeças. Portanto, parece plausível, embora o "dom" não possa ser simplesmente aplicado em qualquer arena. Quando os psicólogos Ellen Winner e Catya von Karolyi investigaram se a dislexia e os talentos visuais e espaciais estavam conectados, descobriram que os dislexicos eram muito mais rápidos e equacionavam melhor se as complexas ilustrações de Escher poderiam, de fato, existir. Eles pareciam ter um talento raro para imaginar como aquelas ilustrações se comportariam no espaço real.³⁴ Isso pode explicar a intuição de Daniel Paley de que ele tinha um sexto sentido para o "raciocínio dedutivo" ou para a resolução de problemas espaciais sob uma perspectiva panorâmica. Um conjunto de genes que predispõem uma pessoa a ter problemas com a leitura pode, também, aprimorar a habilidade de "captar" o panorama geral, ou de perceber exatamente o que faz sentido visual. Os fatores genéticos ou relativos ao desenvolvimento neural que causam disfunção de leitura podem, igualmente, dotar alguém com talentos não verbais, segundo Jeffery Gilger, neurocientista de Purdue.³⁵

Esses intercâmbios neurológicos podem explicar por que homens como Andrew e Daniel são amaldiçoados em sala de aula, mas podem ser bem-sucedidos no trabalho. O exemplo mais mencionado de um grande realizador completamente frustrado na vida escolar é Albert Einstein, notório por sua lentidão ao falar e por ser, na melhor das hipóteses, um estudante medíocre. Há sempre o risco de que alguém de sua importância seja cooptado por determinado grupo social, ansioso por identificar-se com as potencialidades de seu mascote adotivo. Mas, no caso de Einstein, não é implausível que um homem cujos editores e tradutores fizeram comentários sobre seus frequentes erros de grafia de nomes próprios,³⁶ um homem que considerava a memorização algo penoso e a submissão a exames o equivalente a "ser levado à guilhotina",³⁷ possa ter lutado contra os aspectos rotineiros da ortografia e da escrita — ambos sinalizadores de dislexia.

Marlin Thomas, especialista em disfunções de linguagem que refutou a ideia de Einsten ter problemas de aprendizagem, descreveu o raciocínio dele como uma livre associação de imagens visuais, que ele lutava para expressar verbalmente, como se as coisas estivessem sempre na ponta da língua.³⁸ E Einstein descrevia os próprios pensamentos como imagens de "tipo visual e muscular", nas quais "as palavras não parecem desempenhar nenhum papel".³⁹ Nunca saberemos o que veio primeiro, uma falta de motivação na escola ou um problema de origem biológica, que tirou Einstein dos trilhos do rígido e maquinal sistema educacional alemão. "Eu preferia suportar toda a sorte de castigos a ter de papaguear coisas aprendidas mecanicamente", foi sua versão dos acontecimentos.⁴⁰ Sabemos que Einstein frequentava apenas as aulas que lhe interessavam, e que, após graduar-se no ensino médio, fracassou nos exames de admissão em um instituto de tecnologia de Zurique.⁴¹ Por fim, sua incomum capacidade de criar imagens visuais e espaciais, e sua capacidade matemática de resolução de problemas, suplantaram quaisquer lacunas triviais na ortografia, na fluidez da leitura e na sociabilidade. "Sou um viajante solitário, não sou talhado para trabalhar em conjunto ou em equipe. Nunca pertenci de todo coração a qualquer país ou estado, nem a um círculo de amigos, nem mesmo à minha própria família. Esses vínculos sempre foram acompanhados por uma vaga indiferença emocional", escreveu ele, acrescentando que o fato de se dedicar a uma só causa fazia parte de seu conjunto de traços masculinos.⁴²

Um último aparte sobre Einstein. Quarenta e quatro anos após a sua morte, em 1955, seu cérebro foi parar no laboratório de Sandra Witelson, na McMaster University. Ele havia sido pesado, conservado em formol, cortado em 240 blocos idênticos, e armazenado por décadas em um recipiente em um sótão qualquer. Com um banco de 99 cérebros de pessoas comuns — 43 masculinos e 56 femininos —, que ela poderia usar como comparação, a professora Witelson estava bem amparada para avaliar como funcionava. Ela descobriu que pesava aproximadamente o mesmo que os outros, mas era 15% mais largo e possuía características únicas. A fissura silviana — um sulco profundo que separa os lobos frontal e parietal dos lobos temporais — era mais curta e inclinada para cima, e havia um padrão pouco comum de ranhuras nos lobos parietais, áreas especializadas no raciocínio matemático e espacial. A professora Witelson acreditou que as ranhuras eram sinais de mais conexões neurais nas partes do cérebro responsáveis pelos raciocínios visual e espacial e pela capacidade de imaginar os movimentos através do espaço. Poderia um crescimento maior e conexões mais densas nessas regiões ter produzido impacto em alguma outra área? Talvez a expansão dos lobos parietais estivesse invadindo as partes do lobo temporal especializadas na linguagem (acredita-se que uma transferência do tecido neural da área temporal para a área parietal explicaria algumas das anormalidades cerebrais nos disléxicos).⁴³ No caso de Einstein, isso ainda é uma especulação. No momento, tudo o que sabemos é que o "tamanho de uma região de circunvoluções específica no opérculo do lobo frontal do cérebro de Einstein era diferente do tamanho apresentado naquele grupo de controle". Essa anomalia, conforme argumentou a Dra. Witelson em seu relatório divulgado em 1999 sobre o cérebro de Einstein, pode estar relacionada aos registros biográficos sobre seu atípico desenvolvimento da fala.[44] É uma ideia intrigante a de que as lacunas em uma área podem ser contrabalançadas por talentos em outras, mas, no caso de Einstein, de qualquer maneira, isso ainda não está comprovado.

## Meninas disléxicas

E quanto às meninas com disfunções de leitura? A pesquisa que compara meninos disléxicos com meninas é, geralmente, nula, porque, simplesmente, não existem meninas em número suficiente para fazer afirmações conclusivas.[45] Mas as meninas disléxicas que foram ao meu consultório, em número comparativamente menor, pareciam bastante diferentes dos meninos. Nem um pouco calmas e discretas, conforme o estereótipo, elas eram falantes e articuladas. Uma menina de 7 anos era "alegre, pueril e dramática", segundo as anotações que fiz do caso, e, embora suas habilidades de leitura estivessem claramente comprometidas, escrevi que "sua disfunção é quase disfarçada por suas excelentes e expressivas habilidades de linguagem". Uma menina de 6 anos, Rebecca, era confiante e expansiva, descrevendo a si mesma e ao seu temperamento de uma forma rara entre os meninos. "Sinto-me feliz hoje e acho que me sairei bem, porque sou muito boa representando!", disse ela. Rebecca tinha dificuldades de escrever, desenhar ou fazer qualquer trabalho escolar por muito tempo.[46] Ainda assim, era especialista em estabelecer conversas envolventes e socialmente apropriadas, nunca reclamando ou recusando-se diretamente a acatar qualquer solicitação. Quando pedi a ela que escrevesse algumas frases, ela se levantou rapidamente, fingindo surpresa. "Que horas são? Acho que já está na hora de minha mãe me pegar!" Sugeri que, talvez, não fosse a mãe dela batendo à porta, mas que ela não estivesse mesmo com vontade de escrever naquele momento. Como se tivesse ficado desapontada por minha causa, olhou para mim se desculpando e disse: "Hoje não. Quem sabe outro dia?" Não era a primeira vez que eu encontrava uma menina com problemas de aprendizagem que estava ciente das próprias fraquezas e que parecia querer proteger tanto a si mesma quanto os sentimentos de um adulto.

 Essa sensibilidade para os próprios estados emocionais e para os estados emocionais de outras pessoas revelou-se maior em meninas do que em meninos, em todas as idades e estágios de desenvolvimento, um efeito tão difundido pelos mais variados ambientes que acabei dedicando um capítulo inteiro só a esse assunto. Mas, quando me aproximei dessas meninas alguns anos depois, não pude deixar de me surpreender por encontrar todas elas em empregos que envolviam relações humanas: pedagogas de creches, orientadoras educacionais ou defensoras de pessoas com dificuldades de aprendizagem. Das sete mulheres disléxicas que pude acompanhar, seis tinham diplomas universitários em educação, psicologia ou serviço social e quatro delas trabalhavam em instituições de prestação de auxílio a crianças ou a idosos. A habilidade de demonstrar empatia e de se comunicar com os outros estimulava suas carreiras. Depois de ter sido convidada para assistir a uma conferência do Ambassadors, um grupo de defesa de adultos com dificuldades de aprendizagem, que realizava palestras públicas sobre como seus integrantes conseguiram se tornar bem-sucedidos, descobri que todos os membros eram mulheres. A dislexia pode ser um transtorno predominantemente masculino, mas, quando se trata de transmitir as informações e de compartilhar a experiência existencial de uma disfunção de aprendizagem, eram as mulheres que se destacavam.

 Embora ultrapassassem as mulheres em uma proporção de, pelo menos, seis para uma, nenhum dos homens disléxicos que conheci depois de adultos havia optado por carreiras na área de educação; tampouco estavam em profissões que "prestam auxílio", como psicologia, serviço social, educação infantil ou orientação educacional. Todos haviam escolhido um trabalho que resultava em um produto — comida, filmes, fundos de investimento, franquias — e estavam menos focados nas interações entre pessoas do que nos fins em si mesmos. Eu estava em busca de histórias de sucesso e, portanto, essa não poderia ser uma amostra aleatória. Mas não existem muitas pesquisas sobre as carreiras das pessoas disléxicas bem-sucedidas, e as que existem não abrangem aqueles diagnosticados na idade adulta — pessoas como Charles Schwab, da corretora da bolsa de valores de mesmo nome. Quando seu filho foi diagnosticado com dislexia, em 1988, ele percebeu por que sempre tivera problemas de leitura. Tendo sido um bom aluno em matemática e em educação física, Schwab acredita que o golfe foi o que o levou a Stanford. "O segredo mais indecente era que eu não conseguia ler absolutamente nada", disse ele. "Ainda leio muito devagar até hoje." Como os outros personagens já mencionados anteriormente neste capítulo, Schwab sentia que tinha um talento compensatório. "Ao longo do caminho, frustrei alguns dos meus sócios, porque eu conseguia ver o desfecho de determinado negócio mais rápido do que eles e, portanto, já ia tirando minhas conclusões", revelou a um repórter do *New York Times*. "Sigo rigidamente os passos, de A a Z."[47] Outros homens adultos disléxicos que localizei também estavam altamente concentrados nos objetivos finais. Um deles passava o tempo comprando franquias comerciais que haviam decretado falência, reestruturando-as e vendendo-as para obter lucro, e estava se saindo bem, embora nunca tivesse concluído um curso superior. Outro havia ingressado em uma universidade na Inglaterra, e trabalhava como diretor da própria empresa de paisagismo, que administrava com a ajuda da tecnologia: programas de escrita ativados por voz, software Kurzwil, para ler em voz alta documentos digitalizados, o uso de um sistema de GPS em vez de mapas, e dispositivos mnemônicos inventados por ele para contornar seus problemas de linguagem e de memória. O sistema educacional britânico havia sido crucial para seu sucesso, afirma ele. "O sistema escolar norte-americano é completamente movido pela ética do trabalho. Eles acham que, se você simplesmente fizer repetidamente alguma coisa, conseguirá realizá-la. Você não consegue. Só fica cansado. Mas, no Reino Unido, eles eram muito mais proativos. Meus professores diriam: 'Você sabe que tem uma disfunção de aprendizagem. Por que não dita o seu exercício e registra-o em um gravador de voz?' Mas, no fim, a grande diferença entre a escola e o trabalho é que, no trabalho, eles não se importam sobre como você vai chegar lá."

## Dislexia e dólares

Onde se localiza este "lá" é que acaba se transformando em uma grande peça do quebra-cabeças. Os homens e as mulheres descritos neste capítulo buscaram objetivos consistentes com seus perfis de desenvolvimento, e foram notavelmente fiéis às pesquisas que estão surgindo sobre diferenças de gênero em adultos disléxicos. Os homens disléxicos escolheram profissões que passavam ao largo da leitura e da escrita. Eles focalizaram na criação de um produto. As mulheres disléxicas eram muito menos numerosas, permaneciam na escola por mais tempo, recebiam mais diplomas acadêmicos e menos diplomas técnicos do que os homens disléxicos, e tinham muito mais probabilidades de escolher um trabalho que lidasse com pessoas, especificamente nas áreas de educação, psicologia, serviço social e orientação educacional. Elas também tinham mais chances de trabalhar em meio expediente.[48] As escolhas profissionais de homens e mulheres disléxicos, portanto, parecem ser um microcosmo das escolhas profissionais feitas pelo restante de nós. Com perfis cognitivos que reproduzem as diferenças *médias* entre os gêneros, esses homens, cujas habilidades visual e espacial eram extremamente superiores às habilidades de linguagem, fizeram escolhas que acentuavam as tendências médias do gênero ao qual pertenciam. É claro, um indivíduo é exatamente isso, e suas escolhas podem facilmente divergir da média do grupo. Mas as narrativas individuais e, finalmente, os números, contavam a mesma história: diferenças de gênero qualitativas no desempenho escolar e, por fim, nas escolhas profissionais.

Não há regra geral sobre os homens com mais chances do que as mulheres de apresentar dificuldades de leitura. Certamente, eles não são melhores nem mais inteligentes que elas. A escolha de trabalhos voltados para coisas *versus* pessoas reflete sua gama de forças e fraquezas, e não é um juízo de valor sobre a carreira mais vantajosa. Ainda assim, considerando o mesmo nível de educação, não é difícil imaginar qual dessas ocupações tem melhor remuneração: um engenheiro de computação ou uma professora de ensino fundamental; um chefe de cozinha *versus* a funcionária de uma creche; um dono de franquia ou uma assistente social. Como muitas outras mulheres na população em geral, as mulheres disléxicas escolhem carreiras em que a experiência — de interagir, dar aulas, aconselhar — é um fim em si mesmo. Essencialmente, ganhando 20% a menos que os homens, elas também escolhem empregos que oferecem a chance de conciliar carreira com vida familiar. Ao tomar essas decisões, as mulheres parecem dar menos importância ao valor de mercado de suas escolhas e valorizar mais os outros fatores, como flexibilidade, satisfação no trabalho ou diversão.⁴⁹

Foi exatamente isso o que três economistas descobriram quando observaram 562 graduandos de uma universidade em um cuidadoso corte transversal da sociedade norte-americana. As mulheres escolhiam majoritariamente os diplomas na área de educação e de ciências humanas, mesmo que essas escolhas significassem uma remuneração menor do que se tivessem optado pela área de ciências ou de negócios.⁵⁰ Uma formação em uma universidade da área de humanas pode tornar alguém mais culto, e seria de se esperar que, quanto mais culta, mais dinheiro aquela pessoa teria possibilidade de ganhar. Mas não. Embora as meninas e mulheres — especialmente as mulheres pertencentes às minorias — tenham as mais elevadas ambições acadêmicas, apresentam, consistentemente, melhor desempenho na escola e ingressem na universidade em números mais expressivos, acabam escolhendo trabalhos, na idade adulta, que, geralmente, deixam seus bolsos mais vazios.⁵¹ Apesar de ainda existirem, em alguns lugares, disparidades e injustiças salariais para o mesmo tipo de trabalho, essa discrepância de salários tem relação com algo completamente diferente. As mulheres que escolhem áreas e empregos que pagam menos estão distorcendo, elas mesmas, os números, como se dissessem: "Este é o trabalho que quero fazer. Este é o horário de que preciso. E vale a pena ganhar um pouco menos para ter isso tudo."

Ora, por que na face da Terra elas fariam isso?

CAPÍTULO 3

# Abandonem o navio!

## Mulheres de sucesso que desistiram das carreiras nos campos da ciência e da engenharia

No começo de 2005, as escolhas das mulheres qualificadas tornaram-se o foco de intensa exposição pública. Ao lado da guerra no Iraque, da abertura de processos contra os soldados norte-americanos envolvidos no escândalo de Abu Ghraib, do derretimento da calota polar e do crescente número de mortes causadas pela Aids na África, o número de mulheres ativas no campo da ciência acadêmica de elite ganhou, subitamente, as primeiras páginas dos noticiários. Um rápido olhar nas manchetes sugeria que o reitor de Harvard, Larry Summers, era o catalisador. Ele havia manifestado algumas opiniões sobre por que existiriam menos mulheres que homens em carreiras acadêmicas ambiciosas, como ciências, matemática e engenharia. Essa discrepância poderia ser explicada por diferenças de gênero inatas nas posições mais extremas de desempenho? Ou a discriminação ainda estaria mantendo as mulheres excluídas destas áreas? Enquanto acompanhava esse debate, que se converteu em uma grande rixa, pensava sobre as mulheres bem-sucedidas na área de ciências que eu havia conhecido ao longo dos anos. A propósito, elas dificilmente pareceriam deficitárias em matemática ou em qualquer outra área acadêmica. Na verdade, pareciam ter uma série de opções, graças a seus talentos inatos e a suas oportunidades educacionais. Elas teriam mudado para medicina, psicologia e magistério como uma forma de consolação depois de terem sido desencorajadas a seguir carreiras como físicas ou engenheiras?

A resposta, como ficou claro, podia ser vista na varanda da frente de minha casa.

Quando olhei pela janela para minha rua recuperada e enobrecida, a quase duas quadras da maior via pública comercial da cidade, vi um cenário urbano bastante familiar. O carteiro espezinhava nossos modestos canteiros de flores para fazer um atalho até a calçada. Havia uma série de carrinhos de bebê, empurrados por babás vindas da Ásia e do Caribe. Havia o ocasional passeador de cachorros, segurando cinco correias, como se estivesse segurando um buquê de balões no sentido horizontal. Lojas de conveniência, casas de penhores e clínicas de recuperação para dependentes químicos ou doentes mentais ainda ocupavam as ruas principais, mas essa área antigamente habitada pela classe trabalhadora havia se transformado em uma vizinhança badalada, com belos e envelhecidos conjuntos residenciais de casas, que, geralmente, precisavam de dois salários para ser mantidas. A maior parte dos residentes passava o dia fora. Os únicos vizinhos que eu tinha a chance de encontrar em uma ida ao banco no meio do dia eram os aposentados e os desempregados.

Mas, no ano 2000, depois de viver 15 anos neste bairro, percebi um novo fenômeno. Um número crescente de mulheres com boa formação, profissionais liberais e estabelecidas que, visivelmente, não estavam trabalhando. Minha vizinha chique e bem-vestida, que costumava trabalhar em horário integral em um megacomplexo industrial no extremo sul da cidade, está prestes a levar seu cachorro para um passeio na montanha às 10h30 de uma quarta-feira. Ela acena para mim e sorri por trás dos óculos escuros, enquanto coloca a terrier Wheaton em sua caminhonete pela janela. Do outro lado da rua, vejo uma conhecida, que normalmente estaria em seu emprego de horário integral na universidade, deixando sua casa para fazer cooper, conectada ao seu iPod. Ela balança os braços vigorosamente, e seu uniforme de ginástica é uma ode à perfeição. Atrás dela, uma empregada doméstica com avental varre centenas de sementes de bordo das escadas, lançando-as novamente ao vento. Enquanto isso, minha vizinha jogadora de tênis, uma advogada que mora a apenas algumas casas abaixo da minha, liga o cortador de grama e anda com ele para frente e para trás em seu pequenino gramado, transformando-o em uma camada de veludo cotelê verde e alinhada. Ao contrário de mim e do restante de minhas vizinhas, ela não trabalha em um emprego remunerado há anos. Ela é uma mãe de família que fica em casa.

 Mas nem eu nem as outras mulheres que apareceram rapidamente na rua ao longo daquele dia de trabalho nos identificamos como donas de casa propriamente ditas. Eu tirei uma licença de meu emprego como psicóloga clínica e conferencista universitária para escrever artigos e livros, assumindo uma postura de trabalho, ao mesmo tempo em que tenho de enfrentar corajosamente um número infinito de interrupções domésticas. Mas o que estarão essas outras mulheres fazendo em casa durante o dia? Elas se estabeleceram em empregos acadêmicos e no campo das ciências, repletos de todas as condições ideais: estabilidade, bons salários e benefícios, e, até mesmo, boas creches. Nenhuma delas tem mais bebês. Algumas nunca tiveram filhos. O que elas estão fazendo aqui?

Estabelecidas e privilegiadas o suficiente para poder fazer escolhas, muitas dessas mulheres estão optando por uma mudança ao chegar na metade da vida profissional. Elas não se veem exatamente como desempregadas, mas acreditam que estão apenas deixando de lado, por um tempo, o trabalho monótono — geralmente, um trabalho brutalmente exigente —, para fazer uma autoavaliação. Essas são as mulheres que "optam por não participar", descritas pela jornalista Lisa Belkin, do *New York Times*, em 2003: todas elas, mulheres ambiciosas e de alto desempenho, com diplomas universitários avançados. Elas deixaram seus poderosos empregos depois de terem descoberto que possuíam uma noção de sucesso diferente do que era esperado — na verdade, diferente do que imaginavam para si mesmas quando começaram a trabalhar. "Não quero andar correndo de um lado para outro para acabar me tornando sócia de um prestigiado escritório de advocacia", disse uma mulher, que decidiu abandonar a profissão para ficar em casa com os três filhos. "Não quero ser famosa; não quero conquistar o mundo. Não quero este tipo de vida", disse outra. Belkin supôs que essas mulheres é que estavam rejeitando seus poderosos mercados de trabalho, e não o contrário. O artigo provocou indignação. Na blogosfera, muitas comentaristas mulheres ridicularizaram essa população, acusando-a de fictícia, fantasticamente distante da realidade, ou como apenas composta de algumas poucas mulheres, cujos pontos de vista eram irrelevantes. Joan Walsh, ao escrever no website Salon, no dia seguinte, sugeriu que "o artigo de Belkin é um retrato instantâneo de um pequeno grupo privilegiado de mulheres brancas com 30 e poucos anos, que, provavelmente, pensará algo totalmente diferente daqui a dez anos. Próximo assunto".

Mas o êxodo era real e mostrou-se verdadeiro não apenas na minha vizinhança, mas em todas as grandes universidades e escritórios de advocacia, engenharia e contabilidade da América do Norte e da Europa. Embora fortes na largada, muitas mulheres desertam à medida que avançam —, e não se trata apenas de um pequeno grupo de mães brancas privilegiadas de 30 e poucos anos, mas mulheres com várias formações e de várias faixas etárias. As mulheres têm 2,8 mais chances que os homens de abandonar as carreiras nos campos das ciências e da engenharia para se dedicar a outras ocupações, e 13 vezes mais chances de se desligar completamente da força de trabalho — mesmo quando o casamento e as crianças pequenas não são o motivo relevante. Elas abandonam essas carreiras em todas as idades, e em qualquer estágio da vida, tendo ou não famílias.[1]

Eu estava particularmente curiosa sobre o destino das mulheres nas áreas acadêmicas das ciências, da tecnologia e da engenharia, em que elas foram dramaticamente ultrapassadas pelos homens desde o começo, e continuam sendo, décadas depois de as portas se terem aberto para elas. Essas áreas de estudo eram domínios masculinos antes de o feminismo criar oportunidades para as mulheres nos anos 1970, e são vistas, geralmente, como casos-teste de igualdade de gênero. Ainda assim, apesar dos esforços significativos para tornar os departamentos de engenharia e informática mais hospitaleiros, e mesmo com os programas de ação afirmativa que tinham como público-alvo estudantes do sexo feminino, oferecendo cursos especiais e bolsas de estudos, o número de mulheres não atingiu uma massa crítica nessas áreas. Ao contrário, as mulheres com inclinação científica desviam-se, geralmente, para carreiras como ecologia, biologia, farmácia, odontologia, psicologia ou medicina. E muitas daquelas que se dedicaram a carreiras de ciência física, tecnologia ou engenharia foram desertando aos poucos, a uma taxa estável. Essas mulheres de sucesso que investiram anos em suas carreiras acabam, no fim das contas, optando por algo diferente — algumas vezes, a maternidade em tempo integral, mas, como veremos, nem sempre por esse motivo.

As mulheres deste capítulo têm uma infinidade de habilidades inatas para as ciências e para a matemática. Elas já se mostraram competentes e se sobressaíram em suas áreas. A questão não é saber se elas têm a inteligência ou o preparo necessários para obter sucesso nas ciências, mas como decidem aplicar suas habilidades. Como perguntou Ruth Simmons, reitora da Brown University e membro de um comitê do National Academy of Sciences, quando este divulgou seu relatório sobre diversidade de 2006, "Por que elas não estão escolhendo estas áreas, já que as necessidades nacionais e as oportunidades em cada uma delas é tão grande?". De fato, por quê? A economista californiana Catherine Weinberger demonstrou que mulheres com diplomas em informática ou em engenharia ganham de 30 a 50% a mais do que a mulher média com curso superior.[2] Se a remuneração fosse a grande motivação, seria possível pensar que a combinação entre as oportunidades e a recompensa financeira propiciaria um duplo incentivo para que elas escolhessem essas áreas e permanecessem nesses empregos. Conhecer mulheres talentosas que abandonaram carreiras nas áreas de ciências, tomando autonomamente essa decisão, pode eliminar um pouco da culpa coletiva causada por sua deserção.

## Fugitivas

Encontrei-me com Donna, a mulher do uniforme de ginástica, na Starbucks, alguns anos depois de ela abandonar seu emprego estável no departamento de informática de uma universidade.[3] Ela havia passado 16 anos trabalhando como professora, e disse-me que havia decidido largar tudo um dia, depois de ter adormecido sobre um relatório de pesquisa feito por uma colega. Cochilar ao ler a prosa empolada de acadêmicos dificilmente seria um acontecimento novo, mas, para Donna, isso funcionou como uma epifania. Aquele cochilo à tarde revelou-lhe que seu coração não estava no trabalho. Ela estava chateada. Dar aulas em uma universidade havia sido seu primeiro emprego em tempo integral, e ela estava cansada disso. "Foi como se casar com seu namorado do ensino médio. Eu não estava mais motivada. Sou uma pessoa muito dinâmica e prática", disse ela, acrescentando que esperava fazer alguma diferença com pessoas reais em sua próxima ocupação, em que pudesse se sentir mais envolvida com o resultado de seu trabalho. Até que esse trabalho mais dinâmico aparecesse, ela prestava consultorias específicas, exercitando-se regularmente e se envolvendo mais com as atividades extracurriculares de seus filhos.

Olhando de fora, parecia que ela tivera o emprego ideal: uma posição acadêmica estável com flexibilidade garantida e férias de verão que duravam um mês, para não mencionar o respeito conquistado entre seus companheiros, o que não era pouca coisa em seu ilustre círculo social. Ela era boa no que fazia e disse que nunca encontrara discriminação institucional. Não havia nenhuma questão envolvendo cuidados com os filhos; eles estavam na escola, e ela contava com apoio doméstico. Mas, apesar de publicar pesquisas em número suficiente para garantir sua estabilidade e para sustentar confortavelmente sua posição, Donna havia começado a duvidar do valor de sua área de estudos e a perder interesse nela. "Eu não conseguia prosperar em mais nada. Além disso, 90% das pesquisas na minha área são..." Nesse momento, ela balançou a mão diante do rosto, como se estivesse espantando uma mosca.

Ela se sentia não apenas desconectada dos objetos de estudo, como também martirizada pelo seu trabalho. Sendo a única mulher em seu departamento, ela achava que era aquela pessoa que os alunos procuravam para buscar apoio, e era sempre a primeira a ser escolhida pelos conselhos que buscavam equilíbrio de gênero. "Você acaba sendo maternal", explicou ela, com resignação. "'Ah, você não tem nenhum orientador? Então eu fico com você.' Os homens responderiam: 'Não estou interessado.' E você acaba ficando com alunos que ninguém mais quis. Era o meu único defeito. Eu os colocava sob minhas asas."

## A armadilha da orientação acadêmica

Vários meses depois, deparei-me com um estudo sobre orientação acadêmica assinado por um economista conhecido por haver demonstrado ligação entre beleza e sucesso financeiro. Esse factoide fez com que o amigável Daniel Hamermesh, da University of Texas, em Austin, fosse citado por Jay Leno no *Tonight Show*. Mas o que realmente me chamou a atenção foi o artigo que Hamermesh colocou em seu website: "Um conselho de um velho economista para as jovens economistas." No artigo, ele aconselha as mulheres, que costumam ter pouca representatividade no corpo docente de seus departamentos, a não se sentirem lisonjeadas por convites para participar de conselhos, a não escolherem "assuntos femininos", como a discriminação de gênero, e a evitarem cuidar dos estudantes, o que provavelmente irão querer fazer, mas que lhes renderão poucos pontos no tocante à estabilidade.[4]

"Até recentemente, jovens mulheres do corpo docente ocupavam duas salas próximas à minha. O constante fluxo de alunos durante as horas em que permaneciam na sala era impressionante, assim como sua disposição de conversar com eles por longos períodos, fora dos horários regulares de atendimento. Os alunos não veem os professores mais velhos do sexo masculino como figuras maternais — mesmo dando aulas para turmas enormes, meus horários só ficam apertados antes dos exames. Muitos estudantes, aparentemente, acreditam que você está lá para cuidar deles, mas você não é a mãe deles. Vê-los fora do horário restrito ao atendimento, dedicando uma quantidade excessiva de tempo a questões relevantes de um ou de vários alunos, e lidando com seus problemas pessoais, tudo isso promove um desserviço aos outros estudantes e a si mesmas."[5]

Seu conselho confirmava a experiência de Donna, de que muitas horas dedicadas à orientação acadêmica podem se somar aos infortúnios vivenciados por uma mulher acadêmica no auge de sua carreira. Mas contradizia o que algumas mulheres consideravam extremamente recompensador no magistério, conforme ouvi em um jantar social algumas semanas depois. Uma acadêmica sentada próximo a mim descreveu o pesado fardo que estava carregando no fim daquele semestre. Ela estava preocupada, orientando seus alunos que enfrentavam com nervosismo a realização dos exames e as crises financeiras e domésticas, ao mesmo tempo em que tinha de dar as notas de fim de ano. As demandas geradas pelos estudantes influenciaram sua decisão de não fazer uma viagem no início do verão para a Europa com seu marido, contou-me ela, e ele não estava querendo cancelar a viagem, mesmo que ela não fosse. Quando questionei-lhe se ela achava que seus colegas homens dedicavam-se de modo tão abrangente a seus alunos, ela concordou que sua abordagem era incomum, exceto entre suas colegas mulheres e gays. "Mas a educação consiste exatamente em dar apoio e em estar disponível", disse ela, olhando-me com seus olhos verdes e, em seguida, concentrando-se nos antepastos.

O corpo docente feminino transformando-se, de fato, em um gabinete de mães para alunos carentes é algo especialmente comum em disciplinas tradicionalmente masculinas, como matemática, tecnologia, física e engenharia, em que há escassez de profissionais de educação para as almas perdidas de ambos os gêneros. Isso faz com que as mulheres consigam resistir menos na hora de ajudar um aluno em situação aflitiva. Porém, dois outros fatores geram conflito para mulheres que querem salvaguardar seu tempo, mas que, também por serem pioneiras, desejam ser aceitas em suas áreas. O primeiro são as expectativas de que todo conselho terá, pelo menos, uma mulher como integrante — o que significa que, em algumas ciências, as mulheres trabalham mais no conselho que os homens e, dessa forma, têm menos tempo para as próprias pesquisas. Essas políticas bem-intencionadas são colocadas em prática para dar voz às mulheres, mas, paradoxalmente, podem acabar com seu mais precioso recurso: o tempo.

O segundo conflito é a pressão para fazer orientação acadêmica. Muito já foi dito sobre a escassez de orientadores para as mulheres que ingressam em áreas como matemática, física e tecnologia, em que se alega quase unanimemente que uma carência de modelos femininos de comportamento funciona como um empecilho para a entrada de mulheres nessas disciplinas.[6] Parece plausível. Se as mulheres não veem outras mulheres fazendo certo tipo de trabalho, podem pensar que também não poderão executá-lo. Mas as crenças do senso comum nem sempre são sustentadas por uma análise cuidadosa. Uma falta de modelos femininos de comportamento não fez com que as mulheres parassem de se dedicar, em grande número, a áreas como direito, medicina, farmácia, veterinária e biologia — todas elas disciplinas previamente dominadas por homens, que, agora, atraem um número equivalente ou maior de estudantes do sexo feminino. E não há tantas evidências de que as mulheres têm mais dificuldades que os homens para fazer contatos profissionais. Uma pesquisa realizada pela professora de administração e especialista em orientação acadêmica de Wisconsin, Belle Rose Ragins, mostra que as mulheres imaginam que haverá preconceito contra elas. Mas, em um estudo com 510 funcionários e gerentes, elas têm tantas chances de receber orientação quanto os homens.[7] Também não há evidências de que ter uma orientadora ou professora é o que convence as mulheres a escolher carreiras na área de ciências ou matemática, e a permanecer nelas.[8] Na verdade, algumas vezes, o contrário é verdadeiro. Ronald Burke e Carol McKeen perguntaram a 280 mulheres graduadas em início de carreira sobre suas relações com seus orientadores de ambos os gêneros e encontraram poucas diferenças. Uma das mais importantes era a de que as mulheres com orientação acadêmica oferecida por outras mulheres se sentiam mais apoiadas, entretanto, ainda assim, tinham um sentimento mais forte de querer desistir de tudo.[9] Talvez as orientadoras tenham sido francas sobre sua insatisfação com suas carreiras. No caso de Donna, a expectativa de que orientasse estudantes em um momento em que ela estava duvidando da própria escolha profissional pode ter soado como o tiro de misericórdia tanto para a orientadora quanto para seus orientandos.

As acadêmicas bem-sucedidas que se dedicaram completamente às suas carreiras e que não têm vida fora do trabalho podem, na verdade, decepcionar seus orientandos com seus exemplos. Os estudantes podem supor que, se esse é o preço, não estão dispostos a pagá-lo. Muitas das acadêmicas que conheci quando estava dando aulas, no fim dos anos 1970 e início dos anos 1980, não tinham filhos, eram amarguradas, ou ambas as coisas. Uma potencial orientadora de doutorado me interrogou sobre a ocupação de meu marido, e se eu estava planejando ter filhos. ("Sim" era a resposta errada.)[10] Como observa Virginia Valian, em *Why So Slow*, as mulheres de alto desempenho, preocupadas em conciliar rigorosamente diversas situações ao mesmo tempo, dificilmente transmitem a ideia de que a vida acadêmica é acessível aos meros mortais. "A noção de que uma mulher bem-sucedida pode servir de modelo de comportamento para outras mulheres é uma farsa, cujo resultado é fazer com que muitas se sintam inferiores, porque não conseguem seguir o modelo" (ou mostram-se incapazes de *ser* aquele modelo, ela poderia ter acrescentado). Sugestões concretas sobre como dar o melhor de si são mais úteis do que modelos de comportamento, escreve Valian.[11] Essas indicações podem partir de professores de ambos os gêneros.

No caso de Donna, ela havia sido a única mulher no corpo docente de seu departamento. E, então, desistiu. Aqueles que gostam de contar as cabeças teriam, agora, uma mulher a menos no corpo docente da área de ciência e tecnologia, e alguns poderiam inferir que houve discriminação. Mas Donna desertou porque, no fim das contas, ela se sentia em descompasso com a natureza abstrata e distante de seu trabalho, e não porque se sentia maltratada. Depois de alguns anos de afastamento, ela encontrou uma nova posição, trabalhando em horário integral como professora de aplicativos de computador para membros do corpo docente de outra universidade. Sua função era oferecer consultoria aos pesquisadores, ajudando-os a aplicar as últimas novidades em tecnologia da computação em seus projetos de pesquisa. Não havia nenhuma obrigação de fazer os próprios projetos. Ao contrário, ela estava interagindo diariamente com um grupo de colegas, avaliando suas necessidades e colocando à disposição sua destreza em tecnologia.

## O poder dos objetivos intrínsecos

Donna decidiu escolher aquilo que lhe parecia fazer mais sentido, para além do status e do dinheiro. Mas o mesmo seria verdadeiro para todas as mulheres? Para começar, objetivos intrínsecos, como fazer a diferença ou pertencer a uma comunidade, estão, geralmente, *em oposição direta* aos objetivos extrínsecos, como buscar recompensas ou status financeiro. O cientista social Frederick Grouzet coordenou um grupo de dez cientistas internacionais que pesquisaram as motivações de 1.854 estudantes, de 15 países e diferentes áreas de estudo, em 2006. A equipe descobriu que essa dicotomia era significativa em todas as 15 culturas. Objetivos intrínsecos e extrínsecos geralmente entravam em conflito — é pouco provável que as pessoas buscassem os dois ao mesmo tempo.[12] Enquanto isso, vários outros estudos mostraram que as mulheres, em média, são mais motivadas por recompensas intrínsecas no trabalho. Um interesse e uma habilidade de contribuir em uma área, e uma capacidade de produzir impacto no mundo real, são estímulos mais poderosos para as mulheres, em média, que salários mais altos, segurança no emprego e benefícios.[13] Portanto, aquelas que percebem que estão adormecendo em suas mesas de trabalho têm mais probabilidade de procurar uma nova colocação do que se acomodar e manter o interesse nos incentivos externos — a estabilidade, uma sala mais luxuosa, o posto de chefe administrativa.

Pelo menos três amplos estudos abrangendo as três últimas décadas demonstraram que, para as mulheres, os benefícios intrínsecos têm peso maior que privilégios mais concretos. O mais recente deles, o 500 Family Study, publicado em 2005, ofereceu um quadro cheio de nuances sobre a moderna vida de trabalho em diferentes níveis de renda e educação.[14] Por meio de entrevistas aprofundadas, observações, diários e pesquisas, os pesquisadores documentaram praticamente cada respiração de pais e crianças, em mais de 500 famílias norte-americanas com carreiras duplas. Foi uma das investigações mais ambiciosas sobre a vida familiar jamais empreendidas. Uma de suas descobertas foi que a influência das recompensas intrínsecas e da autonomia no trabalho aumenta com o nível de instrução das mulheres; mulheres com cursos de graduação, como Donna, tinham mais probabilidade de procurar por empregos que lhe parecessem desafiadores. Essas mulheres altamente qualificadas estavam, também, mais interessadas em trabalhar durante meio expediente, alimentando, dessa forma, o fenômeno da deserção do trabalho de duas maneiras: com sua procura por um significado interno no trabalho, e por meio da quantidade de tempo que estavam dispostas a se comprometer com seus empregos. Ambas entram em conflito com o objetivo de fazer rios de dinheiro e de subir de posição na hierarquia profissional.

## Estranho, mas verdadeiro

Esmiuçando todos os dados transculturais sobre ocupações que pude encontrar, descobri uma linha divisória interessante. Quanto mais estabilidade financeira e proteções legais são oferecidas às mulheres, menos probabilidades há de escolherem o caminho masculino padronizado. Se as mulheres eram versões dos homens, seria possível esperar que exatamente o contrário fosse verdadeiro — que, com maior liberdade, elas optariam, em maior número, pelos horários de trabalho e pelas ocupações masculinas. Mas, quando observamos quais os trabalhos escolhidos pelas mulheres em países que lhes oferecem uma gama mais ampla de opções — Canadá, Reino Unido, Alemanha, Suíça, Noruega, Estados Unidos e Japão —, encontramos os maiores índices de disparidade.[15] Quanto mais rico o país, mais chances há de homens e mulheres escolherem tipos diferentes de emprego. Essa descoberta surpreendente aplica-se a áreas escolhidas com mais frequência pelas mulheres, e ao número de horas que elas decidem trabalhar. E corresponde ao conflito entre motivações intrínsecas e extrínsecas, reveladas por Frederick Grouzet e sua equipe. Imagine se você tivesse um benfeitor secreto que lhe permitisse escolher o trabalho que você *realmente* gostaria de fazer. Você continuaria a fazer exatamente o que está fazendo agora e dedicaria a esse trabalho o mesmo número de horas? Você faria aquilo que representasse uma garantia de mais comida à sua mesa? O conflito entre os objetivos intrínsecos e extrínsecos reflete um terreno familiar: o dilema entre buscar o maior contracheque *versus* seguir os próprios instintos. Suspeito que as liberdades oferecidas às mulheres nos países ocidentais e industrializados — todos eles países com legislações que preveem a igualdade de oportunidades — permitem-lhes estar mais próximas de seu ideal de buscar recompensas intrínsecas, talvez em detrimento da busca de empregos com mais dinheiro e mais status.[16]

Anteriormente, me referi à descoberta de Catherine Weinberger segundo a qual as mulheres nas áreas de engenharia e informática ganham em média de 30% a 50% a mais do que as mulheres em outros campos de conhecimento. Elas poderiam ficar mais propensas a escolher essas áreas quando as recompensas extrínsecas são superiores? Se observarmos a proporção de mulheres que estudam física ou fazem um curso preparatório para engenharia, poderemos ver que mais mulheres dos países com economia em desenvolvimento escolhem física como seu curso universitário. Um relatório divulgado pelo American Institute of Physics, em 2005, mostra que as mulheres ao redor do mundo têm muito menos probabilidades de estudar física que os homens, mas há, também, uma linha econômica divisória. Aproximadamente 5% delas escolhem física como profissão no Japão, no Canadá ou na Alemanha, por exemplo, mas, nas Filipinas, na Rússia e na Tailândia, o número de mulheres que escolhem física é relativamente alto, variando entre 30% e 35%.[17] De 22 países pesquisados, aqueles com a mais alta proporção de mulheres com diplomas em física — Polônia e Turquia, com 36% e 37%, respectivamente — também têm os maiores índices de emigração para outros países da União Europeia e oferecem pouco apoio fiscal a mulheres e suas famílias. Geralmente, esses são países em que ambos os gêneros estão sob intensas pressão financeira, trabalham, de um modo geral, em empregos não qualificados, ganham menos e, quando aparece uma mínima chance, emigram para remeter dinheiro de volta às suas famílias.[18]

Aonde vão esses emigrantes? Geralmente para países como Holanda, Alemanha e Reino Unido (que parecem ter o menor número de mulheres na área de física: 5%, 10% e 15%, respectivamente). Um relato sombrio de uma engenheira búlgara altamente qualificada e que não conseguia encontrar trabalho em seu país circulou em um jornal de recursos humanos, em 2004: "Daniela Simidchieva, mãe de três filhos, tem um QI de quase 200 pontos e cinco cursos de aperfeiçoamento em nível de pós-graduação. Além disso, é reconhecida pelo escritório da Mensa, em seu país, como a mulher mais inteligente do mundo. Daniela é formada em engenharia industrial, é professora de inglês e engenheira elétrica, e, ainda assim, não consegue arrumar um emprego que lhe ofereça um salário maior que U$200 por mês."[19]

O contraste entre a situação da senhorita Simidchieva e o elevado status das engenheiras na América do Norte revela a valência cultural do diploma. Mas isso não quer dizer que as mulheres que dispõem de um arsenal de escolhas profissionais não escolhem física ou engenharia. Há inúmeras mulheres talentosas nas democracias ocidentais que escolhem essas áreas de estudo e são bem-sucedidas nelas. Isso nos revela, apenas, que uma divisão de gênero com uma proporção equilibrada de 50-50 nestas áreas não existe em lugar nenhum, e que, em média, as economias mais ricas têm mais tendência de mostrar uma discrepância maior entre os campos de estudo escolhidos por mulheres e homens. A hipótese do gênero baunilha — a de que as mulheres automaticamente prefeririam as opções masculinas se tivessem livre escolha — não se aplica a esse cenário. Em contraste, não é incomum encontrar mulheres engenheiras e cientistas da computação nas Filipinas, na China ou nas antigas repúblicas soviéticas trabalhando como babás, manicures ou em empregos mais desvalorizados na Europa ou na América do Norte.[20] (Seria interessante saber se as mulheres qualificadas desses países têm carta branca para estudar o que querem. Inúmeras engenheiras da Rússia e da China que entrevistei me disseram que suas áreas de estudo foram determinadas pelo estado, por suas instituições educacionais ou suas famílias).[21] Enquanto isso, nos países com as maiores opções educacionais e benefícios sociais, como Suécia, Finlândia e Alemanha, as mulheres escolhem com menos frequência as mesmas coisas que os homens; dessa forma, a segregação no local de trabalho torna-se mais exagerada.

Políticas que garantem oportunidades iguais, um dos princípios básicos da democracia, não garantem um resultado igual. Se garantissem, então os países progressistas, com mais políticas orientadas à vida familiar e mais oportunidades para as mulheres, como a Suécia e a Noruega, teriam *menos* segregação profissional do que aquela encontrada em países ainda em desenvolvimento, como Suazilândia e Sri Lanka. Em vez disso, acontece o contrário: quanto mais opções as pessoas têm, mais vemos diferenças de gênero na força de trabalho. Então, se as mulheres dos países mais ricos escolhem áreas de estudo diferentes daquelas, em média, escolhidas pelos homens, a discriminação poderia dar conta de toda a questão? Em parte, sim. Mas existem, ainda, outras peças neste quebra-cabeças.

Considerando seu contexto, Sonia foi uma privilegiada. Ela poderia fazer um doutorado em qualquer área que lhe interessasse. Mas, 12 anos após o doutorado em geografia, decidiu que não queria mais trabalhar em uma universidade. Na verdade, ela se dera conta, ao fim de seus estudos de pós-graduação, de que "não era adepta aos pedidos de concessão de bolsas de estudo, à competitividade e à alta pressão", mas resistia em confessar isso ao orientador, que reconhecia seu potencial e a encorajava a seguir em frente. Então, ela concluiu o doutorado "porque era boa naquilo" e, com o marido, foi parar em uma cidade com uma excelente universidade, na qual, finalmente, conseguiu um emprego acadêmico. Ela vencia como professora universitária, mas seu coração não estava voltado para aquilo. Ela não se sentia à vontade de ter de competir por estabilidade. "Dar aulas para alunos adultos e administrar o peso de todo um curso acadêmico e de pesquisas não era, definitivamente, algo para mim. Era uma vida cheia de pressões. Eu queria uma existência muito mais simples que aquela", disse ela. E, então, Sonia buscou uma ocupação em horário integral como diretora acadêmica, redigindo propostas de bolsas de estudos e relatórios anuais. Ainda assim, logo percebeu que o trabalho administrativo de alto escalão também não era a resposta que procurava. Ela estava com 40 anos, casada, com dois filhos em idade escolar, possuía um doutorado e um novo chefe que estava infernizando a vida de todos à sua volta. Ele não compartilhava com a ideia de concessão de oportunidades iguais, mas, como Sonia já estava em dúvida, sua implicância fez com que ela se sentisse particularmente vulnerável.

E, então, ela largou tudo, decidida a tirar um ano de licença, período que descreve como tendo "dançado na corda bamba". Embora muitas mulheres encarem um ano de licença para refletir sobre sua vocação como uma viagem a Shangri-Lá, Sonia descreveu-o como um dos piores períodos de sua vida. Subitamente, uma mulher bastante dinâmica, tensa e de alto desempenho não tinha nenhum prazo final de entrega, nenhuma tarefa, e não deveria estar em nenhum lugar às 9h. Para passar o tempo, ela se tornou voluntária de uma turma de educação especial na escola de seus filhos e foi ali que descobriu sua vocação. Finalmente, sentiu que estava fazendo diferença. Ela voltou à universidade onde havia trabalhado como professora com doutorado e diretora acadêmica para conseguir um diploma de bacharel em educação. Enquanto eu escrevia este livro, ela já havia passado para a categoria de especialista em ciências básicas. Sua carreira como cientista com doutorado ficara para trás, como se fosse uma vida distante e diferente, em que ela ganhava mais e tinha um status superior, mas que, no fim das contas, satisfazia às expectativas dos outros mais do que às suas próprias.

Perguntei-me por que razão Sonia levou vinte anos para decidir que a ciência acadêmica não lhe servia. Ela enfrentou sete anos de especialização em nível de pós-graduação e, depois, 12 anos de trabalho em uma universidade, sempre duvidando de seu real interesse nessa área. O que ela e Donna deixavam claro era o quanto é difícil alguém mudar de direção quando todo mundo o considera o favorito. Depois de tanto investimento, e com as esperanças de pais e professores impulsionando-o para a frente, geralmente é preciso chegar ao esgotamento emocional para perceber que seu trabalho é a fonte de divertimento das outras pessoas. No início de suas carreiras, muitas dessas mulheres com alto desempenho acabam incorporando as expectativas que os outros alimentam sobre elas. Isso vira de cabeça para baixo o princípio feminista de que as mulheres sobrevivem aos papéis de gênero preconcebidos pela sociedade. Em vez de ser escravizadas pelas visões patriarcais dos papéis domésticos considerados apropriados, as mulheres, agora, estão sufocadas pelas expectativas do tipo de trabalho remunerado tido como valioso (o que parece querer dizer a mesma coisa, isto é, ânsia de agradar). Portanto, mesmo se estiverem mais interessadas na área de humanas do que em matemática ou ciências, elas seguem obedientemente o último caminho, para não desapontar os outros, conforme descrito no seguinte e-mail de uma professora de direito de uma universidade da Ivy League. No campo assunto, lia-se "Estratégia de convencimento":

> Sou bacharel em ciências, em biofísica e em bioquímica molecular em Yale (aprovada com louvor), tendo sido encorajada de modo quase agressivo e desde muito cedo a fazer uma especialização. Esse estímulo era altamente positivo e bem-intencionado, e foi baseado em meus interesses genuínos naquela época, mas o efeito foi que segui em frente muito além do que deveria. De fato, frequentei a Harvard Medical School no programa de Ciência e Tecnologia da Saúde, em associação com o Massachusetts Institute of Technology; recebi uma bolsa de pesquisa que me rendeu um título honorário em medicina em Harvard e incluía tempo e apoio para mais pesquisas, antes que eu, finalmente, reunisse coragem para perseguir outras possibilidades mais adequadas aos meus interesses — e talentos. Minha companheira de quarto na universidade, uma estudante de física com um escore de 1.600 pontos no Scholastic Aptitude Test, iniciou a pós-graduação em física para, depois, desistir de tudo e se tornar uma bem-sucedida arquiteta. Havia ainda outra colega de quarto, estudante de matemática, com um escore de 800 pontos em matemática no SAT, e que acabou indo estudar direito. Nós éramos todas "boas" garotas, que estávamos ansiosas para agradar a todos — menos a nós mesmas, é claro. Mas, finalmente, assumimos nosso caminho. Devo isso, em parte, a meu marido, que disse: "Para o inferno com isso tudo, faça o que você quer fazer." Tudo isso é porque sou muito cética quanto à noção de que a sociedade desencoraja mulheres talentosas a se tornar cientistas. Minha experiência, pelo menos com relação à fase de formação educacional de minha vida, foi que exatamente o contrário era verdadeiro, especialmente no caso de mulheres realmente talentosas nos círculos de elite, de onde saem os grandes pesquisadores científicos. Mesmo em Yale no início dos anos 1970, e na Harvard Medical School e em seus laboratórios no início dos anos 1980, recebi somente estímulo, ajuda, assistência financeira e elogios, onde os

incentivos eram merecidos. Mas, no fundo, não era realmente o que eu queria fazer. Pode ser que exista algo desanimador vindo por aí — na integração entre antigos colegas de sala de aula ou na falta de flexibilidade para a vida familiar e coisas afins. Mas estes não eram, realmente, os fatores determinantes para mim ou para as mulheres que conheci.[22]

### Pessoas, palavras e ideias, e não as casas decimais do número Pi

Donna, Sonia e minha correspondente por e-mail são todas mulheres que se sobressaíram em matemática e ciências, mas que preferiram realizar trabalhos mais dinâmicos, mais abrangentes e menos obsessivos que a ciência acadêmica. De onde podem vir essas preferências? Em média, as mulheres têm interesses mais amplos, mais habilidades sociais e de comunicação que os homens, e são melhores em prever o impacto que suas palavras e seus comportamentos terão sobre os outros — uma descrição das mulheres partilhada tanto pela maioria dos cientistas cognitivos quanto pelas feministas da "diferença".[23] A enormidade de evidências para uma vantagem feminina em relação à empatia é o assunto do próximo capítulo, considerando que já mencionei as diferenças de gênero em habilidades verbais nos dois capítulos anteriores. Fomos apresentados, portanto, à ideia de que há, nas mulheres, uma base neurológica para um aumento precoce do vocabulário, da memória e da fluência verbais. Meninas e mulheres têm essa vantagem inicial nas habilidades interpessoais e de comunicação desde muito cedo, habilidades que aperfeiçoam com a prática, ao se transformarem em adultas, e em contatos sociais subsequentes. Um dos milhares de estudos mostrando as habilidades superiores de linguagem das mulheres examinou o desenvolvimento da linguagem de 3 mil gêmeos bivitelinos formados por um menino e uma menina (eles compartilharam o mesmo ambiente pré-natal, aproximadamente metade de seus genes e os mesmos pais). Robert Plomin, pesquisador do Instituto de Psiquiatria de Londres, demonstrou que, já aos 2 anos, as meninas começam a superar os meninos no tocante ao vocabulário. As meninas, criadas nos mesmos ambientes pré-natal e pós-natal, mostravam habilidades de comunicação mais marcantes que seus irmãos gêmeos desde os primeiros meses de vida, uma vantagem que poderia ser creditada às diferenças biológicas de gênero.[24]

Essa vantagem em habilidades verbais e empatia pode tornar mais eclética as escolhas profissionais das mulheres. Em um estudo que se estendeu por vinte anos, acompanhando 1.975 adolescentes com dom para a matemática, a pesquisadora em psicologia Camilla Persson Benbow e seus colegas na Vanderbilt University, em Nashville, descobriram que a maioria dos homens havia migrado para engenharia, matemática e informática, enquanto grande parte das mulheres havia escolhido medicina e outras profissões da área de saúde.[25] As mulheres tinham uma amplitude maior em suas escolhas profissionais, incorporando seu conhecimento científico em uma perspectiva integral, comunitária ou pessoal. Tendo filhos ou não, elas trabalhavam por menos horas. Em um estudo subsequente, o marido de Benbow, David Lubinski, considerou novamente esta amostra e descobriu que estas mulheres, que eram brilhantes em matemática, também possuíam excelentes habilidades verbais. Assim como minha correspondente por e-mail que havia sido "convencida", elas poderiam facilmente ter se sentido inclinadas a estudar inglês, advocacia ou filosofia, tanto quanto matemática e ciências. Em oposição, havia uma diferença extremamente mais significativa entre as habilidades matemáticas dos homens talentosos e suas habilidades verbais menos favorecidas. As escolhas profissionais dos homens talentosos revelavam uma abrangência menor.[26] Essa dicotomia entre uma expressiva destreza em uma área, como, por exemplo, os números, *versus* talentos mais abrangentes e equilibrados em matemática e linguagem, veio à minha mente quando me deparei com o perfil de Terence Tao, professor de matemática da UCLA, que, com apenas 31 anos, já havia recebido uma medalha Fields em matemática, assim como um prêmio MacArthur como "gênio". Os primeiros anos de vida de Terence Tao foram descritos da seguinte forma por Kenneth Chang, no *New York Times*:

> Aos 5 anos, ele foi matriculado em uma escola pública, e seus pais, diretores e professores estabeleceram-lhe um programa individualizado. Ele progrediu em cada uma das disciplinas no

próprio ritmo, pulando rapidamente inúmeras séries em matemática e ciências, enquanto ficava mais perto de sua faixa etária em outras disciplinas. Nas aulas de inglês, por exemplo, ficava irritado quando tinha de fazer redações. "Nunca tive, realmente, inclinação para isso", conta ele. "Essas questões muito vagas e indefinidas. Sempre gostei de situações em que houvesse regras bastante claras sobre o que fazer." Com a tarefa de fazer um relatório sobre o que estava acontecendo em sua casa, Terry foi de ambiente em ambiente e fez listas detalhadas dos conteúdos de cada espaço.[27]

O professor Tao começou a frequentar aulas de matemática em uma escola local de ensino médio quando tinha apenas 7 anos, mas parece questionável, a partir de seu relato, que ele pudesse ter dominado o inglês avançado com aquela idade. As descobertas de Benbow e Lubinski em relação às habilidades mais abrangentes das mulheres talentosas nos revelam que as mulheres com talentos inatos em matemática e ciências têm mais probabilidade de desenvolver habilidades verbais paralelamente e, portanto, ter maior amplitude de escolhas profissionais e de interesses. Para tocar em um ponto conhecido, mesmo as mulheres talentosas nos níveis mais altos de desempenho não são clones dos homens talentosos. Suas habilidades se apresentam de modo distinto. Insistir em uma divisão de gênero em uma proporção equilibrada de 50-50 em todas as áreas pode pressionar as mulheres talentosas a assumir empregos que não querem, ou os homens talentosos a trabalhar em áreas nas quais demonstrem pouca aptidão. E o que aconteceria nas áreas nas quais as mulheres mantêm, agora, a liderança? Deveria haver um esforço para reverter essa tendência? As mulheres ultrapassam os homens em algumas ciências acadêmicas, possuindo 61% de diplomas de graduação em biologia e um gigantesco índice de 86% em profissões na área da saúde, incluindo medicina.[28]

O fato de a maioria dos estudantes atualmente inscritos em cursos de medicina ser composta por mulheres é, geralmente, visto como uma situação tanto positiva quanto negativa. A boa notícia é que uma médica tem mais probabilidade de se dedicar ao paciente, de oferecer mais apoio psicológico e de realizar um trabalho comunitário, auxiliando os pobres e desfavorecidos.[29] A má notícia, segundo muitos, é que a maioria das mulheres trabalha menos horas que os homens e se licencia para ter filhos e cuidar deles — e quando há mais mulheres médicas, há menos horas de serviço oferecidas ao público. (Somente quando se assume que os homens são o padrão "normal" de regulagem é que se considera uma má notícia dispor de um tempo da economia de mercado para ter filhos.) Entretanto, ao contrário de muitas médicas que se sentem atraídas pela profissão por causa de seus desafios intelectuais, sua flexibilidade e seu propósito humanitário, muitas mulheres de alto desempenho e orientadas para o mundo das ciências na vida acadêmica veem-se em situações de socorrer seus alunos, em um contexto em que a assistência aos outros não é valorizada. Mas o que aconteceria se essas mulheres altamente qualificadas pudessem utilizar seu conhecimento científico em outro contexto?

Margaret Eisenhart, professora de educação da University of Colorado, e Elizabeth Finkel, ex-professora da University of Michigan e atualmente professora do ensino médio em Maine, tentaram responder a esta questão.[30]) Elas se concentraram nas diferenças de gênero em engenharia e na ciência acadêmica tradicional, em que a proporção de mulheres, em todos os níveis, varia entre 15% e 20%. Elas, então, compararam essas áreas tradicionais de estudo com quatro outros cenários científicos de ordem mais prática — um curso de genética ministrado por uma equipe, um estágio em engenharia aplicada, uma organização conservacionista e um grupo de ação ambiental. Todos os quatro possuíam uma proporção equilibrada de 50-50 entre homens e mulheres e Eisenhart e Finkel queriam saber por quê.

Eisenhart e Finkel descobriram que, nesses ambientes de ciências aplicadas, as mulheres não eram apenas melhor representadas, mas também se sentiam mais satisfeitas com suas carreiras científicas. Os empregos eram mais pragmáticos e ofereciam a elas a chance de sentir que estavam fazendo a diferença. Ainda assim, essas ocupações ofereciam uma remuneração e um status inferior ao de empregos científicos em universidades ou na indústria. As mulheres que ali trabalhavam tinham o benefício de horários mais flexíveis, em comparação com as vorazes exigências da ciência de elite. Mas isso não significava que essas mulheres tinham horários de trabalho confortáveis, ou menos conhecimento científico. Muitas mulheres investiam longas horas em troca de uma reles remuneração, porque se sentiam apreciadas e envolvidas com seu trabalho, dedicadas a seus colegas e a uma causa. Era outra situação com conotação tanto positiva quanto negativa. A parte boa: há áreas nas ciências em que as mulheres inteligentes e de alto desempenho sentem-se suficientemente envolvidas com o aspecto humano ou moral daquela especialização, o que garante sua permanência na área. A parte ruim: a maior parte desses projetos é financiada com verba pública, com uma expectativa de vida incerta, oferecendo remuneração mais baixa e menos poder que a tradicional ciência acadêmica. Mas muitas mulheres de alto desempenho estariam prontas para fazer essa troca se acreditassem que fariam alguma diferença para outras pessoas e para um projeto maior que a si mesmas.

## As pressões da vida acadêmica

Não havia falta de comprometimento entre essas cientistas, mas os horários de trabalho e a flexibilidade eram algo importante para elas. Ainda assim, quando Larry Summers mencionou oitenta horas de trabalho por semana como o padrão para o sucesso na ciência acadêmica de elite, isso também foi ardentemente contestado pelas acadêmicas, que afirmaram ter tanta disposição para se deixar consumir pelo trabalho quanto os homens. O que é incontestável é que as mulheres acadêmicas enfrentam pressões extraordinárias. "Se você não é vista nos fins de semana e nos feriados, é considerada preguiçosa", disse uma professora de uma universidade britânica. Construir um portfólio e ser submetida a um rigoroso exame para garantir estabilidade é algo que se sobrepõe, geralmente, ao nascimento dos filhos e aos anos mais exigentes de sua primeira infância. Neste ponto, ou se é promovida ou se está fora, um sistema rígido, que tem menos chance de atrair e manter as mulheres. "Isso mostra que, se continuarmos a identificar o trabalhador acadêmico ideal como alguém que trabalha em horário integral, sessenta horas por semana por quarenta anos consecutivos — surpresa! —, este conjunto será, predominantemente, formado por homens", disse Joan C. Williams, diretora do WorkLife Law, da American University.[31] A hipótese de que maioria das mulheres quer se adaptar a essa fórmula rígida é uma característica do mito do gênero baunilha — que as mulheres são idênticas aos homens e optarão pelo que eles sempre fizeram. Mas um sistema que foi planejado para os homens pode, realmente, ser a coisa certa para as mulheres? Somente se seu ponto de partida for a permutabilidade dos gêneros é que se pode considerar o relógio padrão da estabilidade uma boa forma de avaliar as mulheres acadêmicas. Não se trata do fato de elas não poderem competir, mas o esquema da estabilidade representa conflitos óbvios para mulheres na casa dos 30 anos — conflitos que poderiam não ter surgido se as mulheres tivessem permanecido caladas desde que se começou a esboçar a noção da estabilidade no emprego, há aproximadamente 200 anos. Como não se calaram, e como uma porção significativa está ansiosa para provar que não existe nenhuma diferença entre os gêneros, aquelas que não estão dispostas a abdicar dos filhos ou a protelá-los por uma década podem se sentir castradas pelo rígido cronograma de trabalho. Qualquer empresa se beneficia de funcionários que investem sessenta horas de trabalho por semana. O fato de que muitas mulheres acadêmicas com jovens famílias recusem-se a fazer isso, e, assim, esvaziem os quadros, não deveria chocar ninguém.

Alguém poderia imaginar que homens casados com professoras universitárias teriam mais probabilidades de ter visões igualitárias e de dividir equitativamente os cuidados com os filhos, mas esse é outro mito. Steven Rhoads, professor de políticas públicas da University of Virginia, formulara hipóteses semelhantes. Ele coordenou um estudo que cobriu os Estados Unidos, e descobriu que 75% das mulheres do corpo docente acreditavam que seus maridos deveriam empregar a mesma quantidade de horas aos cuidados com os filhos, aos afazeres domésticos e ao trabalho remunerado. Mais da metade dos maridos concordava com elas. Ainda assim, as mulheres passavam muito mais tempo com suas crianças do que seus maridos, e, nas universidades onde eram oferecidas licenças-maternidade remuneradas, 67% das mulheres qualificadas a esse benefício valiam-se dele. Apenas 12% do corpo docente masculino faziam uso da licença, e quando isso acontecia, eles não usavam seu tempo da mesma maneira.[32] "Nós ouvimos histórias de acadêmicos que usavam a licença-paternidade remunerada para adiantar seu calendário de publicações", escreveu Rhoads, comentando que soubera de uma instituição que mudou suas regras com base nesse resultado. Depois de retornar de sua licença-maternidade, uma colega lembra-se de ter sido perguntada por um companheiro de departamento como havia sido a licença. Ela respondeu: "Usei bem o meu tempo". E, então, o homem disse: "Então você conseguiu concluir vários trabalhos". Mas não foi isso que ela quis dizer.

Se a maior parte das mães acadêmicas usa o expediente da licença-maternidade para ficar mais tempo com seus bebês, e mais pais usam-na para publicar seus artigos, então um sistema baseado na igualdade entre homens e mulheres acaba punindo as mulheres. Quando essas políticas favoráveis à família são aplicadas uniformemente a ambos os gêneros, as acadêmicas enfrentam mais discriminação, e não menos. Um estudo não oficial realizado em uma universidade da Ivy League revelou que os benefícios das licenças parentais disponíveis para ambos os gêneros possuíam este efeito paradoxal: nenhuma mulher que havia tirado uma licença-maternidade nos últimos 15 anos conseguira obter estabilidade posteriormente. A maioria dos homens, senão todos os que haviam tirado a licença, conseguiu. "Isso nunca foi publicado ou mesmo registrado como um estudo real, mas se tornou comumente mencionado durante as discussões sobre a estabilidade, sintetizado como 'uma mulher tira uma licença-maternidade e retorna com uma lista de coisas pendentes; um homem tira uma licença-paternidade e retorna com um livro'", conforme me escreveu uma professora auxiliar da universidade.[33] Ao perceber o que estava acontecendo, o conselho da universidade ajustou a política para permitir uma licença adicional àquelas que davam à luz (obviamente, os pais não estariam qualificados a recebê-la). Isso ajudou a reduzir a injusta vantagem dos assim chamados benefícios parentais equitativos. Mas, mesmo que a universidade tenha resolvido o problema de modo criativo, ninguém queria discutir a questão abertamente, revelar o nome da instituição ou ser identificado de algum modo. O assunto era tabu. Essa atitude de "não olhe, não toque" em relação às diferenças de gênero, à maternidade e à produtividade pode explicar por que metade das professoras entrevistadas na pesquisa realizada por Rhoads estava considerando abandonar seus empregos orientados para a estabilidade, em comparação com o percentual de 25% dos homens.[34] Se ninguém se dispuser a falar sobre esses conflitos — nem mesmo os membros do corpo docente que já garantiram estabilidade em seus empregos —, é improvável que uma mãe de primeira viagem ou uma professora que queira constituir família levantem essa questão.

## O efeito empurra-e-puxa

Não apenas as licenças-maternidade, mas o próprio casamento produz efeitos diferentes em homens e mulheres no mundo da ciência. Ser casado e ter filhos "empurra" os homens para as carreiras no campo das ciências e da engenharia, segundo as sociólogas Yu Xie, Kimberlee Shauman e Anne Preston, que acompanharam carreiras de cientistas estudando índices de informações coletadas por censos ao longo de inúmeras décadas. Mas produzia o efeito contrário nas mulheres, afastando-as dessas áreas. O casamento e os filhos poderiam contribuir para sua felicidade pessoal, mas aumentavam as probabilidades de as mulheres se distanciarem das ciências e da engenharia e se voltarem para outros tipos de trabalho.[35]

Cientistas casados também têm um índice 10% maior de produtividade do que pessoas solteiras. Essa vantagem dos casais é especialmente verdadeira no caso dos homens, cuja probabilidade de serem casados é maior que a das mulheres no mundo das ciências.[36] Constituindo-se um dos maiores clubes mundiais de solteironas, as mulheres acadêmicas norte-americanas contratadas nos primeiros anos após a conclusão do doutorado têm 50% menos chances de se casar que os acadêmicos do sexo masculino e 61% mais chances de não ter filhos; as acadêmicas têm as mais baixas taxas de fertilidade dentre todas as profissionais liberais. Somente uma em cada três mulheres que assume um emprego universitário visando a estabilidade antes de ter filhos torna-se mãe. Foi isso o que Mary Ann Mason, decana de estudos de pós-graduação e professora de direito em Berkeley, e seu colega, Marc Goulden, descobriram ao observar o que acontecera a 30 mil doutores e ao pesquisar 4.400 membros do corpo docente da University of Califórnia, em 2004.[37] Talvez as cientistas não encontrem tempo para um envolvimento significativo fora do trabalho durante seus anos reprodutivos. Esse foi o caso da mais velha mulher no mundo a ter o primeiro filho, a professora universitária romena Adriana Iliescu, de 66 anos, que teve uma menina, em 2005, depois de nove anos de tratamento de fertilidade, incluindo doações de óvulos e de esperma. "Sempre trabalhei tão arduamente em minha carreira que não tive chance de construir um relacionamento e começar uma família, e, depois de me aposentar, me arrependi amargamente. Mas nunca perdi a esperança", contou aos repórteres.[38]

Ter de fazer escolhas enquanto o relógio biológico está avançando pode explicar por que as mulheres possuem 61% dos diplomas de graduação em ciências, e apenas 17% de diplomas de doutorado. Aquelas que escolhem a ciência acadêmica abandonam as carreiras científicas duas vezes mais que os homens. Segundo os questionários preenchidos por 1.688 desertoras, suas razões para abandonar a profissão são bem diferentes das razões oferecidas pelos homens. Essencialmente, os homens abandonam as ciências porque existe mais dinheiro e mais oportunidades em algum outro lugar. Como vimos anteriormente neste capítulo, as razões das mulheres para largar tudo são tanto existenciais quanto pragmáticas: elas descobrem que prefeririam realizar um trabalho que consideram mais comprometido. Outras acham que as exigências de uma carreira científica são incompatíveis com a vida familiar.[39] Se há um elemento comum é que a maioria das pessoas que abandonam o campo das ciências — mulheres e homens — não desiste desse tipo de carreira porque é obrigada a fazer isso. Elas abandonam porque têm outras escolhas, que permitem ter tempo para os filhos, se esta for a prioridade, ou buscar outros interesses. As escolhas também permitem que as pessoas procurem empregos mais bem remunerados no setor privado, se for isso o que desejam. Mais mulheres escolhem a primeira opção e mais homens optam pela segunda.

## Planejando suas deserções

Foi em uma confeitaria francesa, com algumas poucas mesas, que me encontrei com Anita, uma engenheira industrial na casa dos quarenta anos que abandonara há muito tempo sua profissão. Depois de se estabelecer em sua carreira como engenheira, ela decidira fazer uma reciclagem profissional como professora. Ironicamente, escolheu trabalhar em uma escola pública experimental e independente de matemática e ciências, mesmo tendo decidido abandonar uma carreira bem-sucedida nas áreas da matemática e das ciências em favor de um perfil mais tradicionalmente feminino. Ser mãe não teve influência alguma sobre sua decisão, garante ela. A escolha tinha a ver com seu propósito de vida.

Pequenina e compacta, usando um par de óculos sujos e uma bandana para proteger seu penteado afro, Anita, embora um tanto distraída, era uma dedicada professora há 14 anos. No dia em que a visitei na sala de aula, fiquei surpresa por não encontrar nenhuma decoração referente ao fim do ano letivo e pela falta de manutenção predial básica naquela escola popular; as paredes estavam cheias de rachaduras, a pintura, descascando em lascas do tamanho de um palmo, e, embora estivéssemos em um dia quente de junho, as janelas estavam firmemente fechadas. Um lençol cor-de-rosa rasgado estava preso com tachinhas em algumas prateleiras, que guardavam o que restara dos suprimentos anuais da escola. Longos ramos de abacateiro adornavam o peitoril das janelas; dois computadores empoeirados e um relógio de parede indicando a hora errada eram as únicas coisas extras. A sala estava completamente vazia, a não ser por alguns pouquíssimos alunos que voltavam do intervalo. Não havia giz na base do quadro-negro.

Mas, assim que Anita entrou, a atmosfera se transformou. Quando todos os alunos já estavam sentados em grupos de quatro em suas mesas, ela pediu que pegassem seu material para fazer uma revisão da multiplicação de grandes números decimais. Com sua voz muito alta, ela ditava as equações e, conforme as crianças as anotavam para resolvê-las, ela circulava pela sala, prestando atenção em seus trabalhos e observando quem havia perdido o fio da meada. Um por um, ela verificava o caderno de anotações de todos os alunos, buscando estabelecer contato visual para saber se estavam compreendendo. Enquanto fazia isso, imaginei por que Anita havia escolhido fortalecer a confiança daquelas crianças, em vez de sistemas de ventilação e pilares de pontes. Ela foi franca: "Quando comecei a trabalhar com engenharia, disse a mim mesma: 'Eu não gosto nem um pouco disso'. Então, a corrente elétrica vai de X para Y, daqui para ali. Quem se importa com essas coisas? Eu estava infeliz e não queria seguir em frente com aquilo. Tomei a decisão de mudar, tanto por mim quanto pela minha família. A educação corresponde mais ao que sou, reflete mais o meu lado humano. Na engenharia, nunca sentia que as relações humanas eram valorizadas. Eu nunca teria a oportunidade de ajudar as pessoas, de estabelecer relações com crianças e de orientá-las na direção do êxito. Na ciência, tudo é cartesiano. Mas os seres humanos não são máquinas. Eles são mais complicados, e, ainda assim, mais interessantes para mim. Preferi ganhar de 3 a 4 mil dólares a menos por ano, mas sentir que estava aberta a novos desafios, sentir que tinha a chance de me desenvolver. No ensino médio, fui impulsionada e estimulada a cursar engenharia porque eu era boa em matemática e ciências, mas, se eu pudesse escolher, teria sido enfermeira. Sempre soube o que queria, mas fui desencorajada a abandonar a engenharia por meus professores homens e por meu pai, pois o magistério é menos valorizado na sociedade. É ótimo que as pessoas queiram mais mulheres nestas áreas de estudo, mas elas têm de querer isso também."

Mesmo com as inevitáveis frustrações do magistério — falta de recursos, turmas grandes, crianças com problemas de comportamento —, Anita não se arrependeu da mudança. Ela estudou engenharia depois de ter sido pressionada a fazê-lo. No início, tinha esperanças de usar sua formação para projetar estações de trabalho ergonômicas para deficientes físicos, mas acabou indo trabalhar no desenvolvimento de projetos de condomínios de luxo. Havia certo descompasso entre seu impulso de ajudar os outros e trabalhar em algo que fosse valorizado pela sociedade. Agora, sua formação como engenheira molda sua atividade no magistério, diz ela, e deu-lhe a oportunidade de ajudar as pessoas e de interagir com crianças ao longo de seu dia de trabalho.

Suas habilidades preenchem uma importante lacuna, afirma ela, uma vez que muitas de suas colegas não querem ensinar matemática. Ainda assim, dentro de quatro ou cinco anos, como afirmou, ela gostaria de iniciar uma terceira carreira: serviço social.

## Como você sabe que não gosta se nunca experimentou?

Apesar de ser membro de uma visível minoria e com origem ligada à imigração, Anita não ficou aprisionada na armadilha das circunstâncias. Ela teve boa formação, foi estimulada por seus pais e professores, e apresentava clara aptidão para matemática e ciências. A falta de oportunidades também não era impedimento. Mas ela não tinha um firme interesse pelo assunto e também não via forma de aplicar sua ciência de modo significativo, conforme definiu. Longe de ser um caso único, as preferências de Anita são confirmadas por duas linhas de pesquisa — uma antiga, outra recente. Ambas mostram que ter a oportunidade e a habilidade para exercer uma profissão não significa que a pessoa queira segui-la. Os interesses e as motivações devem ser levados em conta. Historicamente, os interesses têm sido medidos nos questionários vocacionais — aquelas intermináveis listas de perguntas oferecidas por orientadores pedagógicos e vocacionais que tentam avaliar o apelo de vários tipos de emprego. Em ambiente fechado ou aberto? Solitário ou coletivo? Como assalariado ou autônomo? Mesmo depois das gigantescas mudanças sociais dos anos 1960 e 1970 e da segunda onda do feminismo, continua havendo uma consistente diferença estatística entre os gêneros nestas pesquisas, que pode ser resumida brevemente da seguinte forma: "Mais mulheres estão interessadas em trabalhar com pessoas e coisas vivas, mais homens estão interessados em trabalhar com objetos inanimados e processos físicos."[40] O interesse por pessoas é uma das razões pelas quais as mulheres com talento para a matemática, no estudo longitudinal de vinte anos de duração realizado por Benbow e Lubinski, escolheram a medicina clínica com mais frequência do que a física e a engenharia. Com os homens talentosos acontecia o contrário. Portanto, sabemos que não se trata apenas de uma questão de habilidade; inúmeras mulheres têm talentos cognitivos em matemática e ciências, mas, ainda assim, escolhem percorrer outros caminhos (e, é claro, muitas das mulheres com talentos para a matemática e ciências, *de fato*, tornam-se cientistas).

E quanto ao contato prévio, ou às oportunidades? Uma das hipóteses mais levantadas sobre por que há menos mulheres que homens em carreiras nos campos da matemática ou das ciências é que as mulheres são prejudicadas pela falta de matemática e ciências no ensino médio. Um artigo de 1993 da revista *Science*, intitulado "As mulheres estão sendo deixadas pelo caminho", sustenta a teoria: "Quando as jovens mulheres se formam no ensino médio, receberam tão poucas aulas de matemática e ciências que isso impede que um grande número opte por cursos universitários em ciências e engenharia."[41] A hipótese é que a falta de experiência impossibilita-as, desde cedo, ingressar nestas áreas de estudo na universidade.[42] De modo mais simples, se elas nunca experimentaram beringela, como podem saber que não gostam? É plausível e, provavelmente, era algo verdadeiro nos anos 1970, quando a atual geração de cientistas foi formada. Mas não é mais uma hipótese válida atualmente. Em 1997, quando as sociólogas Yu Xie e Kimberlee Shauman revisaram as histórias de 57 mil estudantes — quase a lotação do Shea Stadium ou do coliseu romano —, tornou-se evidente que as meninas estão não apenas em pé de igualdade com os rapazes nos cursos de preparação de matemática e ciências no ensino médio, como também obtêm as melhores notas nestes cursos.[43] Apesar de receber o mesmo tipo de instrução avançada nas aulas de matemática e ciências no ensino médio, homens e mulheres, em média, continuavam optando por direções diferentes. Os pesquisadores do Center for Women and Work, da Rutgers University, queriam saber por quê. Em 2002, perguntaram a 1.104 pessoas que haviam cursado programas escolares avançados idênticos quais eram os motivos de terem escolhido seus cursos universitários. Uma grande proporção de homens respondeu que se havia decidido pelas carreiras científicas ou tecnológicas por conta de seus trabalhos avançados, realizados no curso preparatório. Para a maioria das mulheres, seus outros interesses e a habilidade de conciliar o trabalho com a família estimularam a escolha de suas especializações universitárias. Elas eram boas em ciências, gostavam do assunto e atendiam aos pré-requisitos, mas não queriam fazer disso, necessariamente, uma carreira.[44]

No departamento do "teria, deveria, poderia", há novas evidências de que é uma boa ideia confiar nas escolhas das mulheres, em vez de pressioná-las a estudar aquilo que não lhes parece causar nenhum apelo. Claude Montmarquette, economista que trabalha com colegas de Montreal e da Suécia, fez uma descoberta surpreendente, depois de analisar escolhas, perfis e resultados de 562 estudantes universitários norte-americanos que estavam nos campus universitários em maio de 1979. Os economistas usaram um modelo matemático para predizer como esses alunos se sairiam se tivessem optado por outros cursos universitários. Por exemplo, 52% dos estudantes do sexo masculino na área de negócios completariam com sucesso sua graduação, mas, se os mesmos alunos, com perfis acadêmicos iguais, tivessem ingressado em um curso da área de ciências humanas, apenas 42% teriam sido bem-sucedidos. Os pesquisadores descobriram que um estudante do sexo masculino toma sua decisão sobre qual curso universitário seguir com base em quanto espera lucrar com aquela formação, além de suas estimativas de ser bem-sucedido. As estudantes mostravam-se menos influenciadas por seus potenciais rendimentos. Curiosamente, ambos os gêneros eram bons na predição de seus índices de sucesso. As mulheres que haviam escolhido ciências tinham uma probabilidade igual ou, até mesmo, maior de ser bem-sucedidas, em comparação com alunos de ambos os gêneros, de qualquer outro curso. Mas, aplicando os modelos matemáticos de previsão de acontecimentos futuros, as mulheres que haviam escolhido as áreas de educação ou de ciências humanas teriam tido um desempenho pior em ciências, se, ao contrário, tivessem optado por este curso.[45] As mulheres — tanto aquelas que escolheram as ciências quanto as que não escolheram — sabiam quais eram seus interesses, suas capacidades, seu apetite para o risco, onde seriam bem-sucedidas e exatamente o que queriam.

Conhecer a própria mente nunca foi um problema para Kim. Ela sabia por que havia escolhido a engenharia e por que a havia abandonado. Quando começou a estudar engenharia, em 1977, era apenas uma das quarenta mulheres entre as centenas de alunos em seu curso. Isso não a desanimava. "Quando era criança, participei de muitos torneios de regata, e aquele era um mundo dominado por homens; portanto, isso não me incomodava. Eu me entreguei a ele com entusiasmo. Fui escolhida para o grêmio estudantil. Eu me divertia muito", lembra-se ela. "Os professores me estimulavam. Noventa e nove por cento eram ótimos." E Kim saiu-se bem, ficando entre os 10% de alunos mais bem-sucedidos de sua turma. Ela tinha uma forte aptidão para a engenharia e pais que a encorajavam fortemente a seguir a profissão. Então, por que Kim abandonou a área?

Eu estava esperando a bomba explodir em outra cafeteria, dessa vez, em uma tarde de sexta-feira, sentada em uma mesa de ferro, do lado de fora do estabelecimento. Vestida com roupas esportivas — de corte impecável, que eu estava me acostumando a ver em cientistas e engenheiras inativas —, Kim parecia contente de estar atacando uma torta de damasco em plena tarde de trabalho, um contraste com o modo como ela usualmente passa o seu tempo agora: ajudando seus clientes a levantar peso. Depois de quase duas décadas de prática como engenheira química com mestrado, ela trabalha, agora, como personal trainer, atendendo a uma enorme clientela de profissionais. Quando teve filhos e vivenciou uma experiência de quase-morte, decidiu abandonar a área. "Queria passar mais tempo com as pessoas que amo. Gosto da forma como consigo, agora, administrar meu tempo." Não tinha nada a ver com discriminação, ou com o fato de ser a única mulher em sua equipe, ela insistiu. "Simplesmente, fiquei cansada de misturar petroquímicos e de solucionar problemas de software."

Sobre a indústria dominada pelos homens, Kim afirmou: "Há uma forte rede masculina nestes lugares, mas nunca senti barreira à ascensão profissional. Se você estivesse disposta a trabalhar, poderia ser promovida." Mesmo em uma grande plataforma de petróleo, ao ver-se como a única mulher na tripulação, ela não se sentia paralisada na hora de agir. "Os rapazes na plataforma me tratavam extremamente bem. Eu usava um macacão grande e cortava o meu cabelo bem curto, porque detestava sujá-lo de óleo. Eles me tratavam como se fosse um outro rapaz." Ela considerava os ambientes de trabalho "altamente competitivos, mas ótimos". E, embora tivesse tido, certa vez, uma experiência insatisfatória com um gerente que gostava de discutir projetos em meio a pôsteres da revista *Playboy*, ela não achava que isso era algo emblemático. "Quando vi aquele pôster atrás da sua porta pela segunda vez, disse apenas: 'Você tem filhas, não tem? Você gostaria que elas fossem tratadas desta forma?' Ele ficou constrangido, e isso foi tudo. Nunca mais vi os cartazes com aquelas moças novamente."

Kim minimizava a importância de quaisquer experiências negativas, não encarando-as nem como algo simbólico, nem como algo que pudesse excluí-la. Ela havia ocupado uma série de cargos de engenharia e de gerência, havia conquistado um título de mestre, dado aulas em universidades e, depois de ter filhos, tornou-se "mais flexível em todas as áreas", mas, finalmente, acabou abandonando a profissão. "Nunca passei por qualquer tipo de discriminação ou de maus-tratos na engenharia." Já tinha ouvido declarações semelhantes de outras mulheres com carreiras bem-sucedidas no campo das ciências. Era mais ou menos assim: há pessoas inescrupulosas por aí que se comportam mal. Elas estão me escolhendo como alvo só porque sou mulher? Não exatamente. Permanecer em suas carreiras ou mudar sua mentalidade tinha mais a ver com fatores internos do que com os externos.

Ela havia escolhido fazer pesquisas com cérebros humanos, e não física, mas imaginei que, por trabalhar com ciência experimental por tantas décadas, a neurocientista canadense Sandra Witelson poderia me oferecer a visão abrangente de uma vida dedicada às pesquisas. Em 2005, eu estava em Hamilton, uma cidade universitária no cinturão de produção de frutas ao sul de Ontário, para uma conferência, e fui conversar com ela sobre seu trabalho como especialista em hemisférios de cérebros masculinos e femininos, e sobre a pesquisa que realizara no cérebro de Einstein. Também estava curiosa sobre sua experiência como uma das neurocientistas mais importantes do mundo. O encontro ocorreu em uma tarde chuvosa de sexta-feira em seu escritório, e continuamos conversando ainda por muito tempo, mesmo depois de sua assistente ter se despedido e nos desejado um bom fim de semana. Enquanto ouvíamos os outros cientistas naquela ala de escritórios fechando suas salas e se despedindo, a Dra. Witelson falou sobre sua formação no fim dos anos 1960, quando as mulheres eram algo raro em seu campo de trabalho. Com vívidos olhos escuros, cabelos negros e lustrosos, e exibindo, na maior parte do tempo, um sorriso caloroso e expansivo em minha direção, ela estava segura de que, em quarenta anos de pesquisa científica, nunca havia vivenciado discriminação de gênero.

"Não, nunca experimentei nada desse tipo", disse ela.

"Não mesmo?" Coloquei meu notebook sobre a mesa e olhei para ela.

"Nada. Ou não percebi, ou não estava procurando por isso. Talvez, se eu estivesse tentando me tornar decana ou reitora da universidade, se eu estivesse desafiando certas posições de poder, não sei. Mas, desde o momento em que tudo o que estava fazendo era a minha atividade de pesquisa, e tentando realizá-la bem, como o chefe do meu departamento e meu decano queriam que eu fizesse, não havia problema algum."

Perguntei se ela percebera alguma vez se havia sido mais difícil fazer o que ela fazia pelo fato de ser mulher. Ela era tratada de forma diferente em relação aos cientistas homens?

"Como pode ser mais difícil para uma mulher? Quero dizer, quem vai impedir uma mulher de fazer pesquisas? Isso não é lógico. Qual chefe de departamento, que tem de mostrar que seu departamento é próspero e produtivo para o decano daquele curso, vai impedir que uma mulher brilhante, competente e esforçada faça o que ela tem de fazer? Não posso dizer que todos os dias um chefe de departamento viria a meu encontro para me perguntar: 'Está tudo bem com você, Sandra? Você precisa de ajuda? Você precisa de mais espaço?' Quero dizer, ninguém estava realmente me levando pela mão ou tentando me orientar. Mas eles, certamente, não me impunham obstáculos, e se eu quisesse investir em uma bolsa de estudos, ninguém se recusaria a assinar o pedido. E acho que não vi discriminação contra as outras mulheres, também. Era uma universidade fantástica, mas não acredito que isso seja particularmente incomum."

Com o risco de parecer cansativa, reiterei seu argumento. "Então, você acha que era um campo equilibrado?" Depois de quase duas horas de conversa, a Dra. Witelson desencavou um incidente de décadas atrás, que ela considerava poder ser interpretado como algo discriminatório. "Quando a universidade me convocava, eles me ofereciam o reembolso de minhas despesas de deslocamento. E assim agíamos, eu lhes mandava as notas, como deveria fazer. Um dia, recebi uma ligação da direção, dizendo que, pelo fato de eu ter viajado com meu marido, eu teria de viajar de qualquer forma, e, portanto, eles achavam que não deveriam me reembolsar. Isso poderia ser visto como discriminação. Mas não percebi desta forma. Simplesmente imaginei que eles estavam tentando desfazer o combinado. Tudo o que eu disse foi: 'Sinto muito, mas, se meu marido foi também ou não, isso é irrelevante. Eu fui. Vocês concordaram em pagar.' E isso foi tudo. Não era uma grande questão. Não me deixou com raiva. Não falei muito sobre o assunto. Portanto, tudo depende da forma como uma mulher percebe as coisas, e de seu nível de sensibilidade."

Em certo entardecer, de volta à minha vizinhança, o assunto das mulheres médicas e da discriminação veio à baila enquanto um grupo de mães estava sentado sobre a grama, observando seus filhos com os rostos corados, correndo e jogando bola. Muitas delas eram médicas de família. Em vez de abandonarem a vida profissional, haviam organizado suas práticas médicas de modo que tivessem tempo para as crianças pequenas e outros interesses e, como resultado, estavam trabalhando menos vezes por semana. Perguntei a elas a questão equivalente que eu fizera em relação às ciências acadêmicas e à engenharia. Se o número de mulheres ultrapassava o número de homens nas faculdades de medicina e elas, geralmente, obtinham notas maiores, por que escolhiam predominantemente especialidades como pediatria e medicina familiar, com remuneração menor que as outras áreas, como cirurgia e radiologia?[46] Um estudo feito em 2005 pelo radiologista canadense Mark Baerlocher e pelo especialista em políticas de saúde Allan Detsky havia demonstrado que as mulheres não estavam sendo rejeitadas em suas primeiras escolhas para a residência. Entretanto, os homens sim. As possibilidades de os homens serem rejeitados eram 1,6 maior que as das mulheres.[47] Com mais opções que os homens, por que as mulheres escolheriam ganhar menos? Se não era discriminação, era o quê, então?

As médicas falaram sobre as recompensas de acompanhar os pacientes por muitos anos e sobre seu apreço pela complexidade de suas histórias de vida. Uma delas descreveu como se encantara pela prática cirúrgica no início de sua formação. Havia poucos residentes em cirurgia, e, então, permitiram que ela fizesse uma excisão intestinal por conta própria, sob a supervisão de um cirurgião sênior. Foi um sucesso, e ela decidiu, naquele exato momento, que o fluxo de adrenalina e a reparação rápida envolvidos na cirurgia eram feitos sob medida para ela. No dia seguinte, refletiu sobre os oito anos de residência em cirurgia e sobre a imediata disponibilidade de horas nas noites e fins de semana exigida pela prática, e mudou de ideia. "A medicina familiar foi uma questão de estilo de vida", contou a mãe de quatro filhos, cruzando os tornozelos sobre a grama, enquanto observava o filho de 11 anos atuando como goleiro. "Nunca tive nenhuma orientadora do sexo feminino na medicina familiar ou em qualquer outra especialidade médica — mas isso era irrelevante. A questão é que, agora, não preciso estar disponível durante a noite e nos fins de semana", explica ela, "e o trabalho não é a única coisa que faço. Tenho uma vida."

As histórias das mulheres e as pesquisas relatadas aqui salientam o que deveria ser uma verdade trivial: as mulheres são seres autônomos que têm noção de seus desejos. Um dos pontos mais positivos da segunda onda do feminismo foi oferecer às mulheres a oportunidade e o direito de lutar por seus interesses e objetivos. As mulheres que demonstram destreza e ambição de se tornar cientistas, professoras universitárias ou engenheiras não se veem mais paralisadas pelos estudos acadêmicos equivocados ou por ideias ultrapassadas sobre papéis de gênero. Na verdade, ao longo dos últimos quarenta anos, um grande número de mulheres optou pelas ciências, e muitas, como Sandra Witelson, fizeram contribuições brilhantes, especialmente nas ciências biológicas e cognitivas. Portanto, não há evidência de que as mulheres *não* possam segui-las, ou que estão, de alguma forma, mal preparadas. Ao contrário, as mulheres descritas aqui destacam-se por outros motivos. Especialmente nas ciências físicas e na engenharia — que, como áreas tradicionalmente masculinas, são consideradas casos-teste de igualdade de gênero —, as mulheres podem, agora, ter o mesmo que os homens possuem, mas muitas decidem, depois de experimentar, que não desejam isso para si. A ideia do gênero baunilha, de que, dadas todas as oportunidades, elas *deveriam* querer isso, já que foi o que os homens escolheram, está atrelada à hipótese de que o homem é o padrão, a partir do qual medimos as vontades e os sonhos de todas as outras pessoas.

Mas, e se uma proporção significativa das mulheres que possuem todas as características necessárias para carreiras nas ciências físicas e na engenharia decidirem, finalmente, que têm outros interesses e objetivos? Elas possuem capacidade intelectual, tiveram pais e professores que as encorajaram, orientadores, autodisciplina, o trabalho acadêmico correto, credenciais excelentes e, até mesmo, empregos acima da média. Ainda assim, decidem que prefeririam fazer pesquisas a respeito de questões humanas. Ou que desejam provocar impacto social atuando como educadoras, professoras de direito ou assistentes sociais. Ou ter mais tempo para seus filhos, quando eles ainda são pequenos. Esta é uma falha do sistema ou dessas mulheres? A ideia de que as mulheres são versões frustradas dos homens deixa a grande quantidade de mulheres altamente capacitadas, que não se ajustam ao modelo masculino, engessadas dentro de um papel rotineiro e infantilizado. Se, ao menos, elas soubessem o que *realmente* queriam, teriam escolhido a física! De alguma forma, apesar de suas conquistas, considera-se que elas são incapazes de decidir por si mesmas. De alguma forma, fazem-nas acreditar que não são feitas da mesma matéria.

Quando mulheres talentosas decidem que preferem ser médicas a físicas, educadoras a engenheiras, estão optando por estudar e passar mais tempo com pessoas, e não com coisas. Muitas estão demonstrando uma capacidade de sintonizar-se com os outros. É uma inclinação que tem uma longa história e, como veremos em breve, faz as mulheres se sentirem muito bem.

CAPÍTULO 4

# A vantagem da empatia

## Nenhuma mulher é uma ilha

Um artigo assinado na última página do jornal tinha como manchete "Minhas barreiras à ascensão profissional são voluntárias", e meus olhos se arregalaram com uma rapidez maior do que eu usara para tomar meu café puro. Uma executiva prestes a ser transferida para um escritório mais luxuoso recusara uma promoção para ser vice-presidente de uma empresa multinacional e ganhar bilhões de dólares, e sentiu-se na obrigação de explicar o motivo pelo qual tomou esta decisão, embora estivesse assinando o artigo sob um pseudônimo. Metódica e sistematicamente, ela detalhava como sua empresa oferecia todo e qualquer benefício possível para promover o êxito das mulheres, incluindo escritórios domésticos conectados em rede para que pudessem participar de teleconferências, horários flexíveis, nenhuma pressão para realizar interações presenciais, serviços internos de lavanderia e academia de ginástica, um bônus suplementar para contratação de babá e atendimento local para crianças doentes. Sua empresa estava classificada como uma das cem melhores empresas nas quais as mulheres poderiam trabalhar nos Estados Unidos e uma das cem melhores da Europa. Ainda assim, essa executiva dera um freio no próprio progresso profissional, justamente quando se esperava que fosse galgar posições em sua carreira como um balão de hélio. Sua promoção lhe teria colocado na terceira posição hierárquica dentro de uma empresa com 12 mil funcionários, com escritórios em mais de sessenta países, e na lista de candidatos para se tornar a diretora executiva da empresa em poucos anos.

"O diretor de nossa filial não conseguia acreditar que eu iria recusar a oferta. Ele me disse: 'Esta é uma oportunidade que só aparece uma vez na vida'", contou ela no dia seguinte, quando conversamos por telefone. "Empresas como a minha trabalham arduamente para ajudar as mulheres a atingir cargos executivos de alto prestígio. Mas, e se nós não quisermos subir tão alto?"[1] Consegui localizar Elaine depois de entrar em contato com um dos editores do jornal, que transmitiu-lhe meu projeto específico, além de um pedido para uma possível entrevista. Imaginei que ela poderia ser capaz de responder às dúvidas sobre por que as mulheres altamente capacitadas estavam abandonando a disputa. Sua voz seria única; as pesquisas revelariam o panorama em uma escala maior, mas as motivações de decisões como essa ficariam mais evidentes. Ela estava ansiosa para me expor sua história e agendamos um encontro.

Muitos meses depois, peguei um voo logo cedo pela manhã para uma amortecida cidade industrial, distante cerca de uma hora de uma grande metrópole. Elaine me disse para procurar por uma pessoa alta e loira, no volante de um grande carro preto, assim que saísse do terminal, mas me avisou que não me enganasse com o charme que isso pudesse ter. Na verdade, ela era suficientemente sedutora, com uma aparência majestosa, em termos de atitude, porte e vigor. Tinha cerca de 30 anos, usava calças quadriculadas e um suéter preto. Elaine possuía um ar confiante e sereno, e logo ficou claro que estava longe de ser uma mulher sem ambições. Ela havia trabalhado diligentemente para subir de posto na hierarquia executiva, tão alto a ponto de ter cogitado comprar e reformar uma mansão vitoriana em formato de torre, que ela me mostrou em nosso caminho para o almoço (no fim, ela decidira que seus gostos eram mais simples). Mas isso não importa. Ela era uma pessoa de negócios que ia direto ao ponto, e me contou, logo nos primeiros minutos que entrei em seu carro, que, além do trabalho que adorava fazer, também tinha dois filhos pequenos, um marido e pais, todos eles fundamentais para sua felicidade e para a felicidade uns dos outros. Uma promoção significaria ter de se mudar para outra cidade e, embora isso fosse aumentar seu status e seu salário, desestabilizaria sua família. Se ela apreciava seu trabalho, era respeitada por ele e possuía uma vida pessoal harmoniosa, por que estragar tudo escalando um degrau a mais? Ela continuava sendo uma das diretoras de sua empresa, e não se arrependera nem por um minuto de recusar a oportunidade de se tornar vice-presidente, disse-me. "Meu marido ama o trabalho dele, minhas crianças estão muito felizes e estabilizadas, e eu amo meu emprego. Meu futuro a longo prazo não será tão vigoroso como poderia ser, mas minha felicidade e meu sentimento de autoestima não provêm, apenas, da minha carreira."

Sua mensagem explícita era: o trabalho é essencial, mas as necessidades de sua família também são. O subtexto? Afirmar que isso é, de alguma forma, vergonhoso — daí o pseudônimo, tanto no artigo de jornal quanto neste livro. Não é uma tática muito sábia abrir mão de uma promoção e, muito menos, atribuir suas razões à noção ultrapassada de que os sentimentos pelos entes queridos importa tanto quanto as realizações no trabalho. Durante o almoço, Elaine descreveu as reações dos homens em seu círculo de relações. "Quando respondi que não aceitaria, o presidente simplesmente olhou para mim e disse: 'Acho que você enlouqueceu.' Meu sogro ficou praticamente sem fala — ele era diretor-geral de uma empresa e mudou-se com seus cinco filhos para todos os lugares do mundo. Mas isso não diz respeito somente a mim. Tem a ver com meu marido e meus filhos. Minha filha de 7 anos é sensível. Colocá-la em um novo ambiente seria um risco. Eu poderia ser bem-sucedida, mas, se olhasse para trás e visse que ela havia se prejudicado, eu nunca seria feliz ou me perdoaria." Não havia conflito emocional. Elaine tinha certeza de que tomara a decisão correta e queria que as pessoas soubessem a razão, mesmo não pretendendo revelar os detalhes. "Ninguém sabe que este emprego me foi oferecido, e muitos homens ficariam bastante aborrecidos se soubessem, já que ele não foi oferecido a eles. A empresa está desesperada — ela quer mulheres no nível executivo sênior." Para conseguir equilíbrio de gênero nos cargos mais importantes, ela me contou que ofertas muito difíceis de ser recusadas estavam sendo feitas a outras mulheres qualificadas, desde que concordassem em ser transferidas e, caso fossem bem-sucedidas, seriam novamente transferidas alguns anos mais tarde. Ela conhecia apenas uma que concordara — alguém que não tinha família.

Elaine poderia ser representante de outras mulheres solidamente estabelecidas? Há grandes evidências de que muito mais mulheres do que homens recusam promoções em consideração à família, incluindo mulheres altamente valorizadas.[2] Em 2006, quando a analista de investimentos Carolyn Buck Luce e a economista Sylvia Ann Hewlett tentaram solucionar o mistério da "fuga oculta de cérebros", pesquisando 2.443 mulheres talentosas com pós-graduação ou diplomas de ensino superior, descobriram que uma em cada três mulheres com mestrado decidira não trabalhar em horário integral — em comparação com um índice de um em cada vinte homens, com a mesma formação —, e que 38% das mulheres de alto desempenho haviam recusado uma promoção ou assumido deliberadamente um cargo com remuneração menor.[3] Em vez de estar sendo impedidas, por uma imposição qualquer, de assumir cargos superiores, essas mulheres os estavam evitando. Quando as pesquisadoras se concentraram nas motivações delas para o trabalho, descobriram que ter uma posição de poder era o objetivo de carreira de menor relevância para mulheres altamente qualificadas, em todos os setores. Para 85% das mulheres, outros valores vinham primeiro: poder trabalhar com pessoas que respeitavam, ser "elas mesmas" no trabalho e ter horários flexíveis. Assim como Elaine, e como grande parte das mulheres retratadas aqui, a maioria das 2.443 pesquisadas no estudo de "fuga de cérebros" não se sentia excluída à força dos cargos mais lucrativos. O pensamento convencional — de que mulheres talentosas e capazes são rotineiramente impedidas de assumir os cargos mais altos — não descrevia o nível de autodeterminação que elas expressavam. No caso de Elaine, a empresa poderia ter incrementado a oferta, pagando um curso de mestrado para seu marido, ou colégios particulares para seus filhos, segundo ela me contou. Somente se os benefícios fossem partilhados com os membros de sua família é que ela teria considerado ser transferida. Ainda assim, não era uma decisão econômica, ou um desejo de preservar o emprego do marido que a estimulara a se manter firme em seu lugar. Ela ganhava mais que ele, e poderia ter um salário ainda maior se tivesse aceitado a promoção. Tratava-se, simplesmente, de que as necessidades familiares tinham um peso maior para ela.

Este capítulo concentra-se em como a empatia desempenha um papel relevante em momentos decisivos nas carreiras das mulheres. A empatia é a habilidade de compreender o que outras pessoas pensam e sentem, e responder de maneira similar, com sentimentos e ações apropriadas. Veremos como as mulheres, em média, têm uma pequena, porém nítida, vantagem em termos de empatia, um fenômeno sustentado por sua biologia, ajudado pelo ambiente e suavizado pela movimentação em suas carreiras. É claro, as descrições estatísticas são somente isso, um conjunto de milhões de indivíduos cujas identidades são tão fáceis de ser reconhecidas como um único fragmento de granito do Monte Washington. Mas uma visão panorâmica mostra que interpretar e entender as emoções das outras pessoas é algo espontâneo e básico em muitas mulheres, no momento em que cada uma delas decide que empregos aceitar e até que posição hierárquica pretendem ascender em suas carreiras.

Começamos com a história de uma única mulher. Mas inúmeros dados disponíveis também mostram que mais mulheres do que homens fazem adaptações em suas carreiras para cuidar da família, especialmente no começo e no término da vida. Os homens cuidam de seus parentes muito mais do que faziam no passado, mas as mulheres, intencionalmente, impõem limites às suas carreiras quando as exigências para prestar auxílio são mais intensas. À medida que os compromissos de tempo aumentam, também aumenta o número de mulheres que oferece assistência. Uma pesquisa realizada em 2005, entre os 44,4 milhões de acompanhantes nos Estados Unidos, revela que, no começo de uma doença, por exemplo, quando um pai ou mãe idosos precisam, inicialmente, de uma pequena ajuda para fazer compras ou para seus compromissos, 42% desses cuidados são oferecidos por parentes homens. Mas, quando alguém precisa deixar o escritório mais cedo, chegar mais tarde, ou tirar uma licença para cuidar de um parente que está seriamente doente, as mulheres tendem a fazer isso 84% das vezes.[4] E, quando se trata de auxiliar alguém com câncer, as filhas e as esposas ultrapassam consideravelmente os membros da família do sexo masculino.[5]

Mas estas são escolhas reais ou apenas obrigações? Isso é o que inúmeras mulheres de sucesso contaram à repórter do *New York Times* quando perguntadas por que haviam abandonado seus poderosos empregos para cuidar de pais idosos. "Ninguém me pediu para fazer isso, e isso não tem nada a ver com culpa", disse Mary Ellen Geist, âncora de tevê, com 49 anos, que deixou seu emprego altamente bem remunerado em Nova York para se mudar para a casa dos pais, em Michigan, e cuidar de seu pai de 78 anos, com doença de Alzheimer, e oferecer apoio à mãe. "Eu tinha uma vida muito egoísta. Já havia conquistado reconhecimento suficiente. Mas tudo o que eu fazia era trabalhar, e estava ficando velha. Sabia que podia fazer a diferença estando aqui. Isso abriu meu coração, e me deu a oportunidade de lutar por algo que eu havia perdido." Quando Rikki Grubb, advogada formada em Harvard, deixou uma sociedade em um escritório de advocacia para cuidar do pai idoso, muitas de suas colegas manifestaram inveja de que ela pudesse abrir mão da "cultura de arrancar as tripas" de sua profissão e fazer algo que tivesse um significado.[6] Cada uma dessas mulheres decidiu cortar, voluntariamente, uma parte do orçamento e do status no emprego para oferecer auxílio a uma pessoa amada.

Tentando avaliar sistematicamente essas decisões de trabalho, a socióloga do trabalho Phyllis Moen, de Minnesota, perguntou a 760 pessoas quais as razões de terem decidido se aposentar mais cedo. A maioria das mulheres respondeu que cuidar de uma pessoa amada era a razão para seu afastamento. A maior parte dos homens respondeu que se aposentara porque odiava seus empregos, ou porque lhe haviam oferecido a opção de controle acionário.[7] Ficar em casa com filhos doentes? Quando ambos os pais trabalham, 59% das mães dizem que ficam em casa com os filhos quando eles adoecem. O restante das mulheres compartilha essa responsabilidade com seus maridos, mas sente-se angustiada quando não são elas que cuidam das crianças.[8] Uma polêmica pesquisa, realizada em 2005 com estudantes das universidades da Ivy League, mostrou que 60% das mulheres já havia decidido que, quando se tornassem mães, planejavam diminuir o ritmo, ou abandonar completamente, o trabalho.[9] O desejo de cuidar dos outros está presente antes mesmo de a necessidade concreta aparecer. E, em um amplo estudo sobre como o altruísmo e o cuidado dos outros molda as decisões de vida dos adolescentes, Mihaly Csikszentmihalyi, Barbara Schneider e David Sloan Wilson acompanharam de perto mais de mil jovens de 12 localidades, ao longo de cinco anos. As perguntas de sua pesquisa incluíam: "No trabalho que você espera realizar no futuro, qual a importância de ajudar os outros?", ou "Quanto tempo você despende como voluntário, ou realizando serviços comunitários fora da escola?" Os autores descobriram que as meninas atingiam um escore maior do que os garotos em atitudes e intenções de "auxílio".[10] Para estas meninas e mulheres, assim como para Elaine, ser capaz de escolher permite que elas ajam de acordo com seus sentimentos de empatia.

Elas são coagidas a ajudar? Como as mulheres atingem o ponto em que *podem* escolher, as respostas devem partir dessa pergunta. Para mulheres que lidam com essas opções, as oportunidades tendem a se materializar quando chegam aos 30 e poucos anos de idade, ou após os 40, quando já mostraram do que são capazes. É um momento clássico para pesar as prioridades. Muitas delas trabalharam duro ao longo da infância e nos primeiros anos de vida, e não querem mais fazer sacrifícios pessoais. Já se testaram, e muitas pagaram um alto preço por isso. Agora, querem fazer o que as leve a se sentir bem, o que, geralmente, significa continuar a trabalhar, mas recusando-se a se sobrecarregar por uma série de decisões que as afastarão de suas famílias em momentos críticos e importantes. Olhando de fora, isso parece um paradoxo. Depois de uma dedicação total e absoluta ao trabalho para construir suas carreiras, fazer o que as leve a se sentir bem pode significar ocupar o tempo considerando as necessidades dos outros, em vez de, automaticamente, dar prioridade ao trabalho. Pode soar como uma abnegação ou uma volta aos tempos em que as mulheres assumiam todos os cuidados familiares. Mas dizer não às excessivas exigências do trabalho para preservar algumas horas com o cônjuge ou os filhos, ou reservar um tempo para cuidar de um pai doente, pode ser um ato egoísta. A empatia pelos membros da família pode sobrepujar o foco exclusivo no status e no dinheiro para muitas mulheres, não como abnegação, mas como forma de autossatisfação.

Em seu livro *Maternal Desire*, Daphne de Marneffe, uma daquelas mães das universidades da Ivy League que, temporariamente, abandonou a carreira por causa de sentimentos de empatia, descreve liricamente as horas com as crianças como "um prazer extraordinário". Não se trata nem de uma mera obrigação nem de um trabalho altamente penoso — pelo menos, não o tempo todo. E a empatia não surge aleatoriamente quando a mulher se sente na obrigação moral de suportar as pressões, ou quando está refletindo seriamente sobre as coisas em momentos de indecisão. Mesmo quando não há nenhum vínculo familiar ou obrigação, as mulheres têm uma tendência maior de arregaçar as mangas quando percebem o sofrimento alheio. No Canadá, 90% dos voluntários que trabalham com idosos são mulheres, assim como 77% de todos os voluntários na área de saúde. E, mesmo ganhando aproximadamente a metade do que receberiam em qualquer outro lugar, a força de trabalho do terceiro setor é composta por três quartos de mulheres, também.[11]

## A experiência utópica

Geralmente, imagina-se que a razão pela qual as mulheres gravitam em torno de pessoas ou de empregos que prestam auxílio é que elas assimilaram a mensagem de seu ambiente, isto é, de que deveriam fazer isso. Mas, em 1975, surgiu um livro que documentava um notável experimento social. Dois antropólogos, Lionel Tiger e Joseph Shepher, haviam estudado sistematicamente a vida de 34 mil pessoas que foram criadas e viveram todo o tempo em um *kibutz*. Estabelecida na virada do século XX, e funcionando como um presságio da segunda onda do feminismo, a ideologia do movimento do *kibutz* opunha-se firmemente às classificações de gênero. Esperava-se que homens e mulheres fizessem — e quisessem fazer — qualquer trabalho a eles designado. As crianças viviam em dormitórios comunitários e eram criadas por profissionais treinados em assistência à infância, que se comprometiam a educar meninos e meninas da mesma forma. Quando a televisão surgiu, seu uso foi restringido. Os pais visitavam as crianças na hora das refeições e na hora de dormir, mas a comida era preparada comunitariamente, e as roupas eram lavadas em um processo industrial, e, portanto, não havia um "segundo turno" para os cuidados com as crianças e a realização de tarefas do lar. Era uma visão utópica, planejada para apagar quaisquer barreiras de gênero ou de classe, e supunha-se que, com o tempo, todas as diferenças de gênero desapareceriam. Todos os trabalhos seriam divididos em uma proporção equilibrada de 50-50.

No começo, os dois antropólogos tinham expectativas semelhantes, mas não foi esse o cenário que observaram. E também não foi o panorama apontado pelos dados coletados. Depois de quatro gerações tentando reforçar a neutralidade de gênero em papéis familiares e de trabalho, entre 70 a 80% das mulheres haviam se encaminhado para trabalhos orientados a pessoas, relacionados, principalmente, com crianças e educação, enquanto a maioria dos homens preferira trabalhar nos campos, nas fábricas, em construção ou manutenção. E, quanto mais as pessoas viviam em um *kibutz*, mais polarizada se tornava a divisão sexual do trabalho. Dentre as mulheres que cresceram ali, quase nenhuma queria trabalhar na construção, e menos de 16% queriam atuar na agricultura ou na indústria. Enquanto isso, nenhum dos homens queria trabalhar com crianças em idade pré-escolar, e menos de 18% escolhiam dar aulas para o ensino fundamental. "Os perfis estatísticos que produzimos revelaram, inesperadamente, que homens e mulheres pareciam viver como se estivessem em duas comunidades distintas, e que, na maioria das vezes, só se encontravam uns com os outros ao chegar em casa. Era quase como se estivéssemos estudando duas cidadezinhas diferentes. Estávamos igualmente despreparados para descobrir, como muitos outros pesquisadores anteriores haviam descoberto em *kibutz* específicos, uma forte, genérica e cumulativa tendência das mulheres e dos homens a ficar menos parecidos, e não mais, no que faziam e, evidentemente, no que queriam fazer."[12] Os membros do sexo feminino da fazenda coletivista haviam solicitado ficar próximos a seus filhos com mais frequência do que os intervalos designados para as refeições e a hora de dormir. E, quase da mesma forma que o panorama atual, as mulheres e os homens demonstravam ter fortes preferências pelo tipo de trabalho de que mais gostavam. Eles podiam ser estimulados, seduzidos e, até mesmo, forçados a realizar trabalhos que os outros acreditavam que eles deveriam fazer. Mas, com a liberdade de expressar o que queriam, o que era esperado e o que eles escolhiam não eram compatíveis. Impor papéis de gênero completamente neutros para as mulheres, de cima para baixo, não funcionava.

É óbvio que as mulheres não têm o monopólio da empatia nem dos empregos relacionados a pessoas. Figuras inspiradoras que influenciam a opinião e as políticas públicas são, geralmente, homens, e eles têm mais probabilidade de arriscar a vida e uma parte do próprio corpo para ajudar os outros. Mas aqueles que, serenamente, se afastam em função do sofrimento individual são, geralmente, mulheres.[13] Como exemplo, observemos o árduo esforço de cidadãos, como Marguerite Barankitse, que começou sua jornada sem título, função oficial ou reconhecimento. O que a motivou a adotar e a criar 10 mil crianças órfãs, vítimas do genocídio em Ruanda e Burundi? Ela começou com sete crianças adotivas no início da guerra civil, em 1993: três tutsis e quatro hutus. Então, acrescentou outras 25, cujos pais haviam sido assassinados enquanto eram obrigadas a observar. Um ano depois, havia 160 crianças sob seus cuidados. Quando "as crianças de Maggy" chegaram à casa dos milhares, ela criou uma infraestrutura com voluntários e dezenas de pequenas atividades para apoiá-las, ao mesmo tempo em que oferecia treinamento e emprego para aquelas que já haviam crescido. Apontando alguns de seus fardos para a repórter Stephanie Nolen, do *Globe and Mail*, que foi visitá-la em seu vilarejo, Maggy deu alguns detalhes sobre as tenebrosas histórias daquelas crianças. "Aquela ali eu encontrei ainda amarrada às costas da mãe em uma pilha de cadáveres. Uma granada havia destruído quase inteiramente seu rosto. Essa aqui, a mãe morreu de Aids. Aquela lá é fruto de um estupro — sua mãe foi violentada pelos rebeldes."[14] Sua habilidade de demonstrar empatia e agir de acordo com ela nessas circunstâncias é extraordinária. Em vez de interromper suas atividades ou buscar vingança — como muitos homens na zona de guerra haviam feito —, ela estendeu a mão para ajudar os outros como uma resposta automática.

Quando perguntei por que ela adotou os primeiros órfãos, a senhorita Barankitse me disse: "Havia espaço na minha casa e foi isso que minha mãe me ensinou." Como a maioria das pessoas, ela achava que a empatia pelo sofrimento alheio e o impulso de ajudar eram coisas aprendidas em casa. Ela está parcialmente certa. Pais que demonstram solidariedade, expressam emoções positivas e valorizam os relacionamentos transmitem esses valores a seus filhos, conforme descobriu a psicóloga Nancy Eisenberg. Não sabemos se pais bons e que demonstram empatia transmitem os genes da bondade e da empatia a seus filhos, ou se as crianças aprendem isso observando-os. Talvez as duas coisas juntas. Mas sabemos que meninos e meninas assimilam a mensagem de forma diferente.

No início dos anos 1990, Nancy Eisenberg e seus colegas fizeram uma experiência na qual mostraram dois filmes a estudantes universitários de ambos os gêneros. O primeiro, um documentário sobre uma criança com espinha bífida, pretendia despertar a compaixão dos estudantes, enquanto o outro, sobre um homem que pedia carona e entrava no carro de um personagem suspeito — com pensamentos diabólicos e uma faca —, despertava ansiedade, um sentimento muito mais incômodo para quem assistia. Eisenberg queria verificar se os estudantes conseguiriam estabelecer a distinção entre compaixão (um sentimento de identificação e pesar pelo sofrimento alheio, que faz com que você queira ajudar uma determinada pessoa) e angústia pessoal (o desejo de fugir de sentimentos desagradáveis provocados pela situação aflitiva vivida por outra pessoa). Ambos são aspectos da empatia, porque sentir o que a pessoa está vivenciando é o primeiro passo, em ambos os casos. Mas a compaixão envolve a preocupação e o desejo de reduzir o sofrimento *daquela* pessoa. A angústia tem a ver com dar um fim ao próprio sofrimento.[15]

Tendo acessado anteriormente os traços de personalidade e o histórico familiar dos participantes, a equipe de pesquisa queria saber qual dos dois era responsável por despertar maior compaixão pelos protagonistas dos filmes e seus problemas. Quem teria mais chances de se identificar com o personagem do filme e levar a sério suas emoções? O que teria mais importância: a personalidade ou o histórico familiar dos participantes? Na verdade, nenhum dos dois. O traço que mais importava era o gênero do observador. Dos 94 estudantes, as mulheres demonstravam mais empatia pelas crianças. E elas eram, também, as mais sugestionáveis ao reagir ao sofrimento de outras pessoas — as palmas de suas mãos suavam com mais intensidade ao ver o homem que pedia carona preso no carro com o psicopata (mãos e pés suados são indícios de que a resposta é automática — prova de que as mulheres não estavam tentando impressionar as pessoas sobre quanta empatia poderiam demonstrar). Mas havia diferenças individuais. As mulheres que reagiram mais fortemente aos estados emocionais de outras pessoas cresceram em famílias que expressavam abertamente suas emoções.[16] Os resultados da Dra. Eisenberg aludem tanto a origens biológicas quanto a aspectos ambientais da empatia. (No meu caso, a testosterona era, provavelmente, o elixir que permitia que meus filhos vissem impassivelmente o espancamento de reféns no filme *O plano perfeito*, de Spike Lee. Mas a experiência os estimulava a se inclinar sobre a poltrona para me avisar que eu não deveria ver.)

Alguns anos depois desse estudo, Alan Feingold, em Yale, descobriu algo similar. Ainda na qualidade de estudante de pós-graduação, ele estava preocupado em identificar nada além do que traços comuns a todas as pessoas, não importando sua idade ou origem. Feingold havia analisado os resultados de 110 estudos de personalidade, cobrindo 52 anos, sete países e vários métodos de testagem, em uma técnica conhecida como meta-análise, e sua ideia descomunal surtiu efeito. Feingold encontrou diferenças de gênero que eram comuns em todas as culturas presentes nas amostras. Os homens, em média, eram mais assertivos que as mulheres, não importando onde e quando eles viviam, sua idade e o nível de instrução que tiveram. As mulheres tinham mais chances de ser ansiosas, confiar nos outros, ser sociáveis e "compassivas", o que ele definiu como protetoras — tivessem elas 18 anos, na Polônia ou no Canadá, ou 65, nos Estados Unidos, na Finlândia, Alemanha ou China. Essas duas categorias — assertividade e compassividade — dividiam claramente os dois gêneros.[17] A tendência transcultural de meninas e mulheres se comoverem com as emoções e as necessidades de outras pessoas — sua compassividade — pode explicar por que se descobriu que elas prestam mais auxílio e oferecem mais apoio a outras pessoas, em quase todos os lugares onde a questão foi estudada.

Nancy Eisenberg e Alan Feingold descobriram que a habilidade de imaginar o que outra pessoa está pensando e sentindo era mais forte nas mulheres. Isso, é claro, não quer dizer que todas elas sejam mais sensíveis e menos assertivas do que todos os homens. Basta pensar em contraexemplos, como Catarina, a Grande, ou Margaret Thatcher, para nos lembrar que as médias estatísticas incluem as posições extremas em cada ponta do espectro. Mas, em geral, as mulheres são melhores em interpretar os estados mentais dos outros a partir de suas expressões faciais; elas são mais rápidas para se identificar com as emoções e para sentir a dor alheia, uma descoberta que continua a aparecer, não importando a forma como seja testada.[18]

## O reostato da empatia

Ao estabelecer a ligação entre a pesquisa e a experiência cotidiana, seria fácil pensar que todas as mulheres demonstram mais empatia que os homens. Mas isso seria um equívoco. Os indivíduos variam, e as médias de cada grupo nos dizem pouco a respeito de cada pessoa única, real. Consideremos a altura como um exemplo. Em média, os homens são mais altos que as mulheres. Mas uma mulher, individualmente, pode com muita facilidade ser mais alta que um homem particular. Homem ou mulher, a predisposição genética estabelece os limites da altura daquela pessoa, mas sua experiência de vida — por exemplo, sua nutrição ou saúde pessoal — afeta, então, qual será a altura final alcançada. Ocorre algo semelhante com a empatia. Cada um possui uma faixa predefinida que é, então, ajustada pela experiência. Portanto, tudo se parece mais com um reostato, com uma série de ajustes, do que, simplesmente, com um dispositivo que liga e desliga. Ao contrário da dicotomia entre *yin* e *yang*, entre Marte e Vênus, em que os gêneros são divididos ordenadamente em dois campos distintos, quando os níveis de empatia de homens e mulheres são mensurados, há uma sobreposição entre os gêneros. Foi isso que o psicólogo cognitivo Simon Baron-Cohen e sua equipe de pesquisa da University of Cambridge descobriram quando testaram o Quociente de Empatia, ou QE, de homens e mulheres. Afável e modesto, o professor Baron-Cohen é um dos poucos homens que pesquisam diligentemente as diferenças de gênero, e o tom moderado de sua produção literária esconde um tema explosivo — que as biologias diferenciadas de homens e mulheres afetam, tipicamente, a maneira pela qual eles percebem e analisam o mundo. Ele tem inúmeras provas de como isso acontece, mas veremos isso mais adiante. Por enquanto, o que é importante é que ele e seu grupo de pesquisa de Cambridge desenvolveram um teste para mensurar a empatia, que pode separar as pessoas que interpretam facilmente os estados emocionais dos outros daquelas que lhes são relativamente cegas.

O QE, inventado para captar um traço estável em uma pessoa, também pode identificar diferenças sutis entre os grupos. Quando o professor Baron-Cohen e sua equipe usaram o QE para testar os níveis de empatia em 197 adultos saudáveis, descobriram, como se poderia prever, que as mulheres apresentavam escores muito mais elevados do que os homens. Elas eram melhores em identificar os sentimentos dos outros, e ficavam mais facilmente afetadas por eles do que os homens.[19] Havia, ainda, uma série de pessoas — tanto homens quanto mulheres — cujos níveis de empatia ficavam, de alguma forma, em uma zona intermediária. Mas a parte mais baixa da escala era dominada por homens. Os escores mais altos de empatia foram encontrados entre as mulheres.[20]

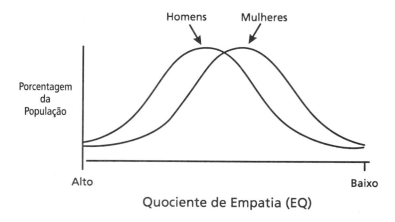

Quociente de Empatia (EQ)

O QE também respondia a outras perguntas, como investigar se demonstrar empatia pelos outros é o mesmo que diverti-los. Afinal de contas, alguns podem dizer que, quando se fala em demonstrar empatia, trata-se somente de suposições, e de dar às pessoas o que elas querem. Mas os itens do teste que mediam a empatia pura não estavam no mesmo grupo das questões que captavam o desejo de ser amado, de ser socialmente aceito e de se adaptar. Divertir as pessoas e demonstrar empatia não são a mesma coisa. Isso é bom, porque, até onde posso afirmar, existem ideias preconcebidas sobre aqueles que se dedicam a agradar as pessoas — o queridinho da titia e o metido a santinho são os apelidos mais educados. Portanto, caso fosse descoberto que as mulheres eram mais numerosas nesta categoria, isso poderia ser visto com desconfiança.

Vimos, anteriormente, que as mulheres e os homens não diferem em seus escores médios de QI, e sim em relação ao QE. Quando são feitas perguntas do tipo "Acho fácil me colocar no lugar de outra pessoa", "Posso me sintonizar, rápida e intuitivamente com o que outra pessoa está sentindo", ou "Posso dizer se alguém está disfarçando suas verdadeiras emoções", as respostas diferem bastante.[21] Pode-se chamar isso de capacidade de demonstrar empatia, como faz Baron-Cohen; compaixão, como descreve Nancy Eisenberg; ou compassividade, segundo o termo de Feingold.[22] Mas, seja qual for o nome escolhido, as mulheres são, em média, melhores que os homens para perceber os estados emocionais e as intenções dos outros — e, algumas vezes, vivenciam-nos de modo tão profundo como se fossem seus. Isso pode não ajudar muito, mas assume um papel relevante em suas decisões.

## A biologia da empatia: a galinha ou o ovo?

A empatia está tão fortemente vinculada a fatores internos e ambientais que é difícil identificar o que vem primeiro. Já vimos inúmeras evidências que sinalizam uma vantagem das mulheres em perceber as emoções alheias. A questão é saber se os fundamentos da empatia estão definidos antes de meninas e mulheres aprenderem sobre seus papéis culturais. Há indícios de tal sustentação biológica, a serem comprovados em experimentos futuros. As meninas e as mulheres, em média, estabelecem mais contato visual que os homens ao se comunicarem;[23] demonstram mais empatia em relação a amigos e familiares;[24] e, notadamente, dão sinais dessas habilidades desde a mais tenra infância, muito antes da possibilidade de assimilação de quaisquer expectativas culturais que definem as mulheres como protetoras.[25] Estudos de gêmeos mostram que a habilidade de entender situações sociais — o que requer empatia — é amplamente herdada, e que há enormes diferenças entre meninos e meninas, mais perceptíveis quando as crianças ainda são pequenas.[26] Um interesse em olhar para o rosto das outras pessoas é uma boa pista para identificar como a empatia tem início, já que os indícios das emoções alheias estão inscritos exatamente ali. E, apenas alguns dias após o nascimento, a maioria das meninas recém-nascidas mostra mais interesse em olhar para um rosto humano do que um móbile mecânico, enquanto, nos meninos, acontece o contrário: 43% de 102 bebês do sexo masculino olhavam por mais tempo para o móbile, em comparação com 17% das meninas.[27] Os bebês do sexo feminino respondem ao sofrimento dos outros com maior rapidez, chorando por mais tempo quando outro bebê chora, e ficando triste quando outros estão tristes. Até os 3 anos, as meninas têm mais chances de demonstrar sinais visíveis de empatia, como perguntar "O que foi?", tentando reconfortar alguém, e manifestando preocupação com expressões faciais apropriadas. Uma menininha oferecendo conforto a alguém que está sofrendo poderia parecer piegas, se o fenômeno não tivesse sido documentado repetidamente ao longo dos últimos trinta anos.[28] Atos de generosidade elevam nossos próprios sentimentos de empatia, mesmo que tenhamos aprendido a desconfiar destes gestos por considerá-los forçados, especialmente quando são atribuídos a mulheres. Mas, e se o senso superior de empatia das mulheres não fosse visto através das lentes ideológicas? E se ele for um desejo naturalmente variável, mas necessário, assim como a necessidade de comida, sono, sexo ou contato humano?

Quando comecei a realizar as pesquisas contidas neste livro, minha compreensão sobre o funcionamento hormonal era, na melhor das hipóteses, rudimentar. Os hormônios eram o que os atletas usavam para aumentar a massa corporal. Eles estavam presentes em pílulas anticoncepcionais e, para o meu espanto, eram administrados em vacas para aumentar sua produção de leite e seu crescimento. Estavam na minha terapia intravenosa, quando minha filha estava demorando demais para nascer, e também era o que minha mãe tomava para prevenir ataques cardíacos. Como muitas outras pessoas, eu não sabia que condutores biológicos como os hormônios estavam tão proximamente ligados aos psicológicos — não apenas estados de humor, mas diferenças sutis em como a arquitetura do cérebro se estabelece, antes do nascimento. Os hormônios são a chave para entender as origens da empatia e os efeitos progressivos de ter mais ou menos empatia.

Os hormônios são os catalisadores que ativam as diferenças dinâmicas de gênero. Para começar, o gênero de uma criança é determinado na concepção, dependendo de o embrião receber ou não um cromossomo Y. Ainda assim, o padrão de regulagem do cérebro humano é o feminino (e não o masculino, a propósito). Todos os fetos apresentam conexões cerebrais femininas até a oitava semana de gestação, quando o gene SRY (ou região de determinação sexual) no cromossomo Y dispara um fator de diferenciação dos testículos. Uma vez formados, os pequenos testículos secretam testosterona ao longo do segundo trimestre de gravidez. Esse hormônio, então, "expõe" ou desenvolve as características masculinas do cérebro, à medida que ele cresce, de modo bastante semelhante ao utilizado para revelar negativos fotográficos por meio de processos químicos, em uma sala escura. Com base em estudos realizados em animais — já que não é permitido manipular hormônios pré-natais em seres humanos —, os cientistas supõem que certas regiões do cérebro não apenas são transformadas pelos hormônios logo no início do desenvolvimento, como também são providas de receptores de andrógeno. Dessa maneira, os hormônios sexuais não têm apenas um papel coadjuvante na fase pré-natal — predeterminando o espectro de empatia que a pessoa herdará —, mas continuam a desempenhar um papel importante ao longo da vida. Mudanças futuras são desencadeadas pela experiência e por outra liberação de hormônios na puberdade.[29]

Portanto, não se está afirmando que uma sopa química pré-natal determina a sensibilidade de uma pessoa aos sentimentos alheios, e que as lições de vida, o amor e o afeto não importam. O nível de empatia dos pais e seu estilo de educar os filhos — digamos, o grau de supervisão adequada que oferecem, e com que frequência ajudam outras pessoas — influenciam o nível de empatia de uma criança. Mas, desde o início, as meninas são mais afetadas que os meninos pelo estilo de criação recebido.[30] As mães que encorajam seus filhos a falar sobre seus sentimentos, que os escutam quando estão chateados e que os ajudam a lidar com suas emoções quando estão resolvendo problemas, têm mais chances de ter filhos de ambos os sexos que se solidarizem com o sofrimento de outras pessoas. Mas há uma diferença de gênero. As meninas têm mais probabilidade de agir de acordo com esses sentimentos — ao reconfortar um bebê que está chorando, por exemplo.[31] Portanto, mesmo com estímulos ambientais idênticos, a biologia das mulheres lhes dá uma vantagem inicial, ativando o processo de compreensão das emoções alheias, e, então, recompensando-as com hormônios de indução de prazer — assim como a satisfação de outros prazeres —, todas as vezes que elas reagem. Esclarecei em breve essa questão do prazer com mais detalhes, mas, por enquanto, pensemos nos hormônios e no comportamento em termos de um circuito de retroalimentação. A presença de certos hormônios e a ausência de outros ajudam a estimular o comportamento empático — digamos, colocar no colo um bebê que está chorando. Confortar a criança, então, provoca a liberação de hormônios que produzem um efeito altamente satisfatório, e, assim, há mais chances de que isso aconteça novamente.

Mesmo os homens treinados a se sensibilizar com os sentimentos alheios dizem que não conseguem se equiparar à vantagem inata das mulheres no tocante à empatia. Um amigo meu, psiquiatra com formação profissional de dez anos e trinta anos de experiência clínica, me perguntou em qual capítulo eu estava trabalhando, quando fomos assistir a um concerto juntos. Empatia, disse eu. "Ah", ele respondeu, com um pouco de pesar. "As pessoas dizem que não sou muito bom nisso." Lancei-lhe um olhar desconfiado, mas ele não estava brincando. Aquele homem gentil e perspicaz não era exatamente uma pessoa distante, mas também não estava emocionalmente conectado às outras pessoas com a intensidade que ele percebia em sua esposa e em suas colegas mulheres. Se tivesse mais conhecimento sobre o próprio ambiente pré-natal sessenta anos atrás, ele poderia se sentir menos arrependido, já que é provável ter sido aí que a amplitude de sua empatia tenha sido forjada. Simon Baron-Cohen e seus colegas acompanharam o desenvolvimento de um grupo de crianças cuja testosterona fetal foi medida por meio de amniocentese. Os pesquisadores descobriram que a testosterona pré-natal não é um dispositivo que liga e desliga, mas se parece mais com um controle deslizante, que funciona no sentido inverso. Quanto mais o feto tiver sido exposto à testosterona no útero, menos contato visual estabelecerá quando tiver 1 ano de idade,[32] menor será seu vocabulário aos 2 anos, menos socialização ele terá com outras crianças aos 4 e menos abrangentes serão suas áreas de interesse.[33] Agora que as crianças da amostra estão em idade escolar, Baron-Cohen e sua equipe puderam observar como o hormônio está ligado às suas habilidades sociais e de comunicação, e a seu nível de empatia. Quanto maior o nível de testosterona fetal (secretada em vários graus, em ambos os gêneros, mas em proporções maiores nos meninos) a que estiveram expostos, menores foram os níveis de empatia medidos em meninos de 6 a 9 anos de idade, em dois testes diferentes, com as meninas demonstrando ter escores de empatia mais altos do que os meninos.[34] Esses níveis de empatia biologicamente forjados parecem permanecer estáveis à medida que a criança cresce. Outro estudo, este conduzido por psicólogos de Montreal, descobriu que as crianças que entravam no jardim de infância com certos níveis de empatia e prestimosidade apresentavam níveis similares ao deixar a escola.[35] Portanto, a amplitude da empatia de meu amigo pode ter sido definida antes de seu nascimento, antes que seus pais pudessem tê-lo criado de maneira diferente da irmã, e, certamente, muito antes de começar sua formação em psiquiatria.

## Criadas para reconfortar, não para correr

Se o grau de empatia de uma pessoa é determinado pelos hormônios sexuais, por que tantas mulheres teriam seus canais de sintonização ajustados para perceber com mais perspicácia as emoções alheias? Sob uma perspectiva evolucionista, as mulheres são biologicamente preparadas para ser especialistas em adivinhar as emoções e as necessidades daqueles que estão próximos a elas — um dom que garantiu a sobrevivência de seus bebês, cujas necessidades elas conseguiram "ler" sem o uso da linguagem. Não é nenhuma coincidência que a distância entre o rosto de um bebê em fase de amamentação e o de sua mãe seja perfeita para o contato visual. As mães que olham para os filhos com ternura enquanto amamentam, preocupando-se com seu estado de ânimo e seu conforto físico, dificilmente pensam nos 180 milhões de anos que foram necessários para estabelecer o circuito de retroalimentação que une os interesses de ambos. Os bebês que nasceram de mães solícitas e intuitivas tiveram mais probabilidades de ser alimentados e protegidos durante sua longa aprendizagem para a vida adulta, enquanto aqueles de mães indiferentes podem ter ficado famintos ou terem sido devorados por predadores. As mães que demonstram empatia passariam seus traços para sua prole não apenas através de seus genes, mas, também, pelos cuidados e pela proteção oferecidos. A amamentação, o aconchego, os cuidados e o afeto que os mamíferos vivenciam em sua fase de recém-nascidos e na infância são imitados por sua prole, e, surpreendentemente, esses comportamentos também despertam capacidades genéticas que influenciam o modo como a próxima geração cuidará de seus descendentes. Portanto, os cuidados e a proteção — e a empatia é uma peça principal deste quebra-cabeças — não são, simplesmente, uma via genética de mão única. Os genes da mãe afetam não somente sua prole da maneira típica, mas o *estilo* de cuidados oferecidos pela mãe pode alterar o modo como os genes de sua prole se expressam.

Informei-me sobre isso a partir do trabalho realizado pelo geneticista comportamental Michael Meaney. Trabalhando próximo a mim na McGill University, o professor Meany descobriu que há diferenças individuais naturais na forma como as ratas alimentam suas crias. O estilo empregado no oferecimento de cuidados pode, na verdade, despertar funções genéticas nos filhotes e mudar suas emoções e sua habilidade de lidar com o estresse. "Em circunstâncias normais, mães que lambem muito suas crias são menos ansiosas, e os filhotes fêmeas também são menos ansiosos", ele me explicou, quando voltava para casa em seu carro, certo dia. Mães ansiosas são menos atentas — elas lambem e cuidam menos de seus filhotes. Mas, quando o professor Meany e sua equipe colocaram as ratas que lambem bastante junto com filhotes adotivos, descobriram que uma capacidade de regulação de estresse nos genes dos recém-nascidos era acionada, provocada pelo alto nível de cuidado e atenção oferecidos pela mãe adotiva. Modificada, dessa forma, pelo afeto e pelo amor, a atividade do gene permitia que os filhotes ficassem menos amedrontados. Desde que tudo esteja bem no ambiente à sua volta, esses filhotes mais calmos transmitem, então, os cuidados maternais atenciosos que *eles* receberam para os próprios filhotes, cujos circuitos cerebrais são alterados da mesma maneira — por meio dos cuidados oferecidos por suas mães. Portanto, não é apenas uma questão de ratas mães calmas gerarem, geneticamente, uma prole calma. Ao contrário, o comportamento da mãe desperta uma reação genética em sua cria que elimina as respostas de estresse dos filhotes.[36] A hipótese é a de que um número maior de mães ansiosas possa comunicar uma ameaça ambiental para sua cria, preparando-a para um estado de alerta elevado. Essa sensibilidade refinada da cria aos indícios oferecidos pela mãe pode ter sido formada pela seleção natural, disse o doutor Meaney, já que a cria que reage tem mais probabilidade de sobreviver. Este interessante estudo mostra como comportamento materno, hormônios, empatia, estresse e genes interagem como em uma máquina desenhada por Rube Goldberg — cada elemento afetando os outros, algumas vezes modificando-os para sempre.

Mas esses são os ratos, e nós somos humanos, pode-se argumentar. Os ratos não sabem muito sobre a Guerra das Mães — quando se deve colocar as necessidades das crianças em primeiro lugar ou aceitar uma promoção de grande prestígio. Embora seja difícil inferir a empatia nos ratos, há vias hormonais e neurais que são comuns em todos os mamíferos. Um mecanismo que permite a uma mãe humana e um recém-nascido transmitirem entre si seus estados emocionais produziria benefícios de sobrevivência, e o trabalho de Michael Meaney, dentre outros, mostra que existe um sistema assim. As mesmas vias podem permitir que os macacos de Gibraltar, encontrados no norte da África e em Gibraltar, tenham benefícios semelhantes de redução do estresse, a partir dos cuidados mútuos de outros macacos. Os primatas que vivem em grupo socializam-se e formam alianças cuidando uns dos outros. Pensou-se, durante muito tempo, que, da mesma forma que acontece em um salão de beleza, o indivíduo que recebe os cuidados favorece-se com os benefícios da redução de estresse, e aquele que cuida recebe algo em troca, como, por exemplo, 30 dólares e uma generosa gorjeta. Mas um interessante estudo feito por Kathryn Shutt, da Roehamptom University, em Londres, descobriu que, quando as primatas fêmeas acariciam o pelo de outro primata, *aquele que está oferecendo cuidados* experimenta menos estresse, conforme indicou a medição do cortisol — um hormônio relacionado ao estresse — secretado por elas. Quanto mais tempo uma primata fêmea passa cuidando dos outros, menos estressada fica. Não havia nenhuma relação entre receber os cuidados e ficar menos estressado. Para as primatas fêmeas, de qualquer maneira, é melhor dar do que receber.[37]

Nos seres humanos, Shelley Taylor, psicóloga da UCLA, foi a primeira a teorizar que os cuidados e as reações de estresse estão fortemente ligados. Ao entrevistar mulheres com câncer sobre como lidavam com seu estresse, Taylor ficou impressionada em ver quantas delas atribuíam sua capacidade de recuperação a seus vínculos sociais. Os filhos, cônjuges e amigos dispostos a oferecer apoio ajudavam-nas a enfrentar a doença, disseram.[38] Ocorreu a ela que essas redes sociais poderiam oferecer alguma espécie de proteção para além do óbvio (foi aí que Taylor decidiu que poderia ser uma boa ideia ter filhos). Quando alguém se sentia ameaçado e estendia a mão aos outros, alguma coisa de origem bioquímica estaria sendo estimulada?

Sob uma perspectiva evolucionista, o que quer que tenha despertado nossas ancestrais a perceber o sofrimento de sua prole e a se dedicar a ela com solicitude pode, também, estar ligado ao fato de as mulheres procurarem os amigos quando estão sob pressão, imaginou. Cuidar da própria prole quando se está sob estresse é, certamente, uma boa estratégia de evolução, e os fatores biológicos que promoveram essa "tendência" teriam sido selecionados para isso. Mas, além da típica reação de estresse de luta ou fuga, quando a adrenalina e os hormônios colocam alguém em alerta máximo, Taylor mostrou que as mulheres reagem ao estresse com uma resposta "protetora", estendendo a mão instintivamente para os que fazem parte de seu círculo íntimo. Por que prestar auxílio teria qualquer vantagem em termos de sobrevivência? Se as mulheres criassem seus filhos cooperativamente — intercambiando os cuidados maternais com outras mulheres —, então a empatia e os cuidados mútuos teriam protegido todos os pequenos e vulneráveis seres humanos. É claro, isso só funcionaria se os níveis de auxílio e proteção fossem retribuídos de modo equivalente. Para evitar se passar por tola, cuidando dos outros mas não recebendo cuidado algum em troca, as mulheres teriam de ter boas habilidades de detecção de mentiras e de leitura de mentes — interpretar suficientemente bem rostos, motivações e contextos sociais para assegurar-se de que as outras mulheres estavam sendo sinceras e que responderiam adequadamente aos favores prestados.

As duas habilidades teriam de funcionar em conjunto. A habilidade de ler as expressões faciais dos outros, *ao lado de* um dom para desvendar seus pensamentos e suas motivações ocultos, seria necessária, já que uma sem a outra teria um uso limitado no mundo real. As pessoas nascidas com a síndrome de Williams, por exemplo, um raro transtorno genético no qual aproximadamente 25 genes (de um total de 30 mil) se perdem durante a meiose, se interessam por pessoas e são altamente gregárias — apreciam e buscam o contato social, e, apesar de terem uma inteligência abaixo da média, são hábeis em interpretar as expressões faciais. Elas podem processar os sentimentos e os interesses dos outros suficientemente bem, a ponto de tentar estabelecer amizade, e suas habilidades de linguagem relativamente avançadas permitem-nas contar histórias cativantes, recheadas de conteúdo emocional. Mas, como não são particularmente boas em pensamento abstrato, e têm dificuldades em perceber o que os outros possam estar dissimulando para além das aparências, deixam de captar as sutilezas que permitem que a maioria de nós consiga adivinhar as intenções das outras pessoas. Portanto, elas não entendem que se, depois da meia-noite, alguém disser, "Por favor, fique", essa pessoa realmente quer dizer, "Por favor, vá embora", ou que uma tentativa de diálogo aparentemente amistosa por parte de um estranho pode ser uma forma de manipulação. Apesar de serem boas em interpretar as expressões faciais alheias, as pessoas com síndrome de Williams não são particularmente eficazes em interpretar a mente dos outros, e, portanto, infelizmente, não conseguem progredir além dos contatos preliminares em seus relacionamentos. Ser provido de um dos ingredientes da empatia sem o outro é um acidente da natureza neste caso, e um acidente muito raro — uma em 7.500 pessoas apresenta este transtorno. No restante da população, as duas habilidades evoluíram conjuntamente, possibilitando-nos navegar no complexo terreno social da vida em grupos, e permitindo às mulheres depender dos outros e trocar favores de atenção a seus filhos, quando submetidas a situações de estresse.[39]

Esta é a "estratégia" de evolução hipotética. Mas o comportamento imediato de auxílio e proteção parece ser regido pelos hormônios. A oxitocina, o hormônio que lubrifica os motores dos vínculos afetivos, é o condutor que está por trás do auxílio e da proteção. Ela é secretada em momentos críticos nos ciclos menstruais e de relacionamentos das mulheres, eliminando outras respostas de estresse e relaxando-as o suficiente quando têm filhos, permitindo-lhes cuidar deles e reconfortá-los. Secretada durante o parto, a amamentação, a nutrição e o orgasmo, a oxitocina engendra uma sensação única de proximidade e relaxamento.[40] Ao lado de opioides endógenos secretados sob estresse, ela faz com que as mães sigam seu caminho, produzindo efeitos sedativos e analgésicos, acalmando e recompensando imediatamente a mulher que, instintivamente, estende a mão para os outros quando estão em perigo.[41]

Mas a oxitocina não é somente uma droga do bem-estar e de proteção, com características autóctones. Ela também ajuda as pessoas a captar as emoções no rosto de outras e aumenta sua confiança nos outros, de acordo com novas pesquisas nessa área. Dessa forma, ela é a verdadeira capacitadora social, conforme demonstrado em dois estudos conduzidos na University of Zurich. O primeiro utilizou um estudo duplo-cego placebo controlado, para verificar se a oxitocina aumentaria a habilidade dos homens de demonstrar empatia, ou, mais especificamente, de ler as emoções expressas nos olhos das pessoas. Imediatamente antes de se submeter a esse teste de empatia, metade do grupo de homens esguichou nas narinas uma dose de oxitocina. Ao comparar seu desempenho no teste com o grupo que esguichou uma droga placebo, os pesquisadores descobriram que a oxitocina, de fato, havia aumentado um aspecto da empatia. O hormônio ajudava os homens a inferir emoções e intenções sutis e difíceis de interpretar em fotografias de rostos de pessoas.[42] Essa é uma primeira abordagem sobre como um fator biológico como a oxitocina afeta um dos aspectos da empatia nos homens, e será interessante acompanhar pesquisas futuras, para saber se uma dose extra de oxitocina também provocaria o aumento da empatia nas mulheres.

Um segundo estudo usou a mesma abordagem para verificar se a oxitocina aumenta a confiança. Michael Kosfeld, Markus Heinrichs e outros colegas partiram da hipótese de que a oxitocina aumentaria a confiança entre investidores do sexo masculino. E eles estavam certos: no contexto de um jogo de simulação de investimentos, os homens do grupo da oxitocina tinham mais probabilidade de confiar em outros jogadores, destinando duas vezes mais dinheiro para investimento do que os homens do outro grupo placebo. Por um lado, a oxitocina estimulava seu comportamento social, mas, por outro, prejudicava suas defesas naturais. Todos podem perceber como ser excessivamente confiante nem sempre pode funcionar a seu favor. E, embora a oxitocina tenha reduzido as desconfianças dos homens em situações sociais, ela não os deixou mais tranquilos ou despreocupados quando ficavam sozinhos. Trata-se mais de um catalisador social, reduzindo as apreensões de um indivíduo quando em companhia de outras pessoas.[43]

Ambos os estudos enfatizam a ideia de que um hormônio secretado em maior quantidade nas mulheres — quando elas dão à luz, quando amamentam seus bebês, quando os acariciam, têm relações sexuais com seus parceiros, ou quando ajudam os outros — facilita a capacidade de empatia na mulher e sua confiança em outras pessoas.[44] Eis aqui uma evidência, portanto, de que os condutores bioquímicos estão por trás de algumas das mais óbvias diferenças comportamentais que observamos entre os gêneros. A testosterona, secretada em maior quantidade nos homens, pode alterar algumas conexões neurais relacionadas com a interpretação do estado emocional de outras pessoas. E a oxitocina parece provocar o contrário. Ao que tudo indica, ela ajuda as mulheres a adivinhar o que está se passando na mente de outras pessoas, permitindo-lhes confiar o suficiente nelas para procurá-las, especialmente quando estão estressadas, e sentir prazer e alívio ao fazer isso.

O desejo de buscar apoio social, especialmente de outras mulheres, é uma das formas mais previsíveis de comportamento diferenciado entre homens e mulheres, quando estão sob estresse.⁴⁵ Um animal tão pequeno quanto um arganaz da montanha, mamífero da família dos roedores que compartilha uma série de genes com os seres humanos, reage ao estresse de modo diferente, dependendo se for um macho ou uma fêmea. Quando os arganazes machos foram forçados a nadar por três minutos sem parar, reagiram a esse breve momento de estresse acasalando-se com as fêmeas. Quando as fêmeas foram submetidas à mesma situação de estresse, não se mostraram dispostas a formar pares com os machos depois, procurando, ao contrário, a companhia de outras fêmeas.⁴⁶ E apenas uma pequena amostra da pesquisa com seres humanos nos informa que as meninas do ensino médio e as estudantes universitárias buscam e recebem apoio de outras mulheres, mais do que os estudantes do sexo masculino fazem, de quem quer que seja. Na idade adulta, as mulheres confiam mais em amigas mulheres do que em seus próprios maridos.⁴⁷ Oitenta por cento das mulheres dizem que compartilham do sofrimento emocional de suas amigas com mais frequência que os homens.⁴⁸ Mas, mesmo sem evidências empíricas, basta pensar apenas em *Tomates verdes fritos*, no apelo exercido por Oprah e em *Os divinos segredos da irmandade* para ter uma noção do poder dos vínculos femininos. Encarar as coisas sozinho pode ser um sinal de coragem para os homens, mas "estamos nessa juntas" é, geralmente, o mantra usado pelas mulheres para lidar com as situações difíceis.

Um exemplo pungente é o de Terry Fox. Em 1980, o rapaz de 25 anos cuja perna havia sido amputada após um câncer ósseo, decidiu atravessar correndo o Canadá, equilibrando-se sobre uma prótese a fim de erguer fundos para a pesquisa de tratamento do câncer. Os canadenses responderam com uma grande onda de solidariedade, especialmente quando, após percorrer 5.370 quilômetros, Fox teve de parar, após a descoberta de um novo tumor. Em todo o país, crianças em idade escolar fizeram trabalhos de artes sobre Terry Fox e campanhas para escrever-lhe cartas, mostrando seu apoio. Os arquivos Fox armazenam, agora, milhares de desenhos feitos por meninos, mostrando Terry correndo sozinho em uma estrada. A maioria das meninas desenhou a si mesma ao lado de Terry, ou correndo com ele, "cada uma delas fazendo com que o outro se sentisse seguro, e cada uma ajudando o outro a completar a corrida", escreveu Douglas Coupland, em sua biografia sobre Fox.⁴⁹

## Empatia animal

Considerando as complexas decisões que os seres humanos tomam, com base em suposições sobre os sentimentos e a disposição de espírito das outras pessoas, pode parecer que a empatia é algo único à nossa espécie. É questionável se animais podem "ler" o que outros estão sentindo, da mesma forma que Elaine previa as necessidades emocionais de sua família ou da maneira que as meninas imaginavam a dor de Terry Fox na estrada. Mas há evidências de que os mamíferos possuem os rudimentos da empatia. Quando percebem o alarme em membros do seu grupo, eles reagem com alvoroço, embora apenas os sentimentos de pânico e dor relacionados à sobrevivência pareçam ser sugestivos (nem a gratidão, nem o êxtase, infelizmente). Os biólogos chamam isso de contágio emocional. É por isso que os bebês choram quando ouvem outros bebês chorando, e é por esse motivo que os ratos tornam-se mais sensíveis à dor quando veem um companheiro de gaiola se contorcendo. Simplesmente observar outro animal sofrendo diminui o limiar de dor do animal.[50]

Uma única ovelha assustada fará o rebanho todo correr, mas a empatia animal pode ter mais nuances do que, simplesmente, fugir às pressas. Quando um rato albino vê um companheiro de gaiola sofrendo, suspenso no ar por arreios, ele pressiona uma barra para abaixar seu vizinho até o chão, e fica perambulando à sua volta. Os macacos rhesus também parecem conscientes do bem-estar de um membro de sua espécie. Tendo a oportunidade de escolher entre duas correntes, uma que lhes daria uma quantidade normal de comida e outra que lhes proporcionaria duas vezes mais — mas que provocaria, simultaneamente, um choque elétrico em outro macaco —, dois terços escolheram ficar com menos comida (dois macacos se recusaram a puxar ambas as correntes, literalmente se privando de alimentos, para evitar que um companheiro levasse um choque). Quanto mais íntimos os macacos eram da "vítima", menos chances teriam de tolerar que ela levasse um choque para que eles recebessem uma recompensa. Na verdade, quando se trata de primatas, a intimidade gera preocupação. Macacos que cuidam regularmente uns dos outros reagem mais fortemente a outros macacos que berram em situações de alarme, quando reconhecem o berro como de um dos parceiros de quem eles cuidam.[51] Embora seja difícil conceber um rato ou um macaco dotados de uma verdadeira empatia ou de uma teoria da mente — isto é, colocar-se no lugar de outro rato ou de outro macaco —, mesmo em seu nível mais básico, não é difícil entender como a habilidade de sentir o desconforto de um membro de sua espécie pode ser uma ferramenta útil para a sobrevivência. Se o indivíduo não reagir prontamente, seja o que for que tenha atingido seu companheiro poderá atingi-lo também.

O comportamento animal parece-se mais com a empatia dos seres humanos quando atravessa as fronteiras entre as espécies. Estabelecendo uma ligação entre os seres humanos e os primatas em *Eu, primata*, o biólogo Frans de Waal descreveu como, em 1995, um gorila fêmea chamada Binti Jua salvou um menino de 3 anos que caíra dentro da jaula dos gorilas no Brookfield Zoo, de Chicago. Ela estava tomando conta do próprio filhote fêmea naquele momento, mas, ainda assim, Binti pegou o menino, colocou-o no colo, deu-lhe alguns tapinhas nas costas para reconfortá-lo e, então, entregou-o à equipe do zoológico, estimulando a verborragia dos políticos e grupos comunitários norte-americanos sobre a ternura dos símios. Eles interpretaram seu comportamento como familiar e humano, e não ao contrário — que o nosso comportamento é que poderia parecer-se com o dela.

Em vez de uma gorila, é mais fácil pensar em um chimpanzé bonobo fêmea como nossa ancestral, ajustando seu comportamento às necessidades de outras criaturas, mesmo aquelas com tamanho infinitamente menor que o seu. De Waal relata a história de uma bonobo fêmea chamada Kuni que viu um estorninho chocar-se contra o vidro de sua área cercada no Twycross Zoo e tentou reanimá-lo, ou, pelo menos, evitar que se machucasse mais. Quando ele caiu, Kuni pegou o aturdido passarinho, apoiou-o cuidadosamente em sua pata, e, como ele não se mexeu, ela o lançou ao ar. Ao perceber que o pássaro apenas se sacudira um pouco, Kuni subiu, então, no topo da árvore mais alta, "envolvendo as pernas no tronco da árvore para que os dois braços pudessem estar livres para segurar o pássaro", relata de Waal. Então, abrindo as asas do pássaro, ela o lançou novamente ao ar. Quando ele pousou na beira do fosso, Kuni desceu e ficou vigiando o estorninho por um longo tempo, protegendo-o dos cutucões de um curioso bonobo jovem, até que o pássaro, finalmente, voasse para longe.[52] Ora, não sabemos se Kuni imaginou que o pássaro era um ser vivo com sentimentos distintos dos seus, ou se ela queria somente que o pássaro agisse como um pássaro. É improvável que isso seja empatia, do modo como a compreendemos nos seres humanos, mas, possivelmente, é algo ancestral — e uma pista sobre como as fêmeas humanas aprimoraram o sofisticado aparato que permitem-lhes desvendar a vida interior de outras pessoas.

## De fora para dentro: a neurociência da empatia

Imagine uma câmera que permite observar a parte interior do cérebro de alguém enquanto essa pessoa avalia o que os outros estão pensando e sentindo. Com a ressonância magnética funcional (RMf), pode-se ver não apenas a geografia do cérebro, mas, também, como pensamentos, percepções e impulsos motores atravessam esse território. Esse foi o meio que Tania Singer e seus colegas da University College London usaram para obter imagens de pequenas porções do cérebro em tempo real. Organizando-as em uma imagem em três dimensões, um computador mostrava quais regiões do cérebro eram ativadas quando uma pessoa sentia dor e quais eram estimuladas quando ela observava a dor em outra pessoa. Singer e sua equipe descobriram que sentir dor e ver um ente querido sofrendo ativam alguns dos mesmos circuitos neurais. Parte dos caminhos que nossos cérebros traçam para a dor está conectada com nossos sentimentos em relação aos outros. Alguma parte desse trajeto engloba "velhas" partes do cérebro — o tronco cerebral e o cerebelo —, que controlam funções mais primárias, como o número de batidas por minuto do coração, o despertar e a coordenação física, e são comuns a todos os vertebrados. Mas algumas das partes mais recentemente desenvolvidas da anatomia cerebral estão presentes, também, no circuito da empatia. A ínsula anterior (IA) e o córtex anterior cingulado (CAC) estão ambos envolvidos na maneira como os sentimentos afetam nossos julgamentos e nossa tomada de decisão.[53] Um dano ao CAC pode tornar as pessoas impassíveis e apáticas; quando esse mecanismo de automonitoramento entra em colapso, pode dar a impressão de que as pessoas não se importam em transmitir uma boa impressão ou em cometer erros. Singer e sua equipe descobriram que as atividades nessas áreas (a IA e a CAC) também contribuem para registrar diferenças individuais na empatia. Poderiam as diferenças sutis no funcionamento desse circuito determinar quem se importa com o impacto causado nos outros e quem deixa as coisas simplesmente acontecerem? E há outra questão. É amplamente sabido que as mulheres têm mais dor física que os homens sentindo a água fervente ou gelada com maior rapidez que eles, sofrendo de problemas de dor crônica duas vezes mais que os homens e sentindo dor de modo mais agudo quando seu estrogênio interno está em baixa circulação.[54] Considerando sua rede de compartilhamento da dor, poderia esta sensibilidade aguçada das mulheres para a dor resultar em uma sensibilidade maior para a dor alheia?

Mesmo sem esse preâmbulo, a maioria das pessoas diria que os homens teriam mais dificuldades para detectar os sentimentos dos outros. Uma matéria de um jornal britânico, com a manchete "O que ela está pensando agora?", descreveu como os homens lutam para identificar a raiva, o medo e a repulsa no rosto das mulheres, confirmando a visão de que a maioria é um ignorante emocional.[55] Embora este possa ser um estereótipo, está embasado em dados concretos. Um dispositivo diferente de imagiologia — tomografia por emissão de pósitrons (PET) — foi usado por Geoffrey Hall, Sandra Witelson e sua equipe para observar as diferenças de gênero na percepção da emoção. O PET compreende a injeção de isótopos radioativos na corrente sanguínea de uma pessoa. Esses traçadores, então, são transportados em moléculas de água ou de glicose, que são levadas às partes do cérebro que exigem um fluxo sanguíneo maior. Enquanto isso, preso em um dispositivo que parece um gigantesco sonho de padaria, o sujeito que está sendo testado avalia figuras, sons e situações. Detectores escondidos dentro da câmara assimilam o fluxo dos isótopos, evidenciando, assim, quais partes do cérebro trabalham mais intensamente.

Mais moderado em seu relatório que a matéria de jornal, o estudo de Witelson e Hall com o PET mostrou que os homens são mais lentos na percepção, quando se trata de processar e reagir às emoções. Regiões diferentes do cérebro são acionadas nas mulheres quando elas reconhecem emoções em outras pessoas. Quando as mulheres olhavam para figuras com expressões faciais de pessoas, os dois hemisférios cerebrais eram ativados, e havia uma atividade maior na amígdala, o centro das emoções em formato de amêndoa, localizado no interior do cérebro. Nos homens, a percepção das emoções era usualmente localizada em um único hemisfério; e especialmente quando a tarefa se tornava complicada, como fazer a correspondência entre a voz de alguém e sua figura, por exemplo, os testes PET dos homens mostraram mais atividade no córtex pré-frontal direito. (o córtex é uma camada fina e preguead̄a de células em torno do cérebro, envolvidas na aprendizagem e na análise.) Estudos anteriores haviam demonstrado que o corpo caloso, o feixe de nervos que conecta os dois hemisférios, é mais espesso nas mulheres, formando, assim, uma supervia de condução mais rápida para as mensagens neurais. Portanto, de maneira similar à linguagem, as ferramentas das mulheres para processar emoções parecem ocupar mais espaço e ter uma rede de transporte mais eficiente do que a dos homens. Os cientistas inferem que isso permite às mulheres processar rapidamente as emoções. Hall e Witelson afirmam que, em média, os homens têm mais probabilidade de parar e pensar, enquanto as mulheres reagem às emoções alheias mais visceralmente, como se estivessem reagindo "à ameaça de um enorme animal".[56]

Turhan Canli, jovem neurocientista da State University of New York, em Stony Brook, descobriu algo semelhante. Usando as RMfs para investigar os cérebros de 24 pessoas, ele e seus colegas descobriram que homens e mulheres processam as imagens emocionalmente evocativas por meio de diferentes redes neurais. As redes de comunicações mais amplas no hemisfério esquerdo do cérebro das mulheres eram ativadas quando elas viam, pela primeira vez, imagens com elevado apelo emocional, que afetavam a maneira pela qual ainda se recordariam delas três semanas depois.[57] As mulheres classificavam suas experiências emocionais como mais potentes do que os homens, e usavam o hemisfério esquerdo (especificamente, a amígdala) para processá-las. Nos homens era o contrário: eles processavam os fortes estímulos emocionais em uma rede de comunicações que envolvia a amígdala direita. Os diferentes hemisférios acionados por homens e mulheres podem também refletir a maneira pela qual ambos os gêneros codificam essas memórias. Considerando-se que a linguagem é lateralizada no lado esquerdo, e que a maioria das mulheres também codifica as memórias emocionais nesse mesmo hemisfério, os pesquisadores especulam que elas utilizam algum tipo de linguagem interna para processar e avaliar suas emoções à medida que as vivenciam. Ao contrário, os homens codificariam as emoções de maneira mais automática — na amígdala direita. Ao resumir a literatura de pesquisa, Canli supõe que as mulheres "produzem memórias com mais rapidez, com uma intensidade emocional maior, e descrevem memórias mais vívidas do que seus cônjuges quanto a eventos relacionados a seu primeiro encontro, às suas últimas férias e a uma discussão recente". Embora isso não seja uma surpresa para muitos casais, o estudo de Canli fortalece, de alguma forma, essas observações, mostrando como os mecanismos neurobiológicos específicos das mulheres podem torná-las mais eficientes ao confiar à memória suas experiências emocionais.

Manter as emoções acessíveis, de modo a conseguir lembrar-se delas, falar sobre elas, ou usá-las em uma tomada de decisão é algo difícil, caso não se consiga identificar esses sentimentos em um primeiro momento. Raquel e Ruben Gur, dois neurocientistas da University of Pensylvania, usaram as RMfs para demonstrar que o equipamento neural das mulheres as torna relativamente melhores que os homens em relação à capacidade de distinguir as emoções. Quando figuras com rostos de atores foram apresentadas aos voluntários, tanto os homens quanto as mulheres foram capazes de dizer que a expressão de uma mulher era de felicidade — a emoção mais fácil de identificar. Mas, quando o rosto feminino estava triste, os homens acertaram a identificação da emoção em 70% das vezes, enquanto as mulheres estavam certas em 90% das vezes.[58] "O rosto de uma mulher teria de estar realmente entristecido para que um homem pudesse percebê-lo", disse Ruben Gur. "As expressões sutis passavam-lhes despercebidas, ainda que seus cérebros estivessem trabalhando muito mais arduamente para adivinhá-las." As partes do cérebro das mulheres utilizadas para regular a emoção também eram muito diferentes das dos homens, de acordo com o casal Gur. As mulheres, em média, mostravam mais atividade na região mais recentemente desenvolvida do sistema límbico, o giro cingulado (onde Tania Singer encontrou evidências de diferenças individuais nas reações de empatia à dor alheia). Os homens, em média, apresentavam mais atividade nas partes mais antigas do sistema límbico, resíduos evolutivos que, geralmente, estimulam uma ação direta. "Essa diferença pode explicar por que os homens têm uma tendência maior à ação física, enquanto as mulheres escolhem as táticas verbais", disse o doutor Gur. "Bater em alguém é algo estimulado pelo antigo cérebro límbico. Dizer 'Estou com raiva de você' tem a ver com o novo cérebro límbico."

Como esses mecanismos podem se relacionar com o trabalho? Se as mulheres, em média, percebem, vivenciam e se recordam de acontecimentos emocionais com mais intensidade, e se essas experiências são codificadas em mais áreas do cérebro, faz sentido pensar que os vínculos emocionais das mulheres terão um papel mais determinante em suas decisões. De fato, pode-se esperar isso não apenas da empatia, mas de outras emoções, como o ressentimento ou a raiva justificada contra certas políticas desleais no trabalho. Um equipamento neural com uma rede maior de comunicações pode fazer com que as próprias emoções, e as necessidades e emoções dos outros fiquem ao alcance da consciência quando se tomam decisões relacionadas à carreira.

## O efeito gota d'água

Programadas para a empatia, o que acontece quando mulheres muito poderosas e altamente qualificadas trabalham em empregos exigentes, que lhes solicitam, pelo menos, sessenta horas de trabalho por semana? Viajar milhões de milhas aéreas, estar disponível 24 horas por dia, os sete dias da semana, e enfrentar demandas imprevisíveis e prazos de entrega apertados são os pilares dos empregos de primeira linha. A economista, autora responsável pelo estudo da Fuga Oculta de Cérebros, Sylvia Ann Hewlett, descobriu que, dentre as pessoas mais bem remuneradas, 21% estavam nesses empregos radicais e de alto status, e menos de um quinto destas pessoas eram mulheres. Quando aceitam esse tipo de emprego, duas vezes mais mulheres do que homens descrevem os efeitos negativos causados em suas famílias, relacionando o comportamento de seus filhos, seu desempenho escolar, seus hábitos televisivos e de alimentação às próprias pressões no trabalho, no que Hewlett chama de "um verdadeiro retrato da culpa". Isso não equivale a dizer que os empregos radicais ocupados pelos homens não causassem esse impacto, mas apenas metade deles estava preocupada com isso.[59]

No contexto dos empregos radicais, estar atento às necessidades alheias pode, no fim das contas, ser um obstáculo se a promoção for o parâmetro para o sucesso. Um exemplo é Ingrid, uma antiga executiva sênior da indústria automotiva, que concordou em conversar comigo a respeito de sua experiência em um emprego radical, com a usual condição de que eu inventasse um pseudônimo para ela. Cinco anos antes de nos encontrarmos, sua rotina incluía pegar um voo noturno de sua cidade norte-americana para um dia de reuniões na Europa, tendo de sair de casa antes que seus filhos fossem se deitar e retornando depois que o marido ou a babá já os haviam colocado para dormir na noite seguinte. Dias de 16 horas de trabalho eram comuns, e a adrenalina era viciante, disse ela (90% dos homens e 82% das mulheres dizem que a descarga de adrenalina é o motivo pelo qual eles estão nestes empregos radicais). "Eu tinha um grande interesse no aspecto financeiro da empresa, e, realmente, amava as façanhas da engenharia, as maravilhas deste ou daquele novo modelo de carro ou caminhão", lembra ela. Ingrid havia auxiliado a realizar duas fusões, tendo de lidar com possíveis perdas dos consumidores e com a confiança dos acionistas. Na época em que teve seus dois filhos, ela era a pessoa para quem a empresa ligava às duas horas da manhã se houvesse alguma pequena falha ou alguma catástrofe na área de relações públicas. Aceitando o jugo executivo de 24 horas de trabalho por dia, sete dias por semana, ela havia trilhado sua ascensão profissional.

Ainda assim, sentada no chão de seu quarto, onde havíamos nos escondido para conversar com tranquilidade em sua casa, ela parecia mais uma mulher contando seus segredos do que uma executiva refinada que construíra dolorosamente certa imagem — uma imagem masculinizada, disse ela. "Não havia muitas mulheres no tipo de trabalho que eu fazia, e eu queria ter absoluta certeza de que não me pareceria com uma", explica Ingrid. "Fomos a primeira geração de mulheres a quem foi permitido levar a mesma vida louca que os homens levavam, e tínhamos de mostrar-lhes que éramos capazes", ela me contou. Com 50 e poucos anos, Ingrid tinha um rosto atraente e esperto, com maçãs do rosto salientes, olhos verdes e uma auréola de cabelos loiros ondulados. Na condição de uma das primeiras mulheres em uma indústria masculina, ela afirmou que nunca sentiu não pertencer àquele mundo. Mas sentia uma pressão interna inexplicável, que a levava aos seus limites, obrigando-a a investir entre sessenta e oitenta horas de trabalho por semana quando seus filhos ainda eram pequenos, ofuscando suas outras necessidades. "Queria muito ser uma pessoa que fosse levada em conta", disse ela. Tendo essa ambição como estímulo, por que Ingrid havia largado tudo?

Ingrid tinha um marido e uma babá que assumiam o comando em casa, e nunca houve nenhum questionamento sobre sua competência ou seu comprometimento com o trabalho. Mas seus comentários deixavam claro que seu emprego radical colocava-a em conflito com suas emoções. "Eu estava um caco. Nunca via meus filhos. Nem mesmo estava em casa para colocá-los para dormir. Nunca lhes preparei nenhuma refeição", disse ela. Sua hipótese inicial era a de que as mulheres eram versões dos homens, e se os homens podiam fazer o que faziam, e era isso que se esperava deles, ela também poderia. "Digamos que você tivesse uma capacidade de 100%. Eu achava que, mesmo tendo 120%, seria uma fraqueza. Não cogitava nem sequer dizer um não. Era assim esse primeiro grupo de mulheres — queríamos tantas coisas que não nos dávamos conta de que as pessoas não pensariam duas vezes se pedíssemos para voltar para casa ocasionalmente. Eu não sabia como era infeliz." Quando a fusão de uma empresa e uma transferência estavam sendo articuladas — processo que ofereceu a Ingrid uma ótima promoção a vice-presidente —, ela não conseguiu imaginar-se fazendo outro sacrifício pessoal. Depois de observar algumas políticas repugnantes relacionadas às fusões, ela se deu conta de que a máquina corporativa não dava a mínima importância aos seus sacrifícios. Naquele momento, nenhuma quantidade de dinheiro ou opção de compra de ações poderia segurá-la no emprego. Ela só queria auxiliar sua família e compensar o tempo perdido.

## A empatia é perigosa?

Já vimos como os hormônios e as diferenças sutis entre os cérebros masculino e feminino indicam uma posição ligeiramente favorável das mulheres em relação à empatia. Ainda assim, a sensibilidade maior às necessidades alheias pode explicar por que as mulheres sentem-se, geralmente, mais angustiadas do que os homens. Dois sociólogos, Catherine Ross e John Mirowsky, estimam que as mulheres vivenciam a angústia com 30% mais frequência que os homens — e isso não se deve apenas ao fato de os homens terem mais probabilidades de guardar para si suas emoções.⁶⁰ As mulheres realmente sentem tristeza, mal-estar e ansiedade mais severamente, e com maior frequência. Quando esses sentimentos começam a se tornar preponderantes, elas ficam emocionalmente esgotadas ou clinicamente deprimidas, um problema que é duas vezes mais comum em mulheres do que em homens, em todas as culturas e classes sociais.⁶¹ Ronald Kessler, epidemiologista de Harvard que coordenou estudos com grandes populações sobre mulheres e depressão, atribui a prevalência deste transtorno em pessoas do sexo feminino a fatores genéticos e hormonais, mas também ao maior envolvimento emocional das mulheres na vida daqueles que estão ao seu redor. Isso não equivale a dizer que mais coisas ruins aconteçam às mulheres, ou que suas vidas sejam mais difíceis, e sim que suas redes de relacionamento são mais extensas. As mulheres são vulneráveis a eventos negativos que acontecem não somente com elas, mas também com qualquer um que pertença ao círculo de pessoas com as quais elas se preocupam.⁶²

Este círculo — quem está dentro e quem está fora — é uma peça importante no quebra-cabeças da empatia. A competição entre mulheres é a segunda armadilha para as que demonstram ter mais empatia; elas podem ser mais sensíveis a formas veladas de agressividade. Qualquer mulher pode desfiar histórias sobre competição feminina — boatos e intrigas dissimuladas que sabotam muitas profissionais liberais e executivas no auge da carreira. A maior parte das pessoas supõe que as mulheres, especialmente quando representadas em número menor, irão se manter unidas como uma irmandade nos ambientes dominados por homens. Mas muitas se comportam como lobas solitárias, competindo viciosamente com outras mulheres por recursos e reconhecimento. Colegas do sexo feminino que sabotam umas às outras foi um tema tão comum em minhas entrevistas com profissionais liberais do sexo feminino que comecei a imaginar por que não há mais pesquisas empíricas sobre o assunto (a maior parte dos estudos é sobre chimpanzés, crianças, ou sobre as assim chamadas culturas primitivas). Certamente, se eu já havia vivenciado a experiência de ser paralisada por uma supervisora, se já havia recebido dúzias de cartas para minha coluna de jornal sobre mulheres que ameaçam umas às outras de modo vergonhoso, e se já havia tido amigas ou conhecidas relatando o mesmo fenômeno, a exclusão feminina deveria ser estudada com mais seriedade.

O que de fato sabemos é que, em média, as mulheres podem demonstrar, de alguma forma, mais empatia, mas sua lealdade não é indiscriminada. Elas competem com aquelas que considerem ser uma ameaça a suas reputações, a seus empregos, maridos ou filhos (um tema que explorarei mais profundamente no capítulo sobre competição). E demonstram empatia e estabelecem vínculos com mulheres de seu círculo íntimo, cujos sofrimentos e frustrações vivenciam visceralmente. Quando perguntadas sobre quem se beneficia de sua preocupação e de seu apoio, as mulheres falam sobre filhos, melhores amigos, pais e a família toda.[63] Estabelecer limites em torno da comunidade que oferece apoio é uma boa estratégia evolutiva, conforme vimos nos comportamentos de "auxílio e proteção", abastecidos, nas mulheres, pela oxitocina. Mas os mesmos circuitos neurais e hormonais estão envolvidos quando as mulheres têm de priorizar as demandas de duas partes equivalentes: o trabalho e o lar. Foi assim que se atribuiu à empatia — um simples componente da cognição humana — uma valência moral. Ela pode tanto pender para o tom róseo da abnegação maternal quanto ser considerada uma camisa de força para as conquistas femininas.

## Empatia politizada: a emoção perde o prestígio

Em um contexto político, a capacidade aumentada das mulheres para a empatia geralmente é criticada ou negada por muitos autores que escrevem sobre a questão de gênero. A preocupação é que qualquer diferença de gênero, mas especialmente aquela relacionada aos sentimentos maternais, pode ser usada para impor limites às mulheres. Ironicamente, essa neutralização dos gêneros não provoca nada mais que isso. Quando se agrupam mulheres em particular com vários níveis de empatia, tornando-as idênticas entre si e indistintas dos homens, as opções das mulheres esfacelam-se. A blogosfera entrou em polvorosa quando, em dezembro de 2005, Linda Hirshman, ex-professora de estudos sobre a mulher na Brandeis, argumentou, em um ensaio na *American Prospect*, que as mulheres qualificadas que queriam cuidar de seus filhos estavam perdendo tempo em trabalhos não remunerados e de baixo status. Se elas quisessem ter filhos, deveriam, ao contrário, procurar por maridos menos qualificados e delegar-lhes os cuidados das crianças. "A família — com suas tarefas repetitivas, socialmente invisíveis e físicas — é uma parte necessária da vida, mas oferece menos oportunidades para a completa prosperidade humana que as esferas públicas, como o mercado ou o governo", escreveu ela. Segundo Hirshman, qualquer desvio da proporção equilibrada de 50-50 em trabalhos de alto status é culpa das próprias mulheres e do "feminismo de escolha", que ela considera um fracasso, pois muitas mulheres qualificadas estão optando por vidas profissionais que distanciam-se das próprias escolhas, ou das escolhas-padrão dos homens. Mas há uma peça faltando nessa sugestão: o desejo de cuidar dos outros no próprio círculo íntimo não é sempre um arranjo puramente econômico. Muitas mulheres que reduzem suas horas de trabalho ou que escolhem empregos mais flexíveis para passar um tempo com as próprias famílias não consideram isso um "trabalho de puericultura", ou a si mesmas como babás genéricas que, por acaso, ganham por hora um valor menor do que receberiam como advogadas ou operadoras de títulos em Wall Street. A ciência que mostra que as mulheres sentem empatia com mais intensidade do que os homens não significa que elas *devem* ou *deveriam* fazer essas escolhas. Ela simplesmente explica por que algumas mulheres podem optar por fazê-las.

Sob uma perspectiva política, diz-se, geralmente, que as mulheres têm empatia demais ou de menos, tanto em relação ao próprio bem-estar quanto ao bem comum. Jane Fonda denominava a empatia de seus anos de juventude como "a doença de querer agradar", e diz que a substituiu, agora, pela fé religiosa. A juíza da Suprema Corte norte-americana Sandra Day O'Connor foi criticada por não ter empatia suficiente — por emitir seus veredictos com base na constituição dos Estados Unidos, em vez de agir com base na "empatia a vítimas femininas da violência".[64] Há, claramente, muita ambivalência na empatia. Por exemplo, alguns autores insistem que as mulheres aprendem a demonstrar empatia somente porque são educadas dessa forma por pais e professores. Em um ensaio sobre socialização de gênero, a psicóloga Eva Pomerantz e dois colegas sintetizam este ponto de vista: "As mulheres são, geralmente, consideradas aptas para o papel da prestadora de cuidados, enquanto os homens são vistos como adequados para o papel do provedor. Essas crenças sobre os gêneros podem fazer com que os pais percebam seus filhos como possuidores de características de gênero estereotipadas (por exemplo, as meninas são tidas como dependentes, e os meninos como independentes) e acreditem em metas de socialização de gênero estereotipadas (por exemplo, as meninas devem ser sensíveis, e os meninos, assertivos). Isso pode influenciar as interações dos pais com seus filhos, levando-os a tratar meninas e meninos de modo diferente."[65] Outros, como Carol Gilligan, usam referências da literatura e estudos de caso para sugerir que as mulheres constroem sua identidade em função dos cuidados que oferecem aos outros, e pela forma com que se associam a eles, uma visão extremamente "moral", que pode ser usada para mudar um sistema fundamentado fortemente em regras e orientado para os homens: "A sensibilidade para as necessidades alheias e a assunção da responsabilidade de tomar conta dos outros levou as mulheres a ouvir vozes que não as suas, e a incluir em seu julgamento outros pontos de vista", escreveu ela, em seu clássico livro *Uma voz diferente*.[66] Outros, ainda, afirmam que quaisquer diferenças de gênero no tocante à empatia são impostas pela cultura dominante, de modo que as mulheres possam ser exploradas pelos homens. A teórica feminista Sandra Bartky define este terreno: "O amor, o afeto e o oferecimento carinhoso de suporte emocional podem parecer, puramente, transações privadas, que não têm nenhuma relação com o domínio macrossocial do status. Mas isso é falso (...). Na medida em que a provisão de apoio emocional das mulheres é uma espécie de cumprimento de necessidades, desejos e interesses dos homens, tal provisão pode ser entendida como uma conferência de status."[67]

O que essas visões têm em comum é o fato de considerarem a empatia — descrita neste capítulo como uma característica da natureza humana, com origens genéticas, neurológicas e hormonais — algo imposto às mulheres por forças externas. Claramente, a história da opressão feminina nos deixou como herança uma visão preconceituosa da empatia. Mas, já que as décadas recentes aumentaram as oportunidades para as mulheres, talvez os papéis de gênero impostos de fora tenham menos influência do que tiveram um dia, e possamos olhar para a empatia sob uma nova perspectiva. Com novas informações sobre o assunto coletadas pela neurociência e pela neuroendocrinologia, podemos entendê-la mais como um mecanismo biológico ligado à nossa percepção do prazer, da dor e do sofrimento. Podemos alcançar discernimento sobre o papel que a empatia desempenha na tomada de decisões das mulheres e em sua habilidade de lidar com os estresses do dia a dia, e como uma característica da constituição biológica das mulheres, que pode trazer benefícios não apenas aos outros, como também a si mesmas.

Um dos temas deste capítulo é a maneira pela qual a empatia influencia a tendência das mulheres de buscar vínculos sociais, particularmente em momentos de estresse. Há evidências fascinantes de que esses vínculos sociais não apenas deixam as mulheres mais felizes. Eles também protegem-nas da falência cognitiva e aumentam sua expectativa de vida. Ter empatia pelos outros — incluindo a habilidade e o desejo de estabelecer vínculos com outras pessoas — ajuda a preservar as habilidades de memória e de raciocínio, e permite às mulheres viver por mais tempo. A evidência dos efeitos protetores da empatia e da filiação social é forte. Ao acompanhar 1.200 moradores de Estocolmo, a epidemiologista Laura Fratiglioni identificou a menor taxa de demência entre as pessoas com amplas redes sociais. E, em um estudo de longa duração, realizado com 2.761 norte-americanos idosos, Lisa Berkman, epidemiologista social de Harvard, e seu colega Thomas Glass descobriram que pessoas com vínculos sociais têm menos probabilidade de morrer jovens.[68] Em vez de subjugar as mulheres, uma capacidade aumentada de empatia e de filiação social pode ter efeito oposto. Pode oferecer os benefícios de uma qualidade de vida melhor e também mais longa.

Os hábitos sociais de fato nos afetam, mas as forças culturais sozinhas não conseguem conferir a vantagem da empatia, observada em meninas e mulheres desde os primeiros dias de vida em diferentes culturas, idades e classe sociais. Em todas as sociedades, elas têm um interesse maior pelas outras pessoas, demonstram um comportamento protetor mais elevado e, geralmente, dão a seus relacionamentos um valor maior do que a mera competição.[69] Essas diferenças biológicas podem estar na base de aspectos das escolhas profissionais das mulheres — o tipo de trabalho que consideram atraente e por quantas horas querem comprometer-se com ele. Mesmo com as significativas mudanças nos costumes, nas leis e expectativas sociais ao longo das últimas quatro décadas, há aspectos das preferências profissionais das mulheres que, provavelmente, permaneceram os mesmos — por exemplo, o desejo de ter uma ocupação que concilie a família, ou de encontrar um trabalho que explore seu talento de estabelecer vínculos com outras pessoas. Considerando aquilo que sabemos sobre empatia, é implausível que ela não assuma um papel relevante nas decisões tomadas pelas mulheres. Também é inadmissível que líderes de negócios como Elaine e Ingrid tomassem decisões vitais com base na súbita revelação de que, simplesmente, era seu papel obedecer aos outros e querer agradá-los. A obediência cega parece improvável entre esse grupo de mulheres concentradas em seus objetivos e altamente bem-sucedidas. Ao contrário, em um momento decisivo, elas se colocaram no lugar e sob a perspectiva dos outros membros de suas famílias, combinando as diversas posições privilegiadas com as próprias.

Consideremos, agora, o que pode acontecer quando as pessoas *não têm nenhuma* empatia. No início dos anos 1990, conheci três meninos assim. Eles tinham problemas para entender as emoções e as intenções de outras pessoas. Sua habilidade para adivinhar o que os outros pensavam era estranhamente... ausente. Nunca olhar nos olhos era uma das razões pelas quais o ambiente social na escola lhes parecia inacessível. O brilho nos olhos que acompanhava uma piada, os lábios franzidos que significavam raiva ou uma disposição para brigar, as sobrancelhas levantadas indicando sarcasmo ou surpresa dissimulada, essas expressões raramente eram percebidas por esses meninos, e, menos ainda, compreendidas. Esses meninos radicais — que cresceram para se tornar homens radicais — não tinham de contrabalançar diversas perspectivas, porque, geralmente, estavam atentos a apenas uma: a própria.

CAPÍTULO 5

# A vingança dos nerds

No gélido dia de março em que me encontrei com Bob, ele abriu a porta para mim, olhou-me sem qualquer expressão por um segundo, e disse: "Ah." Então, virou-se de costas e entrou em casa, deixando-me em pé ali, na dúvida se eu deveria segui-lo, e poderia pendurar meu casaco. Talvez ele tenha imaginado que eu não teria dificuldades para encontrar o vestíbulo e que, já que havia agendado a entrevista, eu deveria saber como proceder. Ou, talvez, ele não estivesse ciente dos rituais sociais que normalmente suavizam esses momentos embaraçosos. Ele estava lendo um livro quando toquei a campainha, e, prontamente, retornou à sala de estar para continuar com a leitura. Acompanhei-o e me sentei na poltrona à sua frente.

Eu estava lá para verificar como Bob estava se saindo na idade adulta. Eu o havia conhecido como um adolescente que, naquela época, tinha o dom para matemática e computadores, mas era bastante inepto na esfera social. Ele tinha alguns amigos que compartilhavam com ele seus interesses por *Star Trek* e *Dungeons and Dragons*. Mas, em grupos maiores de adolescentes, permanecia na periferia, não completamente excluído, mas também sem poder se considerar incluído. Ele tinha a tendência de deixar escapar alguns comentários nas horas mais impróprias e suas observações distorcidas, embora geralmente instigantes e originais, eram feitas em voz alta, de modo excêntrico e estranhamente fora do tom. Se alguma coisa o incomodasse naquela época, digamos, se as pessoas fizessem muito barulho ou estivessem muito exaltadas, ou se ele se sentisse importunado, esse adolescente desajeitado ficava tão irritado quanto uma criança pequena e começava a gritar comentários vagamente ameaçadores, como "Não provoque o urso!", ou "Cala a boca, cala?". Como ele tinha mais de 1,80m e uma compleição muito forte, tais explosões poderiam levá-lo a ter problemas com os adultos. Alguns garotos o provocavam até este ponto, mas muitos reconheciam que, apesar de seus ataques, ele jamais machucaria alguém. Ele era apenas mais um desses rapazes nerds, fascinados pela ciência, incrivelmente inteligentes, mas que, de alguma forma, eram desajustados.

Bob não era apenas brilhante em matemática e informática. Ele também tinha uma tendência criativa que lhe permitia brincar com ideias hipotéticas nos mundos alternativos da ficção científica. Como ele evidenciava esses talentos, um interesse básico por outras pessoas parecia misteriosamente ausente. Eu tinha ido visitá-lo para avaliar se Bob se tornara capaz de explorar suas forças e compensar suas fraquezas.

Com apenas 23 anos, Bob ainda era um processo em andamento. Ele havia se preparado para seguir carreira como projetista de jogos de computador, e buscava qualquer alternativa que o aproximasse o máximo possível de sua meta, o que incluía um diploma em informática. Nesse ínterim, ele havia conquistado uma série de prêmios em matemática e subido de categoria nas competições de judô até o nível de uma equipe que treinava atletas para as Olimpíadas. De acordo com os parâmetros padrão para os feitos masculinos, ele estava se saindo bastante bem, especialmente levando-se em consideração que aproximadamente 75% de todos os homens norte-americanos e britânicos haviam abandonado os estudos em sua idade.[1] E, embora sua habilidade com pessoas fosse mínima, essa discrepância não estava provocando, exatamente, excesso de angústia em Bob. "Não percebo outras pessoas, a menos que elas se coloquem no meu campo de visão", era sua afirmação direta sobre por que estava em seu último semestre na universidade e não havia conhecido, até aquele momento, nem um único aluno em seu curso de informática. "Sento-me no mesmo lugar todas as vezes, escuto o professor e raramente percebo se há mais alguém na minha turma."

Essa obsessão por uma só causa era contrária ao meu padrão de regulagem mental, que mapeia qualquer horizonte em busca dos elementos humanos. Tudo de que me lembro de um curso de informática que fiz na universidade era das pessoas que o frequentavam. Conforme meu professor falava monotonamente sobre a linguagem de programação Fortran para análises estatísticas, eu prestava atenção no belo e sardento irlandês, sentado na primeira fila. Os movimentos fluidos do professor também atraíam minha atenção, já que ele se movia como um gato selvagem em frente ao quadro-negro — fiquei sabendo que, em suas horas de lazer, ele participava de um grupo de dança moderna. Vinte e oito anos depois de ter feito este curso, posso me lembrar do rosto de muitas pessoas que também o fizeram — todos nos revezávamos rodando nossos programas de computador e dividíamos a frustração de ter de fazer isso indefinidamente quando faltava uma única vírgula em dúzias de linhas de código em determinado programa. Um exímio conhecedor de computadores da minha turma, que usava um rabo de cavalo, me ensinou, até mesmo, algumas coisas em latim, que ele havia aprendido em sua escola particular. Lembro-me de alguma coisa sobre *anguis in herba* (uma cobra escondida no capim), mas nada sobre o Fortran.

Meu interesse pela interação social e o interesse de Bob por fatos, máquinas e sistemas pareciam ser os extremos opostos do espectro de pessoas-coisas. Bob ficava enérgico (e muito barulhento) ao falar sobre si mesmo e percorria inúmeras tangentes para discorrer sobre seus obscuros interesses, aparentemente sem perceber que eu não compreendia as abreviaturas que ele usava: CG para gerado por computador, RPG para jogo de interpretação de papéis, D&D para *Dungeons and Dragons*. Quando o interrompi em meio a um de seus monólogos, descobri que ele parecia ter se esquecido de que eu estava na sala. "Costumo não perceber que as pessoas não têm os mesmos poderes que eu e, quando, por exemplo, me pedem para ajudá-las a fazer algo que é estupidamente simples, fico impaciente", disse ele, olhando para o teto, sem se dar conta de que a estúpida em questão era eu. Não perceber que as pessoas não poderiam estar dentro de sua mente para acompanhá-lo, e observar o mundo de sua posição privilegiada poderia fazer com que ele se parecesse com um "indivíduo grosseiro", ele admitiu. Seus pais — um era cientista de computadores, o outro, engenheiro — estavam tentando ajudá-lo nesse aspecto, uma tarefa que se tornava ainda mais difícil porque, sob seu ponto de vista, eles mesmos também tinham de lutar contra isso. "Eles não estão conseguindo dar o exemplo", explicou ele.[2] Tendo ou não conseguido demonstrar ao filho como se procede nesse caso, comunicar-se com a intenção de estabelecer contato humano parecia irrelevante para Bob. Quando o telefone tocou durante nossa conversa, ele tirou o aparelho do gancho e disse categoricamente: "Alô. Ele não está", e, então, desligou. Perguntei-lhe sobre o fato de ele não ter jogado conversa fora com a pessoa do outro lado da linha, alguém que ele, obviamente, conhecia. "Eu não gosto mesmo de telefone. Comunico-me com as pessoas por e-mail, mas apenas por uma questão de conveniência. O telefone me irrita."

Eu não conhecia a síndrome de Asperger quando me encontrei pela primeira vez com Bob. Em uma daquelas bizarras sincronicidades de ideias, esta síndrome havia sido definida nos anos 1940 por duas pessoas ao mesmo tempo: o psicólogo vienense Hans Asperger e o psiquiatra norte-americano Leo Kanner. Mas poucos clínicos conheciam o transtorno social até o início dos anos 1990, quando a neurocientista londrina, Uta Frith, traduziu para o inglês um obscuro artigo escrito por Hans Asperger. Foi somente aí que os traços da personalidade de Bob e de dois outros meninos que eu atendia começaram a fazer sentido. Leitores fluentes e excelentes pensadores, nenhum deles olhava nos olhos de outras pessoas e tampouco sabiam como esperar a vez de se pronunciarem em uma conversa, ambas as habilidades que, em geral, surgem no primeiro ano de vida. Subitamente, eu tinha uma maneira de compreender a discrepância entre suas destrezas com os livros, que ficavam anos-luz à frente de seus companheiros, e suas destrezas sociais, anos-luz atrás.

A síndrome de Asperger é uma forma de autismo de alto nível funcional, que apresenta as lacunas sociais do transtorno, sem os déficits intelectuais incapacitantes que acompanham as manifestações mais extremas. Ela dá seus primeiros sinais na infância, quando as habilidades sociais *deveriam* aparecer, momento em que as crianças, geralmente, começam a se relacionar com os outros por meio do contato visual, apontando entusiasticamente para animais e pessoas que veem, compartilhando brinquedos e alimentos, alternando sua vez com os outros e brincando de jogos hipotéticos. As discrepâncias nas habilidades sociais tornam-se cada vez mais perceptíveis à medida que a criança cresce, e são, geralmente, acompanhadas por uma gama limitada de interesses — realizados, de modo geral, obsessivamente — e por uma aversão a qualquer mudança na rotina.

Ainda assim, surgem ilhotas de habilidades, que parecem desafiar a ideia de um transtorno cognitivo. Assim como Bob, muitas pessoas com síndrome de Asperger são altamente talentosas em, pelo menos, determinada área. Na verdade, a síndrome de Asperger parece ser definida pelo que não é. Ao contrário de formas mais severas de autismo, que geralmente são acompanhadas por sérias limitações, a síndrome de Asperger não é uma falta de inteligência; não existe, geralmente, nenhum problema com a audição, a visão ou com o desenvolvimento da linguagem. E, embora aqueles que apresentem o transtorno possam ser desajeitados ou fiquem pouco à vontade em uma sala de aula, não se trata de um problema motor ou de disfunção de aprendizagem. Eles não apresentam os comportamentos de oscilação, de olhar fixo ou de autoestimulação, que faz com que aqueles afetados por formas mais severas de autismo pareçam viver no próprio mundo silencioso e incompreensível. De modo geral, leitores excelentes e falantes compulsivos, indivíduos com síndrome de Asperger, dos quais pelo menos 90% são homens, podem ser, também, talentosos músicos, jogadores de xadrez ou matemáticos.[3]

Então, o que está faltando? Notadamente, considerando essas complexas habilidades, a principal discrepância está em perceber e interpretar os sinais que revelam o que outras pessoas estão pensando e sentindo. O tabuleiro de forças e fraquezas de Bob era compatível com esse perfil de Asperger. Apesar de suas consideráveis destrezas, faltava-lhe o talento de decifrar o ponto de vista de outras pessoas.

Mantendo a fidelidade à era freudiana, na qual a síndrome de Asperger foi identificada, as mães foram acusadas, em um primeiro momento, de serem as causadoras do transtorno. Em uma das mais destrutivas e errôneas teorias psicológicas do século XX, o psicólogo Bruno Bettelheim e o psiquiatra Leo Kanner atribuíram todo o espectro de transtornos autistas à falta de ternura materna, a "mães geladeiras", revestindo de estigma e culpa todos os obstáculos sobre-humanos já enfrentados por esses pais, cujos filhos são em geral indiferentes ao afeto ou à comunicação básica e dolorosamente fora de sintonia com a vida familiar. Felizmente, a ideia de que os cuidados parentais são a origem dos transtornos de espectro autista foi completamente desmistificada. Hoje, conhecemos o autismo como um dos mais hereditários dos transtornos psicológicos, com origens biológicas que desvirtuam a capacidade de compreender outras pessoas e de interagir com elas com facilidade. Mas logo veremos mais detalhes sobre os parâmetros genéticos.

Um grande progresso para entender o que estava faltando no autismo foi revelado, pela primeira vez, em um sábio experimento conduzido por Simon Baron-Cohen, Uta Frith e Alan Leslie na University of London, em meados dos anos 1980. Usando bonecas e outros acessórios, eles compararam três grupos de crianças para ver se conseguiam reconhecer que outras pessoas possuíam crenças diferentes das suas, uma faculdade que eles denominaram de teoria da mente. Se os pesquisadores escondessem uma bola de gude na frente da criança, mas *depois* que uma boneca havia sido "retirada" de cena, ela diria que a boneca "sabia" o que apenas a criança havia observado? Ou ela entenderia que a boneca ausente não teria como saber onde a bola de gude estava escondida? Os psicólogos descobriram que pré-escolares com desenvolvimento normal, da mesma forma que as crianças com síndrome de Down (que apresentam limitações intelectuais), podiam imaginar que a boneca tinha um conhecimento diferente do seu. Mas, embora fossem mais inteligentes, as crianças com autismo não conseguiam atribuir estados mentais diferenciados a outras pessoas. Sem "a teoria da mente", elas estariam em séria desvantagem em situações sociais, nas quais imaginar os pensamentos e os sentimentos dos outros mostra-se decisivo para descobrir o que se passará em seguida.

Alguém estaria certo se quisesse estabelecer ligação entre a teoria da mente e a empatia. Tais habilidades sociais e de comunicação são, precisamente, aquelas áreas estimuladas pela ampla rede de comunicações do cérebro feminino. Em oposição às mulheres que conhecemos nos dois últimos capítulos — cujas decisões foram matizadas por sua percepção dos outros e por um panorama mental com "visão global" —, os homens com síndrome de Asperger parecem seguir o caminho contrário: não percebem os indícios emocionais, e estão quase exclusivamente focados em um conhecimento orientado pelos fatos. Baron-Cohen chama isso de "cérebro masculino extremo", porque, em estudos posteriores, demonstrou que os homens com síndrome de Asperger são exímios em se especializar em informações previsíveis e baseadas em sistemas, uma força mais comum entre os homens, embora apresentem escores extraordinariamente baixos de QE, o teste de empatia desenvolvido por ele. Dessa forma, as pessoas com síndrome de Asperger e outras no espectro autista demonstram uma tendência a querer descobrir as regras de funcionamento das coisas, sejam elas caixas de motores, regras de RPG, ou padrões migratórios de aves marinhas.[4] Seu domínio de sistemas altamente complexos faz com que seu ponto cego para os sentimentos alheios pareça-se ainda mais desconcertante. Como alguém pode ser tão sensível aos detalhes em determinada área e tão desatento a eles na esfera social?

Há mais de uma resposta a esta questão, mas uma coisa é certa. Ver o mundo a partir de uma única perspectiva pode fazer com que a pessoa enfrente-o de forma literal e isso pode resultar em algo desagradável ou doloroso, se não houver malícia envolvida. Se você não consegue se projetar na mente dos outros, como conseguirá avaliar a forma com que receberão seus comentários? Quando me encontrei novamente com um jovem e agradável rapaz que acompanhei clinicamente por anos, sua primeira pergunta para mim foi: "O que aconteceu com sua carapinha judia?" Quando sorri, ele pareceu confuso. "Por que você riu? Você é judia e tinha uma carapinha afro, então, o que aconteceu?" Embora bastante inteligente, ele não compreendia nuances sociais implícitas — que observações francas sobre aparência e consciência étnica são, geralmente, uma área proibida, mesmo sendo verdadeiras. Na verdade, por considerar difícil sair da própria experiência e atribuir sentimentos ou crenças a outras pessoas, ele poderia parecer insensível — para ele, pessoas eram como objetos. Apesar de uma comovente delicadeza de espírito e de uma afinidade com os desafortunados, Brian, com sua pouca empatia cognitiva, estava confuso, querendo saber por que "algumas vezes digo coisas que se revelam impróprias". Da mesma forma, sua referência a uma ex-namorada como tendo passado "imediatamente para o pátio dos carros usados" não pretendia ser ofensiva, mas era, simplesmente, sua observação de que ela havia sido sua namorada um dia, mas que, agora, estava namorando outra pessoa. Quando foi avisado de que os sentimentos das outras pessoas poderiam ser magoados se elas fossem vistas como objetos inanimados que são "usados" como um carro, ele assimilou essa informação como se fosse uma regra gramatical. Era arbitrária, bastante proveitosa de saber, e ele tentaria aplicá-la no futuro. Mas parecia ter pouco discernimento sobre por que as coisas deveriam ser dessa forma. Por um breve período, Brian teve aulas de inglês para satisfazer seu interesse por ficção científica e, mesmo assim, me confidenciou, sem nenhuma inibição, que sempre escrevia histórias na primeira pessoa, nunca na terceira, e que as apostilas preparatórias dos exames eliminavam a necessidade de ler romances. Ele lê os livros à procura de fatos e para acompanhar uma sequência de eventos. Ele não os lê para colocar-se no estado mental de outra pessoa — para sentir o que elas estão sentindo.

Apesar dessas lacunas, a síndrome de Asperger atraiu a imaginação do público, com uma enorme quantidade de livros e filmes que transformaram sua estranheza em uma metáfora do distanciamento existencial e da capacidade de ser verdadeiro consigo mesmo. Em 15 anos, a síndrome evoluiu da condição de um problema psicológico obscuro, conhecido apenas por alguns cientistas, para a figura de um advogado em *Justiça sem limites*. A inabilidade de penetrar a mente de outras pessoas, e de se preocupar com o que elas pensam, tornou-se símbolo de honestidade e de liberdade — e, até mesmo, de diversão. Mas a realidade é que a síndrome de Asperger é, geralmente, uma fonte de frustração para os que sofrem com o transtorno. Ao mesmo tempo, pode, também, facilitar os comportamentos objetivos e o domínio de sistemas complexos de conhecimento. O resultado é uma espécie de hipérbole masculina: foco nos fatos, combinado com negligência pelo mundo emocional, usualmente mantido oculto. Nove vezes mais comum em homens do que em mulheres, a síndrome de Asperger pode ser vista como uma posição extrema em uma sequência contínua masculina. Abrigando-se atrás de uma propensão e um domínio intelectual usuais, o menu das habilidades semelhantes às da síndrome de Asperger está voltado a áreas populares entre os homens: informática, engenharia, matemática, física e economia.

    Falta de empatia é, certamente, uma limitação. Mas o que aconteceria se Bob pudesse encontrar um lugar adequado, em que solucionadores de problemas solitários, altamente concentrados e sistemáticos fossem recompensados? E o que aconteceria se mais homens que mulheres apresentassem uma versão mais branda do que observamos em Bob? Este capítulo é sobre homens radicais, cujas dificuldades sociais são contrabalançadas por suas forças nos mundos técnico ou físico. Como os homens disléxicos que conhecemos no Capítulo 2, cujas habilidades espaciais e de obsessão por uma só causa superavam suas habilidades de leitura e de escrita, os homens com síndrome de Asperger podem ser exemplos do que acontece quando certas tendências masculinas são levadas ao limite.

Vamos considerar o basquete competitivo um exemplo de como um traço biológico extremo pode promover certo tipo de sucesso. Não é necessário ter mais de 2,13m para ser uma estrela do basquete. Na verdade, a altura média dos vinte líderes de todos os tempos da NBA é de 2m, e jogadores talentosos como Bob Cousy podem ser tão baixos quanto 1,85m. Mas muitos jogadores ilustres atingem, literalmente, o topo do gráfico: Wilt Chamberlain tinha 2,16m, assim como Shaquille O'Neal. Kareem Abdul-Jabbar tem 2,19m, e o meu favorito, Yao Ming, tem 2,28m. Essas pessoas em posições extremas nos revelam algo sobre o que é necessário para ser bem-sucedido, e deixam claros os pré-requisitos para o sucesso *naquela atividade*. No caso dos homens com síndrome de Asperger, seus talentos isolados e seu ponto cego para a percepção do funcionamento interno de outras pessoas tornam-nos particularmente dotados para certos tipos de trabalho.

"Esta deficiência [de integração social] é compensada por uma originalidade particular de raciocínio e de experiências, que pode muito bem conduzir para conquistas excepcionais na vida futura", escreveu Uta Frith, ao descrever a síndrome de Asperger pela primeira vez.[5] Quando, finalmente, me encontrei com a perspicaz neurocientista em seu escritório na University of London, em 2006, conversamos sobre as relações humanas ausentes na síndrome de Asperger — o círculo pequeno e limitado de amigos, o pungente e involuntário isolamento social. Eu já havia recebido uma demonstração das próprias habilidades sociais da professora — ela havia programado nosso encontro de modo a torná-lo compatível com os planos de minha viagem, antecipando-me tudo que eu fosse precisar para chegar até seu escritório e não perder meu voo de volta, algumas horas depois. Ainda assim, ao encontrá-la, fiquei impressionada com sua concepção benevolente do mundo, que combinava uma extremada compreensão dos fatos com a solidariedade pela experiência da síndrome de Asperger. A Dra. Frith assinalou que até mesmo as poucas mulheres que apresentam o transtorno parecem ter habilidades sociais melhores do que as dos homens. Sua sensação de que homens e mulheres com transtornos de espectro autista eram, de alguma forma, diferentes é coerente com as novas evidências que apontam para mecanismos genéticos distintos na base do autismo em homens e mulheres. Informações coletadas subsequentemente por seu colega na University of London, o professor David Skuse, com 700 crianças com características autistas, confirmaram as observações da professora Frith. Apesar de sua condição marginal na complexa esfera social de meninas adolescentes, dentro do mundo da síndrome de Asperger as meninas comunicam-se melhor e têm interesses mais convencionais. "As meninas com autismo raramente são fascinadas pelos números, e dificilmente acumulam conhecimentos herméticos", disse o Dr. Skuse.[6]

Mesmo dentro dos parâmetros de um transtorno social, os homens estão em posições mais extremas. Ainda assim, não importando o quão bizarra seja a justaposição de suas forças e fraquezas, não importando o quão limitada seja sua perícia, especialistas conceituados estão se obrigando a ficar atentos. Bob e outros homens como ele têm mais chances do que um indivíduo mediano de se tornar o Yao Ming da computação? Conheceremos agora inúmeros homens altamente talentosos cujas contribuições mudaram o panorama da física, da música e da matemática. Suspeitos de apresentar traços semelhantes aos da síndrome de Asperger, suas deficiências estão ligadas a raros talentos.

## Os prodígios

No fim do século XVIII, o cientista britânico Henry Cavendish foi o primeiro a isolar o hidrogênio e a revelar a composição química da água e do ar. Trabalhando sozinho em um laboratório caseiro, localizado em um presbitério no interior da Inglaterra, ele elucidou o funcionamento das cargas elétricas e da condutividade das soluções. Inventor brilhante, Cavendish era solitário e socialmente inepto, "em um grau que beirava o transtorno", conforme escreveu um de seus biógrafos. Trabalhando sozinho, ele tentou descobrir de que era feito o mundo, e parece ter sido bem-sucedido. Como Bill Bryson observa em *Breve história de quase tudo*: "Dentre muitas outras coisas, e sem contar nada a ninguém, Cavendish descobriu ou antecipou a lei da conservação de energia, a lei de Ohm, a lei de pressões parciais de Dalton, a lei das proporções recíprocas de Richter, a lei dos gases de Charles e os princípios da condutividade elétrica." Ainda assim, Cavendish "não apreciava ser abordado ou, até mesmo, observado. Aqueles que queriam compartilhar de suas opiniões eram aconselhados a dar uma volta nas cercanias e, como por acaso, 'conversar como se estivessem falando ao vento'".[7] Os paralelos com a síndrome de Asperger não passaram despercebidos ao neurologista Oliver Sacks, que, em 2001, organizou as descrições dos biógrafos em um retrato clínico que incluía "uma literalidade e uma objetividade impressionantes da mente, a extrema obsessão por uma só causa, uma paixão pelo cálculo e pela exatidão quantitativa, a teimosia na defesa das ideias e uma disposição para utilizar uma linguagem rigorosamente correta — mesmo em suas raras comunicações não científicas —, conjugados com uma virtual incompreensão de comportamentos sociais e de relacionamentos humanos".[8] Tudo isso, ao lado de uma óbvia inteligência, do fato de ser altamente sistemático e isolado, e de não dar ouvidos às negativas alheias, criava as condições para uma existência solitária, mas também para contribuições notáveis à ciência.

Essa desatenção social também caracterizava o brilhante, porém excêntrico, pianista canadense Glenn Gould, que morreu em 1982. Classificado por seu biógrafo, o psiquiatra Peter Ostwald, e por Oliver Sacks, que assina a introdução do livro, como um candidato à síndrome de Asperger, Gould era adorado pelo público, mas bastante conhecido pelo fato de ser uma pessoa reclusa, socialmente inepta e hipocondríaca. O diagnóstico retrospectivo é, por natureza, uma experiência falha, e Gould era tão excêntrico e visivelmente ansioso que mais de um diagnóstico poderia ter lhe sido dado. Ainda assim, sua compreensão matemática de Bach, combinada com um frágil domínio das situações sociais — sua precisão musical absurda, mas o pavor de cumprimentar outras pessoas, de conversar ou de qualquer outro evento imprevisível —, nos faz pensar na síndrome de Asperger.

A entrada de Gould no Webern's Saxophone Quartet ilustra sua abordagem sistêmica da música aos 20 anos. "O primeiro movimento é ternário na forma e canônico na textura. Ele abre com uma introdução de cinco compassos que revela as propriedades do intervalo dessa linha em quatro grupos de três tons, que são repetidos em um cânone invertido por uma linha transposta dois semitons abaixo." Em contraste com a aguçada percepção das estruturas, em uma carta a seu agente, Gould revela seu horror pela natureza imprevisível do mundo social: "O que é realmente assustador é que a área total dessa coisa parece estar se ampliando. O que antes era apenas um medo de comer em público tornou-se, agora, um medo de me ver cercado de pessoas em qualquer lugar e, até mesmo, de ter qualquer espécie de relação com elas."[9] Gould achava que as emoções dos outros eram confusas e irrelevantes, e não conseguia intuir seus pensamentos e sentimentos suficientemente bem para sentir-se confortável à sua volta. Como resultado, ele parecia brusco e, até mesmo, rude, e seus temores levaram-no a abreviar abruptamente a abrangência das interações sociais normais.

É fácil dar diagnósticos a pessoas mortas. E quanto à infinidade de realizações atuais? Uma pessoa com síndrome de Asperger que conquistou reconhecimento recentemente é o talentoso matemático Richard Borcherds, que recebeu a medalha Fields de matemática em 1998, a glorificação máxima em sua área de estudos. Em um perfil no *The Guardian*, Borcherds mencionou que suspeitava ter síndrome de Asperger, e Simon Baron-Cohen, subsequentemente, incluiu-o como um exemplo do "cérebro masculino extremo" em seu livro *Diferença essencial*. Professor de matemática da University of Cambridge, Borcherds sente-se aturdido pela presença de outras pessoas, que ele considera "seres complexos e misteriosos, difíceis de compreender, pois não se ajustam às leis da física ou da matemática".[10] Ele vive no universo da hiperconexão com os telefones celulares e e-mails, mas não utiliza essas mídias para conversar e não consegue imaginar por que alguém faria isso. Sua desatenção pelo trato social e seus interesses limitados fizeram dele uma criança excluída, mas, paradoxalmente, criaram as condições para a excelência em seu campo de trabalho na idade adulta. Não há chance alguma de ele ser distraído pela família, por e-mails ou acontecimentos sociais, ou ver-se constrangido pelas políticas de departamento ou pelos problemas dos alunos de graduação. Ele não se importa com o que as pessoas pensam sobre ele porque, geralmente, não leva em conta os pensamentos e os sentimentos de ninguém. Aqui, Baron-Cohen descreve o impacto dessa indiferença em sua família. "Quando Borcherds ainda era adolescente, sua mãe ficou esperando por ele até tarde da noite, preocupada. Quando ele finalmente chegou em casa, ela disparou, ansiosa: 'Ah, Richard. Por que você não me ligou para que eu soubesse onde você estava?', ao que ele respondeu: 'Para quê? *Eu* sabia onde eu estava.'"¹¹ Para Borcherds, só importava a própria perspectiva. Seu sucesso como adulto parecia menos uma questão de se adaptar aos objetivos dos outros e mais uma questão de encontrar um ambiente em que sua obsessão por uma só causa e seu egocentrismo pudessem ser aceitos.

Caso você tivesse de escolher um mundo como esse, não restaria outra coisa a fazer a não ser dedicar-se à ciência acadêmica e à matemática. Como vimos no Capítulo 2, a falta de interação humana e a alta concentração exigidas para se ter sucesso na ciência acadêmica podem afugentar as mulheres talentosas, com interesses mais amplos. Mas o mundo da alta tecnologia também apresenta atrativos para aqueles com cérebro masculino extremo. É um clichê dizer que a área é um chamariz para homens e, apesar dos altos orçamentos e dos incentivos institucionais para atrair as mulheres para a informática, seu interesse pela TI tem sido escasso e descendente. O fato de a National Science Foundation, o National Physical Science Consortium, o Google, a IBM, a Lucent, a L'Oréal, da Association for Women in Science e de outros grupos terem investido milhões de dólares em incentivos financeiros para atrair mulheres para a física e a computação não fez uma diferença muito significativa em seu engajamento. (Os diplomas de graduação em informática concedidos a mulheres estavam em torno de 17% em 2004, uma queda em relação aos 19% registrados no ano 2000.)¹² No outro extremo, os homens com síndrome de Asperger dificilmente precisam de incentivos para se sentir seduzidos pela previsibilidade dos computadores. Muitos deles veem os sistemas operacionais como substitutos de seus próprios cérebros e dos cérebros de outras pessoas, e tentam usar os algoritmos da computação para decodificar a emoção humana. (Você conhecerá daqui a pouco um especialista em TI que acredita que a raiva é o que acontece quando se desliga o temporizador interno de alguém, e um rapaz brilhante que prefere usar e-mails a ter interação social, porque os *emoticons* são mais transparentes para ele do que as expressões faciais.)

Está claro que nem todas as pessoas com afinidades por máquinas inteligentes têm um transtorno. Craig Newmark, fundador da craigslist.org, é um grande e adorável empreendedor na área de alta tecnologia, embora não seja um portador da síndrome da Asperger propriamente dita. Quando criança, ele pode ter enfrentado dificuldades com os limites sociais, mas, como adulto, dificilmente poderá ser considerado desajustado. Nos últimos 12 anos, seu website tem oferecido classificados gratuitos, permitindo que as pessoas em todas as partes do mundo encontrem apartamentos, animais de estimação e outras pessoas em questão de segundos. É o sétimo site mais visitado da internet, não muito atrás do Google e do eBay.[13] Com 10 milhões de usuários por mês, em 190 cidades ao redor do mundo, o craigslist.org arrefeceu as receitas de publicidade dos impérios jornalísticos, e muitos conglomerados de mídia estão lutando para introduzir em seus anúncios a mesma honestidade, espontaneidade e valores comunitários. Ainda assim, o fundador iconoclasta descreve-se da seguinte forma: "Sou inteligente do ponto de vista acadêmico, mas emocionalmente estúpido. Não consigo interpretar as pessoas e levo-as muito ao pé da letra." Ele confessa que sua ambição, há muito tempo, é tornar-se mestre em física quântica, tendo sido descrito por Philip Weiss, na revista *New York,* como "uma das pessoas mais socialmente incapazes no mundo dos negócios".[14] O fenômeno on-line que ele criou é, de certa forma, uma espécie de desdobramento de sua maneira peculiar de socialização. Ele foi um dos primeiros a conectar as pessoas em grande escala no ciberespaço e tudo começou com o próprio grupo de contatos. Um blogueiro chamou-o de "o catalisador das conexões", um título irônico para alguém que se descreve como incapaz de interpretar as pessoas. Pode ser que ele não consiga compreender os outros, mas *ele* é uma pessoa saudavelmente pouco ardilosa e arrogante. Quando lhe telefonei para saber o que achava de ser incluído neste livro, ele imediatamente respondeu: "Claro, se isso for ajudar alguém." Newmark conseguiu impor-se, usando sua particular combinação de habilidades técnicas, interesses bem afiados e, como descobri depois, sua falta de inibição. Um filme intelectualmente pretensioso dos anos 1980 pode ter ridicularizado a ideia, mas existe, de fato, algo parecido com uma vingança dos nerds. A questão é: haverá muito mais nerds agora do que antes?

## O transtorno do dia

O autismo sempre existiu, mas está, agora, à vista de todos. As referências culturais aos transtornos de espectro autista estão em todas as partes: no programa de Oprah, nas estantes de livros e nas salas de cinema —; os filmes *Um certo olhar, Autismo, o musical,* e *Mozart e a baleia* foram lançados com apenas alguns meses de diferença, em 2007, e protagonistas socialmente ineptos, com comportamento semelhante aos portadores de síndrome de Asperger, como Napoleon Dynamite, rapidamente conferem ao filme um apelo cult. Mais próximo da realidade clínica, a inclusão da forma abrandada da síndrome de Asperger dentro do espectro autista aumentou sua visibilidade e tornou o protótipo mais reconhecível, elevando, ao mesmo tempo, o número de diagnósticos. Mas a ideia de uma versão mais ambígua do autismo também criou confusões. Ao contrário dos autistas sábios conhecidos pelo público, como o Raymond Babbitt de Dustin Hoffman, em *Rain Man*, ou Christopher Boone, que enfrentava os desafios do mundo real em *O estranho caso do cachorro morto*, do autor britânico Mark Haddon, as pessoas com síndrome de Asperger não ficam sacudindo as mãos, tendo acessos de raiva ou repetindo as próprias palavras. Mesmo que suas habilidades intelectuais altamente desenvolvidas sejam estranhamente compensadas, de modo geral, por uma ingenuidade social quase infantil, suas habilidades de linguagem são normais e eles conseguem funcionar no mundo real.[15]

Os transtornos de espectro autista costumavam ser muito raros — talvez um em cada 10 mil nascimentos. Mas, hoje, há mais consciência dos indícios e dos sintomas, assim como de suas formas mais brandas, que a taxa já foi ajustada para um em cada 200, embora há quem argumente que os números estão aumentando por outras razões. Uma delas é a entrada relativamente recente das mulheres no mundo do trabalho remunerado e a inevitabilidade da atração mútua. Já que homens *e* mulheres orientados para os sistemas passaram a se reunir nos mesmos ambientes de trabalho, no qual têm mais probabilidades de encontrar pessoas parecidas com eles, há uma hipótese de que, com a intensa "sistematização" em ambos os lados da família, todas as crianças frutos desses relacionamentos terão mais chances de apresentar uma sistematização ainda maior (e uma empatia cognitiva menor) do que ambos os pais isoladamente. Bob é um exemplo de alguém com síndrome de Asperger que tem um pai cientista da computação e o outro, engenheiro, um fenômeno que Simon Baron-Cohen observou em outros filhos de engenheiros, físicos e cientistas da computação.[16] Em um passado nem tão distante, *não havia* nenhuma meca da alta tecnologia, não havia a aristocracia do software — em resumo, havia menos nichos em que os sistematizadores radicais pudessem explorar suas habilidades tão publicamente. E seu status elevado concedeu um novo brilho à atração exercida em seus futuros parceiros românticos. Em uma recente caminhada no campus da McGill University, uma jovem e atraente mulher foi vista usando uma camiseta em que se lia a frase "Aja como um nerd comigo", em destaque na altura dos seios. A maioria das mulheres que ouviram essa história disse que gostaria de ter uma camiseta exatamente igual.

O súbito e acentuado crescimento tecnológico pode ter despertado a conscientização sobre o transtorno, especialmente na área com maior concentração de empresas relacionadas à informática, o Vale do Silício, na Califórnia, onde a taxa de diagnósticos de autismo, incluindo a síndrome de Asperger, aumentou vinte vezes nos últimos 17 anos.[17] Trata-se de um fenômeno sociológico intrigante que, segundo alguns, assemelha-se a uma epidemia. Mas os temores sobre os estímulos ambientais revelaram-se infundados. Na verdade, parece não haver nenhum lugar no mundo onde *não haja* autismo, e seu correlato paralelo, os homens radicais. Trata-se menos de um acontecimento cultural que biológico, conforme descobri quando me encontrei com um dos homens mais desorientadores que já conheci, Daniel Tammet. Com talentos extremos, e muitas idiossincrasias, ele não era um homem baunilha. E vivia tão distante das áreas comerciais específicas do Vale do Silício quanto eu poderia imaginar.

Sábio britânico com síndrome de Asperger, sobre quem li, pela primeira vez, no *The Guardian*, Daniel Tammet consegue calcular de cabeça quanto é 37 elevado à sexta potência, dividir 13 por 97 em 100 casas decimais, e citar de cor 22.514 casas decimais do número Pi, estabelecendo um recorde europeu. "Memorizei 22.514 casas decimais do Pi, e sou tecnicamente deficiente. Eu só queria mostrar às pessoas que a deficiência não precisaria ser um obstáculo", disse ele, em uma típica e simplificada afirmação enquanto conversávamos na aconchegante sala de estar de sua casa, na costa de Kent. Ele estava se referindo à síndrome de Asperger, que o fazia ficar contando as listras na blusa de sua entrevistadora, em vez de estabelecer contato visual. Seu foco nos detalhes significa que realizar multitarefas é algo impossível para ele, e, portanto, Daniel não é capaz de dirigir um carro, dependendo de outras pessoas para sair de casa. Ele pode memorizar uma sequência quase infinita de números, ou aprender uma nova língua estrangeira em uma semana — ambos os afloramentos de sua prodigiosa memória visual. Ainda assim, o abismo entre suas habilidades e suas limitações me fez imaginar como ele funcionava no mundo real. Além de ajudá-lo a quebrar recordes matemáticos, o que sua espantosa habilidade para a aritmética e suas habilidades de sistematização faziam, de fato, por ele?

Eu queria saber se Daniel teria desenvoltura social suficiente para me olhar nos olhos e apertar minha mão. Sendo capaz de falar dez línguas, a mecânica da autoexpressão não deveria ser um problema para ele. Mas Daniel conseguiria ter uma conversa que fluísse naturalmente de um tema a outro, ou perderia o rumo com as interrupções e uma compreensão literal de simples expressões idiomáticas? Pois, se ele conseguisse explorar seus dons e refrear o embotamento social involuntário da síndrome de Asperger, os indicadores tradicionais do sucesso — dinheiro, reconhecimento e privilégios — estariam a seu alcance. Ele seria o exemplo de um homem radical que havia sido bem-sucedido, apesar — ou por causa — de suas fragilidades masculinas.

Meu trem de Londres para Kent para entrevistar Daniel passou por quilômetros de pequenos jardins descortinados pelo efeito da velocidade como se fossem um enérgico e imenso tecido verde faiscante e, em quase todos eles, havia uma estufa ao fundo. As pessoas que escrevem sobre a síndrome de Asperger usam, geralmente, um vocabulário cósmico, como "marciano", "alienígena" ou "androide" para descrever a sensação de se sentir tão distante dos outros a ponto de parecer pertencer a outro planeta ou a outra espécie.[18] No caso de Daniel, ele estava realmente isolado, pensei, enquanto passava pelo centésimo quilômetro verdejante desde que deixara o centro de Londres. Ele me avisara para pegar um táxi na estação de trem, porque sua casa ficava bastante escondida. "É muito longe para ir andando", disse ele, quando liguei para avisá-lo que, talvez, me atrasasse um pouco. Ele estaria realmente se colocando no meu lugar? Ou estaria preocupado com o fato de sua rotina ser interrompida? Mais tarde, confessou-me que *ficava* ansioso com acontecimentos imprevisíveis desse tipo, e, tanto quanto podia, tentava enclausurar-se e assumir uma rotina profundamente organizada. "Aprecio a vida solitária. Gosto dela com muito, muito sossego."

O táxi me deixou em frente a uma modesta casa de campo, com cortinas rendadas, ao fim de uma alameda, na periferia de uma aldeia provinciana à beira-mar. Um jovem moderno, de olhos azuis, com óculos de hastes de arame e cabelos bem aparados, chegou à porta da frente logo que toquei a campainha, sorriu timidamente, e, quando estendi minha mão, ele a apertou. Prestei atenção no silêncio e na organização que o circundavam, incluindo seu gato ronronante, seus livros e vídeos. Do lado de fora da casa, reparei que havia um extenso gramado e um canteiro vazio, com uma área livre para uma estufa de plantas, cuja instalação estava prevista para o dia seguinte. A mesa de sua cozinha estava repleta de vasos de mudas que ele havia começado a cultivar dentro de casa e estava aguardando para plantar. Claramente, Daniel não era um "*Rain Man*". Ele estabelecia contato visual, interessava-se pelo mundo exterior, conversava amavelmente e ofereceu-se para me preparar uma xícara de chá, a condição *sine qua non* da hospitalidade britânica. No território de sua casa, as características de seu transtorno social eram quase imperceptíveis. Eu não me dera conta de sua barba cerrada — depois, ele me disse que sua coordenação motora fina era tão ruim que ele não conseguia barbear-se sozinho. Havia outros indícios sutis da síndrome de Asperger, mas era preciso, de fato, procurar por eles. Daniel havia conquistado um domínio mecânico tão grande das regras de interação social que, se eu não tivesse lhe perguntado, jamais saberia o quanto ele considerava exaustivo ter de dividir por partes exatamente o que deveria dizer e fazer, e o que deveria evitar — a cada segundo.

Fiquei sabendo que sua infância fora marcada por pungentes e irreconciliáveis disparidades. Mas, como adulto, Daniel parecia ter dominado seu ambiente, mobilizando suas habilidades incomuns para acumular conquistas extraordinárias. Ele coordenava um bem-sucedido negócio de consultoria linguística on-line, que havia estabelecido com base em seu domínio de línguas estrangeiras, havia escrito uma autobiografia e estava conseguindo ganhar razoavelmente bem com sua produção literária, disse-me ele. Daniel estava se transformando em uma pequena celebridade depois de ter aparecido na televisão, demonstrando suas prodigiosas habilidades linguísticas e de computação, e de seu livro *Nascido em um dia azul* ter recebido um destaque no Richard and Judy, a versão britânica do programa de Oprah. Pessoas desconhecidas estavam começando a pedir-lhe autógrafos nas ruas, um evento recente que lhe agradava. Agora, ele já conseguia conversar com estranhos, um tipo de interação social que conquistara somente na vida adulta. Como resultado, seu contato com o mundo externo havia aumentado. Daniel conheceu sua parceira pela internet e, com a ajuda de Neil e das recentes incursões sob os refletores da mídia, havia estabelecido um pequeno círculo de amigos.

Ser o irmão mais velho de nove filhos o teria ajudado a conquistar essas habilidades sociais, contou-me. Quando era criança, ele não tinha amigos. Não se interessava por pessoas, e estava preocupado com interesses menores, como joaninhas, "*conkers*" (jogo infantil com castanhas-da-índia) e matemática. Daniel dividia um quarto com o irmão, mas afirma: "Tínhamos vidas paralelas. Ele geralmente brincava no jardim, enquanto eu ficava no meu quarto, e raramente brincávamos juntos. Quando brincávamos, não era um jogo recíproco — nunca tive vontade de compartilhar meus brinquedos ou minhas experiências com ele. (...) Tornei-me uma criança cada vez mais calada e passava a maior parte do tempo em meu quarto, sentado no meu cantinho particular, no chão, absorto no silêncio." Tapar os ouvidos intensificava seu distanciamento, uma sensação que ele considerava tranquilizadora. O barulho da sala de aula também era tão perturbador que ele colocava os dedos nos ouvidos para tentar bloqueá-lo, de forma que seu isolamento era quase total. E, embora fosse amado por seus pais, Daniel não gostava do contato físico, e quando se sentia chateado, escondia-se sob a própria cama. Se ele precisasse se sentir reconfortado enquanto estava na escola, pressionava o dedo indicador suavemente na lateral do pescoço de algum de seus irmãos, assim que era possível. "Desse jeito", disse-me, mostrando o gesto ao colocar dois dedos no próprio pescoço, como se estivesse medindo os batimentos cardíacos (pude perceber que um gesto como esse poderia não ser bem recebido no pátio da escola).

A vida ficou mais fácil durante a adolescência, "quando comecei a ter sentimentos por outras pessoas, e não apenas por mim mesmo". Daniel parecia ter se tornado mais socialmente consciente depois de amadurecer, como se, no seu caso, o ritmo normal de desenvolvimento da competência social nas crianças tivesse sido alterado — ainda que, apenas, por algumas pulsações atrasadas. "Quando eu era criança", lembra ele, "eu falava, falava, falava, e meus irmãos e irmãs tinham de me interromper e mandar eu parar." Essa perseverança, ou inabilidade de interromper uma atividade depois de começá-la, é comum na criança mediana em idade pré-escolar, mas subsiste naquelas com síndrome de Asperger, e é um traço que ainda aparece quando Daniel baixa a guarda com pessoas conhecidas em ambientes familiares.[19] Como muitos outros homens bem-sucedidos com síndrome de Asperger, sua mãe o havia treinado intensamente quando era criança, de modo que ele aprendesse quais comportamentos deveriam ser evitados em relações sociais delicadas. Ao perceber que, enquanto caminhava, ele sempre prestava atenção ao padrão visual de seus pés ao tocar o chão, o que aumentava, portanto, suas chances de esbarrar nas coisas, sua mãe ensinou-o a levantar a cabeça e fixar o olhar em um ponto à distância e a reajustar seu foco à medida que caminhava. Esse caso curioso evidencia a relatividade dos conceitos de facilidade e dificuldade, que fazem a síndrome de Asperger parecer tão intrigante para nós, neurotípicos. Como pode alguém achar difícil fazer algo tão simples, e, ainda assim, fazer multiplicações de matrizes 4x4 de cabeça? Não importava com que destreza ele realizava cálculos complexos, ou com que perfeição dominava mecanicamente as normas sociais, Daniel ainda se via afetado por uma sensação de distanciamento, que ele dizia parecer-se com "viver por trás de uma parede de vidro".

Uma das características desse distanciamento é o desejo por uma rotina rígida — ele sempre gosta de tomar a xícara de chá do mesmo jeito e na mesma hora, e medir com precisão a quantidade de mingau de aveia em seu café da manhã, ingerindo-o conforme o planejado. Ele não gosta de novidades ou de surpresas. Ainda assim, suas percepções são tão flexíveis que seus sentidos podem ultrapassar as fronteiras usuais. Conexões misteriosas entre seus sentidos levam sua memória ao limite da paranormalidade. Daniel consegue ver os números como formas e cores vívidas e, portanto, pode mencionar sequências aparentemente intermináveis, como se estivesse mapeando um panorama visual em permanente mudança. Evocar milhares de casas decimais do número Pi equivale a assistir e descrever um documentário de viagem que está sendo exibido em sua imaginação, disse-me ele. Os psicólogos chamam de sinestesia a habilidade de estabelecer uma relação subjetiva entre uma coisa e outra que não pertença àquele mesmo domínio, e suspeitam que se trata de uma forma de conexão cerebral idiossincrática, ou de um grau inesperado de flexibilidade neural que ocorre no interior de algumas famílias. Este era mais um fator no quadro neurológico altamente incomum de Daniel. Com uma chance em cada grupo de 200 pessoas de apresentar um transtorno de espectro autista e uma em cada cem pessoas vivas de ser um autista sábio — e uma em cada 2 mil, de vivenciar a sinestesia —, Daniel é um dos homens mais radicais que existem.[20]

## A ciência dos opostos

A história familiar de Daniel e de seu desenvolvimento inicial nos revela algo sobre as origens biológicas de seu cérebro masculino extremo. Ele era diferente desde o nascimento, um bebê que chorava inconsolavelmente durante todo o primeiro ano de vida e que se sentia mais reconfortado com hábitos rígidos e repetitivos do que com carinho e interação. Pelo fato de ser o primogênito, seus pais não sabiam que seu sofrimento constante e sua falta de contato visual e interesse por eles eram os primeiros indícios de um transtorno de base biológica, e que ele escapava à regra dos bebês saudáveis. As habilidades de linguagem de Daniel se desenvolveram suficientemente bem, mas, ao ficar mais velho, os números e os sistemas passaram a despertar mais o seu interesse do que as brincadeiras imaginárias, interativas ou ágeis da infância. *Transformers*, *Power Rangers*, figurinhas e futebol — as principais preocupações de seus colegas — não exerciam a menor influência sobre ele. Ao contrário, Daniel tinha um interesse obsessivo em identificar os padrões do mundo natural: o deslocamento das nuvens, o movimento das marés, o ritmo com que seus pés tocavam o solo e o sistemático mundo dos números. Quando Daniel foi diagnosticado com síndrome de Asperger na idade adulta, esses indícios ficaram claros, mas, até então, ele era como Bob, uma criança estranha e talentosa que não se ajustava.

Há evidências cada vez maiores de que existe um forte componente genético na síndrome de Asperger, e a história familiar de Daniel tornava ainda mais provável que os genes estivessem na base dos traços típicos da síndrome apresentados por ele. Um de seus irmãos também apresenta um transtorno de espectro autista, e seu pai havia atravessado um período de severa depressão clínica. Geralmente, depressão e autismo ocorrem juntos em membros da mesma família — na verdade, algumas vezes na mesma pessoa (não se trata apenas de uma predisposição biológica, mas, também, de inúmeros estímulos ambientais; ter um transtorno de espectro autista não é uma coisa qualquer). Um estudo mostrou que 60% das pessoas diagnosticadas com síndrome de Asperger apresentam histórico familiar de depressão, enquanto seus irmãos têm uma chance 35 vezes maior de estar dentro do espectro autista.[21] Se um dos irmãos em um par de gêmeos idênticos apresenta uma forma de autismo, há entre 60 e 90% de chances de que o outro irmão também a apresente; e os pesquisadores de diferentes laboratórios estão conseguindo isolar os genes envolvidos.[22] É provável que seja uma combinação entre genes candidatos em diversas localizações, em vez de apenas um gene responsável, e os efeitos no desenvolvimento cerebral são abrangentes, afetando a conectividade neural, assim como a arquitetura e o ritmo de crescimento do cérebro.

Mas outra coisa além disso tudo diferenciava-se na infância de Daniel: ele tinha epilepsia do lobo temporal. A epilepsia combinada com a síndrome de Asperger e as habilidades *savant* são mais do que uma confusa coincidência. As três síndromes estão ligadas por uma linha neurológica, e ser homem tem um papel importante na hora de aglutiná-las. A epilepsia é uma família de transtornos resultante de um pequeno defeito na transmissão de sinais elétricos ou químicos que o cérebro usa para se comunicar. Os ataques que se seguem podem ter múltiplas causas: a estranha e incomum arquitetura cerebral, curtos-circuitos na retroalimentação, ou pequeninas lesões ou cicatrizes cerebrais. Em estudos com animais, suspeita-se que um nível anormal de testosterona, produzido quando o feto está em desenvolvimento, seja o causador de algumas dessas microscópicas imperfeições. Um experimento que rearranjou a exposição hormonal em ratos descobriu que, quanto mais testosterona no sangue do animal, mais suscetível estaria ele a ataques de epilepsia, e mais poderosos seriam os ataques, afetando todo seu sistema límbico (uma região que regula as emoções). Experimentos como este, evidentemente, não podem ser conduzidos em seres humanos, mas demonstram uma possível ligação entre os andrógenos e a maior incidência de ataques do lobo temporal nos homens. A questão é saber qual papel a testosterona pode desempenhar na configuração da arquitetura cerebral específica dos transtornos autistas. Uma ligação hormonal pode explicar por que 40% das crianças com autismo também têm epilepsia.²³ E pelo menos metade de todos os *savants* conhecidos também possuem algum tipo de autismo. Daniel, portanto, está no centro de um diagrama de Venn, em que as síndromes da epilepsia, de Asperger e de *savant* interseccionam-se, e todos os três conjuntos são dominados por homens. Este é um clube do bolinha, no qual as mulheres podem querer não entrar. Em todos os três grupos, são predominantes as habilidades localizadas, basicamente, no hemisfério direito, favorecendo habilidades estelares em matemática, música, mecânica ou computação. Enquanto isso, há déficits compensatórios nas habilidades do hemisfério esquerdo que afetam o uso simbólico da linguagem e a resolução global de problemas.²⁴ Quanto a mim, não gostaria de fazer essa troca.

De fato, eles já foram chamados de idiotas sábios. O rótulo é ofensivo e deixou de ser utilizado, mas capta a dicotomia dos homens cujas habilidades alcançam níveis de excelência em determinada área e chegam ao fundo do poço em outras. Alguns teóricos dizem que essa relação bipartida reflete um desenvolvimento pré-natal irregular dos dois hemisférios do cérebro. Em uma série de publicações, o psiquiatra Darold Treffert e o psicólogo Gregory Wallace explicam como as habilidades associadas ao hemisfério esquerdo do cérebro estão comprometidas em *savants* como Daniel, enquanto o hemisfério direito desenvolve mais conexões neurais como forma de compensação, como se estivesse tentando estabelecer-se e ocupar à força outra área neural. É dessa forma que podem surgir áreas opostas de habilidades: lacunas na linguagem simbólica, na compreensão social e na resolução global de problemas, ligadas ao hemisfério esquerdo, ofuscadas por uma notável memória visual e habilidades de sistematização, ligadas ao hemisfério direito. (Mecanismos semelhantes podem estar em funcionamento nas "vantagens compensatórias", discutidas no Capítulo 2, sobre a dislexia.) Ao explicar o fenômeno, Treffert e Wallace se referem a uma teoria dos neurologistas Norman Geschwind e Albert M. Galaburda, de Harvard, que tenta explicar por que os meninos são mais vulneráveis não apenas à síndrome de *savant*, mas a problemas de desenvolvimento de todas as espécies. Chamando-a de "patologia da superioridade", Geschwind e Galaburda enfocam seus extremos paradoxais.

O hemisfério esquerdo do cérebro normalmente completa seu desenvolvimento posteriormente ao direito, e, portanto, está sujeito às influências pré-natais — algumas delas prejudiciais — por um período maior. No feto masculino, a testosterona em circulação pode agir como uma dessas influências negativas, desacelerando o crescimento e danificando o funcionamento neural do hemisfério esquerdo, mais vulnerável. Como resultado, o cérebro direito faz, usualmente, uma compensação, tornando-se maior e mais predominante nos homens. A maior proporção de homens do que mulheres é observada não somente na síndrome do *savant*, mas em outras formas de disfunções do sistema nervoso central, como dislexia, retardo da fala, gagueira, hiperatividade e autismo.[25]

Mas o fato de os dois hemisférios do cérebro se desenvolverem em velocidades diferentes não dá conta da história toda. Conforme vimos, outros fatores biológicos, como a herança genética do indivíduo, fazem com que suas habilidades se inclinem na mesma direção de Bob e Daniel — voltando-se para interesses mais focados em conhecimento sistemático e permanecendo longe do mundo imprevisível da interação social. A questão é saber se existe uma sequência contínua entre esses casos extremos e o homem mediano. Se pensarmos nas características da síndrome de Asperger como um exemplo de cérebro masculino extremo, como assinalou Baron-Cohen, entender, então, como funciona este cérebro nos diria algo sobre por que os homens sentem-se atraídos por campos em que a compreensão de dados e de sistemas é algo raro e extremamente valorizado.

## Crescimento, abundância e retração

Pegando outro trem que partia do centro de Londres, fui para a University of Cambridge para fazer a Simon Baron-Cohen essa pergunta. Enquanto cruzava o campus até sua sala, admirei as construções góticas, ao mesmo tempo monumentais e graciosas, ornadas com heráldicas, leões e pequenas torres, e que agora, infelizmente, exibiam a palavra Hogwarts, em vez de Henry VIII. Eu estava em Trinity College, Cambridge, o lugar onde Isaac Newton, Bertrand Russell e Ludwig Wittgenstein se formaram, e lembrava-me disso enquanto subia a velha escada de madeira, marcada com pegadas, em direção o escritório do professor Baron-Cohen, no quarto andar. Parecia que penitentes haviam desgastado os degraus da escadaria.

Baron-Cohen está com quase 50 anos e tem uma conduta serena, que não corresponde à natureza controversa de seu trabalho. Alto, com a barba bem aparada e usando óculos de hastes de arame, ele se revelou tão requintado quanto o ambiente à sua volta, e, gentilmente abreviando dúzias de estudos, especulou sobre como as peças poderiam se encaixar no quebra-cabeças da síndrome de Asperger. "Há uma hiperconectividade entre os neurônios que é mais comum no autismo", explica. Essa hiperconectividade de redes de comunicações locais permitiria que alguém articulasse uma quantidade de detalhes em determinada área, sem atentar para o panorama geral ou para pontos de vista alternativos. Ao mesmo tempo, outros dispositivos de conexão de longo alcance do cérebro estão faltando ou não se desenvolveram plenamente, deixando algumas funções cerebrais hiperativadas e outras sem nenhuma força, isoladas das outras partes, como se tivessem sido abandonadas em uma ilha deserta.

Mas aqui está o ponto interessante. Se, como sugere Baron-Cohen, o homem autista está em uma posição extrema em uma sequência contínua, então, generalizando, poderíamos encontrar, na ampla população de homens, menos conexões de longo alcance nas áreas que processam estímulos do mundo real — regiões cerebrais em que a emoção é processada. Hipoteticamente, haveria mais conexões locais, permitindo que os homens, *em média*, desenvolvessem um foco mais intenso na sistematização de detalhes, porém menos redes de comunicações neurais dedicadas ao processamento das emoções alheias. Levando as diferenças individuais em conta, o inverso seria verdadeiro para as mulheres — mais conexões de longo alcance, que permitiriam uma percepção mais imediata das emoções e mais conectada a outras áreas do cérebro. Como vimos nos capítulos anteriores, foi isso que os professores Canli, Gur, Shaywitz e Witelson descobriram: um corpo caloso mais espesso no cérebro feminino, conectando os dois hemisférios, e menor assimetria na maneira como as emoções e a linguagem são processadas. Há outras diferenças, também, no modo ligeiramente distinto como o cérebro feminino demanda oxigênio, e em como os neurotransmissores funcionam nas mulheres, favorecendo a integração com base em um "exame detalhado de um processo minuciosamente diferenciado", como descreve o casal Gur.[26] Estes, portanto, poderiam ser os fundamentos neurais do que Baron-Cohen descobriu em sua pesquisa — que a capacidade de demonstrar empatia mais profundamente é, de modo geral, encontrada em mulheres — e que um impulso implacável para conceber sistemas que obedecem a leis exatas é mais comumente encontrado entre os homens. As diferenças individuais determinam a proporção: há mulheres que são sistematizadoras e homens que demonstram empatia, e pessoas de ambos os gêneros com um bom equilíbrio entre os dois. Mas, em princípio, as duas maneiras de abordar o mundo estariam refletidas na alocação dos recursos neurais.[27]

Estou simplificando a anatomia e a fisiologia, complexas e delicadas, envolvidas na questão. Mas, particularmente para aqueles que apresentam transtornos de espectro autista, a teoria é a de que as linhas de comunicação com outras áreas do cérebro parecem estar truncadas, resultando em um tipo de inteligência voltada aos detalhes, com muito pouca coerência ou compreensão do panorama geral — pouca habilidade de ver a floresta, em função da preferência pelas árvores. Isso pode explicar por que Bob listou todos os traços negativos da personalidade de Homer Simpson em ordem alfabética ("ser um molestador de crianças é uma delas"), em vez de compreender a figura global de Homer como um arquétipo irônico: o risível e barrigudo pai de família de meia-idade, observado pelo ponto de vista de uma criança. Era por isso, também, que Daniel conseguia se lembrar de milhares de casas decimais do número Pi, e, ainda assim, ser incapaz de compreender os princípios fundamentais da álgebra. Por esse motivo, ele me disse: "Vou me lembrar da cor da sua echarpe. Vou me lembrar de seus brincos pendurados. Vou me lembrar de seus cabelos ondulados e do formato quadrado de seus óculos. Mas em uma hora já não me lembrarei mais de como você é fisicamente."

Essa abundância de conexões de curto alcance e a retração de conexões de longo alcance também podem ser evidenciadas nos primórdios do desenvolvimento cerebral descoordenado, que está sendo agora documentado nas crianças com autismo. É possível se constatar isso até mesmo pelo tamanho de suas cabeças, porque seus cérebros crescem irregularmente, disse Baron-Cohen, mostrando-me o trabalho de Eric Courchesne, neurocientista da University of California, em San Diego. "Ele estudou as taxas de crescimento do cérebro", acrescentou, conforme saíamos para almoçar.

Ao pesquisar essa referência quando retornei ao meu hotel, descobri que o doutor Courchesne havia encontrado um sinal precoce e externo de autismo. Usando uma mera medição com uma fita métrica (em combinação com uma ressonância magnética anatômica mais sofisticada), ele descobriu que a maior parte das crianças com transtornos autistas apresenta um crescimento anormal do cérebro, que começa no primeiro ano de vida e prossegue por mais um a três anos, alcançando o tamanho de um cérebro de adolescente entre 6 a 8 anos antes do esperado. Desta forma, uma criança de 3 anos com um transtorno autista possui uma cabeça tão grande que pode usar o boné de beisebol de seu pai, e uma criança de 5 anos tem o mesmo tamanho de cérebro e de cabeça que um adolescente de 16 anos[28]. Courchesne e sua equipe estão tentando descobrir por que isso acontece, investigando o crescimento incomum das matérias branca e cinzenta no lobo frontal — o lugar do planejamento e da interpretação social — e no cerebelo — a estação central de alternância rápida da atenção e de organização dos movimentos voluntários. Eles também estão investigando como os sinais genéticos do transtorno podem deflagrar alguma falha de interconexão entre os hemisférios ou algum período inflamatório que pode se instalar e depois regredir. Após décadas de estudos que procuravam por um desencadeador ambiental, não houve qualquer evidência confiável de que vacinas ou alergias a alimentos pudessem causar autismo. Ao contrário, novas evidências apontam para genes e hormônios como os catalisadores do crescimento e da retração das redes de comunicações neurais envolvidas. Esses dois agentes poderiam explicar a maior proporção de homens do que de mulheres afetados pela síndrome de Asperger e nos fornecer pistas sobre por que os traços semelhantes aos dessa síndrome podem estar em uma sequência contínua, ao lado de outros traços apresentados pelo homem mediano.

## O fator T

Quando passei pela roleta na estação de trem, após voltar de Cambridge, vi algo que se parecia com dois testículos gigantes pairando acima da multidão que circulava no horário de pico. Duas esferas cor de pele com cabelos feitos de borracha brotando para fora em ângulos estranhos oscilavam despreocupadamente sobre um par de pernas vestidas com calças jeans. Uma face sorridente estava desenhada na frente. Ela veio na minha direção, segurando uma cesta branca de plástico, com as palavras "O câncer masculino é escroto". Aha — era uma manobra para arrecadar fundos para uma pesquisa de câncer nos testículos. As pessoas estavam sorrindo e jogando moedas na cesta e, enquanto fazia o mesmo, veio-me uma súbita compreensão. Eu vinha pensando sobre por que muitos meninos e homens em geral, particularmente aqueles com síndrome de Asperger, podem apresentar tendências tão opostas: propensão para um conhecimento fundamentado em sistemas e para atividades relacionadas a uma só causa, e a falta de uma visão de mundo mais ampla, baseada em pessoas e verbalmente conectada. Os testículos, ou os hormônios dos testículos, eram a chave. O professor Baron-Cohen havia discutido os efeitos da testosterona pré-natal nas redes de comunicações neurais que fundamentam as habilidades sociais. Eu teria de investigar mais profundamente o papel da testosterona se quisesse entender por que muitos homens movem-se na direção de carreiras como engenharia, computação e física, e muitas mulheres encaminham-se para carreiras em que suas excepcionais habilidades sociais possam ser empregadas.

    Já vimos aqui como os hormônios masculinos realizam grande parte do trabalho de formação dos traços masculinos durante o desenvolvimento pré-natal, masculinizando irreversivelmente o cérebro dos homens. Doreen Kimura, neurocientista canadense que trabalha atualmente na prestigiada Simon Fraser University, nos arredores de Vancouver, registrou como a testosterona entra em ação para estabelecer esses circuitos em três períodos críticos do desenvolvimento humano. Já aposentada, a dra. Kimura ainda trabalha e escreve, e, embora tenha me dito que estava francamente "cansada de escrever sobre as diferenças de gênero", ainda assim, concordou em me receber para discutirmos os efeitos da testosterona no cérebro em desenvolvimento.

    Tendo passado as últimas quatro décadas documentando meticulosamente as diferenças de gênero em habilidades tão diversas quanto a audição e o arremesso de bolas, a dra. Kimura parecia perplexa, sem entender como um cientista sério poderia negar os desencadeadores biológicos de quaisquer diferenças entre homens e mulheres. E tudo começa, explicou ela, com os hormônios. Entre dois a seis meses antes do nascimento, aos 5 meses de vida, e, novamente, durante a puberdade, uma descarga de hormônios masculinos estimula o desenvolvimento de habilidades espaciais, como navegação, mirar em alvos e imaginar como os objetos tridimensionais se comportarão quando deslocados no espaço — áreas que mostram uma vantagem média masculina.[29] Essas vantagens aparecem desde os 3 anos, permanecem estáveis enquanto os meninos crescem e existem em diferentes culturas. Em contraste, as meninas — que não foram expostas à mesma quantidade de hormônios masculinos durante seu desenvolvimento — são, em média, melhores nos cálculos, na memória verbal, e têm maior facilidade de expressão e de recordar-se de pontos de referência, forças que influenciam suas escolhas profissionais, segundo a Dra. Kimura. Evidências coletadas em estudos com animais e seres humanos nos mostram que a exposição precoce a hormônios masculinos influencia o comportamento típico masculino, explicou ela, o que me fez recordar das famosas experiências "naturais" com seres humanos, sobre as quais ela escrevera extensivamente. Meninas com hiperplasia adrenal congênita (HAC), que são geneticamente mulheres, apresentam uma falha genética que as leva a produzir altos níveis de andrógenos. Essas meninas têm uma identidade de gênero feminina — pensam em si mesmas como meninas e são criadas como meninas —, mas seus corpos produzem mais andrógenos do que deveriam. Como resultado, acabam ficando com traços cognitivos e psicológicos mais masculinos. Elas têm um desempenho melhor em algumas tarefas espaciais, preferem brinquedos tipicamente de meninos, como carrinhos por exemplo, com mais frequência do que outras meninas (embora não tanto quanto os garotos), mostram menos interesse em bonecas, e preferem carreiras consideradas mais masculinas na vida adulta, como engenharia ou pilotagem de aeronaves. Essa pesquisa, realizada por Sheri Berenbaum e Susan Resnick, mais duas mulheres que investigam as diferenças de gênero, foi sustentada em vários outros estudos sobre os efeitos da testosterona nos animais, disse a Dra. Kimura, que apontam para o fato de a testosterona "ajudar a transformar as pessoas em meninos".[30]

A Dra. Kimura considera "incontestável" que as diferenças de gênero sejam determinadas biologicamente, e sua convicção origina-se, provavelmente, da forma como investigou com extremo cuidado os diversos efeitos da testosterona ao longo do tempo. Os níveis desse hormônio nos homens flutuam de acordo com as estações do ano e as horas do dia, e, surpreendentemente, suas habilidades espaciais fazem o mesmo. Portanto, eles realizam melhor as tarefas espaciais durante a primavera, quando seus níveis sanguíneos de testosterona estão perfeitos, nem muito baixos nem muito altos. O desempenho dos homens nas tarefas de rotação mental — imaginar como os objetos tridimensionais se comportam quando colocados em movimento — é pior logo ao acordar, quando os níveis de testosterona estão altos.[31] Isso me fez pensar se a testosterona teria influência não apenas nas escolhas profissionais, mas, também, no ambiente doméstico. Quem deve colocar as coisas no carro, quem deve analisar o mapa e quem deve falar com o empreiteiro rabugento antes de sair para uma longa viagem de carro em uma manhã de primavera? O fato de a difícil negociação ter cabido a mim e de meu marido ter carregado o bagageiro sozinho foi um reflexo de nosso casamento, ou de nossos níveis de testosterona? Seja o que for, era algo histórico. Esse tipo de divisão do trabalho havia sido estabelecido há muito tempo.

Mais recentemente, no entanto, Baron-Cohen e sua equipe de pesquisa publicaram um estudo estabelecendo uma ligação entre níveis mais elevados de testosterona fetal e interesses reduzidos e habilidades sociais insatisfatórias. A equipe havia medido os níveis de testosterona fetal em 58 mães grávidas, e, então, acompanhado seus bebês saudáveis depois do nascimento e ao longo de seu desenvolvimento, buscando elos entre testosterona, desenvolvimento de linguagem, contato visual e habilidades sociais. Embora não houvesse diferença de gênero em suas habilidades de linguagem, havia ligações entre o gênero da criança, seu nível de testosterona fetal e seu desenvolvimento social. Especificamente, quanto maior o nível de testosterona fetal medido no fluido amniótico durante o segundo trimestre de gestação, menos frequentemente um bebê saudável de 1 ano mantinha contato visual com um dos pais. Um nível mais elevado de testosterona fetal também pressupunha habilidades sociais mais fracas e interesses mais limitados quando as crianças completavam 4 anos. Havia uma diferença de gênero favorecendo as meninas em relacionamentos sociais, meninas que, é claro, também apresentaram níveis mais baixos de testosterona fetal no útero.[32]

Não se pode dizer que a testosterona fetal cause essas diferenças. Quando dois fatores coexistem, é difícil precisar qual deles vem primeiro. Ainda assim, o senso comum sugere que níveis mais elevados de testosterona possam fazer com que o cérebro em desenvolvimento incline-se mais na direção da resolução de problemas espaciais baseada em informações e caminhe na direção oposta em relação à compreensão das emoções e das intenções de outras pessoas. Portanto, a testosterona não apenas influencia os transtornos de desenvolvimento tipicamente masculinos, como também pode ser o elixir que desvia a direção de nossos interesses — estabelecendo conexões entre áreas do cérebro que nos auxiliam a decidir onde deveríamos focalizar nossa atenção e como, exatamente, deveríamos gastar nosso tempo.

A maneira impressionante com que a síndrome de Asperger pode fixar a atenção de alguém ficou suficientemente clara para mim no dia em que fiquei esperando do lado de fora do escritório de Georges Huard. Essa seria a terceira vez que alguém com seu ponto cego social faltava a um encontro comigo. Enquanto olhava fixamente para um retrato do presidente da Coreia do Norte, Kim Il Sung, que havia sido arrancado de uma revista e colado onde deveria estar o nome de Georges, apertei o botão de rediscagem do meu celular e ouvi o telefone tocando ao longe, atrás da porta fechada. Ao contrário das outras salas do departamento de física, não havia uma placa com o nome e o título afixados na porta, apenas um número: PK2470.

Quarenta minutos depois, Georges atendeu o celular — em minha quarta tentativa. "Você se esqueceu do nosso encontro?", perguntei, tentando disfarçar minha irritação. Mas Georges parecia contente e, até mesmo, despreocupado. Explicou que, enquanto tentava restaurar o disco rígido do computador Mac G4 866 MHz de seu amigo, ele não apenas se esquecera do nosso encontro, como não percebera que o telefone celular estava vibrando. "Preciso me concentrar em apenas uma coisa de cada vez. Não sou como vocês, neurotípicos. Não sou uma pessoa multitarefas." Ele estava em outro prédio da universidade, distante sete quadras dali, e me pediu para encontrá-lo lá.

O homem de 48 anos trabalha como consultor de tecnologia para um laboratório de mudanças climáticas, coordenado por quatro universidades e dois ministérios do governo. Ele otimiza o desempenho do sistema operacional de seus supercomputadores Cray-SX-6, ajuda os cientistas nas pequenas falhas dos softwares e é a pessoa que soluciona todos os problemas de tecnologia. Seu foco único em sistemas adapta-se muito bem ao que os empregadores esperam e, por sua vez, o foco dos empregadores nas ciências — e não na submissão — também satisfaz Georges. "Em um meio científico, as pessoas tendem a ser mais calmas. E é aí que eu me encaixo. Estou feliz por não estar em um ambiente de negócios, em que as pessoas estão sempre arrancando os cabelos. Acho difícil perceber o estado de espírito das pessoas", contou-me Georges, enquanto caminhávamos até uma cafeteria para almoçar. Embora um tanto apologético por conta de nossa caótica situação inicial, ele estava mais interessado no meu parquímetro. Por acaso eu sabia que, se colocasse um cartão com um código, poderia ter crédito no parquímetro em qualquer lugar da vizinhança, sem necessidade de emitir o bilhete?

Com seus óculos de aviador, bigode e cabelos em tons claros e escuros, presos em um rabo de cavalo, Georges é parecido com Frank Zappa, embora mais alto. Seu rosto é aberto e ele está geralmente sorrindo, de maneira agradável e despreocupada. "O cinismo me desmotiva. Prefiro um estado de curiosidade", disse-me ele, mais tarde, sem ironias. Eu havia lhe perguntado sobre seus amigos; ele tem alguns poucos companheiros em quem confia, seus conhecidos há bastante tempo, ele me informou. "Encontro-os em situações em que a curiosidade une as pessoas, como as visitas abertas às universidades, onde ficamos conhecendo as novas tecnologias." Georges não é uma pessoa com muitos conflitos emocionais. Estar preso a regras é o que define seu trabalho e sua identidade — e, até mesmo, sua aparência. Ele não fez qualquer alteração em seu estilo de se vestir ou em seu guarda-roupa nos últimos trinta anos, comprando suas calças na mesma loja e usando o cabelo da mesma maneira. Isso porque se identifica com o movimento da contracultura dos anos 1970, explicou-me, uma época em que, segundo ele, as diferenças individuais eram toleradas e respeitadas. Ele adotara, portanto, o estilo daquela era, contando-me que se recusaria a trabalhar em qualquer outro lugar em que houvesse um código de vestuário ou que lhe exigisse cortar os cabelos, um de seus poucos pontos sensíveis. Georges mantém-se firme quanto a não cortar seus longos cabelos, não como um ato de desobediência, mas porque gosta do jeito que está e é avesso a mudanças em quaisquer aspectos de sua aparência ou de sua rotina.

Georges vê o mundo de forma supersimplificada e as máquinas, como cifras dos estados mentais. "Os valores das pessoas são parecidos com as linguagens de computador", ele explicou. "O Cobol é parecido com todos os sistemas de valores ultrapassados e complicados. O Basic é como a liberdade de opinião. E o Fortran é um raciocínio científico." Incapaz de compreender as emoções alheias quando era criança, ele pensava que os ataques de raiva de sua mãe durante suas incessantes conversas sobre aracnídeos — conhecidos pelos neurotípicos como aranhas — deviam-se ao fato de um temporizador interno ter se desligado em sua mente. Desde a primeira vez em que se deparou com um computador, passou a utilizar seu vocabulário para descrever as próprias atividades e estados mentais, vendo pouca diferença entre máquinas e seres humanos. "Eu dizia 'erro de sintaxe' a cada vez que cometia uma gafe, ou 'erro de sistema!' se o que eu tivesse dito fosse suficientemente embaraçoso para estragar uma noite e resultar em rejeição. Se me deixassem fazer alguma coisa de que eu gostava, eu usaria 'violação de proteção'. Eu saía do sistema na escola e me conectava novamente quando chegava em casa." Georges sabia desde cedo que era diferente da maioria das pessoas e mantém, agora, um website, para que as pessoas possam entender seus traços de personalidade da síndrome de Asperger e os de seus irmãos. Assim como Daniel Tammet, ele é o primogênito de uma grande família, e tem um irmão com autismo. Um dos registros sobre a adolescência de Georges refere-se aos aspectos dolorosos de ser incapaz de interpretar pistas sociais sutis. Se você não consegue imaginar como os outros o percebem, é difícil adaptar o próprio comportamento e tentar ajustar-se. Mas o outro lado da pura curiosidade é que ela é uma maneira infalível de desenvolver uma área de especialização.

> Meus interesses especiais e minhas diferenças (modo de andar, fala monótona, e, além disso, minha incapacidade de processar pistas não verbais) fizeram de mim o alvo de muitas piadas e zombarias. (...) Eu tinha obsessão pelo tempo: adorava ligar os temporizadores para cozinhar ovos, brincar com cronômetros, e gostava de olhar para os relógios nas vitrines das joalherias. Também gostava de calculadoras e, especialmente, da HP-55,

porque ela vinha com um cronômetro de cem horas. Eu sabia de cor a linha completa das calculadoras financeiras da Hewlett-Packard. Eu, inclusive, tinha uma HP-55. Na adolescência, me interessava por uma coisa que, com o tempo, acabaria me dando a possibilidade de conseguir empregos. Eram os computadores. Na minha HP-55, aprendi os rudimentos da programação, com seus 49 passos de memória de programação e vinte registros. No ensino médio, aprendi a linguagem de programação Basic em um minicomputador HP-2000 de uso coletivo (estávamos conectados por um modem analógico com velocidade de 300 baud e um terminal de impressão Decwriter 2 usado).[33]

Esse fascínio por computadores havia sido positivo para Georges, dando início a uma carreira estável e bem-sucedida, e criando um círculo de pessoas com ideias afins que, por coincidência, eram todos homens. Será possível que essa eterna obsessão por máquinas inteligentes tenha sido resultado de uma tipificação de gênero, engendrada pelos pais e professores de Georges? Penso que a resposta é não. Havia alguma coisa na constituição biológica de Georges que faria com que ele sacasse o seu PDA sem fio na hora do almoço e, entusiasticamente, fizesse o download de uma foto da calculadora programável que eu tinha em 1979. Ali estava ela, a volumosa caixa da Texas Instruments, revestida pelo mesmo material que havia na caminhonete de meu pai, imitando o aspecto da madeira, com suas teclas quadriculares incrivelmente minúsculas, que produziam um gratificante estalido mecânico. Fingi estar interessada — afinal de contas, essa era a maneira que Georges encontrara de chegar a um denominador comum com as outras pessoas. Ocorreu-me, então, que os homens com a síndrome de Asperger são o contraste perfeito para realçar a maior parte das potencialidades femininas. Enquanto eu estava concentrada em captar a experiência humana da síndrome de Asperger, seu impacto nos relacionamentos de Georges, em sua família e em seu trabalho, ele estava firmemente decidido a me mostrar todos os seus dispositivos eletrônicos portáteis e como eles eram programados — um para fazer a contagem regressiva dos minutos e segundos até o fim de semana, outro para contar os minutos e segundos que haviam se passado desde o dia de seu nascimento e um terceiro para contabilizar os milissegundos que faltavam até o vencimento de seu contrato de locação. Ele me disse: "Tenho certeza de que, estatisticamente falando, nada de mau me acontecerá nas próximas cem horas. Então, programo meu Ironman [seu relógio] para fazer uma contagem regressiva a partir da centésima hora e, depois, reinicializo-o. Isso me faz sentir como um neurotípico, que se tranquiliza fumando um cigarro." Sua determinação para me explicar os pormenores de seus processos de pensamento não era somente esclarecedora, mas afetuosa. Assim como Bob e Daniel, Georges estava tentando estabelecer um vínculo entre nós, e apreciava o contato humano. O fato de não conseguirem estabelecer esse vínculo de modo natural não significava que eles não o buscassem. Explicar para outras pessoas como o seu cérebro funcionava era sua maneira de interagir.

Mesmo assim, Georges vive sozinho por opção. "Dá muito trabalho lidar com as pessoas todos os dias. Preciso de algumas pausas entre as interações sociais para que eu consiga encarar o pessoal do trabalho", explicou ele. Mas seria um erro considerar Georges ou os outros homens retratados aqui como pessoas que desprezam a socialização ou a tentativa de fazer amigos. Georges disse-me que gosta das pessoas, "desde que elas não sejam esquisitas". Mas um emprego que lhe exigisse interpretar os estados emocionais e as intenções dos outros seria impossível. "Se estivesse em um emprego em que tivesse de levar em conta minhas interações sociais e as impressões das pessoas a meu respeito..." Aqui, ele fez uma pausa, lutando para encontrar palavras que expressassem o quanto isso seria ruim. "Para você, seria algo como ser uma engenheira aeroespacial. Você trabalha com pessoas todos os dias — interagindo com elas. Eu chamo isso de processamento de pessoas. Preciso de um tempo enorme de descanso para realizar apenas um milésimo disso." Conversamos um pouco mais sobre o fato de as pessoas com síndrome de Asperger dificilmente conseguirem encontrar parceiros para toda a vida. A necessidade de um isolamento prolongado ou suas dificuldades em demonstrar empatia podem trazer má sorte aos relacionamentos, sugeri. Não conseguir avaliar como e em que lugar seus comentários são capazes de atingir aquela pessoa pode provocar atritos com a pessoa amada. Há menos reciprocidade, não? Bem, sim, respondeu Georges. Mas havia outra coisa. Ele lembrou-me que a maioria das pessoas com síndrome é homem. Com uma proporção de nove a dez homens para cada mulher afetada pela síndrome, as chances de os homens encontrarem uma parceira igual a eles seriam bastante limitadas, a menos que fossem gays.

Havíamos olhado para o mesmo problema sob duas perspectivas diferentes. Os matizes e os contextos das experiências humanas eram meu foco. Eu queria descrever sua variabilidade e suas infinitas nuances. Um aplicativo numérico era o enfoque de Georges. Ao mesmo tempo, ele esperava eliminar qualquer incerteza com sua compreensão dos sistemas — seu computador, o controle do tempo e os dispositivos de medição. Parecia que estávamos em extremos opostos e não havia como trocar de lugar. Não importando a quantidade de experiências em calculadoras programáveis e computadores que eu tivera, estava tão interessada nesses dispositivos por si mesmos quanto na mecânica do parquímetro. Eles eram sistemas que eu aprendera a usar como meios para fins específicos. E, não importando o grau de contato humano que Bob, Daniel e Georges haviam tido quando crianças como membros de grandes famílias, o mundo emocional das outras pessoas ainda lhes parecia incompreensível. Eles precisavam ser treinados em interação humana, da mesma forma que eu precisava aprender o Fortran passo a passo. E, além do foco único para suas áreas de interesse, cada um deles era bem-sucedido em seus empregos com base em sistemas, em parte porque contaram com adultos que lhes ensinaram explicitamente as habilidades de relações humanas e porque eram inteligentes para aplicá-las em novas situações.

Bob, Daniel e Georges são exemplos do que ocorre quando certas características mais comuns em homens são exacerbadas.[34] Quando se trata de sua habilidade de entender os sistemas *versus* as motivações das pessoas, estes homens são hipérboles masculinas. Com a prática e as ajudas que receberam, eles aprenderam as rotinas sociais essenciais e, então, migraram para áreas de estudo em que suas forças eram valorizadas e suas imperfeições sociais não eram levadas em conta. Além disso, muitos de seus sintomas dissiparam-se à medida que cresceram, talvez sem desaparecer completamente, mas se tornaram menos extremas.[35] Essa é forma como muitos destes homens experimentam uma aceitação maior de suas fraquezas em certos ambientes de trabalho, mais do que experimentaram quando eram crianças em idade escolar. Eles conseguem dar sua contribuição por meio de uma abordagem concentrada, concreta e altamente sistemática. Para se tornar bem-sucedidos no emprego, eles precisaram encontrar trabalhos solitários, em que a compreensão de sistemas complexos, e não de sutilezas sociais, era o passaporte de entrada. Carreiras em matemática, física e computadores eram a combinação perfeita, áreas de estudo em que, por coincidência, encontraram outros homens iguais a eles.

Seria muito mais simples se homens e mulheres fossem idênticos, com as mesmas influências biológicas em seu desenvolvimento e em seus interesses. Ainda assim, quanto mais examinamos os extremos biologicamente determinados, mais facilmente podemos verificar, também, o modo como algumas dessas tendências se refletem sutilmente nas zonas intermediárias. Tentei traduzir a maneira comovente pela qual um entendimento mais limitado dos sinais sociais faz com o que o mundo pareça concreto, com uma compreensão literal da linguagem e uma sintonia menor para as reações das outras pessoas. Por haver menos consciência dos diferentes pontos de vista, há menos ênfase nas necessidades alheias. Há menos opções — e menos conflitos emocionais — quando esses homens buscam campos de estudo nos quais sua ênfase única em sistemas é recompensada. Uma capacidade reduzida para a empatia pode não ser muito prazerosa, mas, certamente, ajuda a tornar mais claras as escolhas da vida.

Vimos como os homens radicais, com discrepâncias entre suas forças e fraquezas, inclinaram-se na direção de empregos que se beneficiam de determinada área de especialização. Mas, e o inverso? O que dizer de mulheres com um perfil mais equilibrado? À medida que um número maior de mulheres com poderosas habilidades verbais e sociais, uma boa resolução sistemática de problemas, grandes ambições e interesses *e*, finalmente, uma empatia sintonizada, migra para empregos exigentes e de alto status, pode-se imaginar que elas encontrarão poucos obstáculos para o sucesso material. Dos homens radicais, trabalhando em campos rigorosamente definidos, vamos voltar agora ao mundo das mulheres talentosas que trabalham em empregos extremos.

CAPÍTULO 6

# Ninguém nunca me perguntou se eu queria ser o papai

Encontrei-me com Sandra pela primeira vez em um pequeno jantar, oferecido por ela e seu marido em homenagem a dois colegas que haviam se casado recentemente. A comida estava perfeita, a conversa, idem, seu elegante terno de lã, perfeito. Seus dois filhos, um deles ainda um bebê, e o outro, um menino loiro em idade pré-escolar, deram um pulo na sala após o banho, com os cabelos penteados, antes de irem se deitar, e, então, desapareceram silenciosamente pelas mãos de sua babá. Havia outros ajudantes na cozinha e, à medida que os pratos iam chegando à mesa, tornou-se claro que aquela noite havia sido planejada por um profissional. Ninguém foi excluído, nada foi esquecido. O presente de casamento era um pequeno baú de madeira com figuras entalhadas, que circulou entre todos, para que cada convidado pudesse depositar seus votos de felicidade, transmitindo um quê de cerimônia, como se aquele não fosse apenas um pequeno encontro entre companheiros de trabalho, mas um rito de passagem. Advogada com atuação no contencioso corporativo, com dois filhos com menos de 5 anos, Sandra tinha de ser organizada, mas isso significava mais do que simplesmente preparar algumas listas. As necessidades de todos foram levadas em consideração. Sandra fez com que pessoas com ideias afins se sentassem próximas umas das outras, deu início às conversas e interferiu em momentos críticos para manter o ritmo da interação social. Conforme a noite foi seguindo, ela se inclinou em sua cadeira, sentada sobre uma das pernas e permitiu-se dar um meio-sorriso.

Quando me encontrei com ela novamente, alguns anos depois, Sandra havia abandonado a vida de 12 anos de excelente guarda-roupa e dias de 14 horas de trabalho como advogada do contencioso corporativo. Seu círculo de ajudantes profissionais e domésticos fora dispensado, e ela havia se prometido nunca mais ter de organizar jantares sociais perfeitos. Quando lhe perguntei qual havia sido o motivo da mudança, Sandra explicou que há muitos anos se sentia conflituada em relação a seu trabalho. No começo, não se importava de virar as noites e apreciava a sensação de plenitude que se seguia aos intensos esforços para resolver uma ação judicial. Mas, depois de 12 anos de dedicação extrema e após coordenar um processo recente com 112 autores e 11 réus, sentiu-se sobrecarregada. Um de seus filhos, uma criança frágil, dava sinais de debilidade, com crises de choro e problemas de comportamento na escola. Ela sentia que ele estava tentando extravasar as pressões de sua vida familiar e foi aconselhada por seu médico a tirar alguns dias de folga para recuperar as próprias forças. Esse foi o começo de uma interrupção ainda mais longa — e ela ainda estava pensando sobre isso. Ela queria continuar trabalhando, mas alguma coisa básica não estava se encaixando muito bem — havia algo fora de ordem que ela não conseguia identificar.

Sandra tentou tudo o que podia imaginar para encontrar uma ocupação que lhe satisfizesse, e na qual pudesse reconciliar as demandas da carreira de advogada com a vida familiar. Ela se transferiu de uma grande empresa para uma butique de direito civil e, novamente, para uma grande firma e, então, para um cargo de assessoria jurídica interna. Essa itinerância finalmente a convenceu de que não havia emprego perfeito para ela no mundo do direito societário. Ela precisou de dois anos para resolver desistir; ficar em casa com as crianças nunca fizera parte de seus planos. "Foi uma surpresa, mesmo para mim. Cresci imaginando que o mercado de trabalho era algo maravilhoso. Pensei que o trabalho fosse um lugar em que você pudesse se realizar. Mas eu era ingênua. O trabalho é somente trabalho."

Sandra pensava que sua experiência era única, singular. Mas quando convidou oito advogadas que haviam abandonado a prática da advocacia para um evento social, descobriu como suas experiências eram parecidas com a dela. A meia hora que ela havia determinado para as apresentações iniciais acabou levando quatro horas, por que as advogadas, cada uma com mais de dez anos de experiência, começaram a falar avidamente sobre por que haviam abandonado seus empregos. Cansadas dos expedientes e incapazes de atender às demandas brutais, mesmo após se tornarem sócias dos escritórios ou exercer cargos internos que lhes permitiriam trabalhar um pouco menos, assim como Sandra elas terminaram jogando tudo para o alto para ficar em casa com seus filhos frágeis, iniciar outro negócio ou obter diplomas universitários que lhes permitissem ter um controle maior de seu tempo. Mulheres bem-sucedidas, todas elas queriam trabalhar, mas achavam que a prática da advocacia era implacável. Uma ex-advogada, com quase 50 anos, confessou que se sua filha de 19 anos escolhesse a advocacia, ela lamentaria profundamente. "Isso não é vida", afirmou.

Em 2001, a Ordem dos Advogados dos Estados Unidos estimou que o salário médio de um advogado sócio de um escritório de advocacia era de US$806 mil anuais, o que representa 33,5 vezes a mais que a receita média anual dos norte-americanos. Provavelmente, esse valor está muito mais elevado hoje, mas, mesmo levando em conta a metade desse montante, as recompensas financeiras já seriam irresistíveis. Ainda assim, muitas mulheres recusam rotineiramente a chance de receber esses rendimentos astronômicos. Na verdade, elas se desligam dos escritórios de advocacia 60% a mais que os homens.[1] Não importa o quanto ofereçam ou o número de gestores de qualidade de vida no trabalho que contratem, os escritórios de advocacia não parecem conseguir manter em seus quadros a maior parte de suas talentosas sócias depois dos primeiros anos de trabalho. Um estudo realizado entre graduandos de direito de Harvard descobriu que as mulheres tinham mais probabilidade que os homens de ser contratadas por escritórios de elite, mas, dez anos depois, apenas um quarto delas havia permanecido nesses empregos e se tornado sócias (nesse ínterim, metade dos homens havia feito isto). As mulheres respondem, agora, por 16,8% das sociedades em grandes escritórios de advocacia nos Estados Unidos, onde a postura pode ser resumida na seguinte pergunta feita pelo advogado de grandes causas David Boies, de Nova York: "Você quer ficar com a cabeça descansada ou quer vencer a ação?"[2]

De acordo com Fiona Kay, socióloga que estuda os advogados, as mulheres que desejam se tornar sócias "desistem mais rápido que a velocidade de uma bala depois do nascimento dos filhos" e sentem-se pressionadas a investir ainda mais horas do que trabalhavam antes de os filhos nascerem. A necessidade de dissimular suas necessidades físicas e emocionais, de modo a se parecer mais com os homens, parece compreensível. Linda Robertson, experiente advogada de Vancouver, disse aos participantes da convenção anual da Ordem dos Advogados do Canadá, em 2007, que as advogadas que trabalham em escritórios de advocacia ficam tão apavoradas de serem vistas como improdutivas que mantêm em segredo seus diagnósticos de câncer e ataques cardíacos. "Tenho inúmeras colegas que foram diagnosticadas com câncer, mas que não revelaram isso a seus colegas de trabalho, pois tinham medo de ser consideradas fracas", contou ela.[3] Não é preciso dizer que muitas delas chegam à conclusão de que não conseguem suportar esse ritmo. No Canadá, 60% dos estudantes de direito são mulheres, mas apenas 26% dos advogados independentes são do sexo feminino, e a proporção é semelhante na Inglaterra.[4] Essa porcentagem deve-se, em parte, à "geração diferenciada por gênero", agora em torno dos 60 anos e majoritariamente masculina. Mas ela é afetada, também, pelo número de mulheres que ingressaram na prática do direito desde os anos 1970 e que, desde então, escolheram trabalhar com educação, no governo ou na indústria.[5] Louise Ackers, professora de direito da Leeds University, deu uma resposta direta quando o *Sunday Times* lhe perguntou sobre o notável aumento de advogadas dedicando-se ao magistério superior no Reino Unido, onde o salário médio anual gira em torno de US$35 mil, ou US$70 mil, aproximadamente a mesma coisa que uma comissária de bordo poderia ganhar. "Muitas mulheres como eu — tenho quatro filhos — consideram que os longos expedientes nos escritórios de advocacia não se adaptam à vida familiar."[6] A motivação para encontrar algo mais adequado deve ser muito forte para justificar os 86% de redução no salário. Este capítulo examina por que tantas mulheres fazem essa troca, concentrando-se, especificamente, em mulheres que parecem ser o oposto dos homens radicais que analisei até agora. Essas mulheres são altamente verbais, qualificadas, cultas, e a maior parte apresenta excelentes habilidades sociais. Elas podem executar quase todos os trabalhos que quiserem. Então, por que não escolhem um que lhes renda US$800 mil por ano?

\* \* \*

"Não atribuo essa decisão ao fato de ser mulher ou mãe. Vejo isso como minha personalidade, meus valores", disse Sandra quando nos acomodamos nas almofadas do sofá verde-claro de sua sala de estar. Elegante, mesmo em calças esportivas, e curando-se de um resfriado, essa mulher de 45 anos lutou contra suas escolhas, especialmente porque sentia que estaria desapontando sua família ao abandonar a profissão. Seu marido, um médico, era terminantemente contra a ideia. Dentre outras preocupações, ele achava que Sandra iria se entediar. Ex-congressista, seu pai sempre alimentou grandes expectativas em relação à filha. Ela esperou até o momento de sua morte para lhe revelar que estava deixando o emprego. O simples fato de trabalhar como advogada em um escritório era visto como "minha forma de rebelar-me", já que, para ele, essa não era a maneira mais adequada de ver sua filha se destacando no cenário intelectual. Assim como acontecia com outras mulheres de alto desempenho e com formação acadêmica, a família de Sandra, particularmente os homens, queriam muito que ela tivesse sucesso na esfera pública. Ela era nitidamente capaz. Medalhista de ouro na escola de direito e com um diploma de pós-graduação de uma universidade da Ivy League, os melhores estágios nos tribunais eram seus e os escritórios de advocacia mais conceituados disputavam entre si para contratá-la. Ela havia tentado ambos e, agora, queria afastar-se — pelo menos por um tempo.

O êxodo de mulheres como Sandra é, geralmente, atribuído a uma cultura hostil masculina, à discriminação e a uma carência de mentoras mulheres. Trinta anos atrás, essas explicações fariam sentido, mas, agora, duas outras são mais convincentes. Uma boa proporção destas mulheres de alto desempenho descobriu que tem outros objetivos além de acumular uma grande riqueza. E muitas estão em uma posição em que podem agir de acordo com suas prioridades, já que se casaram com pessoas parecidas. No capítulo anterior, vimos algo sobre as uniões seletivas, que começam com o casamento entre pessoas que têm as mesmas ideias e interesses. O mesmo princípio é válido para advogados hábeis e muito bem remunerados, cuja metade é formada por mulheres que se casam com profissionais liberais com características bastante semelhantes. Salários elevados, de seis dígitos, são muito bons, mas muitas famílias descobrem que não precisam de duas pessoas com esse nível de renda para viver confortavelmente. Então, por que não vemos os advogados, em vez das advogadas, deixando seus empregos? Muitos fazem isso. Mas, por não serem "homens baunilha", um número muito maior de mulheres descobre que *quer* se desligar ou procurar outras alternativas, especialmente quando a advocacia lhes oferece escolhas tão rígidas.

Quando Linda Hirshman escreveu que "metade das mulheres mais ricas, mais privilegiadas e mais bem qualificadas do país fica em casa com seus bebês, em vez de trabalhar na economia de mercado" porque "as barreiras à ascensão profissional estão em casa", ela não estava escrevendo sobre advogadas com atuação no contencioso corporativo, como era o caso de Sandra.[7] As assim chamadas mulheres de elite podem não apenas custear as melhores formações acadêmicas, com inúmeros e prestigiados diplomas, mas também os melhores prestadores de serviços domésticos. Uma vez que havia alguém para dobrar as roupas da lavanderia na casa de Sandra, a verdade estava muito além das listas de tarefas conjugais. Pelo contrário, Sandra se sentia motivada pelas qualidades existenciais do trabalho e por suas prioridades. Como muitas mulheres retratadas nos capítulos anteriores, Sandra esperava que sua carreira fosse consistente com seus valores. Gargalhando, revelou ter feito mestrado em filosofia porque buscava "o sentido da vida". Quando ingressou na escola de direito, foi "para tornar o mundo um lugar melhor". Iria ela, de fato, se enfurnar indefinidamente 15 horas por dia, quando sentia não haver outro significado para seus esforços, a não ser um dólar a mais na conta bancária?

Essencialmente, houve um conflito entre o valor de mercado de Sandra como advogada e o tipo de trabalho que se sintonizava com *seus* valores. "Como era uma boa aluna, me senti atraída pela atuação corporativa", disse ela, e logo se viu assumindo cargos em escritórios de advocacia, em troca de um bom salário. Depois que teve de demitir um empregado, ela sentiu que "não estava vivendo meus valores, que não havia lealdade". Somando-se à sua decepção, havia a empatia por seus filhos, que mereciam mais tempo do que ela poderia lhes dedicar enquanto trabalhava em um emprego tão extremo. Inteligente, ambiciosa e habilidosa, bem qualificada e bem relacionada, Sandra não estava sendo pressionada por nenhum fator externo — ela não sentia que havia alguma barreira à sua ascensão profissional, impedindo-a de atingir seus objetivos. Sentia, simplesmente, que havia um descompasso entre o modelo corporativo e o que ela desejava para sua vida profissional. "Eu não queria me autopromover. Esses não eram meus valores. Eu era modesta e não tinha um planejamento." O mundo empresarial havia frustrado suas expectativas de fazer a diferença, porque "é isso que acontece quando você não tem um planejamento".

Embora se sentisse sozinha em sua experiência, a sensação de deslocamento de Sandra era uma das características do movimento de massa de mulheres para profissões tipicamente masculinas, nas décadas de 1970 e 1980. Na maioria das vezes, esses ambientes de trabalho não se adaptavam às mulheres — e não se esperava que isso acontecesse. Ainda assim, ocorria uma grande transformação, que afetaria significativamente o ofício jurídico. Entre 1971 e 1991, a proporção de advogadas aumentou em mais de 800%. Mais mulheres ingressaram na advocacia do quem em qualquer outra profissão anteriormente considerada masculina, uma vez que o princípio da igualdade de direitos mudou o panorama do mercado de trabalho. Ainda assim, pouco se fez para alterar a fórmula de promoções e de estabelecimento de sociedades na advocacia. As horas remuneráveis e as demandas permaneceram estáveis e até mesmo aumentaram à medida que o ambiente internacional de negócios se tornou mais competitivo, com uma expectativa de 1.800 a 2.000 horas de trabalho por ano sendo o novo padrão em empregos de alto status. Nesse cenário e sem a eficácia dos fundos de comércio para apoiá-las, ajustes recentes, como a opção de não estabelecer sociedades, trabalhar em meio expediente e horários flexíveis são, geralmente, a senha para a estagnação em suas carreiras.

Muitas mulheres descobriram uma inadaptação que não haviam previsto. Estudos realizados com mulheres que atuam no direito societário mostram que elas estão mais infelizes com o trabalho que os homens e, assim, têm duas vezes mais chances de abandoná-lo.[8] Mesmo nos cinco primeiros anos de prática, as jovens advogadas dizem que estão menos satisfeitas com o valor social e o ambiente de seu trabalho que os homens, segundo Ronit Dinovitzer, socióloga de Toronto que pesquisou 9.200 advogados norte-americanos que se formaram em cursos de direito em 2002. Seu relatório reflete um padrão visto em todo o mundo desenvolvido: um número maior de homens trabalhando como advogados independentes, mas de duas a três vezes mais mulheres atuando em educação ou em instituições do terceiro setor, escolhendo ganhar menos do que um terço dos salários de seus colegas do setor privado. Dinovitzer não vê sinais de diminuição dessa discrepância de gênero estabelecida na dicotomia entre dinheiro *versus* significado e prevê que, em breve, ela deve crescer ainda mais.[9]

O fato de essas mulheres serem qualificadas, bastante cultas e possuírem uma ampla gama de opções as torna um grupo perfeito para servir de parâmetro para outras profissionais liberais com excelente formação. E, como existe um grande número de estudos de larga escala, que investigam as decisões dos advogados do contencioso corporativo, a área é um excelente campo de testes para a hipótese do homem baunilha. Com uma margem de superioridade em habilidades verbais e sociais, a maioria dessas mulheres está em posição vantajosa. Mulheres que ingressam na advocacia são capazes, certamente, de realizar o trabalho; o salário é excelente; e os escritórios de advocacia querem contratá-las. Mas muitas delas posteriormente descobrem que a atração não é recíproca.

## Mulheres adaptativas

A epifania de Sandra não é exclusividade dela, mas parte de uma tendência social. Não ter um planejamento prefixado é a regra para 60% das mulheres em sociedades desenvolvidas, de acordo com a socióloga britânica Catherine Hakim. De fato, se pudessem escolher, entre 60% a 80% das norte-americanas e europeias optariam por trabalhos em meio expediente, em detrimento de horários integrais ou de permanecer o tempo todo em casa — mesmo que elas pretendessem, inicialmente, trabalhar em horário integral, e mesmo que a decisão lhes custasse a segurança no trabalho e a diminuição dos rendimentos.[10] "A maioria das mulheres que afirma ser orientada por objetivos profissionais descobre que suas prioridades mudam depois que têm filhos", escreve Hakim. Desmistificando a ideia de uma irmandade unida, Hakim reuniu dados de censos norte-americanos e europeus e de pesquisas nacionais, que mostram claramente que as mulheres das sociedades modernas dificilmente podem ser consideradas um grupo homogêneo. Ao contrário, elas se dividem claramente em três grupos. Há aquelas que querem ficar em casa o tempo todo, a quem ela denomina "voltadas para o lar" (aproximadamente 20%). Há aquelas cujas carreiras vêm em primeiro lugar, a quem ela denomina "voltadas para o trabalho" (aproximadamente 20%). Essas mulheres orientadas para suas carreiras experimentam poucas desvantagens pelo fato de pertencerem ao sexo feminino; se elas tiverem as mesmas credenciais e dedicarem o mesmo número de horas ao trabalho, alcançam as mesmas recompensas que os homens.

A maioria, isto é, os restantes 60%, é formada por mulheres que tentam conciliar os filhos com a carreira, variando entre diversos horários de trabalho e cargos, buscando a melhor combinação possível.[11] Essas mulheres "adaptativas" ajustam suas carreiras para acomodar as necessidades familiares e os próprios valores, uma tendência tão forte nos países socialmente progressistas, como a Suécia e a Noruega, quanto nos Estados Unidos. Assim como Sandra, muitas destas mulheres "adaptativas" não possuem um planejamento firme quando começam a trabalhar, ou descobrem que ele tem de ser mudado no instante em que veem o rosto de seus bebês. Muitas terminam trabalhando em meio expediente, reassumem suas posições de modo um tanto confuso e, finalmente, trabalham em cargos menos nobres do que poderiam, se suas famílias não tivessem sido prioridade.

Adaptar a própria carreira à família é axiomático para esse grupo, sejam elas advogadas, enfermeiras ou balconistas. Tendo oscilado entre o magistério superior, o trabalho clínico e a literatura, assumindo inúmeras posições em diferentes combinações de trabalhos em horário integral e meio expediente ao longo dos 20 anos em que estava constituindo minha família, essa caracterização era fiel à minha experiência. Ela também descrevia as passagens de Sandra por quatro ou cinco cargos como advogada em 12 anos — um padrão com poucas probabilidades de ser o melhor caminho para o cada vez mais frequente estabelecimento de sociedades. Denominando o fenômeno de "Teoria da Preferência", Hakim havia revelado duas realidades. Nem todas as mulheres querem a mesma coisa. E, quando elas têm escolhas, apenas 20% delas optarão pelo que os homens escolhem.

\* \* \*

Quando fui me encontrar com Hakim na London School of Economics, na hora do almoço, a socióloga magra e vistosamente vestida já estava lá me esperando, em meio ao barulhento tropel de alunos. Imediatamente, assim que estabelecemos contato visual, ela me retirou da multidão, estendendo-me sua delicada mão, adornada com pulseiras. Há longos anos, Hakim despertava a ira das representantes feministas europeias, sustentando que as persistentes diferenças de gênero em relação à remuneração eram resultado de preferências arraigadas das mulheres. Como consequência, ela construiu uma reputação de dama de ferro que compete com a de Margaret Thatcher. Hakim considerava uma "verdadeira mentira" a ideia de que políticas sociais uniformes alterariam as discrepâncias de remuneração. Seu pecado maior, segundo seus críticos, era afirmar que as políticas sociais nunca poderiam fazer com que a maioria das mulheres recebesse o mesmo, já que uma parcela considerável da população — de 10% a 30% — não queria, de qualquer maneira, receber o mesmo, e outros 60% adaptavam suas ambições às necessidades familiares.

Hakim acredita que uma das razões pelas quais as mulheres não fizeram grandes avanços nas confrarias masculinas mais homogeneizadas é que elas não são clones umas das outras, mas um grupo heterogêneo, com interesses e objetivos competitivos. "Se você está seriamente interessada na sua carreira, não tem tempo para filhos e, se você está seriamente interessada em criar mais de um filho, não tem tempo, forças e imaginação para chegar ao topo de uma carreira", disse ela. Palavras antidemocráticas. Dificilmente seria esperado que esta mulher magra e ágil, com um brilhante vestido azul real, pérolas de metal e um casaco amarelo ouro, fosse enfrentar a todos. Mas as aparências enganam. "Se alguém fizesse um teste em mim, tenho certeza de que teria os mais altos níveis de testosterona", ela me contou com suavidade, enquanto escolhíamos nossa refeição na ensolarada cafeteria LSE, acrescentando que "o pudim daqui é simplesmente bárbaro", colocando um em sua bandeja.

O fato de as pessoas poderem ser diferentes do que parecem não é uma coisa tão difícil de entender. Mas a noção de que as profissionais liberais podem se sentir emocionalmente conflituadas quando seus filhos nascem é visto como algo desapontador. E as próprias mulheres geralmente sentem-se traídas em sua expectativa de que empregos de alto status e filhos possam ser conciliáveis sem nenhum esforço. "Muitas de nós pensávamos que iríamos trabalhar e ter filhos, pelo menos fomos criadas para pensar que isso seria que faríamos — sem problema. Mas, na verdade, fomos enganadas. Nenhuma de nós se deu conta do quanto isso é difícil", disse uma ex-executiva de alta tecnologia para uma repórter do *New York Times*, em 2006. A matéria era sobre a diminuição da participação feminina na força de trabalho desde o ano 2000, uma tendência bastante forte em mães com ótimas qualificações e altos salários, muitas das quais adiaram a maternidade até que se estabelecessem em suas carreiras.[12] Esse subgrupo de mulheres "adaptativas" busca, em geral, um emprego que possa adaptar-se às suas famílias, mas encontram raras ofertas de trabalho de alto nível em meio expediente, ou no horário de nove da manhã às cinco da tarde.

E o que dizer sobre as mulheres que compartilham a visão tipicamente "masculina" de que o comprometimento com a carreira tem mais importância que as vicissitudes da vida familiar e, que, portanto, permanecem sem filhos — como é o caso da própria Hakim? Essas mulheres exclusivamente orientadas para a carreira são uma minoria, diz Hakim, e, assim como a maioria dos homens, suas histórias se caracterizam por um alto grau de perspicácia e estratégias para chegar onde querem. Metade de todas as mulheres nas mais altas posições profissionais e em níveis de gerência não têm filhos, informa a pesquisadora, número similar ao das mulheres nas ciências acadêmicas e na engenharia.[13] Um controle de natalidade eficiente lhes permitiu escolher como queriam direcionar as energias e planejar a ascensão profissional. No caso de Hakim, nos últimos oito anos, ela escreveu seis livros, e afirma, "não poderia ter feito isso se tivesse tido filhos. O fato é que os filhos são um projeto de vinte anos, e uma carreira é um projeto de vinte a quarenta anos, e, nesse caso, existe uma incompatibilidade".[14]

E aí estão as dificuldades. As mulheres que planejam suas carreiras são aquelas que obtêm vantagens significativas em salários e promoções. Mas elas são a minoria. Uma das séries de dados que Hakim observou foi a American National Longitudinal Survey, que examinou as aspirações profissionais das mulheres ao longo de 15 anos. Perguntou-se às jovens quais eram seus planos profissionais em 1968, e, então, elas foram sucessivamente entrevistadas todos os anos até 1983, quando estavam com idades entre 29 anos e 39 anos. O que elas esperavam estar fazendo aos 35 anos? O grupo de mulheres que planejavam suas carreiras revelou-se mínimo. A maioria estava mais voltada para o lar, ou eram pessoas que se deixavam levar ao sabor do vento, e que acabaram trabalhando, mas que não tinham um planejamento sólido do que queriam fazer depois de ingressar no mercado de trabalho. Em comparação com as mulheres que faziam planos, essas indecisas tinham 30% menos chances de trabalhar do que aquelas que planejavam suas carreiras com o objetivo de se tornar, por exemplo, advogadas de tribunal. Oitenta e dois por cento das mulheres que fizeram planos profissionais estavam trabalhando, conforme haviam previsto, aos 35 anos, e seu planejamento lhes rendia bônus salariais.[15] Ainda assim, as que faziam planos respondiam por apenas um quarto de todas as mulheres. A maioria pulava de emprego em emprego, de horário integral para meio expediente ou optavam por não trabalhar em hipótese alguma por algum período, e seus rendimentos e sua ascensão profissional viam-se afetados. Isso contribui significativamente para a discrepância salarial entre os gêneros.

Agora que as mulheres têm escolhas, seus valores e suas preferências revelaram-se forças decisivas em suas carreiras. No caso de Sandra, o fato de ter recebido um alto salário durante anos, além de ter-se casado com um profissional liberal assim como ela, essas escolhas tinham uma abrangência maior, dando-lhe a liberdade de decidir o que ela queria fazer em seguida. George Bernard Shaw disse, espirituosamente: "Esta é a utilidade do dinheiro: permite que consigamos o que queremos, e não aquilo que as pessoas imaginam que queiramos."

Sandra aproveitou as oportunidades que surgiram, transferindo-se de um emprego a outro, deu um intervalo de dois anos e, então, optou por uma posição como professora universitária de direito, em meio expediente — o que seria seu próximo passo. Essa postura, ainda não mapeada, é consistente com as descobertas das pesquisas do professor de Stanford, Charles O'Reilly, sobre as carreiras dos estudantes de mestrado dos sexos masculinos e femininos. "Tipicamente, os homens tinham uma visão do ponto ao qual chegariam e de que tipo de trabalho teriam. Embora as mulheres fossem ambiciosas e boas participantes neste jogo, seus planos eram mais difusos", disse O'Reilly.¹⁶ Duas diretoras executivas, retratadas no *New York Times*, em 2006, confirmam essa atitude casual. "Nunca sequer pensei em me tornar diretora executiva. Eu nem sabia o que era uma diretora executiva. Era uma questão de conseguir a nota A e me formar", lembra Carol Bartz, ex-diretora geral da Autodesk, uma empresa de software. Maggie Wilderotter, executiva-chefe da Citizens Communications, comentou: "Nunca me sentei e disse: 'Vou ser médica quando crescer.' Em minha carreira, as oportunidades simplesmente apareceram."¹⁷ Aqui, Hakim descreve a qualidade estrutural das histórias femininas:

> Há uma notável diferença entre homens e mulheres, na maneira como contam a história de suas vidas. A história de vida masculina enfatiza, tipicamente, a determinação, "fazer do meu jeito", recusar-se a aceitar situações que sejam depreciativas ou entediantes, superar obstáculos e inimigos, destacar as realizações e o cumprimento de objetivos. A história de vida feminina apresenta, tipicamente, um fluxo de acontecimentos suavemente integrados, em que tudo o que elas fazem é a consequência "natural" da situação naquele momento, das ações dos outros, de acontecimentos inesperados. (...) Parece que muitas mulheres encontram dificuldades em expressar abertamente suas preferências no trabalho e no estilo de vida. Intenções, planos, motivações e preferências podem desaparecer nas histórias que elas contam sobre sua vida, como a água na areia.¹⁸

Esse trecho lírico capta não somente duas atitudes diferentes em relação à carreira, mas duas maneiras de recontar sua história profissional. Mais homens do que mulheres começam com uma meta, e mantêm-se firmemente empenhados em conquistar o prêmio final. O nível de ousadia das histórias masculinas esconde, também, os custos de um progresso lento e árduo em seus empregos, atendendo a seus objetivos de longo prazo, mas não necessariamente à felicidade pessoal, um tema ao qual voltarei em breve. Esses objetivos podem levá-los ao seu destino, mas há um preço a pagar. A flexibilidade inerente às histórias femininas inclui a tendência de incorporar pontos de vista alternativos, o que representa um custo diferente. Não se trata tanto de uma questão de as mulheres sentirem que não é "legal" confessar suas ambições, e sim, de olhar para suas carreiras sob múltiplas perspectivas, reavaliando constantemente a posição em que se encontram. Para muitas mulheres, a meta é um alvo móvel.

## É isso que acontece quando você não tem um planejamento

Se alguém me pedisse, antes de meu primeiro filho nascer, para escolher um dos três grupos de Hakim, eu não hesitaria em me posicionar como uma mulher voltada à carreira. Eu não esperava que fosse me sentir diferente do que me sentia antes de ter minha filha — ou muito diferente do que o pai dela se sentiria. Mas meus planos para um retorno rápido ao trabalho foram para o espaço quando um bebê cheio de dobrinhas, abaixo do peso e chorão veio ao mundo, em vez do bebê plácido, robusto e de bochechas coradas que eu me imaginava entregando aos cuidados de uma babá. Ela precisava ganhar peso com rapidez, e eu tinha de estar imediatamente disponível para cuidar dela, para que seus pequeninos membros se desenvolvessem e ela se sentisse reconfortada. As demandas de trabalho pareciam distantes enquanto eu permanecia ao lado dela em seus primeiros dias de vida, alimentando-a e passeando com ela em nosso apartamento, apenas para acalmá-la. O isolamento era um contraste com meu modo anterior de vida, com paletós de ombreiras e a agenda cheia de compromissos.

Fiquei chocada com meus sentimentos de proteção. Eu precisava estar com ela. Eu precisava que ela fosse saudável. Então, em que eu estava pensando quando disse sim a um médico que me ligou uma tarde, pedindo ajuda? Ele era um de meus colegas na clínica pediátrica em que eu trabalhava, e uma família importante, atendida por ele, estava em dificuldades. Será que eu poderia fazer o favor de ir até lá para avaliar a situação? Conforme amparava minha bebê em meu ombro para atender o telefone, ouvi seu suspiro de desânimo. No passado, esse colega fora gentil comigo. Eu queria ajudar, e pensei, se eu fosse um homem, recusaria esse pedido? Estaria sendo pouco profissional e demonstrando pouco espírito de equipe se me afastasse completamente de minha vida profissional, apenas porque tivera *um bebê*. O pequeno favor transformou-se em dias, debruçados sobre a pesquisa de uma nova área — já que, logo depois, fui convocada a comparecer aos tribunais como testemunha, e passaria ainda mais tempo preparando e prestando depoimento. É algo que acontece em marcha lenta, que todo advogado conhece bem. Consultei meu pai, advogado, sobre o fato de ter de testemunhar, e ele disse: "Isso vai ser bom para você." Meu marido também me incentivou: "Vai ser reanimador sair um pouco de casa", e meu colega estava me pressionando para que eu desse minha avaliação. Meu patriarcado pessoal estava me incitando a sair de casa e trabalhar. Enquanto estava na clínica, outras famílias também me pediram ajuda, algumas com urgência, outras insistentemente. Eu estava de volta ao consultório mais cedo do que previra — mesmo com um violento desejo de estar ao lado de minha filha —, e qualquer choro de bebê na sala de espera estimulava minha resposta de frustração, e ensopava a parte da frente da minha blusa, discretamente escondida sob meu blazer de mil e uma utilidades. Eu havia me submetido às pressões externas para me integrar à vida econômica. Assim como Sandra, eu fazia parte de uma maioria — uma mulher "adaptativa", que descobriu tarde demais que preferiria adaptar a carreira à família ao inverso.

No início dos anos 1980, eu não era a única que pensava que homens e mulheres tinham cérebros praticamente idênticos, e que havíamos sido socializados para assumir papéis diferentes. Se meu marido, um pai zeloso, podia deixar sua pequenina filha recém-nascida em casa e, depois de duas semanas, voltar a trabalhar por dez horas por dia, sem sequer olhar para trás nem desviar sua concentração, as normas do sistema diziam que isso acontecia porque ele havia aprendido que seu papel era ser o provedor. E, se eu sentisse alguma angústia física por me separar de um bebê de apenas seis semanas de vida — apesar da monotonia e do isolamento de minha nova condição de mãe —, era porque havia internalizado meu papel como a prestadora de cuidados maternais. Não importa que minha mãe e minhas duas avós trabalhassem fora, além de realizar os trabalhos domésticos. Muitas de nós pensávamos que, se as mulheres conseguissem, pelo menos, administrar seu sentimentalismo ultrapassado, e se os homens, pelo menos, estivessem presentes e dispostos a oferecer mais mamadeiras a seus filhos, então, nossos papéis parentais poderiam ser revertidos. Eu me diverti, mas fiquei impressionada quando, em um jantar social, um amigo amarrou ao próprio corpo um acessório que lhe permitia simular o aleitamento materno. O reservatório de vinil ficava achatado e esvaziado contra seu tronco, como se fosse um saco de colostomia. Mesmo que ele parecesse um tanto envergonhado, também ficou orgulhoso de poder, com quatro filhos e uma esposa que trabalhava, dançar conforme a música da própria família: "Posso fazer qualquer coisa melhor que você. Posso fazer tudo melhor que você." Naquela época, supúnhamos que homens e mulheres eram iguais — não apenas em direitos e oportunidades, como, de fato, deveriam ser, mas, também na psicologia e no comportamento básicos. Quaisquer diferenças, incluindo as físicas, poderiam ser consertadas por meio da tecnologia, das políticas públicas ou da força de vontade. Foi assim que o imaginário social tornou obscuras as atitudes voltadas para a interseção entre os cuidados parentais e o trabalho, um tema tão particular, e, em geral, tão biologicamente determinado quanto o próprio gênero.

Esta é a hipótese do gênero baunilha: a de que a mulher é apenas uma variação do homem. Entretanto, mais de duas décadas depois do nascimento de minha filha, a captação de imagens cerebrais por métodos externos e a neuroendocrinologia revelaram muitas das redes de comunicações biológicas que estão por trás do desejo específico das mães de estar com seus bebês, e que as estimulam a oferecer-lhes cuidado e atenção. O aleitamento materno, em particular, libera hormônios e neurotransmissores que induzem a euforia nas mães, e, portanto, oferecer nutrientes a um recém-nascido por meio de uma espécie de sonda cirúrgica aperfeiçoada dá conta apenas de uma parte da questão.

Não estou sugerindo que apenas as mães podem alimentar os bebês, mas a palavra euforia nos dá uma pequena pista de por que elas queiram fazê-lo. O hormônio prolactina, produzido em homens *e* em mulheres, é o mensageiro que estimula a produção de leite e a amamentação nas mulheres, e entra em circulação todas as vezes que a amamentação, o oferecimento de cuidados ou a proteção estão em pauta. E o hormônio oxitocina, uma espécie de opioide endógeno, que a antropóloga Sarah Blaffer Hrdy chama de "o elixir da alegria", também aumenta significativamente durante a amamentação (e também no parto, no sexo e nas carícias), sendo a maneira encontrada pela evolução para tornar atraentes a proximidade com os bebês e a permanência junto a eles para alimentá-los. O hormônio, provavelmente, também está presente no leite materno, de modo que o bebê, enquanto se alimenta, não aprecia somente a intimidade física, mas o prazer, em um cativante *pas de deux*.[19] O dar-e-receber resultante provoca mudanças recíprocas nos níveis celular, hormonal e, até mesmo, epigenéticos da mãe e da criança, reforçando o vínculo mútuo, com o oferecimento de cuidados e do contato pele a pele. É difícil deslindar essas complexas interações, mas existe uma certeza. Há elementos constitutivos diferentes no cérebro das mulheres, que evoluíram para promover a sobrevivência dos bebês. Estimuladas por uma avalanche de hormônios no parto e durante a amamentação, as interações emocionais e comportamentais que se seguem não desaparecem somente porque os agentes sociais e econômicos exigem que mães novatas retornem ao trabalho. Na verdade, a separação de seus bebês pode induzir à ansiedade e ao pânico em mães que estão amamentando, quadro que a neuropsiquiatra Louann Brizendine, de São Francisco, descreve, em *Como as mulheres pensam*, sintomas muito semelhantes aos da abstinência de drogas. A regularidade do contato íntimo não é apenas um imperativo cultural, mas fisiológico. Depois de receber em seu cérebro a descarga dos efeitos analgésicos e indutores de prazer da oxitocina, em intervalos de algumas horas enquanto amamentam seus bebês, as mães veem-se abruptamente privadas desse suprimento. É por isso que mães que estão amamentando e que acabam de retornar ao trabalho em horário integral simplesmente não conseguem esperar para voltar para casa. A amamentação não libera apenas o leite produzido ao longo de todo o dia. Conforme vimos no capítulo sobre a empatia, ela também produz uma droga natural que reduz o estresse.

Ora, nos seres humanos, os pais também cuidam dos bebês. Então, por que não evoluíram para ter seios? *Seria* algo útil. Os pombos, as rolinhas, os pinguins imperiais e os flamingos de ambos os gêneros regurgitam uma receita única de comida já digerida, misturada com muco, que se chama "leite de papo". Por que isso não acontece com os machos humanos? A resposta evolutiva é que, logo no princípio, quando os mamíferos evoluíram, não eram monogâmicos. Como os bebês eram gerados internamente, os machos não sabiam quais deles eram seus filhos e, portanto, não investiram nada em sua sobrevivência. As fêmeas evoluíram para serem capazes de alimentar sua prole sozinhas, com uma dieta de alta caloria que lhes permitisse continuar procurando alimentos, enquanto defendiam o tempo todo sua prole de ter de competir por comida, até que ela estivesse preparada para isso. Os genes responsáveis pelo crescimento dos seios e pela lactação — assim como pelos hormônios sexuais que regulam todo o processo — se formaram naquela época, e ainda estão presentes na espécie. O único mamífero macho que possui seios é o morcego frutífero Dyak, da Malásia, mas a psicóloga evolucionista Linda Mealy observa que ninguém sabe se eles desenvolvem seios depois de comer frutas com fitoestrógenos ou se esses morcegos machos amamentam, realmente, suas crias. Se fizerem isso, são os únicos mamíferos machos — além de meu amigo Michael — a tentar a façanha.[20]

Independentemente de as aves ou de os morcegos fazerem isso ou não, a conexão entre a amamentação e o vínculo materno é comoventemente descrita por Hrdy como central para as origens evolutivas da empatia. Porém, ela entra em funcionamento de modo bastante lento. Ao contrário da incontrolável alegria que os norte-americanos sentem logo que um bebê nasce, muitas culturas são, inicialmente, mais comedidas. A verdadeira resposta emocional surge depois de transcorridas as perigosas horas após o nascimento, quando a mãe leva o bebê ao seio, estimulando, assim, a entrada em operação de mais circuitos hormonais.

> Entre os Machinguenga e outros povos das planícies da América do Sul, o recém-nascido é afastado depois que a parteira corta o cordão umbilical e é quase ignorado, até que se dê um banho na mãe. Somente depois que a mãe começa a amamentar o bebê, horas depois ou, talvez, no dia seguinte, é que ela começa a se preocupar com ele.[21]

Os antropólogos relataram que as mulheres da tribo dos maias, em Yucatán, reagiam, inicialmente, "com indiferença" a seus recém-nascidos — "nenhum sorriso, nenhuma conversa ou exclamações", segundo Hrdy. Outro grupo de mães que demoravam a se envolver com os filhos era uma amostra de mulheres britânicas, a maior parte delas casada, saudável e com boa situação financeira, cuja afeição por seus bebês foi desenvolvida somente nos dias e nas semanas posteriores ao seu nascimento. As mães com crianças mais velhas em casa tinham menos probabilidade de apresentar essa reação retardada, possivelmente porque a prolactina está em maior circulação entre pais experientes, propiciando estabelecimento imediato de vínculos. A prolactina e a oxitocina não são exclusivas das mulheres, mas a delicada interação entre hormônios e comportamento parece estar perfeitamente aparelhada, especialmente quando a amamentação é um dos eixos desse circuito.

## A competição exagerada entre as mulheres

Qualquer um que já tenha visto *Wild Animal Kingdom* sabe que o comportamento de uma fêmea em relação à sua prole pode superar todos os outros, para além da própria alimentação e da proteção. Por que um maçarico fêmea — um pássaro parecido com uma ave pernalta, que faz seu ninho no chão — se arrastaria com dificuldade e pateticamente ao longo de um campo de beisebol, como se estivesse mortalmente ferido e fosse o próximo "lanche feliz" de um covarde predador? Altos níveis de prolactina impelem não somente o comportamento de amamentação, mas também tais truques defensivos. A prolactina ativa as redes de comunicações neurais que estimulam a ave a afastar para longe um predador que se aproxima perigosamente de seu ninho. A defesa dos filhotes recém-nascidos, então, aumenta ainda mais seus níveis de prolactina.

Nos mamíferos, descobriu-se que esses aumentos exagerados de hormônios durante a gravidez, o parto, a lactação e os cuidados dos bebês remodelam os circuitos neurais no cérebro feminino, favorecendo não apenas a amamentação, como também aprimorando a aprendizagem e a memória. Colocando a questão de maneira mais simples, há evidências de que a maternidade torna os mamíferos mais inteligentes. Aproximadamente os mesmos circuitos hormonais envolvidos na dissimulação feita pelo maçarico fêmea também permitem que as ratas mães escapem de labirintos com mais facilidade que as ratas que não possuem filhotes, segundo dois neurocientistas da University of Richmond, Craig Howard Kinsley e Kelly Lambert. Os pesquisadores mostraram como jovens ratas fêmeas que estavam grávidas ou que haviam acabado de receber filhotes adotivos conseguiam encontrar alimentos escondidos em labirintos com mais facilidade que as ratas virgens. A simples presença de seres mais novos — mesmo ao redor de fêmeas que nunca haviam estado grávidas — estimulava a memória espacial, a secreção de oxitocina e a alteração dos circuitos neurais.[22] Essas habilidades espaciais recentemente desenvolvidas são permanentes e permitem que elas procurem e persigam suas presas com mais facilidade. Isso parece contradizer a sabedoria popular de que a gravidez e a maternidade estragam o cérebro de uma pessoa — provavelmente, por meio dos efeitos sedativos de alguns destes mesmos hormônios. Mas parece haver um benefício secundário. A maternidade aumenta certos tipos de resolução de problemas, especialmente quando a prole está vulnerável.

Evidentemente, machos e fêmeas não possuem cérebros intercambiáveis, e a maternidade confere algumas vantagens cognitivas. A pesquisa de Kinsley e Lambert me fez recordar dos recursos postos em ação pelas mães dos homens vulneráveis retratados neste livro. A mãe de Daniel Tammet ensinou-lhe os elementos básicos da interação social; as mães de Daniel Paley e Andrew se interessaram profundamente por sua capacidade de leitura e se certificaram de que eles receberiam a assistência de que precisavam, e a consciência das necessidades emocionais de seu filho levou Sandra a reavaliar sua rotina de trabalho. De modo geral, atribuímos esse tipo de apoio às expectativas culturais depositadas nas mães e acreditamos que elas serão as primeiras a dar o melhor de si quando seus filhos precisarem de ajuda. Mas, talvez, também haja um componente biológico que as faça ficar mais vigilantes ao sofrimento dos filhos e mais aptas a aplicar suas habilidades de resolução de problemas para aliviar esse sofrimento. Essa hipersensibilidade às necessidades de sua prole fica evidente em estudos cerebrais das reações de pais ao choro dos filhos. Quando pesquisadores italianos da University of Milan-Bicocca compararam a ativação cerebral de pais e não pais reagindo a imagens de bebês em situações de angústia ou serenidade, tanto os homens quanto as mulheres reagiram aos bebês que sofriam. "Mas as mulheres que eram mães demonstraram as maiores e mais imediatas reações", escreveu Alice Proverbio.

* * *

Como se sabe, há limitações em se fazer uma generalização de ratos para seres humanos, e uma delas é o fato de os hormônios desempenharem um papel mais forte no comportamento dos animais, enquanto a cultura significa mais para os seres humanos. Ainda assim, há um caminho neural maternal compartilhado no cérebro de mamíferos, claramente delineado em estudos em animais *e* em seres humanos. Estas regiões do cérebro estão plenas de receptores hormonais, e incluem uma parte do hipotálamo, localizada bem no meio do cérebro, chamada de área pré-óptica medial (APOm). A APOm e suas conexões com o córtex cingulado, um sulco coberto de neurônios que envolvem o corpo caloso, ajudam a regular o humor e as emoções. Toda essa via não é apenas estranhamente sensível à estimulação pela oxitocina e pela prolactina; o estrogênio e a progesterona também dilatam os neurônios nessas áreas e aumentam as conexões com outras regiões do cérebro, ligando a maternidade à resolução de problemas e a recompensas.[23] Há um custo alto a ser pago ao se tornar mãe, na energia despendida e na liberdade de se movimentar. A sensação neuroquimicamente induzida de ser recompensada pela amamentação pode ter evoluído para contrabalançar esses custos.

Constatamos as evidências aumentadas nas vias de prazer quando seguramos e alimentamos os bebês — um fenômeno que reparei todas as vezes que um recém-nascido estava na sala de espera de meu consultório. Podia perceber, pelo coro de gritos estridentes e afetuosos, que as médicas de família e os membros da equipe do consultório do sexo feminino haviam se reunido, mais uma vez, em torno de uma nova mãe, admirando seu bebê e esperando que eles "se ajeitassem" — a oportunidade para segurá-lo mais de perto. Todas essas mulheres haviam escolhido um trabalho que lhes propiciaria o contato com crianças, mas os bebês de menos de 4 meses continuavam a exercer uma atração magnética que nunca desaparecia. Nos animais, a relação de amamentação é tão extrinsecamente recompensadora para as mães que, quando podem optar, as ratas mães novatas escolhem seus filhotes recém-nascidos, em vez de cocaína. Antes de dar à luz ou depois que os filhotes já estão crescidos, as ratas fêmeas prefeririam, definitivamente, as drogas. Mas essa pequena janela que afeta as escolhas de mães novatas parece uma sabedoria da evolução, já que até mesmo uma simples dose de cocaína desorganizaria o comportamento maternal. Joan Morrell, neuroendocrinologista da

Rutgers University, que realizou esse engenhoso estudo, descobriu que a cocaína interfere nos caminhos neurais que governam o comportamento maternal, especificamente na APOm. Se essa parte do circuito neural materno for danificada por essas drogas ou por meio cirúrgico, o comportamento maternal desaparece completamente.[24]

Voltando novamente dos ratos para os seres humanos, quando as técnicas de exame do cérebro por métodos externos são utilizadas para espreitar a interação mãe-filho, percebemos que o amor maternal está intimamente ligado ao seu antecessor, o amor romântico. Andreas Bartels, do Max Planck Institute, e Semir Zeki, da University College London, estudaram os mecanismos neurais ativados em casais apaixonados, e formularam a hipótese de que as mesmas regiões neurais podiam formar uma rede central de comunicações nos vínculos estabelecidos entre os seres humanos. Afinal de contas, ambos têm benefícios evolutivos — os amantes perpetuam a espécie e o vínculo materno assegura sua sobrevivência. Portanto, os neurocientistas esperavam que os dois fenômenos psicológicos compartilhassem os mesmos circuitos neurais e hormonais. Quando as mães olhavam fotos dos próprios bebês, as partes de seu cérebro que governam o prazer e a recompensa se destacavam nas RMfs de um modo distinto ao de suas reações a fotos de outros bebês que elas conheciam. E as regiões do cérebro que eram ativadas por esses sentimentos maternais sobrepunham-se acentuadamente às áreas que os cientistas haviam descoberto previamente ser ativadas por sentimentos de amor romântico. Portanto, os vínculos entre amantes e aqueles entre as mães e seus filhos compartilham algumas das mesmas localizações relacionadas a processamento de dados, redes de comunicações e conexões hormonais. Mas havia algumas vias específicas para o amor maternal — especificamente o córtex órbito-frontal lateral e a matéria cinzenta periaquedutal, ou MCP — que eram ativadas somente quando as mulheres estavam olhando para fotos dos próprios filhos. Com base em estudos prévios, os cientistas esperavam que essas redes de comunicações sobrepostas de vínculos afetivos apresentassem uma série de receptores hormonais, como a oxitocina, e um peptídeo próximo, a vasopressina. Essas áreas centrais de vinculação afetiva não apenas estavam repletas de receptores hormonais, como o fato de estimulá-las induzia o prazer na mãe e suprimia os sentimentos e julgamentos negativos sobre o objeto de sua afeição — seu filho.[25] Isso explica por que todas as mães consideram suas crianças lindas. (Já vi mães olhando encantadoramente para seus filhos enquanto eles davam chutes e cuspiam — em mim.) O amor romântico é, de fato, cego, e os componentes químicos que suavizam as percepções que os amantes têm um do outro colocam antolhos parecidos nas mães.

Isso é um ponto positivo para os bebês, que podem ter mau cheiro, ser barulhentos, excessivamente exigentes e, até mesmo, mal-agradecidos. Ainda assim, conforme vimos, quando as condições ambientais estão controladas, as descargas hormonais estimulam as mães a alimentá-los e a cuidar deles, a estar cuidadosamente sintonizadas com seu sofrimento e a explorar todas as conexões neurais que lhes permitam solucionar problemas relacionados à sua sobrevivência. Esses comportamentos liberam os mesmos hormônios indutores do prazer, responsáveis pela sensação de bem-estar após o orgasmo. Nitidamente, o comportamento maternal desperta os circuitos de bem-estar no cérebro.

Aconteceria o mesmo com os pais? Todas as informações das quais dispomos provêm de estudos realizados em animais, que mostram que a MCP, uma das localidades ativadas no circuito da vinculação maternal, está envolvida no comportamento de oferecimento de cuidados apenas nas fêmeas, segundo Andreas Bartels. Apesar de haver inúmeros estudos mostrando enormes diferenças de gênero ligadas ao comportamento maternal nos cérebros de animais, nenhum dos estudos sobre os vínculos afetivos realizados com RMf em seres humanos incluiu um homem como sujeito da pesquisa. Como mencionei, há uma evidência preliminar de que a oxitocina administrada por via nasal aumenta a confiança dos homens em situações sociais e sua habilidade de interpretar expressões faciais difíceis de decifrar. É provável que a oxitocina, mais prontamente produzida e "absorvida" pelas mulheres durante o parto, a amamentação e os cuidados subsequentes com os filhos, seja o adesivo químico que une as mães aos bebês após o nascimento, ampliando sua vantagem preexistente em relação à empatia.

Nos capítulos anteriores, vimos como a testosterona age em circuitos neurais para rearranjar habilidades espaciais e sociais — levando estas áreas a posições extremas em alguns homens. Nas mulheres, as influências hormonais no oferecimento de cuidados aos filhos são, igualmente, profundas. Não há como esses fatores biológicos não influenciarem as atitudes das mulheres em relação ao seu trabalho, incluindo o desejo mais comum entre elas, que é trabalhar em meio expediente ou em horários mais razoáveis. As mulheres talentosas em carreiras tipicamente masculinas sentem essas pressões com a mesma intensidade que as que ocupam os empregos, por assim dizer, típicos de gênero. Grosseiramente, pode-se afirmar que as advogadas bem-sucedidas e com alto faturamento, sócias de escritórios de advocacia, também querem cuidar de seus bebês e passar um tempo com eles e, caso não consigam fazer isso, muitas desistem. As exigências que pesam sobre as advogadas que têm filhos não dizem respeito, apenas, às milhares de horas remuneráveis e aos encargos administrativos, mas também às progressivas restrições fisiológicas impostas pela maternidade. Essas interações hormonais-genéticas-ambientais singulares tornam as mães mais inteligentes, mais compreensivas com seus bebês e mais comunicativas em relação a seus ambientes compartilhados — incluindo o estresse acarretado por eles. Mas essa combinação de fatores coloca as advogadas que são mães em uma prova de fogo única, que não é vivenciada por nenhum advogado do sexo masculino. Seus estímulos internos são diferentes, e seus bebês reagem a eles e ao seu estresse de modo único. Não deveria ser nenhuma surpresa que, em média, advogadas que têm filhos encarem suas sobrecarregadas carreiras sob uma perspectiva diferente da dos homens.

Ainda assim, as diferenças individuais significam que haverá alguns pais com um desejo mais forte de ficar em casa com seus filhos, e algumas mães com um desejo mais forte de trabalhar exatamente neste tipo de trabalho radical. Isso quer dizer que eles conseguem trocar de papel com facilidade? Vamos conhecer uma família em que isso, aparentemente, aconteceu.

## A chamada barreira à ascensão profissional

Nada poderia ser mais diferente da elegante casa de Sandra do que o local em que me encontrei com Caroline para tomar café da manhã, na área central da cidade. Quando apareci, às oito da manhã, carregando minha pasta e a bolsa de viagem, ela já estava me esperando, sentada com uma xícara de café coado e o jornal aberto na página de notícias jurídicas. Ela mostrou a manchete com certo divertimento: "Em algumas empresas, os advogados podem ser assumidamente gays?" À nossa volta, havia muitas pessoas com os olhos embaçados de sono, tentando brigar para se manterem despertas. Os prédios do governo ocupavam a vizinhança — era onde Caroline trabalhava como advogada —, e os burocratas em seus ternos e camisas de algodão juntavam-se a funcionários dos escritórios e a uma dupla de homens que parecia ter passado a noite na rua. O cardigã branco de Caroline e sua aparência de colegial comportada exclamavam professora! bibliotecária! pessoa gentil e conciliatória! Entretanto, subestimá-la seria um erro grave. Assim que começamos a conversar, decidi que, se algum dia me visse envolvida em um sério problema jurídico, gostaria de tê-la ao meu lado, passando-me suavemente as instruções ao pé do ouvido. Mas, já que ela havia deixado a prática do direito societário logo após tornar-se sócia de um escritório, isso não seria possível.

Caroline me interessava, porque, assim como Sandra, era uma advogada de primeira linha e uma pessoa visivelmente inteligente. Ela poderia ter escolhido qualquer tipo de trabalho — e, de fato, havia tentado várias opções antes de se estabelecer no serviço público. Doutora em ciências humanas, ela poderia ter optado pela academia, mas decidiu que queria mudar o mundo, disse-me ela, com um sorriso atravessado. Ela "teve sorte o suficiente" para ser contratada por um escritório de advocacia muito conceituado, onde permaneceu por dez anos, tornando-se sócia dele mesmo depois de duas longas licenças-maternidade. Tirar quase um ano de licença após o nascimento de um bebê refletia uma mudança recente no ambiente corporativo, lembrou ela, já que há apenas alguns anos as mulheres estavam se ausentando por, no máximo, dois meses. Caroline também tinha um marido que ficava em casa com as crianças quando elas ainda eram bebês. Agora, que os filhos estavam um pouco mais velhos, ele trabalhava meio expediente, mas sua tarefa principal era cobrir a retaguarda: levar e buscar as crianças na escola, cuidar delas quando estivessem doentes, certificar-se de que a geladeira estava cheia, preencher todas as incontáveis e invisíveis lacunas que um pai deve fazer quando está em casa. O cuidado com as crianças e os afazeres domésticos eram problemas falsos, disse ela. No seu caso, seu marido tinha as maiores responsabilidades em relação aos filhos, e, "com esse nível de renda, de qualquer maneira, não fazia nenhuma diferença", afirmou, em um tom categórico a respeito de advogados e os cuidados com os filhos. Para a maioria das pessoas, as babás são a regra. Mas, mesmo com a "esposa" extremamente invejada e famosa em casa — a condição preexistente para o sucesso dos homens, segundo a maioria das mulheres profissionais liberais —, Caroline, ainda assim, havia abandonado o direito societário em troca de um salário que era apenas uma fração do que ela ganhava anteriormente.

"Não me forçaram a sair. Foi o contrário." Seu escritório implorou-lhe para que ficasse. "Nunca achei que as tarefas que me cabiam eram diferentes. Nunca fui maltratada por ser mulher. O ambiente era bastante acolhedor. Ao contrário, nas grandes empresas eles fazem todo o esforço possível para isso. Acho que os escritórios realmente trabalharam duro para se distanciar de práticas discriminatórias, para receber bem as mulheres." Caroline tinha mentores e gostava dos casos nos quais trabalhava. Era um problema de sistemas e, de modo algum, uma questão de gênero, disse ela, referindo-se à expectativa de que todo advogado — homem ou mulher — deveria estar disponível 24 horas por dia, os sete dias da semana, se necessário, não apenas para alcançar metas de faturamento, mas também para atender às demandas dos clientes. "Trata-se de prestar serviços aos clientes, estar disponível a qualquer hora, manter os lucros elevados", afirmou sobre os expedientes perversos da prática padrão na advocacia. No ambiente globalizado, todos os grandes escritórios miravam nos mesmos clientes e pretendiam derrotar uns aos outros, oferecendo o melhor serviço, explicou ela — não era um ambiente em que um dia com meio expediente de trabalho, horário flexível ou de nove da manhã às cinco da tarde pudesse agregar valor à carreira de alguém.

Em seu escritório, Caroline trabalhava rotineiramente das 7h30 às 18h, mais uma noite e dois fins de semana por mês para cumprir sua meta de 1.800 horas remuneráveis. "Não era apenas o expediente, mas ele era uma parte de tudo", disse ela, aumentando suavemente o volume da voz. "Eu tinha de sair de casa antes de o meu filho acordar. E voltar depois das 18h. Eu sentia que estava me transformando em um pai dos anos 1950, um pai que volta para casa quando o dia das crianças já acabou e só brinca com os filhos por uns 15 minutos antes de eles irem se deitar. Na minha casa, tínhamos uma combinação que funcionava. Eu tinha um companheiro que estava feliz por trabalhar meio expediente, mas eu estava me omitindo. Eu nunca mais recuperaria esse tempo." Ela repetiu a frase, agora com mais ênfase. "E nunca iria melhorar. Eu estaria sempre ocupada. Ninguém nunca me perguntou se eu queria ser o papai."

Caroline não se via como uma vítima da discriminação, mas como um agente das próprias decisões, como alguém que fizera uma escolha ponderada. E, de fato, ela não abandonara o trabalho em horário integral, mas assumira um cargo no serviço público, também em horário integral, que refletia seus valores sociais e lhe propiciava maior flexibilidade. Caroline ainda investe longas horas no trabalho — ela é dedicada e gosta de trabalhar. Mas não chega mais ao trabalho ao raiar do dia, a menos que haja algum prazo especial a ser cumprido. Disponibilidade integral e encontros presenciais são menos fundamentais no governo do que no serviço privado. Sua escolha de sacrificar um salário fenomenalmente alto e o status dentro do escritório foi estimulada pelo desejo de passar mais tempo com os filhos e de trabalhar em projetos que refletiam seus valores. Para ela, a mudança foi positiva. Mas aqueles que trabalhavam com ela em seu antigo escritório, e que esperavam contar com uma mulher brilhante e motivada em seu corpo de associados sêniores, simplesmente haviam perdido mais uma. E as estatísticas revelariam mais uma mulher advogada ganhando menos do que um homem.

Sandra e Caroline não são incomumente altruístas. Em média, as advogadas, em qualquer setor, têm mais probabilidade que os homens de migrar para trabalhos que considerem mais significativos, embora pior remunerados, e mais proximamente alinhados com seus valores. Quando fazem isso, as barreiras à ascensão profissional são algo autoimposto. "Minha impressão é que mais mulheres sentem-se motivadas por questões de justiça social", observou Caroline, comentando sobre as razões de suas amigas frequentarem a escola de direito e da própria mudança, de advogada independente para o serviço público. Sua impressão é apoiada pelo número de mulheres que afirmam optar pela advocacia "para promover a justiça social", segundo a autora Mona Harrington, e que, então, abandonam a área para trabalhar em prestação de ajuda legal ou no terceiro setor, ambas as áreas dominadas por mulheres.[26]

Pelo menos dez estudos mostram que as mulheres, em média, dão mais importância que os homens aos aspectos sociais do trabalho, enquanto os homens consideram o pagamento e a ascensão profissional os grandes incentivos.[27] Descrito no Capítulo 3, o recente 500 Family Study descobriu que recompensas intrínsecas, como os desafios inerentes ao trabalho, o próprio interesse pelo emprego, o apoio social que ele oferece e sua missão humanitária são os estímulos mais fortes para a maioria das mulheres, superando as recompensas extrínsecas, como salários e benefícios. Evidentemente, os homens também se sentem motivados pelos desafios do trabalho e por poder contribuir para o conhecimento. Mas, nesse estudo, os homens eram menos estimulados pelos aspectos sociais do trabalho e pela oportunidade de ajudar as pessoas. Curiosamente, as motivações das mulheres variam de acordo com suas ocupações e sua formação. As gerentes tinham mais probabilidade de se sentir motivadas por salários e planos de benefícios, enquanto as advogadas e juízas tinham menos probabilidades de se mobilizar por esse tipo de coisas, o que pode explicar por que oferecer-lhes mais dinheiro pode não convencê-las a se manter em seus empregos. Como vimos no Capítulo 3, quanto maior o nível de instrução de uma mulher, menos ela se sentirá motivada por recompensas extrínsecas. Mulheres com formação universitária têm 37% menos chances que aquelas com menor formação a serem seduzidas pelos salários e pelo status de suas ocupações. Isso mostrou-se verdadeiro até mesmo quando os pesquisadores avaliaram, por comparação, os empregos de seus maridos. As mulheres não se sentiam mais inclinadas a aceitar empregos com salários maiores, mesmo quando seus maridos ganhavam menos.[28] E surgiram evidências de que há boas razões para levar a sério as motivações das mães para o trabalho. Há uma ligação mais estreita entre a satisfação no trabalho de uma mulher que é mãe e a felicidade de seus filhos adolescentes do que existe entre os homens que são pais. Dito de modo mais simples, as motivações e os sentimentos das mães em relação ao seu trabalho são transmitidos a seus filhos adolescentes de um modo que não acontece com os pais.[29]

## O paradoxo de gênero

Sabemos que as mulheres possuem metas variáveis — a carreira, o lar, ou ambos — e que cerca de 60% a 80% das mulheres estão em uma das duas últimas categorias; elas adaptam suas carreiras para poder cuidar dos filhos. Sabemos, também, que as advogadas sócias de escritórios de advocacia têm duas vezes mais probabilidade que os homens de ficar insatisfeitas com suas carreiras corporativas, um fato que precipita sua saída.[30] E, finalmente, sabemos que as advogadas escolhem trabalhos que tenham um significado social em detrimento de dinheiro e status, com duas vezes mais frequência que os homens.[31] A questão é saber que relação esses fatores guardam com a felicidade feminina.

Ninguém espera que as mulheres sejam mais felizes em seus trabalhos. Ainda assim, quando se mede a satisfação profissional, elas facilmente vencem os homens. Os economistas chamam esse fenômeno de paradoxo de gênero. Em conjunto, as mulheres ganham menos e ainda são poucas as que ocupam o topo da hierarquia. Mesmo assim, em alguns países, incluindo os Estados Unidos, o Japão, a Coreia, a Suíça, a Suécia, o Canadá e a Grã-Bretanha, elas se consideraram sistematicamente mais satisfeitas com sua vida profissional que os homens.[32] Supõe-se que as mulheres queiram as mesmas coisas que os homens e que ficariam muito infelizes caso não as conseguissem. Mas e se elas tiverem metas distintas? Se as mulheres consideram o trabalho um elemento isolado, a ser avaliado por si só, então o ponto de vista do "homem baunilha" faz sentido, como acontece entre 20% a 30% das mulheres. Mas, se a maioria delas vê o trabalho somente como um fator que se encaixa em um complexo quebra-cabeças, elas podem se considerar mais felizes se aquele emprego lhes fizer prosperar também em outras esferas. Um estudo britânico que sustenta essa ideia foi conduzido pelo sociólogo Michael Rose, da University of Bath. Com base em pesquisas realizadas com 25 mil funcionárias do serviço público, Rose mostrou que os índices de mulheres britânicas satisfeitas no trabalho vêm caindo desde o início dos anos 1990, enquanto a satisfação dos homens se manteve estável. Dessa forma, à medida que os valores e as pressões de seu emprego se aproximam do padrão masculino, a satisfação das mulheres também cai àquele nível. Nitidamente, uma proporção significativa de mulheres não quer trabalhar por longas horas em funções intensas, e o faz com relutância.[33]

Em seu livro *Felicidade*, o economista britânico Richard Layard explica por que acredita que os níveis de felicidade das mulheres foram reduzidos, enquanto seus salários e suas oportunidades de trabalho aumentaram. Sua felicidade não acompanhou o ritmo crescente de seus salários e das oportunidades de trabalho porque elas não conseguem se equiparar às outras pessoas, escreve Layard. As mulheres costumavam se comparar com outras mulheres. Agora, elas têm diante de si tanto homens quanto mulheres, e, portanto, há mais formas de perceber que não conseguirão ser bem-sucedidas.[34] Mas penso que há mais coisas envolvidas. Na maioria das vezes, as mulheres passaram a ocupar posições determinadas pela ambição masculina. Ao voltar atrás, mais da metade de todas as advogadas afirmam que rejeitam esse tipo de êxito.

A maior obsessão por uma só causa, um comportamento tipicamente masculino, pode ter um custo para a felicidade e a saúde pessoais. O foco concentrado exigido em alguns empregos de alto nível pressiona os funcionários a se comportar como se trabalhassem de maneira isolada. Nos níveis mais altos, o trabalho pode assumir o lugar de todos os outros interesses e preocupações. Se o sucesso profissional for sua principal meta, isso não criará nenhuma dissonância. Mas múltiplas metas impõem escolhas — outra maneira de se entender o paradoxo de gênero. Se as mulheres escolhem um emprego que é menos radical, ou um que lhes dê a chance de causar algum impacto social, estão deixando claro quais são suas preferências, exercendo algum controle sobre sua vida. Isso pode diminuir um pouco seus rendimentos, mas representar um ganho à sua satisfação.

Qualquer que seja a razão, a complexa relação entre a felicidade das mulheres e seu emprego também depende do famigerado equilíbrio entre trabalho e família. Uma equipe de pesquisa britânica, conduzida por Anne McMunn, epidemiologista da University College London, entrevistou 1.171 mulheres nascidas em 1946 a cada década depois de terem completado 20 anos. Descobriu-se que aquelas que haviam assumido múltiplos papéis como mães, esposas e no trabalho eram as mais saudáveis — e as mais magras —, em comparação com as mulheres que haviam desempenhado apenas um desses papéis. Enquanto isso, um amplo estudo semelhante, realizado no Canadá por Heather McLean, da University of Toronto, descobriu que o equilíbrio bem-sucedido entre trabalho e família pode reduzir os níveis de depressão nas mulheres, desde que as horas de trabalho não sejam tão longas e que elas não trabalhem muito intensamente.[35]

As duas advogadas retratadas aqui fizeram escolhas que lhes permitiram combinar três prioridades: trabalho profissional, comprometimento com valores sociais e tempo para a vida familiar. Mas e quanto aos 55% de homens e aos 20% de mulheres que não fazem tais ajustes? Eles são assumidamente orientados para a carreira e obtêm suas recompensas por meio da ascensão profissional e dos salários recebidos. Charles O'Reilly, professor de administração da Universidade de Stanford que citei anteriormente quando abordei a obsessão masculina por uma só causa, compara isso a um torneio de tênis. "Se pensarmos no desempenho nas organizações como uma função da motivação multiplicada pela habilidade — o quão inteligente você é e o quão arduamente trabalha —, o que faz a diferença nos níveis mais altos da hierarquia é o esforço. Se alguém dá quinhentos golpes de fundo de quadra por dia, executados do lado contrário ao que se segura a raquete, e outra pessoa dá apenas cem, então, a longo prazo, a pessoa que dá mais golpes tem mais probabilidades de vencer." Esse subgrupo, que O'Reilly chama de "identificado com o masculino", está disposto a competir a qualquer custo, investir horas a fio intensamente, ser transferido com frequência e favorecer o trabalho, em detrimento da vida familiar. São aqueles que terminam no topo da escala salarial. O poeta e ensaísta Samuel Johnson escreveu que "aqueles que atingem algum nível de excelência comumente passaram a vida perseguindo essa única causa; pois, de um modo geral, não existem meios mais fáceis de alcançá-la".

Vamos conhecer, agora, um grupo de mulheres extraordinárias. Elas passaram a vida toda atrás de um único objetivo. Elas fizeram o que se esperava delas o tempo todo e são bem-sucedidas. Mas, por alguma razão, não acham que merecem o que conseguiram Vamos conhecer as impostoras.

CAPÍTULO 7

# Escondendo o impostor dentro de si

Em 1997, quando a Dra. Margaret Chan era diretora do Departamento de Saúde de Hong Kong, ordenou o abate de 1,4 milhão de galinhas e patos para controlar o contágio dos primeiríssimos casos de uma nova cepa de gripe aviária. Logo depois, gastou US$1,3 milhão comprando vacinas. Estas foram decisões impopulares, em uma época em que o mundo ainda não estava muito convencido de que coisas ruins poderiam ser provocadas por aves. Quando a Dra. Chan foi criticada por auditores do governo, manteve sua posição. "O valor foi uma ninharia e era uma apólice de seguro que fiquei contente de não ter de resgatar", disse ela. Ninguém sabia o quanto ela havia sido perspicaz, nem mesmo a própria Dra. Chan. Naquele ano, a cepa H5N1 da gripe aviária matou um total de seis pessoas em Hong Kong. Bastante relacionada com a gripe espanhola de 1918, que matou 40 milhões de pessoas em um único ano — a mais devastadora pandemia na história mundial —, a H5N1 poderia ter-se transformado em um desastre global. A Dra. Chan continuou liderando as pesquisas sobre a síndrome respiratória aguda grave em Hong Kong e, depois de controlar aquela eclosão, passou a integrar a Organização Mundial de Saúde. Dentro de poucos anos, ela se tornou a diretora-geral da entidade, em janeiro de 2007. Ainda assim, atribui seu sucesso à sorte, e não a seu talento. Quando lhe perguntaram como ela se tornara uma das autoridades mais respeitadas em saúde pública em todo o mundo, a Dra. Chan disse a um repórter do *New York Times* que sempre parecia estar no lugar certo na hora certa.[1]

Sua aptidão, convicção e boa avaliação salvaram inúmeras vidas. Mas a Dra. Chan diminuía a importância de suas destrezas inatas — e a oportunidade de se autopromover —, atribuindo tudo à sorte. Outra médica e especialista em saúde pública, conhecida minha, disse-me, certa vez, que sua especialização em tuberculose era "uma casualidade". Ela viaja o mundo para dar palestras, conversa com a mídia e ajuda a desenhar políticas públicas de saúde. Ainda assim, a diminuta e bem-vestida doutora perguntava a si mesma por que era tratada com deferência. "Há uma quantidade enorme de pessoas que acha que sou uma especialista. Como conseguem pensar isso tudo a meu respeito? Tenho absoluta consciência de todas as coisas que ainda não sei."

Objetivamente, essas pessoas *são* especialistas. Ainda assim, como muitas mulheres de alto desempenho, atribuem seu sucesso ao acaso. Não importa quanto reconhecimento tenham conquistado, elas sentem que têm de se empenhar ainda mais.[2] Não se trata tanto de um medo do fracasso. Isso é universal — tanto homens quanto mulheres preocupam-se com o fato de não conseguirem ser bem-sucedidos. O que é particular a muitas mulheres bem-sucedidas é que seus êxitos, arduamente conquistados, não lhes parecem genuínos. A crença de que suas conquistas são ilusórias, de que sua posição profissional deve-se à sorte ou ao erro colossal de alguém, caracteriza a experiência íntima do trabalho de muitas mulheres e foi apelidada de "a síndrome do impostor". Persistindo indefinidamente após as primeiras semanas em um novo emprego, a ideia de ser apenas um arremedo dos papéis de doutora, engenheira ou executiva transforma o trabalho em uma corrida para não ser desmascarada. Isso pode causar um efeito paradoxal, catapultando irreversivelmente algumas mulheres quando, todas as vezes que surge um desafio, tentam pôr à prova — e provar a si mesmas — as próprias habilidades e, ao mesmo tempo, forçando outras mulheres a abandonar a cena. Este capítulo explora essa gama de efeitos opostos. Por que algumas mulheres sentem-se assombradas pelo próprio sucesso, a ponto de se desligar de suas atividades? Como veremos, as mesmas inseguranças regem o êxito pessoal de outras mulheres, enquanto elas continuam trabalhando firmemente para provar sua capacidade e evitar ser detectadas.

## As mulheres de verdade podem, por favor, ficar de pé?

Em 1978, duas psicólogas de Oberlin, Pauline Rose Clance e Suzanne Imes, se depararam com uma descoberta inesperada em um estudo com 150 mulheres profissionais liberais altamente bem-sucedidas nos campos da advocacia, medicina, enfermagem, assistência social e ciências acadêmicas. A despeito de elogios, distinções e salários, essas mulheres se sentiam como impostoras. Elas não acreditavam nas próprias realizações; sentiam que estavam enganando a todos sobre suas habilidades.[3] Como haviam conseguido, então, alcançar suas posições, atingir altos escores em testes padronizados e receber esses prêmios? Como sustenta Clance, atualmente professora emérita em Atlanta, Geórgia, cada uma delas pensa que é o grande equívoco de Harvard. Elas sentem que fizeram um grande trabalho fraudulento e que, no fim das contas, serão desmascaradas.

Alguém poderia pensar que isso não importa, desde que, de alguma forma, elas sejam bem-sucedidas. Mas muitas mulheres admitem que a insegurança paira sobre suas ambições. "Muitas vezes, a síndrome do impostor limita até onde a pessoa pode chegar. Algumas vezes, quando as pessoas estão prestes a ser promovidas — e quando os comitês de pesquisa, chefes, líderes de equipes e supervisores acreditam que elas poderão se sobressair em um nível superior —, elas rejeitam, porque sentem que não conseguirão ser bem-sucedidas. Elas acham que as pessoas descobrirão o que ainda não sabem", explicou Clance, em seu modo pausado e doce de falar. Clance continuou, descrevendo a história de uma corretora de imóveis cujos escores em uma escala padronizada da síndrome do impostor eram elevados. A corretora havia acabado de fechar um grande negócio, mas, ainda assim, evitava dar o próximo telefonema que poderia selar um lucrativo acordo comercial e promovê-la a um nível mais elevado de vendas. Ela pensava que, naquele momento, talvez não tivesse tanta sorte. Os impostores internalizam o feedback negativo, mas não levam em conta os acontecimentos positivos; nenhuma prova é o bastante para eles. Como resultado, muitos dos assim chamados impostores se autosselecionam para abandonar as disputas, deixando vagos os altos cargos e a impressão de que foram terminantemente excluídos. "Isso me resguardava de colocar-me em situações em que meus medos se revelariam fundamentados. Eu só me candidatava a cargos quando sabia que iria consegui-los. Somente quando percebi que conseguia lidar com o fracasso foi que comecei a assumir riscos", disse a especialista em tuberculose. Ela ficou sabendo sobre a síndrome do impostor quando uma enfermeira, depois de ouvir sua conversa sobre a ansiedade em assumir uma nova função, lhe entregou uma série de artigos. "Para aquelas pessoas, era uma síndrome. Para mim, era algo real", brincou, sugerindo que os participantes dos estudos poderiam *ter pensado* que eram uma fraude. Mas ela, de fato, era.

Quando Clance e Imes publicaram, nos anos 1970, seu primeiro artigo sobre esse grupo de mulheres de alto desempenho e cheias de insegurança, "as pessoas disseram, 'elas estão falando de mim'", disse-me Clance. Desde então, o interesse não arrefeceu. O número crescente de pedidos de entrevistas e seminários revela que a questão não era somente um produto daquela época. "Gostaria que isso ainda não fosse tão relevante", disse Clance. De fato, com mais mulheres atualmente no mercado de trabalho e com as pressões profissionais sendo cada vez maiores, os sentimentos de impostura podem estar aumentando. Em 2003, Susan Vinnicombe e Val Singh, duas cientistas sociais do Center for Developing Women Business Leaders, do Reino Unido, começaram a estudar o que distinguia os caminhos profissionais de 12 diretores de uma das principais empresas internacionais de telecomunicações. Eles descobriram que os executivos sêniores — seis mulheres e seis homens — trilharam caminhos profissionais notadamente semelhantes. As mulheres não relatavam ter enfrentado barreiras diferentes das dos homens, e todas descreveram os desafios, impostos logo no começo de sua ascensão profissional, como o que as ajudou a impulsionar suas carreiras. As diferenças eram de ordem íntima, e diziam respeito à sua capacidade de manejo e ao apelo exercido pelas oportunidades de risco. Os diretores homens descreveram-se como pessoas que buscavam diligentemente mentores ou alguém que os apadrinhasse, enquanto as diretoras mulheres lembravam-se de terem sido escolhidas pelos seus superiores para tarefas especiais. Os homens relataram que aceitavam incondicionalmente as oportunidades de provar seu talento, enquanto as mulheres falaram sobre ter de ser convencidas a respeito. Uma diretora descreveu sua ascensão profissional da seguinte forma:

> Não estava nem um pouco feliz de ser transferida, embora aquilo representasse uma promoção. Eu não queria fazer aquilo; não

sabia como. Não sabia quais seriam os desdobramentos. (...) No fim, ele deixou claro que eu não tinha opção. Então, naquele momento, eu entreguei os pontos. Ele disse: "Quero que você assuma o emprego. Eu realmente quero que você fique com esse cargo." Eu disse: "Não consigo fazer isso", e ele: "Você pode, você sabe." Pensei que ele devia saber mais das coisas que eu.

Outra diretora creditou suas oportunidades a fatores que não tinham muita relação com suas qualificações.

Eu diria que uma das principais razões pelas quais fiquei com o emprego foi a discriminação positiva de X. Ele queria uma mulher como gerente geral.[4]

Ao ler os prontuários das entrevistas da pesquisa, pude visualizar os homens fazendo um gesto firme para baixo com uma das mãos e gritando um triunfante *"yes!"* quando lhes ofereciam uma promoção, enquanto as mulheres sacudiam a cabeça, como se perguntassem "Por que eu?". Apesar dessas atitudes diferentes, tanto os diretores quanto as diretoras aceitaram os desafios, continuaram a subir de posto na hierarquia e terminaram na mesma posição. Mas o conflito emocional em muitas das mulheres era evidente. Em vez de se sentir exultantes, muitas ficavam relutantes, como a professora de engenharia biomédica Monique Frize. Em uma entrevista para uma matéria de jornal, em 2002, ela me disse que a reação que teve à oferta de um prestigiado cargo de coordenadora de pesquisa foi a sensação de mau presságio. Apesar de uma série de sucessos anteriores, ela se sentia despreparada. "Disse ao meu marido que seria uma impostora se aceitasse esse trabalho. Mas, quando obtive um êxito espantoso, os homens à minha volta começaram a me perguntar, 'Quando é que o suficiente vai ser suficiente?'." Desde esse nosso encontro, ela já recebeu quatro títulos honorários. Ainda assim, as inseguranças ainda a apavoram: "Sempre tive medo de ser desmascarada antes de assumir uma nova responsabilidade. Depois de seis meses, começava a me sentir melhor. Mas as sensações voltavam todas as vezes que havia um novo desafio."

A questão raramente é discutida. O descompasso entre a pessoa pública — que, na verdade, é uma extensão do modelo baunilha de sucesso masculino — e a experiência íntima de insegurança mantém o fenômeno afastado da observação geral. Afinal, se a pessoa tenta disfarçar o que considera uma falha oculta, é improvável que a divulgue, a não ser que seja estimulada a fazer isso. Essa é uma das regras básicas em uma sociedade que considera a autoimagem positiva um pré-requisito para o sucesso. Uma decana de engenharia altamente bem posicionada, descrevendo-se como uma impostora que não gostaria de ser identificada pelo nome, mencionou sua sensação de satisfação após ouvir outra diretora universitária confessando suas inseguranças. "Quando, em uma palestra pública para duzentos cientistas, a reitora de uma universidade falou sobre o fato de se sentir uma impostora, estávamos todas concordando com a cabeça, vendo nós mesmas, ali refletidas, pensando: ai, meu Deus, até ela!"

## Cosi fan tutti

Mas os sentimentos de impostura são universais? Eles, certamente, são familiares. Minhas lembranças dos tempos de psicóloga neófita funcionam como uma dupla exposição: o desafio do trabalho em primeiro plano e a ansiedade de ser desmascarada como plano de fundo. Lembro-me de atender, no primeiro horário, uma mãe casada, com dois filhos pequenos, que descreveu os angustiantes conflitos emocionais sobre sua identidade sexual e, no horário seguinte, um jovem casal articulado, preocupado com o filho recém-adotado e de histórico familiar incerto. "Este é um problema real. Talvez vocês devessem procurar uma psicóloga *de verdade*", lembro-me de ter pensado em lhes dizer. Continuei escutando atentamente. Parece que eu estava dizendo as coisas certas. As pessoas estavam começando a ter uma compreensão e a traçar um plano. Mas eu passava minhas horas de lazer tentando encontrar respostas definitivas em revistas especializadas, procurando supervisão clínica e ouvindo gravações de sessões de consulta, desesperada para superar a descoberta de que as pessoas estavam me aceitando mesmo que eu estivesse agindo sem manter a cabeça no lugar.

Eu não sabia que essa sensação não era exclusividade minha. Um estudo com psicólogas norte-americanas, selecionadas aleatoriamente, revelou que 69% se sentiam impostoras.⁵ E uma associação de profissionais liberais bem-sucedidas, algumas das quais celebridades, compartilham esse medo subjacente de ser descobertas. Michelle Pfeiffer já havia sido indicada a três Oscar e a seis Globos de Ouro quando descreveu suas inseguranças em uma entrevista, em 2002. Quando perguntada sobre como havia desenvolvido seu dom, ela respondeu: "Eu ainda acho que as pessoas irão descobrir que não tenho muito talento. Na verdade, não sou tão boa assim. Foi tudo uma grande farsa." Kate Winslet foi franca, também, quando admitiu que desconfiava de seu talento. "Algumas vezes, acordo pela manhã antes de ir a uma filmagem e penso: não consigo fazer isso. Sou uma fraude."⁶

Muitas pessoas sentem que não são inteligentes ou especializadas o suficiente, especialmente em um novo emprego. As pesquisas revelaram que esses sentimentos de impostura intermitentes e passageiros existem em 70% da população.⁷ O que diferencia a síndrome do impostor das inseguranças comuns é que a sensação pode diminuir, mas nunca desaparecer por completo, apesar dos elogios. A outra diferença é que, como a depressão, a artrite e a osteoporose, ela é mais frequente em mulheres, que veem o problema como algo crônico. Quando os homens são atingidos por inseguranças, especialmente em um novo emprego, esses sentimentos são breves, menos internalizados. Quando os pesquisadores perguntam às pessoas se acreditam que podem alcançar um resultado desejado, os estudos revelam que as mulheres têm percepções menos positivas de suas capacidades de manejo — uma crença em sua capacidade de domínio e de controle — que os homens.⁸ Isso não significa que elas são menos eficientes, mas que *pensam* que são. Os homens têm menos chances de falar sobre essas dúvidas, ou permitir que elas influenciem seu comportamento, segundo os pesquisadores. "Os homens blefam com mais facilidade", diz Valerie Young, especialista no fenômeno da impostura. "Antes de as mulheres se candidatarem a um emprego ou levantarem as mãos, sentem que têm de estar 100% seguras, enquanto os homens sentem que precisam ter apenas 50% de confiança e acreditam que conseguirão disfarçar o resto."⁹

Na ciência, especialmente, esperar por 100% de certeza pode refrear o pesquisador ou, até mesmo, colocá-lo em posição de total impedimento. Muitas mulheres são "mais zelosas e cuidadosas em suas pesquisas, e hesitam mais em fazer afirmações, até que sintam que podem, realmente, 'prová-las'", disse uma cientista quando indagada sobre diferentes abordagens de metodologia científica, em um amplo estudo realizado em Harvard. Nas entrevistas, ambos os gêneros comentaram sobre o perfeccionismo que, geralmente, caracteriza o trabalho das cientistas. Essa foi uma das inúmeras diferenças de gênero descobertas por dois professores de Harvard, Gerhard Sonnert, sociólogo, e seu colega, Gerald Holton, físico e historiador científico, quando acompanharam os progressos de todos os colegas de pesquisas de pós-doutorado que receberam financiamento da National Science Foundation entre 1952 e 1985, em um total de quase setecentos cientistas. Quando duzentos foram entrevistados frente a frente, tanto os homens quanto as mulheres comentaram que elas eram mais meticulosas e eficientes, em geral por temerem o fracasso ou as críticas. Suas publicações tendiam a ser mais amplas em abrangência, mais longas e bem documentadas, e, como resultado, havia um número menor de publicações assinadas por mulheres, contribuindo para reduzir a já decrescente, mas, ainda assim, notável, lacuna de produtividade feminina, bem conhecida na ciência acadêmica.[10] Conforme vimos, a família e a maternidade ajudam a explicar essa lacuna, mas um desejo de se blindar também desempenha um papel importante.

Se elas se sentiam impostoras, as mulheres deveriam estar preocupadas com o fato de que qualquer negligência de sua parte ajudaria a revelar que, afinal de contas, não eram verdadeiras cientistas. O contraste entre uma violenta autoconfiança e um compromisso quase paranoico de fazer o próprio dever de casa é o enredo secundário de *Intuition*, romance de Allegra Goodman, publicado em 2006, sobre inveja e descobertas científicas. Sandy Glass, cientista sênior, é um dos protagonistas, desesperado para ser o primeiro a registrar uma descoberta — e está disposto a correr todos os riscos para alcançar seu objetivo. "Ele tinha uma natureza voltada para as grandes descobertas e a fama iminente. A proposta para uma subvenção do National Institute of Health seria um golpe decisivo, sua obra-prima absoluta. Como ele poderia ter certeza de que iria conseguir? Ele já havia redigido a proposta. Marion, ainda não. Ela iria se escandalizar, mas Sandy já havia esboçado tudo. É claro, ele havia deixado de fora os números, as tabelas e os índices verdadeiros. Os dados ainda seriam acrescentados, mas, secretamente, Sandy havia forjado todos os detalhes da proposta. Ele fizera generalizações a partir dos resultados preliminares de Cliff e discutira detalhadamente o significado deles." E sua colaboradora, a cientista Marion? Ela é retratada como ponderada, cautelosa e altamente conservadora. "Não vou deixar que você tire conclusões em meu nome. Não vou colocar em risco a reputação deste laboratório com base em resultados incompletos", ela adverte.[11]

Trata-se de uma obra de ficção, é claro, mas o conflito entre o desejo de Sandy de assumir os riscos, a fim de ser o primeiro pesquisador a propor o conceito, e o perfeccionismo cauteloso de Marion capta uma divisão de gênero que parece surgir intrinsecamente. Essa atitude pode ser chamada de arrogância ou de ousadia, mas, seja qual for o nome que utilizemos, muitas mulheres de alto desempenho admitem que não possuem esses traços de personalidade. "Meus colegas de classe do sexo masculino no MIT diriam que nenhum deles jamais duvidou de que seria bem-sucedido. Eles passam a vida inteira recebendo o apoio de todos, acreditando que poderão realizar aquilo que se dispuseram a fazer. E nenhuma cientista do sexo feminino tem essa experiência, não importa seu nível de capacidade", escreveu uma professora de psicologia (que se descreveu como "paranoica", quando perguntei se poderia usar seu nome). Sem dúvida, uma parte dessa autoconfiança tem origem na percepção que os homens possuem a respeito das expectativas alimentadas pelos outros sobre eles. Mas o perfeccionismo e as inseguranças são temas realmente femininos?

## Otimismo postiço e os externalizadores

Uma infinidade de evidências sinaliza para mulheres relatando que elas vivenciam mais ansiedade e culpa que os homens. Dentre outros estudos, uma ampla meta-análise feita por Alan Feingold confirma isso, assim como o estudo mais abrangente sobre estados mentais nos Estados Unidos, realizado por Ronald Kessler, em Harvard. Seus dados revelam que as mulheres apresentam índices mais elevados de transtornos de humor e de ansiedade que os homens. No jargão psicológico, as evidências indicam que eles, em média, são "externalizadores", o que significa que seus comportamentos negativos são direcionados ao mundo como um todo, por meio da agressividade, da raiva, ou do abuso de substâncias, enquanto as mulheres, em média, possuem mais probabilidade de "internalizar", o que significa que seus pensamentos negativos têm mais chances de se voltar contra si mesmas, através da tristeza, culpa, ansiedade ou vergonha.[12] Um grupo de pesquisadores, liderados pela psicóloga Stephanie van Goozen, agora na Cardiff University, observou como as pessoas respondem a feedbacks negativos em relação a seus desempenhos. Os homens tinham mais probabilidade de demonstrar raiva com as críticas, enquanto as mulheres tinham mais chances de se sentir tristes e envergonhadas. (As mulheres ficavam tão irritadas quanto os homens, mas em resposta à desconsideração interpessoal percebida, e não às avaliações negativas de suas realizações.)[13] Não importa qual seja o contexto, elas têm mais probabilidade de fazer uma autorreflexão, de repensar e de procurar as causas dos acontecimentos dentro de si mesmas.

Quando coisas ruins acontecem, as mulheres teriam mais probabilidades de olhar para dentro de si, enquanto os homens olhariam para fora? Isso parece ser verdadeiro na literatura e na cultura popular, repletas de figuras masculinas que tentam bravamente ter sucesso, mas não conseguem, desde Willy Loman, em *A morte do caixeiro-viajante*, até Larry David, em *Segura a onda*. Pungentes ou absurdos, seus fracassos soam como lembretes de nossa falibilidade. Ainda assim, mesmo que o mundo esteja cheio de obstáculos para esses homens, eles nunca veem seus problemas como algo voluntário. Eles lutam, sim, contra fatores externos: mudança em panoramas urbanos ou sociais, poderes sobrenaturais, filhos preguiçosos e as tolices deste mundo, nunca olhando para dentro de si. Seus problemas estão lá fora, e não dentro deles.

Essa visão literária alinha-se perfeitamente com a visão empírica. Muitos estudos mostram que os homens, quando sentem que o sucesso lhes está escapando, atribuem isso a fatores externos, como uma competição injusta (a outra equipe trapaceou, o teste foi difícil, a estrada estava escorregadia). As mulheres, em média, focam em si mesmas (eu deveria ter-me esforçado mais, estudei o capítulo errado, deveria ter sido mais cuidadosa). Esses estudos confirmam que, ao mesmo tempo em que as mulheres são mais inclinadas a internalizar o fracasso, geralmente, atribuem seus sucessos a fatores externos.¹⁴ Isso é especialmente verdadeiro quando o êxito é inesperado. Um estudo clássico do início dos anos 1970, intitulado "O que é habilidade nos homens é sorte nas mulheres", avaliou como homens e mulheres entendem seu sucesso. A hipótese era a de que as pessoas iriam, automaticamente, classificar os homens como melhores em certas tarefas, graças aos estereótipos de gênero (afinal de contas, estávamos nos anos 1970). Uma descoberta inesperada foi que, quando solicitados a avaliar o próprio desempenho, os homens tinham a expectativa de um melhor desempenho que o modelo verificado em *ambas* as tarefas, classificadas como tipicamente masculinas ou femininas, enquanto as mulheres esperavam ter um desempenho melhor somente em tarefas consideradas tipicamente femininas. Quando as mulheres apresentavam um bom desempenho em toda a série de tarefas, consideravam isso uma casualidade da sorte.

## Conhece-te a ti mesmo?

Desde então, uma série de pesquisas confirmou dois fatos sobre a autoavaliação que merecem uma reflexão mais profunda. O primeiro é que nenhum de nós é muito bom nisso. Somos ruins em nossa autoavaliação, até mesmo quando se trata de questões de vida ou morte. As enfermeiras fazem uma apreciação equivocada de como elas conseguiram dominar a fundo suas habilidades de lidar com os equipamentos de suporte à vida, e os meninos adolescentes acham que são mais espertos em relação ao uso de preservativos do que realmente são. Os que detêm posse de armas não sabem se realmente dominam os itens de segurança relativos às armas de fogo, e os estudantes de medicina e residentes em cirurgia não são bons em avaliar como se sairão em testes para medir suas habilidades cirúrgicas. Em outras palavras, a autoconfiança é extremamente superestimada — está apenas imprecisamente ligada ao desempenho, se tanto.¹⁵ Em áreas em que o feedback é algo vago, raro, ou aparece tarde demais, a conexão entre a autoconfiança e o desempenho é ainda mais tênue. As pessoas que pensam ser inteligentes não o são necessariamente; os universitários têm pouca noção de como estão se saindo nos estudos; e gerentes, de modo geral, autoclassificam-se como tendo mais competência e mais habilidades no trato pessoal do que efetivamente demonstram na prática.[16] Apesar da máxima sobre conhecer-se a si mesmo, a maioria das pessoas não se conhece. Muitas superestimam seus níveis de inteligência e seu desempenho, e, portanto, não adianta perguntar-lhes nada sobre isso. Para encurtar a história, a autoconfiança faz você *se sentir* bom, mas não significa que você *é* bom.

O segundo fato é que há, realmente, diferenças de gênero na autoavaliação de tarefas cognitivas. Mais mulheres do que homens pensam que são malsucedidas, mesmo quando apresentam um desempenho muito bom.[17] Suas expectativas não determinam seu desempenho, mas podem afetar o que decidirão fazer em seguida. Joyce Ehrlinger e David Dunning, psicólogos da Cornell University, descobriram que mulheres que pensaram ter tido um mau desempenho em uma arguição sobre ciências — embora tenham, na realidade, se saído bem — declinaram, então, de entrar em um concurso. Suas autopercepções não afetaram o desempenho no exame. Não era a clássica profecia autorrealizatória. Mas suas autopercepções influenciaram seu desejo futuro de competir.[18] Na esfera competitiva, isso pode parecer discriminação, quando, na verdade, as mulheres podem estar se retirando da disputa por iniciativa própria, baseadas em autoavaliações errôneas. Carol Bartz, a diretora executiva que conhecemos no capítulo anterior quando nos contou a respeito de sua carreira construída acidentalmente, fez uma reflexão sobre o fato de algumas mulheres do mundo dos negócios resistirem à batalha para entrar no séquito de executivos, por acreditar que não conseguirão vencer. "As mulheres enfrentam um enorme sentimento de culpa. Elas conquistam os diplomas mais disputados e, então, desistem, porque dizem a si mesmas que, de qualquer maneira, não vão chegar muito longe mesmo." Ao avaliar equivocadamente as próprias competências, as mulheres abrem mão de oportunidades ou mostram-se hesitantes. Nesse ínterim, aqueles com um otimismo postiço podem dar um passo à frente.

Menos dispostos que as mulheres a expor e a deixar registradas suas vulnerabilidades, os homens que entrevistei que admitiram ter inseguranças tinham a forte sensação de que, se alguém pretendesse enfrentar a tarefa de pôr-se à prova, sentimentos de inadequação deveriam ser esperados. Eles atribuíam quaisquer inseguranças a uma peça concreta que estava faltando em seu histórico ou em sua formação. Seus sentimentos de impostura não provinham de uma imperfeição psicológica, mas de uma discrepância material temporária. Em outras palavras, não era culpa deles. Em vez de se sentirem envergonhados ou isolados, em muitos homens, o fenômeno da impostura não era uma questão ou, então, servia para alimentar brincadeiras, como nessa confissão do ator Mike Myers: "Eu ainda acredito que, a qualquer momento, a polícia dos sem-talento virá me prender." O subtexto? Apesar de eu não conseguir encostar a cabeça no travesseiro e dormir o sono dos justos, o mundo reconhece minhas conquistas. A evidência está ali. Por que questioná-la na frente dos outros? Ou, como Mort Zuckerman, bilionário, editor, crítico e magnata, encara sua rápida ascensão à direção executiva em seu primeiro emprego como corretor de imóveis, em 1962: "Eles acharam que eu sabia alguma coisa. Eu não os desmenti."[19]

Mesmo os homens jovens e frágeis retratados neste livro pareciam estar à vontade ao falar sobre seus empreendimentos, em contraste com a turbulenta falta de confiança de muitas das profissionais liberais, com décadas de experiência e realizações nas costas. Harry, que eu acompanhei por muitos anos para ajudar a controlar os sintomas de TDAH e da síndrome de Tourette, descreveu seus primeiros dias como professor de ensino médio da seguinte forma: "Quando se trata de ensinar, nunca tenho nenhuma insegurança ou preocupação. Sou confiante na frente dos alunos." Mas e quanto à sua atenção inconstante e seus tiques intermitentes? Eles afetavam sua capacidade de se sentir seguro no papel de professor novato? Ainda tendo de tomar três medicações por dia para manter seus sintomas sob controle, Harry achava que essas dificuldades não eram importantes. "Sei que todos estão olhando para mim, mas isso nem me passa pela cabeça", disse-me ele. E, quanto a Andrew, que agora trabalha como chefe de cozinha? Seu histórico escolar, ou o fato de que era um recém-chegado na cozinha, faria com que ele se sentisse um impostor? Ele sentiria, secretamente, que estava enganando a todos sobre sua competência? "Nunca me senti dessa forma, porque entrei de roldão e recebi uma série de responsabilidades. Não sentia que estava enganando ninguém, pois eles me colocaram imediatamente nesta função, então eu sabia que tinham confiança em mim." Andrew internalizou seu sucesso e contextualizava seus pequenos deslizes. "Costumavam gritar comigo o tempo todo, mas isso faz parte do trabalho. Todos nós cometemos erros. Você simplesmente aprende com eles. Se não aprender com os erros, aí sim, as pessoas vão achar que você é uma fraude." Harold, um talentoso jovem afro-americano, pensou, de início, que não possuía a formação e as habilidades necessárias quando começou em seu novo emprego como analista em um instituto de pesquisa e consultoria interdisciplinar. "Mas, quando olhei para o trabalho que eu havia feito e para o que conseguira realizar — tarefas que outras pessoas não conseguiram cumprir —, restabeleci minha confiança. Havia um problema e fui capaz de resolvê-lo, e pensei, posso fazer isso." Quaisquer sentimentos de inadequação que ele possa ter sentido no começo evaporaram-se ao término do terceiro mês. Ele recebia os méritos pelos feitos que realizara e atribuía quaisquer obstáculos a fatores que fugiam a seu controle. Sua história estava em evidente contraste com um estudo que revelou que 93% das universitárias afro-americanas continuavam a se sentir impostoras, atribuindo seu sucesso à sorte, e não às próprias habilidades.[20]

## Pessimismo como estimulante

Nem todos concordam que os sentimentos de impostura afetam majoritariamente as mulheres. Mas não é mera coincidência o fato de que uma das poucas pesquisadoras do fenômeno dê aulas em uma universidade da Ivy League exclusiva para mulheres, uma população com alto desempenho, na qual esses sentimentos são comuns. Julie Norem, professora de psicologia em Wellesly, incorporou a noção da síndrome do impostor em seus estudos sobre pensamento negativista, e disse o seguinte sobre os impostores: "Eles não gostam de si mesmos, não se sentem satisfeitos, mesmo que apresentem um bom desempenho. E seu medo de que serão descobertos interfere, realmente, em suas amizades." O que lhe interessa é como eles conseguem lidar com isso. Mesmo não se sentindo realizados com suas conquistas, o hábito de se criticar retrospectivamente e os padrões de pensamento autocríticos e pessimistas dos impostores nem sempre preparam o terreno para o fracasso. Ao contrário, as estratégias que os impostores adotam para compensar seus sentimentos de inadequação

— preparando-se muito ou dando crédito em excesso a seus companheiros — reduzem sua ansiedade e estimulam um desempenho mais alto. Ela chama isso de "pessimismo defensivo". Baixas expectativas não realistas levam a gasto de tempo e energia, antecipando tudo aquilo que pode sair errado. Elaborar mentalmente todos os resultados negativos e, então, administrá-los, ajuda os impostores a reduzir a ansiedade, explica Norem, porque esse tipo de planejamento permite que as pessoas saiam da ansiedade e partam para a ação concreta. "Os impostores que usam essa estratégia ficam mais satisfeitos com sua vida."

Ainda mais irresistível, no entanto, é a ideia de que as inseguranças levam as pessoas a se esforçar ainda mais. As pesquisas com exímios jogadores de xadrez realizadas por duas cientistas cognitivas, Michelle Cowley e Ruth Byrne, da Trinity College em Dublin, mostraram que os jogadores mais hábeis faziam críticas posteriores a si mesmos depois de cada jogada, previam oito jogadas com antecedência e tentavam lutar contra as próprias hipóteses. Em contraste com essa estratégia "negativa", os novatos tinham mais probabilidade de ser otimistas e, então, experimentar uma derrota esmagadora.[21] Este é o paradoxo dos que são inseguros: eles estão constantemente testando as hipóteses de que, possivelmente, não saibam o que estão fazendo. E, ao tentar conhecer o que ainda não sabem, acabam se tornando hábeis em suas áreas. Como exemplo, consideremos a especialista em tuberculose que atribuía tudo o que havia conquistado a "uma casualidade". Ela me disse que achava que deveria estar sempre fazendo mais pesquisas, lendo mais, para colocar-se à prova. "Sempre estou carregando uma pilha de artigos que preciso ler. Estou me acostumando aos poucos a dar palestras. Eu, com certeza, me preparo muito e verifico cada uma das referências." Como resultado, ela havia sido promovida inúmeras vezes.

## As internalizadoras

Perguntar às pessoas se elas se sentem uma fraude não é nada educado. Ainda assim, quando mencionei que estava escrevendo sobre síndrome do impostor, mulheres extremamente polidas fizeram confissões espontâneas. "Senti-me assim durante anos, é um sentimento muito estranho

— como se não fosse eu, realmente, a tomar aquelas decisões", disse a diretora executiva de um hospital que havia subido rapidamente na hierarquia administrativa para comandar uma rede de casas de saúde dedicadas a cuidados intensivos. O fato de que ela era responsável por mais de mil profissionais de saúde e seus pacientes, e de que fora promovida sistematicamente a cargos de mais responsabilidade não havia reduzido em nada sua sensação de ser, simplesmente, uma farsante. De modo semelhante, uma médica que havia conquistado inúmeros diplomas universitários, reconhecimento acadêmico e prêmios por serviços comunitários prestados, e que, ao mesmo tempo, conciliava uma intensa prática clínica em um hospital universitário no qual ministrava aulas, com a criação de quatro filhos, balançou debilmente sua mão e me olhou significativamente por sobre seus óculos. "Acho que te enganei, também. Ainda estou esperando que 'eles' descubram isso. Quando fui para Harvard pela primeira vez, já estava preparada para que alguém me dissesse: 'Você não é quem pensa que é!'" A sensação de nunca saber o bastante pode explicar por que essa médica está, agora, escrevendo mais uma carta de intenção para admissão acadêmica em uma universidade. Vinte anos de experiência, uma intensa prática clínica e uma série de publicações e prêmios não são o suficiente. Ela decidiu que precisa de outro diploma para dar sequência à bolsa de estudos que acabou de concluir em Harvard. "Eu realmente quero isso, mas estou com medo. Essas pessoas são novas, ainda não me conhecem e irão descobrir tudo e dizer: 'Você é um embuste, vá embora! Você não merece estar aqui.'"

Mais latentes quando se inicia um novo trabalho, os sentimentos de impostura variam com os novos desafios. Conforme aumentam as pressões do local de trabalho e sobre o desempenho esperado, elevam, consecutivamente, os sentimentos de impostura. O resultado é mais ansiedade em relação ao trabalho e menos apetite para o risco. Os sentimentos de impostura podem estimular as mulheres a subir degraus ainda mais altos na escala do perfeccionismo e no medo do fracasso, mas poupar o próprio talento dificilmente contribuirá para uma sensação de autoconfiança quanto às realizações pessoais. É essa falta de satisfação que pode precipitar a deserção de uma profissional de alto desempenho e bem remunerada, ou diminuir seu prazer com o trabalho. "Uma alta proporção de pessoas vivencia esses sentimentos de vez em quando, mas cerca de 30%

apresentam-no em um grau que interfere em seu trabalho e em sua vida", diz Pauline Clance. Quando isso acontece, a síndrome do impostor chega perto da depressão, outro problema caracterizado por atribuições distorcidas e duas vezes mais comum em mulheres que em homens.

## O outro problema sem nome

Não há estudos publicados que meçam a relação entre os sentimentos de impostura e a depressão. Mas há um estilo cognitivo comum a ambos. Desencadeada por fatores biológicos, assim como pelo estresse ambiental, a depressão é caracterizada por uma distorção do pensamento que foca no negativismo e diminui a positividade. As pessoas deprimidas, de um modo geral, fazem generalizações a partir de algumas poucas e más experiências, consideram que as coisas são piores do que são e imaginam que os riscos mínimos de algo acontecer aplicam-se ao seu caso. Não importando as suas capacidades, de modo semelhante a Joe Btfsplk, em *Ferdinando Buscapé*, elas veem a si mesmas e ao futuro através de uma nuvem.[22] Comparemos isso com o tipo de raciocínio da síndrome do impostor, em que a experiência de sucesso na vida real produz um efeito apenas limitado na expectativa que aquela pessoa tem do futuro. Não importa o quanto a impostora tenha ascendido, ela não considera que será bem-sucedida da próxima vez e tem medo de ser desmascarada como uma fraude. De fato, o pioneiro do movimento da psicologia positiva, Martin Seligman (que conhecemos no Capítulo 1 investigando a autodisciplina), considera a percepção de não ter nenhum controle sobre o próprio destino como um estado mental relacionado à depressão. De acordo com sua teoria, as pessoas que atribuem acontecimentos negativos a fatores internos (é tudo culpa minha) e acontecimentos positivos a fatores externos (eu tive muita sorte) correm maior risco de sofrer de depressão quando confrontadas com o estresse.[23] Se a pessoa não consegue administrar os acontecimentos positivos, pode perceber sua situação como incorrigível.

Apesar da sobreposição, a síndrome do impostor e a depressão não devem ser confundidas. A depressão é um transtorno que persiste ao longo do tempo e que desintegra a vida cotidiana. Os "impostores" podem não se sentir satisfeitos com seu trabalho, até mesmo de maneira alegre e despreocupada. Mas, ao trabalhar ativamente para mudar suas consequências, eles têm menos probabilidade de se tornar incapacitados pela insegurança. Os sentimentos de impostura lembram os da depressão apenas quando a pessoa dispõe de poucas habilidades para lidar com os problemas, e o pensamento reflexivo assume o controle. Isso cria uma corrente subterrânea de estresse crônico que, em combinação com fatores genéticos e bioquímicos, pode transformar-se em uma depressão clínica se não for reconhecida e tratada a tempo. A depressão afeta 9,5% da população — 12 milhões de mulheres somente nos Estados Unidos —, e é o problema de saúde mental mais comum em mulheres. Embora sempre haja um fator desencadeante, os fatores biológicos são a chave.[24] Razões familiares — genes, hormônios e diferenças de gênero de origem cerebral — explicam por que as mulheres possuem uma incidência maior do transtorno do que os homens e são mais vulneráveis em certos pontos de sua vida. Não se trata do fato de que o trabalho gera depressão. Mas o trabalho tem mais chances de afastar as mulheres quando vivenciam um estresse crônico e sentem-se incapazes de controlá-lo.[25]

O paradoxo da síndrome do impostor é que o hábito de criticar-se retrospectivamente pode levar as mulheres tanto a desistir quanto a se esforçar ainda mais. Para muitas, a influência oculta das inseguranças é o outro lado da moeda de seus êxitos pessoais. Apesar de obedecer, efetivamente, ao modelo baunilha de sucesso masculino, um subgrupo de mulheres continua a questionar essa adequação. Conquistar status com a autopromoção e blefes não está no topo da lista das prioridades delas; ser levadas a sério em suas habilidades, valores e qualidades intrínsecas é o que vem primeiro. O efeito não é o de que *menos* mulheres capazes se autosselecionam para abandonar a disputa, mas, sim, que muitas mulheres talentosas podem nem sequer se arriscar a participar. Nesse momento de hesitação, outros candidatos mais confiantes, porém, talvez, menos qualificados podem dar um passo à frente. De posse dessa observação estimulante, vamos retornar aos homens para saber se, em média, eles são mais ávidos por competir e vencer do que o sexo oposto.

CAPÍTULO 8

# Competição: coisa de meninos?

Na tarde em que fui retirar meu sobrinho de 3 anos do berço, depois de ele tirar uma soneca, foi que comecei a pensar sobre a competição masculina como uma característica profundamente enraizada. Usando uma fralda seca e um macacãozinho encharcado, Jack estava segurando as barras do berço e olhando na direção da fresta de luz que vinha da porta entreaberta quando eu apareci. Percebi que ele esperava pela mãe e, então, decidi conversar um pouco antes de acolhê-lo em meus braços e beijá-lo. "Fiquei sabendo que você acabou de fazer aniversário", arrisquei. Ele balançou a cabeça devagar, concordando. "E você ganhou um presentão. Um triciclo!" Ele concordou novamente. "Que ótimo presente", continuei em seguida. "No meu aniversário, ganhei uma bicicleta. Eu andava com ela o tempo todo." Aproximei-me mais um pouco do seu berço enquanto ele me olhava fixamente. "O meu é mais rápido", ele me disse. Ele fixou seus olhos escuros nos meus, me desafiando. "Eu consigo andar mais rápido que você."

A tendência masculina de desafiar a todos é o assunto deste capítulo. Assim como Jack, nem todos os homens têm tudo que é necessário para vencer os adversários maiores, mais fortes e mais experientes. Mas uma avidez pela competição e pelo uso da agressividade como meio de conquistar status foi documentada nos homens desde as mais remotas eras e em quase todas as culturas. Para conseguir o que querem, para conquistar o poder, ou apenas por diversão, meninos de 3 a 12 anos foram observados empurrando, cutucando, batendo, simulando lutas, trocando insultos, desafiando, atacando e contra-atacando com muito mais frequência que as meninas, em todas as partes do mundo.[1] O volume maior de dados sobre busca de status e agressividade masculina criou um raro consenso. Quase todos os cientistas sociais concordam que, em média, os homens são mais agressivos e mais intensamente competitivos que as mulheres, e há fartas evidências disso em todos os contextos — desde o berçário até a arena de esportes, desde o campo de batalha até a sala de reuniões da diretoria.

As mulheres competem tanto quanto os homens. Mas basta entrar em qualquer sala de aula para desiludir-se da ideia de que homens e mulheres competem exatamente da mesma maneira. Um estudo mostrou como meninos e meninas de 4 e 5 anos eram motivados pelo mesmo objetivo, mas o atingiam por meios diversos. Quando estes pré-escolares tinham de se organizar para assistir a um desenho animado juntos, os meninos usavam a competição e as táticas físicas cinquenta vezes mais do que as meninas. Enquanto isso, elas usavam o diálogo e a alternância de turnos vinte vezes mais que os garotos.[2] Quando podem escolher, os meninos de 9 e 10 anos competem visivelmente 50% do tempo em suas horas de lazer, enquanto as meninas escolhem competir apenas 1% de seu tempo. Na maioria das vezes, os meninos escolhem jogos com vencedores e perdedores; as garotas preferem jogos em que se deve ceder a vez, com intervalos garantidos para a interação social.[3] Esses estilos de brincadeiras divergem tanto que os meninos e as meninas acabam se fixando em grupos do mesmo gênero, de modo a poder brincar com os jogos que preferem. Mas os meninos estariam simplesmente imitando comportamentos competitivos e viris, observados em outros rapazes? Veremos, em breve, como as forças biológicas impelem os homens a brincar com jogos mais brutos e a procurar pela competição, permitindo-lhes uma prática mais consistente em termos de exibicionismo, da defesa de seu território, e de ganhar e perder. Um número maior de homens agressivos e competitivos aprimora, posteriormente, suas habilidades para formas culturais de agressividade naturalmente atraentes, como jogos de computador violentos ou *paintball*. Essas atividades não os tornam agressivos — elas são uma diversão para aqueles que já o são.

Mas a margem de superioridade na agressiva competitividade masculina não significa que as mulheres sejam passivas, ou que todas elas irão desistir de uma disputa. As mulheres, individualmente, podem com facilidade ser mais competitivas que alguns homens. Mas, em média, o estilo de competição das meninas e das mulheres parece diferente, envolvendo sinais sociais sutis, fofocas e comentários maliciosos, mais do que desafios físicos. E, como suas metas são quase sempre sociais, é mais difícil avaliar quem está na frente, somente por meio de pontos, dólares e escores. O simples fato de ter de competir estimula o desempenho masculino, ao mesmo tempo em que diminui o feminino. Foi isso que os economistas norte-americanos Uri Gneezy e Aldo Rustichini descobriram quando observaram como crianças israelenses do quarto ano se comportavam ao disputar corridas nas aulas de educação física. Quando as crianças corriam sozinhas em uma pista de 40 metros de comprimento, não havia diferença de gênero mensurável em relação ao tempo gasto para completar o percurso. As meninas corriam tão rápido quanto os meninos. Então, formaram-se pares de crianças com velocidades equivalentes, pedindo-lhes que disputassem uma corrida, ou que corressem novamente sozinhas. Gneezy e Rustichini descobriram que os meninos corriam mais rápido quando competiam com um oponente, enquanto as meninas corriam mais devagar quando eram solicitadas a competir do que quando corriam sozinhas. E, se as meninas tivessem de competir, o gênero de seu oponente fazia diferença. O desempenho dos meninos aumentava em qualquer caso, competindo contra meninos *ou* meninas. Mas as meninas tinham um desempenho melhor quando corriam contra os meninos.[4]

Isso sugere que, afinal de contas, escolas mistas podem não ser uma ideia tão ruim assim, desde que os professores sejam sensíveis às variações naturais que ocorrem nos apetites dos estudantes pela competição. A psicóloga Carol Weisfeld descobriu que, mesmo quando suas habilidades atléticas estão bem equiparadas, os meninos ficam mais ávidos por derrotar um oponente. Quando ela juntou alunos com habilidades semelhantes em jogos mistos de queimado, os meninos se esquivavam mais da bola, agarravam agressivamente as bolas perdidas e acertavam os outros jogadores com mais frequência do que as meninas. É dessa forma que eles conseguem vencer as meninas que normalmente alcançam altos escores, com uma margem de 67 para 4.[5] Se as maneiras pelas quais homens e mulheres competem parecem diferentes, se suas metas divergem, e se seus apetites pela competição desenfreada também variam, sustentar a ideia de um campo de batalha equilibrado é uma tarefa praticamente impossível. Nem os homens nem as mulheres podem funcionar como padrão para o sexo oposto.

Muitos meninos estruturam suas atividades de modo que haja um campeão incontestável, porque, se não houver, qual a graça? Por vários anos, utilizei em minha prática com algumas crianças um tabuleiro de jogos terapêutico, denominado apropriadamente de *The Ungame* [O Não Jogo], pois não havia ganhadores nem perdedores. Os jogadores pegavam as cartas de uma pilha, e tinham de falar sobre si mesmos e ouvir as motivações dos outros participantes à medida que moviam suas pecinhas de plástico sobre o tabuleiro. Os meninos ficavam perplexos até que eu começasse a acrescentar algumas moedas como recompensa. Se não dava para marcar algo no placar, qual era o sentido? Mesmo os meninos mais reservados eram menos estimulados pela "viagem" do que pela máxima do ex-técnico Vince Lombardi: "Ganhar não é tudo. É a única coisa possível." Como veremos, os modos distintos de encarar a competição podem ter efeitos surpreendentes, influenciando os tipos de emprego desejados por homens e mulheres, seus rendimentos e o status alcançado depois de consegui-los.

## Contando migalhas ou fazendo negócios no atacado

É uma verdade trivial afirmar que as mulheres sempre trabalharam, mas que seu trabalho era mais assistemático que o dos homens. Pelo menos três gerações de mulheres em minha família tentaram aproximar seu trabalho da família, ou encontraram um emprego perto de casa, começando por minha avó, que frequentou um curso de medicina na Europa, mas terminou imigrando nos anos 1920, antes de concluir sua graduação. Chegando ao Canadá, ela começou a trabalhar em uma fábrica. Então, depois de chegar em casa e descobrir que uma babá havia deixado seus filhos sozinhos enquanto ela estava no trabalho, começou a fazer gravatas por encomenda. Gravatas desmontadas ficavam espalhadas sobre todas as maçanetas e portas de seu apartamento e esses pequenos trabalhos de costura eram combinados com outros ainda maiores, antecipando a semana de 24 horas de trabalho por dia, os sete dias da semana, que todos nós pensamos ser algo recente. As mulheres ainda fazem mais trabalhos como autônomas ou funcionárias temporárias do que os homens. Um número maior de mulheres opta pela flexibilidade ou pela remuneração por palavras, chamadas, horas, aulas, relatórios, cursos ou projetos, transformando-se, nesse processo, em trabalhadoras domésticas invisíveis, sem se submeter a normas de trabalho nem fazer parte, oficialmente, dos quadros de funcionários com chance de ascensão profissional.

A disposição de muitas mulheres de trocar um salário fixo por horários flexíveis contribui para a discrepância salarial global. Além de um desejo de ter tempo para a família, haveria alguma outra coisa na abordagem feminina da competição que favoreceria tais trocas? Muriel Niederle, economista de Stanford, e sua colega Lise Vesterlund, formularam exatamente essa pergunta em um projeto de pesquisa, realizado em 2006. Seu experimento foi planejado para investigar por que há tão poucas mulheres ocupando posições de cargos executivos e de liderança, em que a competição predomina.[6] Elas formularam a hipótese de que, se as mulheres gostam menos de competir que os homens, então, mesmo se elas fossem igualmente capazes e tivessem oportunidades equivalentes, competiriam com menos frequência por promoções e empregos lucrativos.

As duas economistas testaram essa hipótese reunindo grupos de quatro voluntários, cada um deles composto por duas mulheres e dois homens. Cada grupo tinha de fazer a maior soma correta de números de dois dígitos que conseguisse em cinco minutos. Inicialmente, cada um recebia US$0,50 por cada resposta certa. Mas, na segunda rodada, eles tinham de competir por um prêmio. A pessoa em cada grupo com o maior número de acertos ganharia US$2 por cada resposta correta. Os perdedores não ganhariam nada.

Os resultados mostraram que as mulheres e os homens responderam ao mesmo número de problemas corretamente dentro de cada sistema. Mas, quando as pesquisadoras perguntaram o que eles prefeririam na terceira rodada, 75% dos homens escolheram o torneio (ou o modelo do vencedor-leva-tudo, sem compensações para os perdedores), em detrimento dos salários-tarefa, em comparação com 35% das mulheres. Mesmo comparando homens e mulheres que tiveram um bom desempenho, as mulheres tinham 38% a menos de probabilidades que os homens de participar do torneio. Não se tratava de ter ou não habilidade. Mesmo os homens que não conseguiam ser bons em cálculo estavam mais dispostos a competir, mostrando uma confiança que não refletia suas habilidades, o que, no fim, os fazia ganhar muito menos do que poderiam. Quando as habilidades encontravam-se equilibradas, quando não havia discriminação, e quando todos dedicavam o mesmo tempo a cada tarefa, a maioria das mulheres ainda esquivava-se da competição. Por quê?

Niederle e Vesterlund sugeriram duas possíveis explicações: menos confiança e aversão ao risco. Mesmo comparando homens e mulheres que acreditavam que podiam vencer, os homens ainda tinham 30% a mais de probabilidades que as mulheres de escolher o estilo de recompensas do sistema de torneio e, portanto, a autoconfiança não consegue dar conta de tudo. Era o risco — a possibilidade de não receber nenhum tipo de pagamento, caso seu desempenho não fosse o melhor — que assustava as mulheres. As autoras descobriram que essa abordagem tudo-ou-nada incomodava a maioria das mulheres, não importando as habilidades que demonstrassem ter. Hesitar em arriscar tudo pode explicar por que menos mulheres competem em jogos de soma zero, como a política, onde podem ganhar muito, mas, se perderem, ficam sem nada. Ou por que menos mulheres ocupam os cargos mais elevados nas ciências, em que o investimento em treinamento é intenso, mas apenas uma discreta minoria é agraciada com bolsas de estudo prestigiadas e desfruta de um sucesso espetacular. Com esse refinado estudo, as duas economistas provaram que menos mulheres do que homens estão dispostas a arriscar tudo para ganhar tudo.

Mas, se elas não gostam de competir, que tal simplesmente perguntar-lhes o que desejam? Um apetite reduzido para o risco significa que as mulheres também estão menos dispostas a negociar em causa própria. Outra economista, Linda Babcock, da Carnegie Mellon University, elaborou um contundente estudo depois que um grupo de universitárias a abordou para perguntar por que os universitários do sexo masculino terminavam conseguindo ministrar os próprios cursos, enquanto as estudantes do sexo feminino ficavam, geralmente, com os cargos de assistentes dos professores. "As mulheres simplesmente não pedem", foi a resposta que elas obtiveram do decano. Isso inspirou Babcock a elaborar um experimento em que se oferecia entre US$3 a US$10 a cada estudante para brincar de Boggle, um jogo de palavras. Depois de terminada a partida, a pesquisadora dizia: "Aqui estão três dólares. Esse valor está bom?" O número de homens que pediam mais dinheiro era nove vezes maior que o de mulheres

Embora as mulheres fizessem uma autoavaliação semelhante à dos homens em relação a suas habilidades como jogadoras, e reclamassem amargamente pelo fato de receberem menos, estavam dispostas a aceitar uma compensação menor, desde que não tivessem de negociar — um ato competitivo com riscos implícitos (o risco principal era o de ser rejeitadas). Babcock apresenta o seguinte exemplo: "Imaginemos que, aos 22 anos, um homem e uma mulher igualmente qualificados recebam uma oferta de trabalho de US$25 mil por ano O homem negocia e consegue aumentar a oferta para US$30 mil. A mulher não negocia e aceita o emprego por US$25 mil. Mesmo que cada um deles receba aumentos idênticos de 3% por ano ao longo de suas carreiras, quando chegarem aos 60 anos, a discrepância entre seus salários terá aumentado para mais de US$15 mil por ano".[7] As mulheres não gostam de negociar e também não gostam quando seus subordinados tentam negociar com elas. As chefes penalizaram tanto homens quanto mulheres que tentaram negociar, enquanto os homens eram mais avessos às negociações propostas por mulheres.[8] Apesar de tudo, o ato de negociar levava a recompensas maiores. Mesmo assim, quando as mulheres negociam, elas tendem a estabelecer objetivos menos agressivos e, portanto, lucram menos, escreve Babcock. Os que estão do outro lado da mesa podem perceber isso, estabelecendo um circuito de retroalimentação, no qual oferece-se menos às candidatas como um desafio para a negociação. Elas pedem menos e, portanto, ganham menos, disse-me Babcock pelo telefone. Embora a intenção não seja discriminatória, o efeito acaba sendo.[9] Mas as razões estão na relutância das próprias mulheres em bater no peito e competir agressivamente por mais recursos

## Agressividade

Em 1938, Virginia Woolf escreveu uma resposta sarcástica na revista *Atlantic* a uma carta solicitando que "as filhas de homens esclarecidos" se unissem à causa contra as guerras. Os homens eram muito cínicos por esperar que as mulheres se envolvessem, escreveu ela.

> O fato é incontestável — raramente, ao longo da história, um ser humano foi atingido por um fuzil empunhado por uma mulher;

a maioria dos pássaros e animais foi morta por vocês, não por nós. Como poderemos, então, compreender seu problema e, se não conseguirmos, como poderemos responder à sua pergunta sobre como prevenir as guerras? A resposta baseada em nossa experiência e em nossa psicologia — por que lutar? — não teria a mínima utilidade para vocês.[10]

Woolf tinha razão. Participantes de conflitos de terra, guerras religiosas, disputas de gangues, combates mano a mano, ocupação de propriedades à força, duelos, torneios de justas, lutas de boxe ou tiroteios são, quase sempre, homens lutando contra outros homens.[11] Mesmo entendendo que a agressividade, o comportamento criminoso e as lutas implacáveis não são a mesma coisa que a competição, seus estímulos básicos estão conectados.[12] O impulso para ganhar o maior prêmio, a parceira sexual mais desejada, o maior escore em uma partida ou o mais poderoso cargo que renda as maiores aclamações prescinde, atualmente, de armas ou do tamanho e da força física. Mas exige, ainda, o ímpeto exibido por meu sobrinho de 3 anos quando me desafiou. Você tem de acreditar que é o mais rápido, o mais forte, o maior ou o melhor e estar preparado para provar isso, desbancando as outras pessoas.

Um franco desejo de competir é necessário quando se quer adentrar a política ou vencer em um jogo de soma zero. Um exemplo é Sam Sullivan, eleito prefeito de Vancouver em 2005 e ironicamente descrito por um jornalista do *Globe and Mail* como um "quadriplégico ingênuo, pouco sofisticado e quase caipira, que parecia surpreso com o fato de que as pessoas haviam votado nele". Sullivan pode deixar transparecer essa imagem, mas ela não é a forma como ele se percebe, o que, grosso modo, ficou revelado em um documentário cinematográfico. "Adoro quando as pessoas me subestimam. Elas me dão um tapinha na cabeça e, então, eu lhes arranco o pescoço", disse Sullivan a seu próprio respeito. "Vou fincar o pé no maldito pescoço do cara e continuar pressionando, para ver até quando ele consegue respirar." Mais do que combatividade, esse impulso agressivo — mesmo disfarçado — pode ser tudo de que se precisa para triunfar em competições do tipo o vencedor-leva-tudo. Essa pode ser a razão pela qual as mulheres buscam posições de liderança com menos frequência. Elas respondem por algo em torno de 5% dos executivos mais bem pagos nos

Estados Unidos e somente cerca de 15% das cadeiras no Congresso norte-americano, em parte porque mais mulheres estão interessadas em colocar suas habilidades à prova do que em levar seus oponentes à lona.[13]

O colunista David Brooks, do *New York Times*, menciona essa mistura de competitividade agressiva e coragem bélica com base na divisão da alma humana defendida por Platão: conhecimento, desejo e emoção (a emoção sendo a busca por reconhecimento). "A emoção motiva as melhores e as piores coisas feitas pelos homens. Estimula-os a buscar a glória e a impor-se agressivamente em nome de causas nobres. Estimula-os a enfurecer-se, caso os outros não reconheçam seu valor. Algumas vezes, fazem com que eles matem por uma coisa à toa, caso se sintam desrespeitados", escreveu Brooks em 2006. O orgulho ferido masculino é levado ao paroxismo em situações nas quais os homens sentem-se menosprezados e partem para ataques de fúria assassina com armas de fogo. Este, dificilmente, pode ser considerado um fenômeno tipicamente norte-americano. Em *Como a mente funciona*, meu irmão Steven descreve a universalidade das emoções feridas em culturas tão diversas quanto comunidades da Escócia e de Papua Nova Guiné, onde homens assassinaram brutalmente outros homens após "perderem um amor, perderem dinheiro, ou perderem a fé".[14]

O *Random House Webster's Dictionary* define a palavra agressivo como "vigorosamente enérgico, especialmente no uso da iniciativa",[15] enquanto a cultura popular, de modo geral, confunde o criminoso com o herói — pensemos em Tony Soprano, ou em Tupac, que combinam um comportamento moderno e prepotente com uma cegueira em relação às regras, do tipo o vencedor-leva-tudo. É essa combinação de arrogância e disposição para correr riscos que cria o paradoxo do homem frágil. Meninos e homens agressivos e competitivos podem ser erroneamente classificados como simpáticos, e algumas pessoas podem considerar um exagero chamá-los de frágeis. Mas um apetite aumentado para a competição e o risco, em combinação com um fraco controle dos impulsos, resulta em um índice muito mais alto de acidentes, problemas de comportamento, fracasso escolar, violência e detenção entre os homens. Ainda assim, uma sintonização adequada destes mesmos impulsos competitivos poderia levá-los a perseverar para fazer uma descoberta, ou a buscar um objetivo com a mesma força com que perseguem um rival. O quão longe eles chegarão, e por que, é para onde a história nos leva a seguir.

## Punição e vingança

"A vingança é doce — especialmente para as mulheres", escreveu o poeta romântico Lord Byron. Mas isso foi duzentos anos antes de aparecerem os exames de ressonância magnética e as investigações sobre os hormônios sexuais. Sabemos, agora, que uma avidez pela punição e pela busca de vingança soa como uma diversão para os homens e está ligada ao aumento de adrenalina e de testosterona durante a empolgação da competição. Segundo estudos realizados pela psicóloga sueca Marianne Frankenhauser, os níveis de adrenalina elevam-se quando os homens estão em situações competitivas, mas diminuem na maioria das mulheres, cujos sistemas neuroendócrinos programam-nas para vivenciar a competição de maneira diferente da dos homens.[16] Na verdade, muitos homens não precisam ficar irritados para querer se sentir vingados. Tudo de que precisam é uma descarga neuroquímica em um ambiente competitivo. Na Grã-Bretanha, os fãs de futebol têm mais probabilidades de se tornar violentos quando seu time ganha do que quando perde. Suas agressões a outros espectadores estão mais diretamente relacionadas a seu estado geral de alerta — ou à excitação do combate — do que a raiva, vergonha ou decepção.[17] E tudo o que os estudantes de ensino médio do sexo masculino precisam para se sentir inclinados a fazer mal a um estranho é portar uma arma. Em 2006, os pesquisadores norte-americanos Jennifer Klinesmith, Tim Kasser e Francis McAndrew descobriram que estudantes secundaristas médios e de temperamento calmo teriam mais probabilidade de preparar uma bebida incrivelmente condimentada para um estranho depois de manusear uma arma do que após disputar um jogo de tabuleiro. A avidez pela punição estava relacionada a uma elevação da testosterona, que havia sido reforçada naqueles homens que seguraram a arma.[18]

Demonstrar graficamente a correlação entre os hormônios e a cognição é algo novo, mas entre o sexo masculino e a punição, não. Nos anos 1970, inúmeros estudos mostraram com que facilidade meninos administravam choques elétricos em outras crianças que davam respostas erradas a uma falsa tarefa de aprendizagem. Esses meninos tinham mais probabilidade que as meninas de aumentar a intensidade e de manter pressionado o botão de choque por mais tempo. Experimentos mais recentes, usando imagens neurais, demonstraram a maior rapidez com que os homens recorrem a castigos físicos e demonstram prazer ao exigir vingança. Tania Singer, Klaas Enno Stephan e outros colegas da University College London ensinaram homens e mulheres a como disputar um jogo de estratégias no qual os jogadores poderiam compartilhar seus lucros com os outros. O jogo incluía os cúmplices dos pesquisadores — atores que jogavam de modo egoísta e acumulavam recompensas. Os psicólogos esperavam que os sujeitos de seu experimento fossem demonstrar empatia por aqueles que estavam jogando honestamente e que iriam rejeitar os jogadores egoístas, testando essa hipótese por meio da administração de choques elétricos dolorosos nas mãos de todos os jogadores. O mapeamento de imagens cerebrais revelou até que ponto as diferenças de gênero afetavam a demonstração de empatia pela pessoa que recebia o choque. Quando os participantes do sexo masculino observavam os "caras maus" recebendo um choque elétrico como punição, a parte de seus cérebros que registra o prazer — o núcleo accumbens — ativava-se. Mas os centros ligados à empatia permaneciam inertes. As mulheres, ao contrário, mostravam evidências neurais de empatia sempre que os rapazes, bons ou maus, se sentiam esgotados.[19] Isso não os fazia se parecer com monstros, escreveu a Dra. Singer em um e-mail, mas era um indício de que, provavelmente, essas respostas neurais evoluíram no sexo masculino para dar aos homens mais chances de punir os traidores ao seu redor. Os homens devem ter evoluído para policiar o comportamento daqueles que fazem parte de seu grupo — e para sentir menos aversão ao se livrar dos aproveitadores, ou daqueles que não jogam limpo.

Essa é a visão macro, evolucionista. Atualmente, ela significa que os cérebros masculinos estão programados para despertar felicidade e sentir prazer quando os rivais são vencidos. Isso teria impacto na forma como os homens vivenciam a competição no local de trabalho? Demonstrar menos empatia pelos próprios oponentes significa menos conflitos emocionais na hora de derrotá-los. Isso pode ser o essencial para se sair vitorioso.

### Tudo o que não mata...

Com menos autocensuras para moderar seus impulsos competitivos, agressivos e vingativos, mais homens acabam sendo detidos (a proporção de prisioneiros homens para mulheres é de dez para uma),[20] cometem suicídio (quatro vezes mais homens do que mulheres dão fim à própria vida)[21] e matam ou são mortos no trabalho (93% dos disparos nos locais de trabalho são realizados por homens e 90% das fatalidades nesses ambientes ocorrem com pessoas do sexo masculino).[22] Nas escolas, os atiradores que arriscam a vida para se vingar de insultos reais ou imaginários, são sempre homens. Os acidentes são a quarta causa de morte masculina e ocorrem com duas vezes mais frequência em homens do que em mulheres.[23] Mas os resultados nem sempre são catastróficos. Sites, como o YouTube e o XXXL mostram videoclipes de homens corajosos, incluindo aqueles que partem melancias ao meio com as próprias cabeças, inalam uma carreira de pimenta preta, andam de skate sobre telhados de prédios, ou acertam um coquetel Molotov caseiro com um taco de beisebol.[24] As pessoas que assumem riscos absurdos são, quase sempre, homens.

Quando os criadores desses truques chegam ao hospital ou ao necrotério, tornam-se candidatos ao Darwin Awards, que louva as discutíveis façanhas daqueles que involuntariamente arquitetam a própria morte, ou que quase a arquitetam, por meio de uma ambição desmedida e de um parco controle de impulsos. Algumas histórias do prêmio Darwin são divertidas, outras são trágicas, e quase todas envolvem homens correndo riscos mortais. Dos 403 Darwin Awards, que selecionaram indivíduos em meio ao grande conglomerado genético humano, 90% eram homens.[25] Uma disposição inquestionável para o risco é personificada por Larry Walters, vencedor do Darwin Awards e ex-motorista de caminhão de Los Angeles, que queria realizar seu sonho de infância de conseguir voar. Depois de observar, do quintal de sua casa, os aviões a jato no céu, ele concebeu um plano. Comprou 45 balões atmosféricos em uma loja de excedentes das forças armadas, amarrou-os, com segurança, à sua cadeira de jardim, e encheu de hélio os balões, cada um deles com um 1,20m de diâmetro. Então, abasteceu-se de sanduíches, cerveja e uma espingarda de chumbo. O plano era planar a aproximadamente 9m de altura, sobrevoar um pouco seu quintal enquanto apreciava a vista e tomava uma cerveja, e, então, quando já estivesse satisfeito, atirar em alguns dos balões com sua espingarda e voltar ao chão.

> Quando seus amigos cortaram a corda que estava prendendo a cadeira de jardim ao seu jipe, ele não planou a preguiçosos nove metros do chão. Ao contrário, foi lançado aos céus de Los Ange-

les como se tivesse sido atirado por um canhão, empurrado por um elevador formado por 45 balões de hélio, com 93cm³ de gás em cada um. Ele não ficou nivelado nem a 30, nem a 300 metros. Depois de subir sem parar, chegou a 4.875m. Naquela altura, percebeu que não poderia arriscar atirar em nenhum balão, temendo desequilibrar a carga e ficar, realmente, em apuros. Então, ele ficou lá, à deriva, com sua cerveja e seus sanduíches por inúmeras horas, enquanto considerava as opções. Em determinando momento, ele cruzou a principal área de aproximação de aeronaves do aeroporto internacional de Los Angeles e os pilotos das empresas aéreas Delta e Trans World entraram em contato com a torre de comando, transmitindo relatos incrédulos da estranha visão que estavam tendo. No fim, ele reuniu coragem para atirar em alguns balões e começou a descer vagarosamente enquanto a noite caía. As cordas de sustentação se enroscaram nos fios de energia elétrica, deixando às escuras a vizinhança de Long Beach por vinte minutos. Larry passou para a área de segurança, onde foi preso por membros do Departamento de Polícia de Los Angeles, que o esperavam. Enquanto era levado algemado, uma repórter enviada às pressas para cobrir o audacioso resgate lhe perguntou por que ele fizera aquilo. Larry respondeu com sangue frio: "Um homem não consegue simplesmente ficar sentado sem fazer nada."[26]

Os psicólogos evolucionistas Margo Wilson e Martin Daly sugerem que essa disposição para correr riscos é "um atributo da psicologia masculina" e, em 1999, três psicólogos da University of Maryland decidiram avaliar se essa afirmação era verdadeira. James Byrnes, David Miller e William Schafer analisaram 150 estudos nos quais se comparava a disposição para correr riscos entre homens e mulheres, e destrincharam os resultados por meio de uma meta-análise. Eles descobriram que, em quase todos os estudos, os homens tinham mais probabilidade de correr riscos que as mulheres, e que as discrepâncias entre os gêneros não eram desprezíveis. As maiores diferenças estavam em jogos de azar, submeter-se a experimentos arriscados, correr riscos intelectuais e nas habilidades físicas — o que explicaria a descoberta de Carol Weisfeld sobre o jogo de queimado. As menores diferenças entre homens e mulheres na disposição para correr riscos incluíam comportamentos sociais, como fumar, beber e fazer sexo. Em uma de suas análises, eles descobriram que os homens corriam riscos "mesmo quando estava claro que aquela era uma má ideia", enquanto o oposto era verdadeiro para mulheres e meninas, que evitavam o risco mesmo em situações menos perigosas, quando deveriam ter apostado em algo, como fazer um exame de acesso à universidade a título de experiência. "Enquanto as descobertas anteriores sugerem que homens e meninos tenderiam a fracassar ou a se deparar com outras consequências negativas com mais frequência do que as mulheres e meninas, as últimas descobertas sugerem que elas tenderiam a vivenciar o sucesso com menos frequência do que poderiam", escreveram os autores — uma observação interessante, considerando-se que os índices menores de sucesso material das mulheres são, geralmente, atribuídos a forças externas. Ao contrário da agressividade, que normalmente diminui quando a criança cresce, os pesquisadores descobriram que a disposição para correr riscos aumenta quando os meninos atingem a adolescência e iniciam a vida adulta.[27] Isso contribuiria para a ampliação das discrepâncias de gênero, no instante em que homens e mulheres estão escolhendo suas carreiras — criando o paradoxo do rapaz que bebe, diverte-se e abandona a escola em um extremo, *versus* homens que ingressam em carreiras altamente competitivas, no outro

## Por que os homens correm riscos?

Por que alguns homens colocam-se em risco, sentem-se atraídos por façanhas emocionantes, apostas duvidosas, ou ocupações fisicamente perigosas, enquanto outros dedicam exaustivas horas e energia física para competir agressivamente em seus trabalhos, geralmente em detrimento de sua saúde e de todo o resto? Há duas razões inter-relacionadas para explicar por que os homens são mais ávidos que as mulheres por assumir tais riscos. A primeira é um aprofundamento da teoria evolucionista, proposto, no início dos anos 1970, por Robert Trivers, biólogo evolucionista e radical dos anos 1960. Em 1972, Trivers, então um jovem professor de Harvard, escreveu um artigo em que procurava desvendar um enigma que Charles Darwin deixou sem resposta. A teoria de Darwin sobre a seleção sexual supunha que machos e fêmeas de quaisquer espécies escolhiam companheiros com quem pudessem procriar, e que a combinação entre os traços do casal e o ambiente em que se encontravam determinaria a sobrevivência de sua prole. Naquela época, os biólogos haviam observado que os machos competem ferozmente entre si pelas fêmeas — algumas vezes até a morte —, e que as fêmeas escolhem certos tipos de macho, em detrimento de outros.[28] Mas havia uma importante peça faltando. Com base em que, exatamente, as fêmeas escolhiam?

Trivers, então com 25 anos, defendeu a seguinte ideia: não são apenas os traços genéticos e o ambiente hospedeiro que fazem a diferença. O relativo investimento do companheiro na sobrevivência da prole também é uma parte da equação. Isso incluiria o investimento metabólico na produção de células sexuais (espermatozoide e óvulos), assim como os custos envolvidos na gestação, na criação, na alimentação e na proteção da prole contra quaisquer estranhos. Se as fêmeas investem mais em sua prole por meio da gestação, da lactação e de cuidados solícitos remanescentes, então o número da prole estará limitado a quantos filhotes uma fêmea poderá ter em um único ano — normalmente, apenas um. Mas os machos podiam, literalmente, ter relações com várias fêmeas. Seu sucesso reprodutivo seria limitado por dois fatores: o número de outros machos competitivos presentes e quantas fêmeas eles conseguiriam possuir. Os machos maiores e altamente agressivos poderiam vencer os concorrentes com força bruta, algumas vezes apoderando-se de algumas fêmeas usando os mesmos meios. Enquanto isso, indivíduos belos, exibicionistas e dispostos a correr riscos poderiam atrair mais a atenção das fêmeas, reunindo um harém em torno de si. Os machos mais cautelosos eram os que acabavam tomando chá de cadeira, sem ter com quem se divertir. Ao fim de algum tempo, restariam poucas assinaturas genéticas desse último tipo.

A teoria de Trivers sugere que assumir os riscos de forma competitiva é algo inerente aos machos. Graças às próprias e exclusivas interconexões cerebrais, as fêmeas investem muito mais em sua prole futura, alimentando-a, cuidando dela e criando-a para chegar à maturidade, tudo isso a um custo significativo para si mesmas. Além disso, uma vez grávida, não há mais nada a fazer. Ela está comprometida. Não importa quantas aventuras sexuais ela tenha, uma fêmea terá apenas um número limitado de ninhadas em sua vida — e está programada para protegê-las, da mesma forma que à própria vida —, enquanto um macho bem-sucedido e competitivo pode ser pai de dez, 12, ou mesmo cem ninhadas. Considerando-se esses parâmetros, uma fêmea seria extremamente seletiva com seus parceiros. Ela também adotaria uma postura conservadora quanto a assumir riscos, porque, se ela morrer, sua prole não sobreviverá. Um macho mais radical, que aceite correr riscos, com centenas de milhões de espermatozoides, pode competir pela atenção de múltiplas parceiras, gerando vários mini-indivíduos dispostos a correr riscos, e investindo menos em seu futuro após o nascimento (o que teria inspirado a frase do antropólogo evolucionista Donald Symon: "o espermatozoide é barato").

A matemática foi demonstrada por Lucky Moulay Ismail, o sanguinário do Marrocos (1646-1727), pai de 888 filhos, cujas mães eram esposas diferentes. Enquanto isso, a mulher que detém o recorde, Madalena Carnaúba, do Brasil, casou-se aos 13 anos e foi mãe de 32 filhos. A antropóloga evolucionista Sarah Hrdy assinala que não dispomos de informações sobre os contextos em questão. Não sabemos quantos filhos de cada família sobreviveram, ou quantos membros das descendências de suas rivais foram mortos pelas esposas mais competitivas de Moulay. Mas a diferença, no cômputo final, entre Lucky e Madalena ainda é de 856 crianças. Relatos mais recentes sobre a ambição masculina incluem um homem de 60 anos e com apenas uma perna, Daad Mohammed Murad Abdul Rahman, dos Emirados Árabes Unidos, que foi pai de 78 filhos, e estabeleceu uma meta de cem filhos até 2015, e Nanu Ram Jogi, um fazendeiro de 90 anos, do Rajastão, na Índia, que se tornou o homem mais velho do mundo a ser pai, quanto teve seu 21º filho com sua quarta esposa. "As mulheres me amam", disse ele a seus parentes quando foram visitar sua filha de duas semanas de vida, Girija Rajkumari, nascida em agosto de 2007. "Quero ter mais filhos. Posso sobreviver por mais algumas décadas e quero ter filhos até completar 100 anos de vida. Então, talvez seja hora de parar."[29]

Segundo Trivers, o indivíduo que investe mais em sua prole é aquele que, no fim, limita o número de ninhadas que vai ter — em outras palavras, as mães. As fêmeas é que decidem com quem se acasalarão, e os machos que assumem os riscos — ou que derrotam agressivamente seus rivais — são os escolhidos, aqueles cujos genes sobreviveram.[30] Sem dúvida, trata-se de uma afirmação contundente, mas, com base em dados coletados em estudos com moscas de frutas, libélulas, sapos, galinhas caipiras, faisões, focas-elefante, moscas de esterco, lagartos e babuínos, além de outros primatas e imperadores da Renascença, como Lucky, ela tem fundamento. Os homens parecem ter uma variabilidade maior; eles competem ferozmente contra os rivais ou pela atenção das mulheres, mas apenas alguns serão bem-sucedidos. Isso continua sendo verdadeiro para os seres humanos contemporâneos? Sim, embora seja menos uma estratégia consciente que uma cadência rítmica, a determinar a motivação humana. Como em uma base harmônica, ela se mistura com outros temas, como pressões culturais para ser bem-sucedido, para ganhar bem, ou para ser melhor do que os outros. Os homens não voam de asa-delta, pulam de paraquedas, competem em corridas de mountain bike, ou negociam agressivamente por melhores salários como demonstrações de estratégias conscientes — ou, até mesmo, inconscientes — para seduzir as mulheres mais férteis e levá-las para a cama. Os mecanismos bioquímicos que fazem com que essas atividades pareçam divertidas evoluíram quando a disposição para correr riscos produziu altos dividendos. O incremento de hormônios circulantes, que ocorre em seguida à realização dessas proezas, é sua própria recompensa.

É claro que, nem todos os homens são frenéticos exibicionistas. Nem todas as mulheres evitam o risco, protegidas em seus postos, apontando imperialmente o dedo, como se dissessem: "Quero aquele lá." Essas rígidas visões deturpam a natureza da variabilidade humana, sem falar na complexa interferência de outros fatores que afetam as escolhas femininas, como o estado de sua saúde, o nível de pressão exercido por outros homens ou outras mulheres no seu círculo de relações, quem está à sua volta para auxiliá-la com seus filhos e se as condições ambientais são favoráveis à sobrevivência de um bebê.[31] Além disso, a força da teoria de investimento parental de Trivers é que ela vale para ambos os gêneros. Enquanto um dos dois investe na prole, o outro compete, e vice-versa. Em espécies em que os machos investem muito mais na sobrevivência de sua prole do que as fêmeas, como os falaropos (uma ave parecida com o maçarico-das-rochas), são os machos que chocam os ovos e as fêmeas que competem. Os falaropos fêmeas apresentam plumagens negras ao redor de seus pescoços brancos ou avermelhados. Não se parecem com a maioria das fêmeas de aves, que, na qualidade de "escolhedoras", tendem a ser apenas um pequeno passarinho — LBJs, no jargão dos observadores de pássaros —, à procura dos machos com cores mais vivas. A cardeal fêmea de tom castanho-claro, que escolhe um companheiro com plumagem escarlate brilhante e que gorjeia uma bela melodia, é um exemplo de escolhedora, não de competidora. A situação oposta é a do falaropo macho marrom e branco, que, havendo escolhido sua companheira dentre as belas fêmeas com plumagem negra e avermelhada, faz seu ninho e tenta passar despercebido.

Nos seres humanos, tanto as mães quanto os pais investem em sua prole e também competem, embora de maneira diferente. As mulheres ainda investem mais, já que criam e, usualmente, amamentam seus bebês. Mas o fato de que, de um modo geral, ambos os pais cuidam de seus filhos ao longo do extenso aprendizado até a vida adulta, significa que as mulheres também competem — principalmente entre si. Nos seres humanos, não são apenas as mulheres que escolhem. Mas, como o investimento parental é opcional para os homens — pense nos pais que não pagam pensões a seus filhos —, ainda há mais competição entre os homens e mais escolha entre as mulheres, que consideram sedutores aqueles que sinalizam ter habilidade de investir em sua prole. Dessa forma, os homens competem nitidamente em termos de dominância, beleza ou gentileza, características que os fazem ser atraentes para as mulheres, seja como boas apostas genéticas ou como bons provedores.

## Competindo no jogo do namoro

Quando se trata de atração sexual, o poder da escolha feminina não é somente pré-histórico. Em 9 de abril de 2006, um professor de psicologia britânico, Richard Wiseman, planejou um amplo experimento público. Cem pessoas que visitavam o Edinburgh International Science Festival participaram, cada uma, de dez encontros rápidos, ou mil encontros face a face ao todo. Depois de cada encontro de três minutos, os participantes classificavam o apelo sexual de cada novo parceiro e decidiam se queriam se encontrar com aquela pessoa novamente. Metade das mulheres tomou sua decisão em menos de trinta segundos. Menos de um quarto dos homens conseguiu se decidir tão rapidamente. Ainda assim, mesmo sendo mais rápidas para decidir, as mulheres eram duas vezes mais criteriosas que os homens — rejeitando muito mais candidatos logo de saída. Por coincidência, os homens foram malsucedidos na maior parte das frases escolhidas para dar início à paquera. O assunto das conversas mais abordado era viagens — nem livros, nem filmes, sobre os quais poucos homens e mulheres desconhecidos poderiam manifestar concordância. Mas as mulheres eram unânimes quanto aos homens mais atraentes.[32]

Se os gêneros são exatamente iguais, então homens e mulheres seriam seduzíveis pelas mesmas características apresentadas em seus companheiros. Mas, para as mulheres, em particular, a atração magnética exercida pela competitividade e pelas conquistas tipicamente masculinas é inegável e universal. Em 1995, a psicóloga Alice Eagly observou como as preferências românticas das mulheres podem variar em diferentes sociedades e demonstrou graficamente como as atitudes delas podem estar relacionadas com os índices de igualdade de gênero em seus países de origem. Ela havia formulado a hipótese de que, conforme as mulheres participassem mais equitativamente da vida política e econômica da sociedade, seu desejo por bons provedores iria diminuir. Como dizia a frase de para-choque dos anos 1970, elas precisariam dos homens tanto quanto um peixe precisa de uma bicicleta. Ainda assim, os traços de personalidade que as mulheres consideravam sedutores em um companheiro não mudaram muito de país para país, não importando o número de mulheres que estivesse no governo ou em atividade no mundo dos negócios.[33] Mesmo na Holanda, onde a igualdade de gênero é bastante apreciada, as mulheres davam 35% de ênfase a mais do que os homens à habilidade de seus companheiros de ganhar dinheiro. Profissionais liberais muito bem remuneradas e universitárias ambiciosas também preferem homens com excelentes perspectivas na carreira.[34] Como diria Robert Trivers, os homens que conseguem, de alguma forma, comunicar como serão ótimos pais e provedores possuem um apelo sexual inexplicável. Isso foi o que David Buss, psicólogo evolucionista da University of Texas, descobriu quando pesquisou as preferências femininas em 37 sociedades. Em vilarejos subsaarianos, em diferentes cidades dos Estados Unidos, e em cidades grandes no norte da Europa, as mulheres consideram mais atraentes os homens com mais status e maiores rendimentos. Ao analisar os resultados de estudos que abrangiam um intervalo de 55 anos, Buss e seus colegas descobriram que duas vezes mais mulheres do que homens, em qualquer localidade, consideram que ter poder, determinação e ambição é altamente sedutor. É claro que as mulheres também valorizam a educação, a gentileza, a maturidade e a inteligência em seus companheiros. Mas, ao contrário dos homens, quando as mulheres têm de escolher entre a aparência de um homem e seus recursos, os recursos sempre vencem.[35] Em uma interpretação literal do dito espirituoso de Mark Twain de que as roupas fazem o homem, quando os antropólogos John Marshall Townsend e Gary Levy lhes mostraram retratos de homens vestidos com uniformes do Burger King, as mulheres nunca ficavam dispostas a marcar um encontro, ter sexo ou casar-se com aqueles que usavam de lanchonete. Ainda assim, quando os mesmos homens eram retratados usando ternos e relógios luxuosos, as mulheres mudavam sua avaliação.[36]

Ao escolher uma parceira romântica, os homens deram mais importância à beleza e à juventude; eles não se importavam se elas estavam usando uniformes de fast-food. "Os homens são de Marte, as mulheres são de Deloitte & Touche", exaltava um artigo de jornal, sobre uma pesquisa com 1.022 adultos que mostrava que, em média, as mulheres preferiam um homem com um emprego estável que pagasse as contas em dia, enquanto eles escolhiam uma mulher atraente, com bom senso de humor. Mesmo que os homens estejam começando a se sentir afetados pelo crescente poder das mulheres, segundo David Buss, esta não é sua prioridade. Os homens, agora, classificam o poder das mulheres em 13º lugar na lista de coisas importantes, subindo da posição de número 17, ocupada em 1939. Chegamos à conclusão de que os impulsos primitivos afetam as preferências das mulheres quando se trata de amor. E os impulsos primitivos ainda motivam os homens a lutar e competir.

As diferenças de gênero em lesões entre os homens, taxas de mortalidade e competição por posições executivas altamente remuneradas ainda nos contam essa mesma história. Mas as fêmeas humanas também competem pelos machos; a manipulação social dissimulada e o assédio nos revelam uma história de competitividade feminina. Primatas fêmeas não humanas que ocupam altas posições hierárquicas podem assediar fêmeas subordinadas, a ponto de tornar seu acasalamento impossível. Ou, se a fêmea molestada, que ocupa uma posição mais baixa na hierarquia, tiver conseguido escolher um companheiro, não estará mais em forma para conceber ou criar a própria prole.[37] Isso, é claro, seria a paródia máxima da evolução.

Trivers antecipou inúmeros e brilhantes achados que, irrevogavelmente, mudaram a direção das pesquisas na ciência do comportamento. Suas teorias eram poderosas o suficiente para explicar a maior disposição masculina para assumir riscos e esclarecer como alguns traços extremos masculinos podem servir como indicativos do pedigree genético de um homem. Inúmeras décadas depois, as previsões de Trivers foram corroboradas por dados levantados por centenas de outros cientistas. Ainda assim, a instabilidade e os conflitos com a lei também marcaram a vida de Trivers, quase que colocando-o à margem.[38] Sua história seria a perfeita alegoria da tensão entre o risco da autodestruição e seu primo-irmão, o sucesso espetacular.

## O elixir mágico

Vimos como a teoria de Robert Trivers pode explicar por que os homens competem. A testosterona explica como isso acontece. Enquanto escrevia este capítulo, mais uma carreira masculina foi impulsionada para a estratosfera, e, então, rapidamente sabotada pela testosterona. No verão de 2006, Floyd Landis, ciclista norte-americano da região de Pennsylvania Dutch, foi, por um curto período de tempo, o campeão do Tour de France. No meio da corrida, ele entrou em exaustão e caiu da bicicleta durante uma subida íngreme. No dia seguinte, teve uma recuperação surpreendente, ultrapassando seus rivais e chegando em primeiro — isto é, até que o seu segundo exame de sangue desse positivo para testosterona sintética, e que ele fosse destituído do título de campeão. Landis defendeu a si mesmo e a seu título expondo as irregularidades nos laudos dos laboratórios que o denunciaram. Ainda assim, a Agência Antidoping dos EUA puniu o ciclista com uma suspensão de dois anos, em setembro de 2007. A lição é clara: um único vestígio de testosterona pode determinar seu sucesso ou seu fracasso.

Este é apenas um dos exemplos dos efeitos paradoxais da testosterona. Ela está associada a tenacidade, dominância, assertividade, resistência e vitória. Mas pode, também, estimular um comportamento agressivo e antissocial. Como vimos, a testosterona que circula naturalmente masculiniza o cérebro no útero, organizando-o para fazer o sujeito participar de rixas e lutas, apresentar um comportamento ameaçador durante a infância e sensibilizando-o para os efeitos posteriores do mesmo hormônio durante a puberdade. No início da vida adulta, ela pode ajudar certos homens a alcançar o domínio social, conforme previsto por Trivers.[39]

Uma série de estudos com animais mostra que administrar testosterona estimula os animais de ambos os sexos a se comportar de modo mais agressivo. As injeções do hormônio masculino fazem com que as galinhas elevem sua posição na hierarquia social e aumentam a agressividade e o status de macacos rhesus fêmeas, ao mesmo tempo em que diminuem seus cuidados com a prole.[40] Em homens jovens, os níveis de testosterona aumentam uniformemente, e chegam a atingir níveis vinte vezes maiores em meninos do que em meninas nos últimos anos da adolescência. Porém, embora as pessoas tenham receio de adolescentes do sexo masculino, a agressividade não entra simplesmente em operação de uma hora para a outra quando se chega à puberdade. Ela surge naturalmente nos meninos desde a infância — como qualquer pai de qualquer criança de 2 anos, que chuta, morde e arranha, sabe. Mas, em algumas crianças ela nunca diminui. Acompanhando mais de mil crianças, do jardim de infância até os últimos anos da adolescência, Richard Tremblay e seus colegas da University of Montréal e da Carnegie Mellon University descobriram que a agressividade precoce em um número bastante reduzido de meninos prognostica com exatidão comportamentos violentos que aparecerão cerca de 12 anos depois. Nesse grupo de meninos de alto risco, a agressividade não regride à medida que eles crescem, como acontece na maioria das crianças que aprendem desde cedo a ter autocontrole, e que fazem uso cada vez maior dessa ferramenta à medida que amadurecem.[41] A testosterona pode ser uma das razões pelas quais esses meninos (em torno de 4%) não aprendem a inibir seus impulsos agressivos. Nesse pequeno subgrupo de meninos, a agressividade simplesmente aumentou quando eles se tornaram mais inteligentes e mais fortes.

Ainda assim, como veremos a seguir, administrar testosterona a meninas adolescentes não produz o mesmo efeito observado em meninos, que já são providos de testosterona desde o útero. O ambiente pré-natal é fundamental para configurar uma receptividade posterior aos efeitos comportamentais do hormônio. Meninas médias e mulheres adultas que fazem uso de testosterona sintética na idade adulta não ganham massa muscular ou agem de modo mais parecido com os homens só porque, subitamente, começaram a tomar o elixir mágico. Mas, como vimos no Capítulo 5, as meninas com hiperplasia adrenal congênita, ou HAC, têm a assinatura genética feminina XX, mas foram expostas a níveis elevados e anormais de hormônios masculinos no útero e, portanto, são, de fato, aparelhadas de testosterona. Por não apresentar uma enzima para converter os andrógenos em cortisol, suas glândulas adrenais produzem um excesso de hormônios masculinos que provocam efeitos organizacionais desde cedo, virilizando seus corpos, ao mesmo tempo em que masculinizam seus cérebros.[42] Em comparação com as meninas médias, um número duas vezes maior dessas jovens garotas com HAC prefere brincadeiras que envolvam lutas corporais, mais típicas de meninos de sua faixa etária. Elas desenvolvem mais habilidades espaciais e são mais competitivas, agressivas e autoconfiantes que as outras meninas, incluindo suas irmãs.[43] Na adolescência, têm muito mais probabilidades de usar a agressividade para solucionar problemas do que as outras meninas de sua idade.[44] Elas não apenas preferem brincar com os meninos, como, à medida que amadurecem, ficam, também, menos interessadas em bebês, em se casar e ter filhos. Elas também escolhem carreiras mais caracteristicamente masculinas do que suas irmãs e colegas mulheres, como pilotar aviões, engenharia ou arquitetura.[45] Nitidamente, os andrógenos pré-natais fazem mais do que criar as óbvias diferenças físicas de gênero — a genitália masculina no feto, e uma compleição física adulta mais musculosa e cheia de pelos. Uma saturação pré-natal desses hormônios masculinos também afeta as preferências e o comportamento das crianças, fazendo com que as meninas com HAC tornem-se *psicologicamente* menos parecidas com as meninas e mulheres típicas. Não há evidências de que seus pais ou professores tratem-nas, de alguma forma, de modo diferente do que tratariam outras garotas; o elemento transformador é sua exposição precoce aos andrógenos.

Há novos estudos que mostram que a oxitocina pode apresentar efeitos similares, influenciando o crescimento celular pré-natal relacionado às habilidades sociais e à empatia. Inúmeros estudos revelaram níveis mais baixos de oxitocina pré-natal e de sua precursora, a OT-X, em crianças autistas do que em crianças com desenvolvimento normal. Administrar oxitocina em um período decisivo do desenvolvimento pode ser explorado como um aspecto do tratamento no futuro.[46] Enquanto isso, sabemos que os hormônios sexuais pré-natais transformam nosso cérebro, de modo que não há outro remédio a não ser pensar com nossas gônadas.[47]

## Porcos fedorentos e advogados de tribunal: testosterona e carreiras

Se a testosterona afeta o raciocínio e o apetite pelo risco, uma concentração maior desse hormônio tornaria algumas carreiras mais atraentes? James McBride Dabbs, professor de psicologia da Georgia State University, testou os níveis de testosterona de 8 mil homens e mulheres em empregos distintos. Ao contrário de atletas como Floyd Landis, eles não tinham de oferecer amostras de urina. Tinham somente de cuspir em um cálice. Portanto, foi fácil conseguir uma variedade de pessoas, em diferentes ocupações, para participar do que eles apelidaram de Olimpíadas da Testosterona. Associando o hormônio com a juventude e a virilidade, os participantes assumiam que ter um alto escore era bom, enquanto apresentar um nível baixo era algo ruim. Mas o que Dabbs descobriu não era nada daquilo que os participantes esperavam. Entre os que atingiram os níveis mais altos de testosterona estavam atores, jogadores de futebol, trabalhadores da construção civil e homens desempregados sem-teto (que Dabbs conjeturou não serem exatamente desempregados, mas incapazes ou indesejosos de se manter em um mesmo emprego por muito tempo). Trabalhadores braçais tinham índices mais altos de testosterona do que os profissionais liberais e em cargos administrativos. Os gerentes tinham 46% a mais de testosterona que os programadores de computador; vendedores, 24% a mais que os professores; e os trabalhadores da construção civil 24% a mais que os advogados, embora advogados de tribunal do sexo masculino tivessem escores mais elevados do que todos os outros tipos de advogados. Nos níveis mais baixos da medição de testosterona, estavam pastores, fazendeiros e acadêmicos. Dabbs testou veteranos do Vietnã 20 anos depois da guerra e descobriu que, quanto mais alto o nível de testosterona apresentado, mais aquele veterano havia sido exposto ao combate. Mesmo entre os criminosos, há uma hierarquia nos níveis de testosterona. Prisioneiros violentos e indisciplinados tinham níveis mais altos de testosterona do que os não violentos, que obedeciam às regras da prisão. Os homens mais irascíveis, agressivos e que assumiam mais riscos — chamados de "porcos fedorentos" pelos outros detentos — eram os que apresentavam os limites mais altos de testosterona.[48]

Nos homens, a alta concentração de testosterona não está necessariamente ligada ao dinheiro ou ao prestígio, como os presunçosos sujeitos da pesquisa poderiam imaginar, mas a níveis mais baixos de instrução e ao trabalho braçal. Estes são guetos dominados por homens, cujos ocupantes têm lutado com unhas e dentes na América do Norte, desde que os setores de manufatura e de agricultura definharam. Isso pode explicar o grande número de desempregados entre eles.

Mas os andrógenos — incluindo a testosterona — não são apenas um assunto de homens. Eles também são produzidos pelas mulheres, ainda que em doses menores. Então, os andrógenos afetariam as mulheres da mesma maneira? Para entender por que a resposta é não, consideremos o seguinte paradoxo: se as mulheres são versões dos homens, observaríamos exatamente o mesmo padrão que observamos neles. Níveis mais altos de testosterona estariam ligados a níveis mais baixos de educação e trabalhos com menos status. Mas as pesquisas sobre mulheres e testosterona mostram exatamente o contrário. No estudo de Dabbs, todas as advogadas apresentavam níveis de testosterona mais elevados do que atletas do sexo feminino, enfermeiras ou professoras. E quando Frances Purifoy e Lambert Koopmans, pesquisadores do Novo México, colheram amostras de sangue de mulheres de várias idades e estabeleceram a correlação de seus níveis hormonais com suas ocupações, descobriram que altas concentrações sanguíneas de androstenediona (que se converte em testosterona) e de testosterona foram encontradas naquelas mulheres que tinham ambições elevadas e empregos de alto status: universitárias, profissionais liberais, gerentes e profissionais com formação técnica. Níveis mais baixos de andrógenos circulantes foram encontrados em donas de casa e funcionárias de escritório, que possuíam menos formação profissional antes de se casar e de ter filhos. Isso é o oposto do que poderíamos esperar se homens e mulheres fossem clones uns dos outros. É intrigante que níveis mais elevados de androstenediona tenham sido encontrados mais comumente em mulheres com empregos altamente orientados a pessoas, e níveis mais altos de testosterona tenham sido observados em mulheres com empregos relacionados a coisas.[49] O nível e o tipo de hormônios circulando na corrente sanguínea estão ligados à facilidade com que a pessoa soluciona tarefas espaciais, com que destreza ela percebe as emoções alheias, com que facilidade confia nas outras pessoas e, sem surpresa, aos tipos de trabalho que escolhe.

Ainda assim, existe uma repulsa em se pensar sobre nossas escolhas como tendo vida biológica própria, especialmente entre mulheres que se sentem injustamente restringidas pelas suposições do passado de que "a biologia é o destino" e "ela deve estar naqueles dias". Apenas experimente perguntar às mulheres se elas se sentem agressivas como resultado dos hormônios flutuantes durante seu ciclo menstrual; provavelmente, elas mandarão você pastar. Elizabeth Cashdan, antropóloga de Utah, deparou-se com esse problema ao medir os mesmos hormônios flutuantes (testosterona e androstenediona, além de estradiol, o mais potente dos estrogênios) em jovens mulheres adultas, e, então, pedir-lhes que classificassem o próprio status e o status de suas colegas. Ela descobriu que mulheres com os níveis mais altos desses hormônios sentiam-se bastante bem consigo mesmas. As mulheres com alto índice de andrógenos pensavam ser bastante populares entre as outras. Curiosamente, suas colegas não concordavam com essa afirmação.

Assim como ocorre com os homens, níveis mais altos de andrógenos significavam, nas mulheres, mais assertividade e tenacidade. Mas a autopercepção das mulheres na qualidade de líderes e rainhas de popularidade não estavam refletidas na forma como as outras as percebiam. Cashdan interpreta essa discrepância sob um contexto evolucionista. Se as mulheres estão competindo entre si pelos homens que possam sustentá-las e a seus filhos, então, uma tendência à assertividade e à competitividade dificilmente lhes trará recompensas hipotéticas em relação a outras mulheres. (Isso também não acontecerá em relação aos homens, que exigiriam provas de que seu investimento faz-se necessário. Em situações nas quais as mulheres não esperam muito investimento paternal — em que os homens, geralmente, não estão por perto para sustentar suas famílias, por exemplo —, então a tenacidade e a assertividade podem ser mais valorizadas entre as outras mulheres.)

Níveis maiores de andrógenos também estão relacionados a ter um número de parceiros sexuais maior que a média, talvez uma das várias razões pelas quais as outras mulheres não concordem muito com o fato de que suas colegas altamente assertivas deveriam ser líderes.[50] Falta de confiança em outras mulheres e desaprovação foi exatamente o que Rocio Garcia-Retamero, psicóloga do Max Planck Institute, de Berlim, descobriu, em 2006, quando observou como as líderes em indústrias "não femininas" eram percebidas por outras mulheres. Baseando suas expectativas na teoria dos papéis de gênero, Garcia-Retamero e sua colega Esther Lopez-Zafra imaginavam que haveria mais preconceito contra as líderes que desempenhavam funções tipicamente masculinas, em indústrias tradicionalmente masculinas, como a indústria automobilística — ambiente em que as pessoas esperam encontrar homens —, do que haveria em lugares mais tradicionalmente femininos, como a indústria têxtil. Elas ficaram surpresas com o que descobriram. Tanto os homens quanto as mulheres acreditavam que as candidatas seriam promovidas nas indústrias "femininas". Mas eles tinham menos preconceitos sobre as líderes do sexo feminino em ascensão nas indústrias "masculinas" do que as próprias mulheres. Elas tinham mais probabilidade do que os homens de discriminar as líderes.[51] Assim como acontecia no plano das orientações acadêmicas oferecidas por pessoas do mesmo sexo, é mais provável que o preconceito de gênero parta de outras mulheres.

Em um estudo posterior, sobre hormônios e competição, Cashdan pediu às mulheres para manter um diário sobre seus sentimentos de competitividade e agressividade durante as atividades escolares, esportivas, de amizades e relacionamentos amorosos, fazendo um registro permanente de seus níveis hormonais. As mulheres cujos diários documentavam mais agressividade verbal mostraram ter níveis mais altos tanto de testosterona quanto de androstenediona. Assim como acontecia com os homens, esses hormônios masculinos reduziam suas inibições, o que nos dá uma pista de por que as outras mulheres não conseguiam gostar muito delas. Aquelas com níveis elevados de androstenediona tinham mais chances de expressar abertamente seus sentimentos de competitividade por meio da agressão verbal. As mulheres com níveis mais baixos tinham, sim, sentimentos de competitividade, mas, dificilmente, conseguiam agir de acordo com eles. As diferenças individuais no fluxo e refluxo dos hormônios masculinos determinam se os homens agirão com base em seus impulsos agressivos ou competitivos. Nas mulheres, essa agressividade é verbal.[52]

## Soltando a tampa da agressividade feminina

Indiferentemente de sua formação cultural, as mulheres competem umas com as outras mais do que fazem com outros homens.[53] Seu estilo é enfrentar as concorrentes de modo sutil, indireto e dissimulado. Estudos com crianças mostraram que as meninas são menos agressivas fisicamente, porém mais sarcásticas, excluindo as recém-chegadas, com mais rapidez do que os meninos — geralmente, após os quatro primeiros minutos de um diálogo.[54] À medida que amadurecem, os adolescentes do sexo masculino continuam a ser mais agressivos fisicamente e mais competitivos que as mulheres, tentando derrotar abertamente os rivais, enquanto elas usam manobras dissimuladas para fortalecer o próprio status. Promover a exclusão social, fazer comentários maliciosos, tentar conquistar os amigos e aliados de uma concorrente são as maneiras "femininas" de lutar pelo poder. Menos explícita e mais sofisticada socialmente, a agressividade feminina é mais difícil de ser observada.[55] As mulheres que são alvo de agressividade feminina têm mais chances de se esquivar do que lutar para se defender, aumentando, dessa forma, o número de mulheres desertoras no mercado de trabalho. Mas, até recentemente, também era politicamente incorreto sugerir que elas pudessem solapar umas às outras, em vez de oferecer apoio mútuo. Uma rede feminina cooperativada é o ideal e, muitas vezes, é o que acontece, mas de modo algum constitui a regra.[56]

Mas a tampa da agressividade feminina está começando a se soltar. Depois de ter escrito em uma coluna de jornal sobre a agressividade entre acadêmicas nas universidades, recebi inúmeros e-mails de leitoras. Algumas aplaudiam minha coragem de lidar com um assunto tabu, outras queriam contar as próprias histórias. Um e-mail que recebi em 2005 dizia o seguinte:

> Sou doutoranda na University of Oxbridge e acabei de romper, de modo traumático, com a doutora que fazia minha supervisão

acadêmica depois de quatro anos juntas. No meu caso, minha orientadora foi mais do que desrespeitosa. Ela ofendia verbalmente a equipe e as estudantes do sexo feminino, e nos explorava descaradamente. Ela gostava de humilhar as estudantes, gritava e berrava 24 horas por dia. Suas alunas de doutorado eram usadas como assistentes de laboratório, sem receber qualquer remuneração, e tinham seus trabalhos e ideias confiscados e publicados em seu próprio nome Por causa das condições estressantes de trabalho em nosso laboratório, muitas alunas e membros da equipe terminaram ficando doentes e estavam se tratando com antidepressivos ou com psicoterapia. Mas as inúmeras queixas feitas contra essa professora foram completamente ignoradas pela universidade.

Foi somente quando uma nova geração de mulheres mais jovens ingressou na força de trabalho, nos anos 1990, e passou a receber a supervisão do primeiro grupo de orientadoras do sexo feminino, que os casos de agressividade dissimulada entre as mulheres começaram a ver a luz do dia. Nos ambientes empresariais, casos de agressividade feminina estavam sendo revelados e até mesmo programas de treinamento foram concebidos para tentar suavizar a rispidez das mulheres competitivas, cujas manobras nos bastidores eram percebidas como implacáveis.[57] No início da década de 2000, começaram a aparecer livros com títulos como *Mean Girls Grown Up* [Garotas crescidas e malvadas], *Garota fora do jogo* e *Tripping the Prom Queen: The Truth about Women and Rivalry* [Derrubando a rainha do baile: a verdade sobre mulheres e rivalidade]. Depois de ter sido considerada uma questão masculina por décadas, a competição entre mulheres havia saído do armário. E, segundo o psicólogo evolucionista David Geary, é preciso estar preparado para a competição feminina em todas as gerações, especialmente no tocante aos recursos mais valorizados. Agora que as mulheres ganharam status nos locais de trabalho, elas competem umas contra as outras para conquistar as promoções e o reconhecimento desejados, e não apenas para encontrar seus companheiros. "Quanto maior a possibilidade de conseguir uma promoção ou um emprego, ou quanto melhor for o rapaz, mais coisas estarão em jogo e, portanto, mais probabilidades de despertar ciúmes e inveja", escreveu ele em um e-mail. Nitidamente, a competitividade não é um assunto exclusivo dos homens.

Mas os homens ainda dominam torneios, corridas e jogos de soma zero. Eles continuam a lotar as prisões — e posições de liderança política ou empresarial. Dos 1.941 chefes de governo do século XX, 1.914 eram homens e 27 eram mulheres. Em regimes não democráticos, 85% destes governantes do sexo masculino foram violentamente depostos ou saíram de seus gabinetes em um caixão; nos regimes democráticos, os líderes do sexo masculino defrontavam-se com 10% de chances de serem assassinados.[58] Mas as mulheres têm os próprios meios de estabelecer uma hierarquia, meios nos quais há menos chances de assassinar outras pessoas ou de suicidar-se.

## Criminosos e gênios

As mulheres não têm apenas menos chances de matar; também têm menos probabilidades de cometer qualquer tipo de crime. Para cada 15 roubos cometidos por um homem norte-americano, uma mulher comete um. Uma mulher tem três vezes menos chances do que um homem de assaltar alguém, usar uma arma de fogo ou começar uma briga doméstica.[59] Em um ensaio pouco comum, o psicólogo Satoshi Kanazawa, da London School of Economics, explorou a conexão entre o crime e as realizações profissionais masculinas. Ele catalogou as biografias de 280 cientistas, músicos de jazz, pintores e escritores, e mapeou as idades de suas grandes realizações, em comparação com as curvas de idade-crime dos criminosos. Kanazawa descobriu que os gênios masculinos surgiam precocemente, alcançando os mais impressionantes resultados entre os 25 e 30 anos. Depois disso, suas produções decaíam abruptamente, especialmente se eles se casassem. "Paul McCartney não escreveu mais nenhuma canção de sucesso por vários anos e, atualmente, passa seu tempo pintando. J.D. Salinger vive, agora, como um total recluso e não publicou nada ao longo de três décadas. Orson Welles tinha apenas 26 anos quando escreveu, produziu, dirigiu e estrelou *Cidadão Kane*, que muitos consideram ser o melhor filme de todos os tempos. A relação entre idade e genialidade parece ser a mesma nas ciências", escreve ele. Kanazawa prossegue, mostrando que John von Neumann, James Watson e outros vencedores do Prêmio Nobel fizeram suas descobertas em torno dos 25 anos. Ao representar graficamente a idade dos autores dessas realizações científicas e artísticas em relação à idade em que o comportamento criminoso atinge seu ápice nos homens — aos 20 e poucos anos —, ele identificou o mesmo aumento abrupto, uma súbita explosão de atividade e, então, um dramático declínio no momento em que tanto os criminosos quanto os criadores se estabilizavam. Em comparação, a distribuição das realizações femininas apresentava um formato mais parecido com um chapéu de caubói, com um nível máximo sendo atingido um pouco mais tarde, mas, ainda assim, mais consistente e duradouro, alcançado em torno dos 45 anos e estendendo-se até quase os 60 anos, o que refletia as energias desviadas durante os anos em que se dedicaram à criação dos filhos.

No caso masculino, o que isso significa? Kanazawa usa a teoria evolucionista para explicar que o mecanismo psicológico que impulsiona os homens a cometer crimes também os estimula a fazer grandes contribuições à humanidade. A janela de realizações coincide com uma explosão de determinação e de competitividade, ligadas à testosterona. Se o cérebro masculino evoluiu há milênios, então os homens deveriam estar competindo pelo sucesso reprodutivo — derrotando os concorrentes para conquistar a mulher mais amável, saudável e cuidadosa, que iria criar e educar seus filhos até a maturidade. Os genes daqueles que tiveram êxito na violência, na iniciativa e na perspicácia estariam muito presentes e atuantes nos homens de hoje (no contexto de obediência à lei, competir para produzir descobertas artísticas ou científicas seria uma forma de "demonstração cultural destinada a atrair companheiras", segundo Kanazawa).[60] Esta herança genética masculina encorajaria o sucesso em arenas altamente competitivas e, ao mesmo tempo, também aumentaria o risco de lesões ou de morte precoce. Daí o vigor com que as gangues de rua iniciam suas atividades, o que serviria, de um modo geral, como um treinamento para que crimes mais audaciosos sejam cometidos.

Resumindo a literatura especializada sobre as atuações de criminosos, os criminologistas canadenses Carlo Morselli e Pierre Tremblay descobriram que, de fato, os jovens adultos eram mais motivados e mais bem-sucedidos no crime do que os mais velhos. Os jovens não apenas possuíam as mesmas características dos grandes realizadores em outros tipos de trabalho, mas "infratores do sexo masculino tinham mais probabilidades do que as infratoras de tirar proveito de oportunidades pecuniárias".[61] Se a violência e a competitividade constituem a herança genética dos homens jovens que, entre a adolescência e o aparecimento da primeira descendência, devem competir por mulheres, então faria sentido que os esforços masculinos diminuíssem depois do nascimento de seus filhos. Os custos de continuar competindo são muito elevados. Eles poderiam morrer tentando — e seus filhos seriam deixados órfãos e sem recursos. Kanazawa afirma que essa é a razão pela qual os homens são mais agressivamente competitivos na juventude. Assim como as realizações científicas e artísticas dos homens casados diminuem ao chegar à meia-idade, os crimes violentos entram em declínio em torno dos 40 anos.

Por mais ilógico que isso pareça, as carreiras milionárias dos criminosos "bem-sucedidos" seguem a mesma trajetória que as carreiras dos cientistas de alto desempenho. Ambas as áreas estão repletas, principalmente, de homens jovens, que começam a treinar na adolescência, aprimoram-se em organizações maiores aos vinte e poucos anos, fazem algumas viagens para promover seu trabalho e contam com mentores para orientá-los. Em um estudo com 268 homens reclusos em cinco penitenciárias, Morselli, Tremblay e um pesquisador norte-americano, Bill McCarthy, descobriram que os criminosos que fizeram mais dinheiro no menor número de crimes cometidos (rendimentos de US$105 mil *versus* US$12 mil) contavam com mentores mais velhos, que haviam selecionado seus protegidos com base em suas características pessoais. O mentor educara seu aluno sobre como planejar suas investidas e evitar ser capturado. Ele também oferecera a oportunidade de estabelecer uma rede de comunicações com pessoas que atuavam na mesma linha de trabalho.[62] Isso me parece imensamente com um curso de pós-graduação.

A diferença é que muitos homens altamente competitivos conseguem ser bem-sucedidos fora dos muros escolares, enquanto as mulheres, como vimos no Capítulo 1, têm mais probabilidade de ser bem-sucedidas dentro da escola do que os homens. Entre os homens que fizeram fortunas colocando em prática suas poderosas destrezas e correndo riscos elevados, há um sentimento de que a escola é coisa de mulherzinha. Alguns deles, com dificuldades de aprendizagem ou de atenção, não se saem bem no contexto escolar. Mas aqueles com inteligência e com apetite pelo risco podem agregar outras forças compensatórias — autoconfiança e um profundo impulso para competir e vencer.

## Brincando com os meninos

Quando Mark Twain escreveu "Nunca deixei minha formação escolar interferir na minha educação", captou as histórias de vida da maioria dos homens famosos até a metade do século XX, e muitos outros além destes. Henry Cavendish, o cientista excêntrico que conhecemos no Capítulo 5, identificou o hidrogênio, descreveu a composição da água e mediu a densidade da Terra, mas nunca conseguiu se formar em Cambridge. A tese original de Einstein não foi qualificada como uma tese de doutorado na University of Zurich, conforme ele imaginara. Finalmente, em 1905, o título de doutor lhe foi concedido depois de quatro tentativas de defesa de tese e cinco anos de insistência.[63] Charles Darwin tentou estudar medicina na Edinburgh University, mas desligou-se do curso e considerou muito enfadonho estudar direito, desistindo, também, de concluir esta formação. Seu pai considerava sua paixão por história natural uma tolice sem utilidade. "Você não se importa com nada, a não ser caçar cães e capturar ratos, e será uma vergonha para você mesmo e para sua família." Ele acabou estudando teologia, e Bill Bryson escreve, em *Breve história de quase tudo*, que o desempenho acadêmico medíocre de Darwin era um motivo de preocupação constante para seus pais.[63] Olhando pelo espelho retrovisor, as instáveis histórias escolares de muitos líderes e personalidades notáveis parecem triviais se comparadas a três outros pré-requisitos necessários para um ótimo desempenho: destrezas inatas, o investimento de pelo menos uma década de trabalho árduo para dominar determinada área de estudos e uma preocupação obsessiva com um certo assunto. Unidas por um inebriante impulso de ter sucesso na vida, essas qualidades podem tomar a frente das credenciais formais, segundo o psicólogo e pesquisador Dean Keith Simonton em seu livro *Greatness: Who Makes History and Why*.

> Nem George Washington nem Abraham Lincoln tiveram uma educação muito formal. Michael Faraday teve de abandonar a escola quanto tinha 14 anos e até mesmo Isaac Newton nunca foi além do bacharelado. No século XX, Harvard viu três de seus estudantes deixarem seus muros sagrados para triunfar, sem ter conquistado um diploma. Edwin Land abandonou a universidade e partiu para

a invenção das lentes Polaroid e da Polaroid Land Camera. Buckminster Fuller deixou a instituição sob circunstâncias menos agradáveis, mas, ainda assim, conseguiu conceber a cúpula geodésica e uma série de outros inventos. Bill Gates, o terceiro e mais recente desertor de Harvard, fundou a Microsoft Corporation, uma gigante dentre as empresas de software de computadores.

Para ir um pouco mais além do que o mero relato de histórias, podemos citar as estatísticas educacionais coletadas entre mais de trezentos criadores, líderes e celebridades ilustres, nascidos entre 1841 e 1948: 15% possuíam formação até o oitavo ano do ensino fundamental ou menos, 11% tinham ensino médio incompleto, 4% haviam concluído o ensino médio, 9% iniciaram a formação superior, 19% haviam, de fato, conseguido um diploma universitário, e apenas 19% conquistaram diplomas de pós-graduação. Em síntese, o número de doutores era infinitamente menor que o de pessoas que sequer haviam pisado no palco da cerimônia de colação de grau do ensino médio!⁶⁴

Não estou sugerindo que abandonar a escola ajuda a alcançar o sucesso, apenas querendo chamar a atenção para a incrível força dos impulsos movidos por testosterona. Em nenhuma outra área isso é tão evidente quanto no mundo altamente arriscado e competitivo dos jogos de cartas e de tabuleiro. Uma breve revisão dos milhares de websites de jogos on-line revela que a maioria dos jogadores não tem instrução e que 96% daqueles que pertencem à elite são homens. Uma destas celebridades é Daniel Negreanu, um canadense de 30 anos que se tornou um dos mais bemsucedidos jogadores de pôquer da história. Segundo um perfil, publicado em 2005 pela revista *New Yorker*, Negreanu já arrecadou, desde 1997, US$6 milhões em torneios, e outros US$6 milhões em jogos on-line e em cassinos. Apesar de ter sido expulso do ensino médio por jogar uma partida de pôquer em sala de aula, Negreanu atualmente escreve colunas sobre o assunto publicadas em 12 jornais, possui um website que atrai 100 mil visitantes por mês, está prestes a lançar um livro e um DVD educativo, e ganha ainda mais dinheiro com rentáveis contratos de patrocínio.

Assim como o protagonista Duddy Kravitz, criado pelo autor Mordecai Richler, Negreanu é um ícone do homem da América do Norte que venceu na vida por esforço próprio. Mas seu sucesso financeiro, baseado em sua disposição para correr riscos e em sua motivação, dificilmente poderá ser considerado uma obra de ficção. Christopher Jencks, sociólogo de Harvard, documentou como a formação educacional explica apenas uma pequena parte da variabilidade dos rendimentos das pessoas, e que "alguns homens valorizam o dinheiro mais do que outros, fazendo sacrifícios incomuns para consegui-lo".[65] Essa é uma das razões pelas quais uma mulher com dois diplomas de pós-graduação recebe apenas uma fração da renda de Negreanu, uma discrepância intimamente associada à biologia do ato de correr riscos. Homens agressivamente competitivos podem ser bem-sucedidos na escola, mas também usam sua competência social para se sobressair fora dela. O escritor Kevin Conley, da *New Yorker*, descreveu Negreanu como um crítico dos "caras da matemática", que confiam na teoria dos jogos e nas probabilidades, em vez da intuição. Com típica coragem, Negreanu acredita que esses assuntos podem ser aprendidos fora da escola.

> "Fui dar uma palestra na Ohio State e terminei brincando ao dizer que estava dando início ao meu curso de Fique Longe da Escola", disse ele. "Eu estava realmente de brincadeira, mas, na verdade, não é uma ideia tão absurda assim. Os jovens com 18, 19 anos, estão indo agora para a universidade, para, depois, conseguir um emprego sem perspectivas de progresso, em que vão ganhar de 5 a 6 mil dólares por ano. Posso pegar este mesmo jovem, ensiná-lo a jogar pôquer e, em três meses, mostrar-lhe como ganhar mais dinheiro do que jamais arrecadaria naquele trabalho careta. O mercado de ações é puro jogo, não é?", continuou ele. "Este jovem estuda para fazer dinheiro no mercado de ações e isso é considerado aceitável pela sociedade. Um jogador de pôquer, um jovem, vê todos esses idiotas fazendo investimentos insignificantes e diz: 'Uau, eu poderia fazer um trabalho melhor do que eles', e este jovem estuda, e consegue."[66]

Pode-se pensar que isso é uma bravata, mas não resta dúvida de que esse tipo de autoconfiança ajuda a levar adiante homens como Negreanu.[67] Trata-se de uma sensação de invencibilidade, de superioridade e de autovalorização inerente, que as pessoas, às vezes, confundem com autoestima. Descobriu-se que, em média, os homens possuem uma autoestima mais elevada do que as mulheres, embora a diferença não seja gritante. Mesmo com a descoberta dessa pequena vantagem na autoestima masculina, ela não é, necessariamente, um ingrediente necessário para o sucesso, nem uma motivação para o bem. As pessoas que têm os maiores índices de autoestima agem, geralmente, como brigões ou tiranos.[68] Assim como a agressividade ou o apetite para o risco, a autoestima provoca um conjunto misto de consequências. O conceito é um tanto vago. Não existe outra forma de mensurá-lo, a não ser perguntando às pessoas qual a quantidade que elas julgam ter, o que equivale a perguntar-lhes se elas são inteligentes ou divertidas. As pessoas com autoestima elevada geralmente se consideram bastante inteligentes, mas, como vimos, não há conexão entre suas opiniões sobre si mesmas e o modo como elas se saem em testes de inteligência.[69] Enquanto isso, a pilha de estudos que se acumulam nessa área diz respeito, em sua maior parte, ao estabelecimento de correlações, significando que ninguém nunca sabe se uma pessoa tem uma autoestima elevada porque é um grande jogador de pôquer ou se é um grande jogador de pôquer porque tem autoestima elevada.

O psicólogo social Roy Baumeister e seus colegas da Florida State University tentaram remover todos os exageros em torno da autoestima, observando as pesquisas já realizadas. Eles leram 15 mil artigos sobre o assunto e fizeram as seguintes descobertas: a autoestima ajuda as pessoas a perseverar por mais tempo ao temer o fracasso. Elas agem com mais desembaraço e iniciativa na hora de manter as cartas e, ao descartá-las, o que pode ser algo útil tanto no pôquer quanto na vida profissional. As pessoas com autoestima elevada se manifestam com mais frequência nos grupos. Elas se perdem com menos facilidade (embora eu imagine que um terceiro fator como a testosterona possa estimular tanto a orientação espacial quanto a confiança). Aqueles com autoestima elevada tendem a ser mais desinibidos e aventureiros, e têm mais probabilidades de experimentar mais precocemente o trinômio sexo, drogas e rock and roll.[70] Ao contrário da crença popular, os brigões e os agressores tendem a se considerar superiores aos demais; sua agressividade é, em geral, uma resposta a "golpes contra a autoestima elevada", algo comumente conhecido como orgulho ferido.[71]

## Um apetite pelo risco

Vimos como o tipo de coragem apresentado por Daniel Negreanu está associado à ousadia nos jogos. Parece que ninguém, ainda, pesquisou tal coragem sistematicamente, mas suspeito que ela seja mais comum entre os homens. As poucas mulheres que chegam ao grupo de elite neste mundo altamente competitivo têm mais probabilidade de apresentar as mesmas características, além de uma extraordinária habilidade de calcular as probabilidades matemáticas. Elas seriam bem-sucedidas, também, nos mais altos escalões do mundo dos negócios, embora, provavelmente, estejam ganhando mais no pôquer de alto risco.

Assim como há aspectos positivos e negativos na autoestima, o mesmo pode ser dito sobre a disposição para correr riscos. Já mencionei no início deste capítulo as taxas mais altas de mortalidade entre os homens. Os adolescentes e os homens na casa dos 20 anos, em particular, são mais suscetíveis à direção imprudente e a acidentes automobilísticos fatais, a morrer em ações militares após se apresentar como voluntários, ou a encurtar sua expectativa de vida por meio da violência, de acidentes que poderiam ser evitados, do uso de drogas ou de álcool.[72] Atualmente, o índice de mortalidade de homens jovens é três vezes maior que o de mulheres da mesma faixa etária. O padrão de comportamento de alto risco começa na adolescência, atinge um nível máximo quando o homem está com vinte e poucos anos e declina a partir daí. Portanto, a distribuição das mortes masculinas causadas por acidentes ou homicídios tem um pico pronunciado, lembrando o formato de um chapéu de bruxa, e segue a curva das realizações masculinas em cientistas, artistas e criminosos, identificada por Satoshi Kanazawa. Ela também mapeia a trajetória profissional de carreiras de alto risco dominadas por homens, tais como o ingresso nas forças armadas, na polícia e no corpo de bombeiros. Exatamente quando seus níveis de testosterona estão no auge, os homens procuram a descarga de adrenalina das atividades de alto risco — para o bem ou para o mal.[73]

Frank Farley, psicólogo da Temple University que dedicou sua carreira a estudar a disposição para correr riscos, denomina isso de Fator T. Para Farley, o Fator T significa tremer de emoção. Mas o T também significa testosterona. Farley diz que os tipos Ts negam que assumem riscos, porque são confiantes de que tudo está sob seu controle. Ele divide os tipos em dois grupos: os Tipo T positivos — empreendedores, inventores, exploradores, pilotos de carros de corrida — e os Tipo T negativos — jogadores, criminosos e pessoas que se envolvem em sexo inseguro. Seria uma dicotomia interessante se, pelo menos, os dois subtipos não se sobrepusessem. Quando, em junho de 2006, o zagueiro do Pittsburgh Steelers e da Liga Nacional de Futebol Americano, Ben Roethlisberger, de 24 anos, pilotou sua motocicleta no meio do tráfego sem capacete, acabou sofrendo escoriações na cabeça, mas negou que estivesse assumindo um comportamento de risco. Afinal de contas, seu trabalho envolve investidas agressivas nos jogos, conduzidas justamente com a cabeça, e as recompensas são fenomenais: um contrato de US$22 milhões e mais de US$17 milhões em bônus e incentivos. Segundo Farley, "assim como o zagueiro, a pessoa está, em certo sentido, criando as próprias regras. Ela vive segundo suas decisões, em tempo real, com a faca no peito. A partida começa e tudo se move com muita rapidez".[74] Da mesma forma que acontecera com o para-brisas, estilhaçado contra a cabeça de Roethlisberger.

 Roethlisberger não apenas se adapta às categorias de alto risco quanto ao gênero e à idade elaboradas por Kruger e Nesse, como também personifica a tendência masculina em relação a extremos, incluindo empregos que são altamente arriscados, insalubres ou letais. Em seu livro *Biology at Work*, o professor Kingsley Browne, da Wayne State University, lista as seguintes dez ocupações como as mais perigosas, tendo compilado estes números a partir dos dados do Departamento Americano de Estatísticas do Trabalho. O risco de morte comparado com o trabalhador médio está entre parênteses, logo após as ocupações, e, portanto, um pescador teria 21,3 mais chances de morrer em serviço do que um trabalhador de escritório, um professor, um contador ou um dentista. Todas as ocupações seguintes, com exceção da de agricultor, são exercidas predominantemente por homens, com índices entre 90 e 95%: pescador (21,3), lenhador (20,3), piloto de aeronave (19,9), metalúrgico (13,1), motorista de táxi (9,5), trabalhador da construção civil (8,1), mantenedor de telhados (5,9), eletricista (5,7), motorista de caminhão (5,3) e agricultor (5,1).[75]

 As estatísticas trabalhistas britânicas revelam um padrão similar. No Reino Unido, há mais chances de se morrer em serviço quando as ocupações são a silvicultura, a pescaria, a caça, a agricultura, a metalurgia ou a condução de caminhões.[76] Todas elas são dominadas por homens. A imprevisibilidade — a parte excitante do risco — é o elemento comum, além do desejo de trabalhar sozinho e poder deslocar-se, sem nenhuma supervisão, por vastas extensões de território. Segundo se apurou por pesquisas, estes fatores agrupam-se, geralmente, dentro de um mesmo tema nas preferências de estudantes de ensino médio do sexo masculino, na fase em que estão escolhendo suas carreiras. Os trabalhos solitários, realizados ao ar livre e de alto risco são esmagadoramente mais sedutores para os homens.[77]

## Competindo por diversão e lucro

Mesmo sem a possibilidade de ganhar muito dinheiro, a oportunidade de competir e vencer já é um estímulo suficiente para muitos homens. Até agora, os rendimentos de Joel Wapnick em campeonatos de palavras cruzadas de tabuleiro deram-lhe um valor líquido de US$63.305. Amortizados ao longo de 25 anos de jogos e viagens para participar de torneios, essa não é uma maneira de ficar rico, admite ele. Um dos maiores jogadores de palavras cruzadas do mundo, ele foi o primeiro colocado em 1999 e o vice-campeão em 1993 e 2001.

"É um jogo fascinante. É um jogo maravilhoso. Tem a ver com conhecimento e estratégia." É assim que o afável professor de música, com 60 anos e cabelos ondulados, descreve, com profundo entusiasmo, os motivos pelos quais ama as competições de palavras cruzadas. Sentado em sua apertada sala em McGill, com um ventilador giratório sobre a mesa e cercado por pilhas de livros e papéis amarelados, o professor Wapnick dificilmente se pareceria com um obstinado caçador de emoções. A janela atrás dele, com grades de ferro, estava tão encardida que o sol do meio-dia de verão parecia desbotado. Mas a grande tela de computador com um tabuleiro de palavras cruzadas como proteção de tela propiciava uma iluminação suficiente para que pudéssemos enxergar um ao outro.

"O que distingue um campeão de um mero viciado em palavras cruzadas?", perguntei-lhe.

"Seu nível de competitividade é muito importante."

"E por que há tão poucas mulheres?"

"A pequena amostra de jogadoras de elite forma um grupo de comparação extremamente pequeno." E, então, o professor Wapnick deu um educado palpite. "É preciso certa crueldade. Quando você se senta para jogar, tem de querer ganhar, com todas as suas forças. A impressão que tenho das mulheres é que, quando elas se sentam para jogar, em algum momento, acabam desistindo."

Segundo Wapnick, o jogo de palavras cruzadas é, essencialmente, "um jogo espacial, um jogo matemático, um jogo de probabilidades". A pessoa precisa ser capaz de calcular as probabilidades das pedras que ainda restam e adivinhar o que está na prateleira de seu oponente a partir das peças que estão dispostas no tabuleiro. Mas o que é mais importante é estar verdadeiramente empenhado em vencer. "Quando comecei, queria simplesmente ser um dos melhores jogadores. Eu sabia que isso estava em mim. Era uma área em que eu sentia que poderia me sair muito bem. A coisa mais importante são os campeonatos que a pessoa já ganhou e, nisso, sou muito bom." Ele passava horas por dia memorizando palavras como "maneiro", "guáiaco", "microbar", não exatamente no modo como se soletra, mas em suas variações de anagramas sem sentido, como "oanirme", "aáicgou" e "imrcboar" — na ordem em que elas poderiam aparecer no jogo de palavras cruzadas. Wapnick estima conhecer aproximadamente 120 mil palavras com ortografia embaralhada — cerca de 100 mil a mais que uma pessoa comum —, com significados tão obscuros que as palavras podem constituir, elas mesmas, uma linguagem confusa e ininteligível.

Em quase todos os anos, 45% do número total de jogadores que se qualificam para competir nos torneios norte-americano e mundial de palavras cruzadas são mulheres. Mas, no grupo que marca os maiores escores, apenas 5% são de jogadoras. Portanto, os campeonatos competitivos de palavras cruzadas parecem exatamente a pirâmide executiva, já que 46% da força de trabalho é feminina e, ainda assim, apenas 5% da maioria dos cargos de gerência sênior é ocupada por mulheres.[78] Também se parece muito com os níveis mais altos do pôquer e do xadrez competitivos. O primeiro tem um punhado de campeãs de classe mundial, e o segundo não tem nenhuma.[79] Nas palavras cruzadas, houve uma campeã mundial em 1987: Rita Norr. Atualmente, uma mulher canadense de Toronto, Robin Pollock Daniel, é a jogadora mais bem posicionada no ranking mundial, tendo terminado na 21ª posição em meio a 635 jogadores no U.S. Scrabble Open de 2006, em Phoenix. Mas as divas das palavras cruzadas são uma exceção. Será que os gênios das palavras cruzadas, que Pollock Daniel diz ser, em sua maior parte, "músicos, gênios da computação e ligados à matemática", realmente se importam com o gênero de seu oponente? "Se você consegue jogar e manter uma conversa digna, então, você se sente em casa. Sou muito bem aceita pelos homens. Sempre fui um desses caras."

Ela prossegue, sustentando o ponto de vista de Wapnick. "Eu me importo muito com vencer", diz ela. "É isso que me distingue de uma série de mulheres. Detesto perder. Quando estou jogando com Joel — que tem dois mestrados e um doutorado, e é simplesmente brilhante —, eu também espero derrotá-lo. Ainda assim, em todos os jogos dos quais participo, há uma tênue voz feminina que me diz: 'Você não pertence a esse mundo. Você é uma fraude.' É a questão feminina. Fico feliz de ser classificada por um dos criadores das palavras cruzadas de tabuleiro como uma das principais jogadoras. Eu preciso desta confirmação. Estou sempre no grupo dos melhores e preciso desta prova de que eu pertenço àquele universo. Fico pensando se os homens sentem isso também. Quase todos eles se consideram bastante merecedores."

Certa vez, pediu-se a Pollock Daniel, psicoterapeuta que abandonou sua prática para cuidar dos filhos e se dedicar às palavras cruzadas, que fizesse uma encenação de seu alter ego durante uma sessão de treinamento em terapia Gestalt. "Escolhi o *Rain Man*. Ambos temos a habilidade de fazer as coisas mentalmente — é meu tipo de talento de idiota sábio. Ele fazia tudo sem culpa." Ela acredita que as mulheres não receberam a permissão da sociedade para dedicar seis horas por dia a atividades de memorização de anagramas e bingos de alta probabilidade — palavras de sete letras com bônus de 55 pontos. Mas eu apostaria que, mesmo que as mulheres tivessem uma memória tão prodigiosa quanto a de Pollock Daniel, poucas iriam querer assumir essa tarefa. Elas têm mais o que fazer. John D. Williams, diretor executivo da National Scrabble Association, concorda. "As mulheres são muito ocupadas com as coisas da vida cotidiana, enquanto os homens são mais focados e mais obsessivos que elas", ele me disse. "Encontrei poucas mulheres que sabiam quem jogava como segunda base no Blue Jays em 1987, ou quais eram as diferenças no tamanho do motor de um Chevrolet 1968 e um Buick 1969. É a mesma coisa. Quem vai ficar sentado aprendendo 100 mil palavras que ninguém vai usar no mundo real? Os homens tendem a se aproximar de assuntos esotéricos. Vá a uma convenção de *Star Trek* — a frequência é 90% masculina." Terrence Tao, o jovem mago da matemática, vencedor da medalha Fields e professor de matemática da UCLA, especialista em integrais oscilatórias, equações dispersivas não lineares e operadores multilineares, e a habilidade de Daniel Tammet de memorizar 22.500 casas decimais do número Pi revelam o quão longe a tendência de absorver milhares de dados pode levar alguém, especialmente quando o impulso de competir é colocado em questão.

"As mulheres são mais sensíveis que os rapazes. Se tivessem de despender um grande esforço com as palavras cruzadas, inúmeras mulheres diriam, 'Por que fazer isso? Não há muitas recompensas. Para ser adulado por algumas centenas de pessoas?'", pergunta Wapnick, retoricamente. Ainda assim, quando era jovem e venceu o campeonato mundial, lembra-se de "voltar para meu quarto e pular para cima e para baixo". Agora, já na casa dos 60 anos, vencer seria algo simpático, mas ele me confidencia que não é mais tão importante quanto era. Conforme digito isso em meu notebook, lembro-me das descargas vigorosas de testosterona, analisadas por Kanazawa e de sua relação com a genialidade precoce. Penso nas pesquisas sobre testosterona, feitas por Dabbs e imagino que alguém poderia pedir aos melhores jogadores de palavras cruzadas e de pôquer que cuspissem em um cálice.

Se fizessem isso, arriscaria dizer que eles descobririam por que os homens são, em média, mais agressivos e competitivos. Os condutores bioquímicos do comportamento, liberados sob estresse e refinados por milênios, sinalizam, para os homens, que há outros homens em seu foco de atenção. Estes hormônios fazem com que a competição torne-se revigorante e divertida. Enquanto isso, as mulheres têm mais probabilidade de levar em consideração a longa jornada à sua frente. Graças às próprias influências hormonais, mais mulheres do que homens são mais ponderadas quando têm de arriscar tudo para vencer uma aposta. Elas acham que as competições são menos intrinsecamente sedutoras e muitas têm desempenho melhor sem elas. Homens e mulheres, em média, têm respostas neuroendócrinas diferentes para o estresse. Os homens liberam maiores quantidades de adrenalina e cortisol quando competem, o que confere uma intensidade psicológica à sua experiência. "Isso pode explicar por que as mulheres tendem a responder mais seletivamente aos desafios e, também, de modo mais econômico, no sentido de que elas contornam inúmeras situações estressantes sem ter de recorrer às suas reservas corporais na mesma extensão que os homens", escreveu Marianne Frankenhaeuser, psicóloga da University of Stockholm, citada anteriormente neste capítulo, na discussão sobre punição e vingança. Mesmo sob extraordinária pressão, a descarga de adrenalina nelas é quase igual ao que é no dia a dia, descobriu ela, enquanto a dos homens sempre aumenta em situações de estresse. Esta explosão química faz com que a experiência de competir pareça diferente. As mulheres relatam ter mais sentimentos negativos e de desconforto em situações de competitividade, mesmo que estejam se saindo tão bem quanto os homens.[80] Para a maioria das mulheres, trata-se menos de uma questão de quem é capaz de vencer. Trata-se de saber se competir as faz sentir bem e se o preço a ser pago vale a pena.

Se os homens são mais competitivos por natureza, esse seria um problema a ser consertado? É tentador ver as coisas dessa forma, se supusermos que homens e mulheres são idênticos e querem as mesmas coisas. Mais homens do que mulheres lutam para vencer o jogo, não importa o nível de investimento pessoal. Mais homens do que mulheres escolhem trabalhar as oitenta a cem horas por semana exigidas para tirar a sorte grande ou para se tornar o grande chefe. Há inúmeras mulheres altamente competitivas e vários homens que detestam competir. Mas, em média, as diferenças de gênero na competitividade agressiva sugerem que as equipes masculina e feminina estão jogando sob dois regulamentos distintos.

Também é tentador testar a possibilidade de dominar a inclinação masculina para a competição e sua disposição para correr riscos, considerando os custos que isso representa para a longevidade e a felicidade dos homens. Eu, pessoalmente, gostaria de ver meus filhos e sobrinhos vivendo tanto quanto as meninas de suas salas de aula. O fato de que a disposição para correr riscos e os incansáveis esforços masculinos estejam ligados à fragilidade é uma característica do paradoxo sexual. Uma vantagem competitiva surge como forma de compensação e em nenhum outro lugar isso é mais óbvio do que nos homens impulsivos com curta amplitude de atenção. Formas exageradas do homem médio, os homens com transtorno de déficit de atenção, de um modo geral, arriscam-se mais. Mas isso também significa que eles podem ganhar milhões.

CAPÍTULO 9

# Turbinados: homens com TDAH bem-sucedidos

Ron Randolph Wall, presidente do conselho de administração de uma empresa de marketing internacional, com sede em Nevada, poderia ser garoto-propaganda do TDAH. Grisalho, Wall é um magricela de 1,90m, com um bigode em tons claros e escuros bem aparado, e lembra muito James Bond. Ele tem a mesma pronúncia de vogais e o mesmo estilo comportado dos britânicos, modos impecáveis idênticos e um radiante carro de passeio europeu de duas portas, que usa para circular pela cidade. O que lhe falta é aquela fração de segundos de contenção britânica. Wall nunca hesita. Ele adentra uma sala com confiança e entusiasmo. Ao me conhecer, quer imediatamente me contar sua última ideia, interagindo calorosamente comigo, como se fôssemos velhos amigos.

Imigrante, com transtorno de déficit de atenção e escolaridade até o nono ano, Wall é o motivo pelo qual estou esperando em um lobby de hotel em Lake Tahoe, às oito e meia da manhã. Ou, mais precisamente, estou esperando por Brooke, a secretária pessoal de Wall, de 21 anos, que vem me pegar em seu velho carro esportivo, adquirido para atravessar os brancos montes da Sierra Nevada e para acomodar sua prancha de snowboard e os cães de Wall, me explica ela, depois de me convidar para entrar. A enorme tatuagem subindo pelo pulso e pelos braços de Brooke e o grande poodle cinza dormindo no banco traseiro do carro são indícios de que esta não será uma entrevista padrão: uma sala de reuniões silenciosa, comentários ensaiados. Aparentemente, Wall tem as próprias maneiras de fazer negócios. Uma delas é delegar tarefas a um punhado de subordinados em quem confia, tenham eles ou não as credenciais usuais. Afinal de contas, quando começou, ele também não tinha nenhuma.

Os escritórios de Wall, um refúgio com amplas janelas voltadas para os pinheiros de Tahoe, estão repletos de dúzias de funcionários da Geração Y, como Brooke, todos eles diante de terminais de computador, calculando as margens de lucros e mapeando os índices demográficos de cada sala de cinema dos Estados Unidos. Eles estão elaborando uma fórmula para colocar ingressos gratuitos de cinema em caixas de cereais matinais, pastas de dente e fraldas descartáveis. "Se você der a um consumidor mais do que ele espera, ganhará mais em troca", esse é o mantra de Wall. Colocado em prática, isso significa que quase todos os consumidores norte-americanos poderão, agora, assistir de graça ao último sucesso de bilheteria, ao mesmo tempo em que se tornam fiéis usuários da pasta de dente Crest. Mais do que ninguém, Wall sabe quem poderá se interessar por sua oferta. Sua empresa usa a mera possibilidade do oferecimento de benefícios como isca para atrair consumidores a uma marca. Colocando ingressos de cinema que valem US$15 em uma caixa de US$3 de cereal matinal, ou personalizando cartões de crédito que acumulam pontos eletrônicos, Wall estimula, gradualmente, a lealdade dos consumidores, ávidos por fazer uma boa transação. E, com uma apreensão perspicaz das probabilidades, ele confia em sua intuição de que uma boa percentagem das pessoas não vai se incomodar se não puder utilizar seus brindes. Motivar os consumidores a comprar o produto sem ter de desembolsar nada por suas recompensas revelou-se um golpe de marketing.

Quarenta anos atrás, Wall foi a primeira pessoa a pensar em unir brindes a cartões de crédito plastificados — agora chamados de cartões de fidelidade —, oferecendo, assim, algo gratuitamente e unindo as marcas comerciais de dois produtos diferentes na mente do consumidor. Uma geração atrás, se alguém comprasse uma quantidade suficiente de gêneros alimentícios, poderia trocar seus selos cor-de-rosa ou verdes por algumas tigelas ou, talvez, uma torradeira. Agora, as compras creditadas em seu cartão podem lhe render uma tevê de tela plana, ou uma viagem para duas pessoas até Las Vegas. O fato de não precisarmos mais lamber e colar os selos já é um bônus. As empresas conquistam clientes fiéis, que investiram uma pequena quantidade de dinheiro e que apenas ocasionalmente retornam para reivindicar alguma coisa. Os bancos privados começaram a emprestar dinheiro com as elevadas taxas dos cartões de crédito. E Ron, que concebeu a ideia, consegue uma recompensa em ambos os lados da transação. Consumidor, revendedor e fabricante — todos eles acreditam que estão conseguindo algo especial com o negócio. Em combinação com sua sociabilidade fora do comum, esta crença no poder dos brindes construiu sua operação multinacional. Wall usou a ideia para lançar franquias internacionais, até que sua empresa estivesse gerando US$50 milhões por ano. Tendo juntado uma pequena fortuna, ele, agora, está levando em consideração a possibilidade de dedicar-se à filantropia como sua nova área de interesse. Mas antes que ele faça isso, gostaria de observar, rapidamente, como um homem com TDAH ocupa seu dia.

Depois de pararmos para pegar um café com leite, Brooke e eu estacionamos o carro ao lado de um pequeno prédio de escritórios sem elevador, em meio a um bosque de pinheiros. Wall, sorridente e vestindo um uniforme esportivo, apareceu subitamente, abraçando-nos efusivamente no ensolarado estacionamento. Então, subiu depressa as escadas, de dois em dois degraus, com seu poodle, Loki, a reboque. Enquanto nos encaminhávamos a seu escritório, ele falava ininterruptamente, fazendo pequenos intervalos para estabelecer contato com todos os membros da equipe que encontrávamos, seu telefone celular vibrando e colado a seu ouvido. "Não consigo parar de ter ideias", ele diz, virando-se para mim, e, então, "Não quero estar fora de mim", um instante depois. Finalmente, fechamos a porta de seu escritório e peço-lhe que me conte como chegou a este ponto — chefe de um império mutimilionário, com franquias em inúmeros continentes. Wall começa, então, a repassar sua carreira, começando pelo negócio de lavagem de carros que estabeleceu quando ainda era adolescente, depois sua passagem como aprendiz de crupiê em um cassino de Londres, seguido por um bico como redator publicitário de uma empresa de preservativos e, finalmente, percorrendo vastos cenários no tempo e no espaço, terminando como diretor executivo desta empresa de marketing. Subitamente, e sem pausa, ele começa a falar de seu histórico familiar e da imigração dos pais para Londres no pós-guerra, intercalando suas histórias pessoais e as de seu filho com referências variadas à sua ex-mulher e à sua filosofia de vida. Eu me esforço para acompanhar as mudanças de assunto, as interrupções do telefone e as exigências do cachorrinho, ligando e desligando meu gravador digital, e vasculhando meu bloco de anotações. Ele não consegue limitar-se a um único ponto, e eu não consigo acompanhá-lo.

## O paradoxo do TDAH

Wall é uma versão crescida de muitos meninos com TDAH que atendi — inquietos, distraídos, volúveis, rápidos em suas reações. Indubitavelmente frustrados e frustrando os adultos à sua volta, os meninos eram levados ao consultório de psicologia para que seu problema pudesse ser identificado e, com alguma sorte, "consertado".

Um transtorno de déficit de atenção usualmente não é considerado algo vantajoso. A rapidez, a fluidez de atenção, a impulsividade e a compulsão para procurar por novidades são sintomas, isto é, indícios, de um transtorno. As pesquisas com homens com TDAH confirmam sua fragilidade — suas frequentes mudanças de emprego, transtornos de sono e problemas no casamento.[1] O que se espera de pessoas com esse tipo de problema é que tenham de lutar com muito esforço, e, talvez, fracassar, e muitos realmente fracassam, especialmente na escola.[2] Mas aqueles que são bem-sucedidos o fazem, geralmente, de uma maneira espetacular, levantando duas questões interessantes: haverá características do transtorno que sejam catalisadoras do sucesso? E, já que existem três vezes mais homens do que mulheres com TDAH, o transtorno seria uma exacerbação desses traços masculinos mais comuns? Sabemos que uma variabilidade masculina maior significa que existem mais homens ocupando as posições extremas — os atletas, os criminosos e os inventores que você conheceu no capítulo anterior, e os multimilionários, que você conhecerá neste capítulo. Seus traços masculinos radicais os impulsionam para frente, rompendo com nossas expectativas de como os homens frágeis deveriam se sair.

Este é o paradoxo, e a incompatibilidade começa com um ceticismo milenar, em primeiro lugar, sobre o fato de o TDAH ser ou não um transtorno. Chamado abreviadamente de TDA, ele é caracterizado, principalmente, pela falta de atenção, especialmente em situações repetitivas, em que há poucas chances de novidades. "Desligado", "imprudente" e "incompetente" são, geralmente, expressões empregadas para descrever aqueles que apresentam o transtorno, que também costumam ser inquietos e impulsivos — deixando escapar pensamentos irrefletidos ou assumindo riscos mal avaliados. Aqueles com TDAH, de um modo geral, sentem-se incapazes de esperar. Também não conseguem ouvir com facilidade e paciência os outros por muito tempo, executar planos elaborados, moderar seus impulsos ou suas ideias por tempo indeterminado, ou demonstrar serenidade em situações entediantes. Geralmente, a hiperatividade é combinada com esses sintomas, e cria um turbilhão de energia e de desorganização que se torna difícil de ignorar.[3] Somente quando há múltiplos sintomas que afetam uma pessoa em diferentes situações, e ao longo de vários anos, é que se pode fazer um diagnóstico, e, mesmo assim, somente quando os sintomas interferem na via diária: escola, trabalho ou relacionamentos.[4] Afetando mundialmente de 7% a 12% das crianças e 4,4% de adultos é, ao lado da depressão, um dos transtornos psicológicos mais comuns no mundo.[5] Mas, enquanto a depressão é, essencialmente, um transtorno feminino, os homens têm três vezes mais probabilidade de apresentar o TDAH, e os meninos possuem de três a dez vezes mais chances de apresentá-lo do que as meninas.[6]

Um transtorno é um desvio da norma, e esse transtorno, particularmente, sempre carregou consigo conotações morais. A princípio, o TDAH foi identificado, no começo do século XX, como um "defeito no controle moral", de base biológica, que ocorreria durante a infância, embora a mitologia e a literatura insinuem que ele já existiria há muito tempo.[7] Em *Henrique IV*, de Shakespeare, um juiz da suprema corte tenta atrair a atenção de Falstaff em um diálogo que soaria verossímil para qualquer pessoa que já tenha interagido com alguém com TDAH. "Você não atendeu à minha intimação", reclama o juiz com Falstaff, que responde que sua negligência "provém de tristezas com os estudos e de perturbações do cérebro. (...) É a doença de não escutar, a enfermidade de não prestar atenção, o que me inquieta."[8] Quando Shakespeare atribui isso à surdez, ao excesso de bebida ou a uma falta de atenção que exigiria cuidados médicos, ele dá forma à questão moral que ainda persegue o transtorno: as pessoas que não se concentram seriam capazes de funcionar em outros contextos? Embora o consenso científico seja de que elas não conseguiriam, por séculos as características distintivas do TDAH estiveram ligadas à falta de autocontrole e à lassidão moral. Histórias de personagens marotos, de várias culturas, apresentam uma figura masculina diminuta, que perambula sem rumo e sem objetivos, levada por seus impulsos, sua inquietude e sua curiosidade.[9] O maroto cria o caos à sua volta, ao mesmo tempo em que escapa incólume. Anansi, a aranha das histórias da África Ocidental; Brer Rabbit, no folclore norte-americano, e o coiote, em mitos dos povos nativos da América, são algumas das figuras marotas, que não se submetem a regras e vivem de tramoias. Assim como o menino com TDAH que, silenciosamente, reprogramava o relógio do meu consultório para que o alarme soasse muito tempo depois de ele ter ido embora, o maior talento do garoto é fugir da rotina. Seu problema é não ser capaz de refrear o próprio comportamento para corresponder às expectativas, frequentemente colocando em evidência as verdades universais, ao mesmo tempo em que rompe com todas as regras. Ele é astuto, rápido e sedutor. Mas ele é normal?

## Trata-se, realmente, de um transtorno?

Uma das razões de controvérsia do TDAH é que seus sintomas confundem-se com os comportamentos usuais de distração e imprudência. E, como as taxas de diagnóstico variam muito entre os países, e, até mesmo, entre diversas regiões dentro de cada país, há uma suspeita contínua de que o TDAH seja somente um produto artificial da cultura, ou fruto da imaginação de empresas de medicamentos, em associação com os médicos. Somente o fato de que um número 18 vezes maior de meninos recebe tratamento para o transtorno nos Estados Unidos, em comparação com o Reino Unido; de que a Escócia tem taxas maiores que a Inglaterra, e de que o Alabama contabiliza duas vezes mais casos que o Colorado, gera uma desconfiança quanto à "autenticidade" do transtorno.[10] Apesar do debate público, há um consenso crescente entre os pesquisadores de que o TDAH existe em qualquer parte do mundo e que as variações regionais refletem a tolerância daquela sociedade para com o comportamento desconcentrado, e sua disposição para enfrentar as questões de saúde mental. Há, também, estudos demográficos que conferem um novo viés a problemas de desenvolvimento de todos os tipos — desde partos prematuros até asma —, e propiciam, em algumas localidades, maior conscientização dos sintomas. Assim como os transtornos de esgotamento nervoso ou de estresse pós-traumático, uma vez estabelecido o perfil daquele quadro clínico, a identificação torna-se mais corriqueira.

Enquanto a Europa foi mais rápida em reconhecer o autismo como um transtorno, os Estados Unidos, a Austrália e o Canadá tiveram uma vantagem de trinta anos de pesquisas em TDAH, e apresentaram, uma década depois, planos de tratamento com base nas evidências (a American Academy of Child and Adolescence Psychiatry publicou suas primeiras orientações de tratamento em 1997, enquanto as orientações clínicas do Reino Unido foram publicadas apenas em 2008). Além disso, a existência, nos Estados Unidos e no Canadá, de uma categoria de diagnóstico mais abrangente significa que a permanente falta de atenção merece um diagnóstico — mesmo sem os sinais de hiperatividade —, enquanto, na Europa, a pessoa tem de ser desatenta e hiperativa para atender aos critérios diagnósticos. Apesar dessas nuances, existe, agora, um reconhecimento progressivo de um problema que até recentemente parecia ser uma coqueluche norte-americana. Atualmente, 5% dos meninos em idade escolar no Reino Unido apresentam o diagnóstico de TDAH — metade da taxa na América do Norte, mas, ainda assim, abaixo das taxas da Suíça, Holanda e Islândia. Centenas de artigos científicos documentando suas origens genéticas e tratamentos farmacológicos apareceram em jornais especializados, desde o início dos anos 1970 — evidências que foram amplamente ignoradas pelas autoridades psiquiátricas britânicas, até recentemente.[11] Como resultado, ainda há certa tensão entre pais e professores sobre o fato da inquietação e da falta de atenção da criança serem causadas por cuidados parentais negligentes, ensino deficiente, dieta pobre, escolas com poucos recursos, ou por um transtorno cerebral legítimo, com raízes biológicas. Causou escândalo a notícia divulgada pela BBC, em 2006, de que os professores estavam dizendo aos pais de crianças com TDAH que seus filhos não poderiam frequentar a escola se não estivessem recebendo tratamento para o transtorno. Enquanto isso, nos Estados Unidos, onde os litígios são comuns, há processos judiciais em andamento sobre a quem se deve atribuir a responsabilidade pelo diagnóstico e pela educação dessas crianças.[12] De um modo bastante semelhante ao autismo — que foi, inicialmente, considerado fruto das "mães geladeiras" —, houve um lento progresso na percepção do TDAH como apenas um sintoma de um ambiente contaminado para um reconhecimento de que são os fatores biológicos que estão em jogo.

Infelizmente, para aqueles que desejam uma prova concreta do diagnóstico, ainda não existe nenhum exame de laboratório que o comprove. Mas há escalas de classificação padronizadas, e os sinais diagnósticos do TDAH estão descritos na bíblia dos psicólogos norte-americanos, o *Manual diagnóstico e estatístico de doenças mentais*, e no seu equivalente europeu, ligeiramente mais abrangente, a *Classificação internacional de doenças*.

## As evidências biológicas

Mesmo que esses sintomas, eventualmente, se sobreponham aos sintomas de volubilidade e falta de disciplina usuais, quanto a falta de atenção, a impulsividade e a hiperatividade persistem em diferentes situações e ao longo dos anos, as evidências das origens biológicas do transtorno tornam-se inconfundíveis. Embora algumas crianças pareçam se livrar dos sinais da hiperatividade durante a adolescência, há mais probabilidades de permanência dos sintomas na idade adulta se parentes mais próximos também apresentarem o transtorno.[13] Existem estudos, também, de imagiologia cerebral que identificam marcadores anatômicos e biológicos do TDAH. Indivíduos com TDAH apresentam uma redução no tamanho do núcleo caudado, uma faixa em formato de foice escondida no assoalho da parte central do cérebro e que é uma das responsáveis pelo controle motor voluntário. Alguns pesquisadores descobriram que o esplênio, a parte de trás do corpo caloso, é menor em pessoas com TDAH.[14] Outros neurocientistas identificam anomalias no córtex pré-frontal — a parte do cérebro que regula as funções de supervisão, adestrando o comportamento para que ele seja deliberado e concentrado. O córtex pré-frontal foi comparado a uma força policial, cuja função é manter as facções rebeldes sob controle. Mas a inibição dos impulsos não é, simplesmente, uma questão de anatomia neural. O fluxo de neurotransmissores que governam a habilidade de priorizar e de saber quando começar e quando parar as atividades também está desarranjado nas pessoas com TDAH.[15]

· Descobriu-se que dois genes que aumentam significativamente o risco de desenvolver o transtorno, o DRD4 e o DAT-1, respectivamente um receptor e um transportador de dopamina, são genes de susceptibilidade ao TDAH. Mesmo assim, também não se trata, apenas, de um caso de causa e efeito. As localizações destes genes também têm relação com as disfunções de leitura e o autismo. Conforme vimos, todos esses transtornos são mais comuns em homens, com a possibilidade de dois ou três deles ocorrerem, de um modo geral, simultaneamente.[16] Uma multiplicidade de genes está envolvida na transmissão genética de um ou mais desses problemas. Nem todos os genes candidatos foram mapeados ainda, o que é uma razão a mais para esmiuçar obsessivamente o histórico familiar. Ter propensão a acidentes, abandonar a escola precocemente, pular de emprego em emprego, depender de outras pessoas para se organizar, ser incapaz de concluir projetos, automedicar-se com álcool e reagir impulsivamente em situações de conflito — todas essas são pistas de um possível transtorno de déficit de atenção, especialmente para aqueles nascidos antes dos anos 1970, quando o transtorno ainda não havia sido compreendido. Estes problemas vêm à tona porque pessoas com TDAH possuem cérebros com características distintas, e essas características emergem graças a seus genes — não apenas um, mas inúmeros genes que trabalham juntos. Os fatores ambientais determinam com que gravidade a pessoa será afetada, mas o padrão básico está estabelecido antes do nascimento. Na verdade, é comum haver gerações sucessivas de indivíduos com TDAH, com a predominância de homens na árvore genealógica. Metade de todos os adultos com TDAH tem um filho com TDAH, enquanto um terço de seus irmãos também apresenta o transtorno. Comparem-se estas probabilidades aos 6% a 8% de chances de uma pessoa não pertencente àquela família apresentar TDAH, e as origens genéticas do transtorno ficam evidentes.[17] Ao reforçar essa conexão familiar, a hereditariedade do transtorno em gêmeos idênticos varia de 40% a 88%, dependendo do tipo de TDAH e de quem está avaliando o comportamento da criança (de modo geral, os pais subestimam o transtorno no gêmeo menos severamente afetado).[18]

Em síntese, há uma série de indícios fisiológicos e psicológicos apontando para a existência do TDAH como um fenômeno biológico. As variações genéticas estão na base da atenção flutuante e da impulsividade, que, em um mundo remoto, podem, algum dia, ter feito sentido na evolução da espécie. Ser mais compreensivo poderia ter significado capturar comida ou seus companheiros antes que qualquer outro o fizesse. Os estudos mostram que babuínos e macacos adolescentes impulsivos tornam-se os adultos dominantes do bando, desde que sejam capazes de controlar seus impulsos agressivos por tempo suficiente para sobreviver até a idade adulta.[19] A disposição para correr riscos e a impulsividade, comuns a muitos homens, são exacerbadas nos indivíduos com TDAH. Sob as circunstâncias certas, essas características podem lhes levar ao sucesso. Mas elas também estão associadas a uma vulnerabilidade diferenciada — uma tendência para brigas, acidentes e confusões inesperadas.

Traçar o histórico familiar de uma criança com TDAH pode ser uma tarefa complicada. Como existe a probabilidade de que um dos pais também apresente o transtorno, ele pode ficar pulando de assunto em assunto, ao mesmo tempo em que é permanentemente atormentado pela inquietação e pela impulsividade da criança. Minhas anotações de casos comprovam o caos que isso gera. "A criança balança-se para a frente e para trás na cadeira, movimenta-se, então, bruscamente para trás; o pai se enfurece", "a criança vai seguidamente até a recepção (elevador, bebedouro, banheiro)", "a criança tira o telefone do gancho, pai desatento", "esvazia a caixa de lenços", e "tenta pegar a lousa mágica, os clipes de papel, o grampeador, o cronômetro durante a entrevista", "escapole depois de cinco minutos", "a criança não se organiza, não sabe por onde começar", "a mãe responde antes da pergunta ser formulada". Logo descobri que uma entrevista rápida, firmemente estruturada, funciona melhor, já que a química do transtorno é implacável com as mais breves pausas. Mesmo com essa rapidez, essas histórias familiares revelam que a maioria das crianças com TDAH foi um bebê difícil, que não gostava de ser acariciado ou abraçado, e, para perturbar ainda mais os pais, não dormia direito. Apenas uma minoria era puramente desatenta, sem os indícios da hiperatividade que leva outras pessoas diagnosticadas com o transtorno a ser mais inquietas, como se estivessem ligadas a um motor. Não é difícil perceber por que a escola, que exige que as crianças permaneçam imóveis por horas, submetam-se a uma série de repetições e inibam seus impulsos, funcione, de modo geral, como uma maldição. Esta é uma das razões pelas quais o transtorno foi considerado, originalmente, um problema típico da infância. A maior parte dos adultos com TDAH possuía histórias escolares cheias de altos e baixos, mas nenhuma ideia do que havia acontecido de errado, até que trouxesse próprios filhos a um consultório de psicologia para investigar por que eles não estavam aprendendo ou comportando-se como seus companheiros. Foi somente aí que estes adultos perceberam as próprias experiências refletidas nas experiências de seus filhos

Essa era a história de Ron Wall. Quando levou seu filho em idade pré-escolar a um neurologista, descobriu por que ele próprio, quando criança, considerava a escola um lugar insuportável, e por que, já na idade adulta, sentia-se sempre um inconformista. "Eu não dava importância aos deveres de casa. Não me sentia atraído por aquilo. Estava mais interessado em olhar pela janela", ele me disse. Mas, ao ouvir o médico de seu filho, Wall reconheceu os próprios padrões — a impulsividade, a atenção dispersa, a atração pelo risco. Quando ele era criança, esses comportamentos estimularam seus pais a levá-lo para a clínica Tavistock, em Londres. "Foi ali que aprendi que eu era diferente. Eu era um menino desobediente e não conseguia me concentrar em nada. Estava com 6 anos. O diagnóstico que nos foi dado dizia que meus pais tinham um casamento infeliz." Mas os problemas conjugais dos pais tinham pouca coisa a ver com a falta de atenção de Wall. Provavelmente, era o contrário — uma criança com um transtorno pode, facilmente, colocar em evidência quaisquer problemas já existentes no casamento dos pais.

O TDAH de Ron possuía origens biológicas, o que, em combinação com sua história pessoal, davam forma a seus inconfundíveis impulsos. Filho de judeus alemães que viveram em campos de refugiados depois da guerra, Wall cresceu na combalida Londres do pós-guerra, onde seus pais tentavam recomeçar suas vidas. Seu pai vendia artigos de papelaria para pequenos negócios. Sua mãe limpava casas e alugava quartos para equilibrar o orçamento doméstico. A feroz ambição de Wall poderia ter sido despertada pelo fato de se sentir marginalizado pela pobreza em uma Inglaterra socialmente estratificada, pelo seu transtorno de déficit de atenção, ou por ambos os fatores, mas era, simplesmente, implacável. Ele queria fazer mais dinheiro do que o pai, para ter a própria casa, dirigir um bom carro, ou, melhor ainda, ter um chofer que o conduzisse pela cidade. Ele iria até o fim para conseguir isso

## O limite

Ele é denominado transtorno, tem a própria geografia cerebral e impede as crianças de ser bem-sucedidas na escola. Os homens com TDAH são como o Super-Homem e a Kriptonita. Um pode ser a ruína do outro. Ainda assim, em condições ideais, o TDAH parece lhes conceder poderes especiais. Em David Neeleman, fundador e diretor executivo da JetBlue e da West Jet Airlines, o TDAH favoreceu a perspicácia, como forma de compensação por seus déficits. Neeleman perdia seu relógio com tanta frequência que comprava logo cinco sobressalentes de cada vez. Esquecia-se de suas passagens aéreas tão frequentemente que inventou as passagens informatizadas. No início, ele foi mundialmente ridicularizado, mas defendeu persistentemente a ideia dos bilhetes eletrônicos — um costume que, hoje, todos assumem como natural. Seu sistema de reservas e de emissão eletrônica de bilhetes lhe rendeu US$22 milhões quando o vendeu para a Hewlett-Packard, em 1999 —, ideias comerciais que ele credita à necessidade de oferecer alternativas. "Meu cérebro TDA procura, naturalmente, as melhores maneiras de se fazer as coisas. Com a desorganização, a lentidão, a incapacidade de se concentrar, e todas as outras coisas ruins que vêm junto com o TDA, surgem, também, a criatividade e a habilidade de correr riscos."[20]

O aspecto negativo é que os riscos podem custar caro, ser incômodos e perigosos. Meninos e homens com TDAH se envolvem em mais acidentes de carro, bebem mais, consomem mais drogas e apresentem temperamento mais explosivo do que os rapazes médios.[21] Ainda assim, uma alta tolerância ao risco é um pré-requisito para o sucesso nos negócios. Os empreendimentos comerciais que envolvem riscos elevados geram margens mais altas de lucros, mesmo se também semearem possibilidades de perdas maiores. Para testar as conexões entre gênero e empreendedorismo de risco, alguns economistas europeus perguntaram a 20 mil alemães como eles investiriam €100 mil, caso ganhassem na loteria. Havia 50% de chances de dobrar a soma a cada dois anos se optassem por fazer um investimento, mas uma probabilidade idêntica de 50% de perder metade do dinheiro. Eles se contentariam com o montante inicial ou iriam investi-lo? E quanto iriam arriscar? Os pesquisadores descobriram que os homens investiriam uma média de €6 mil a mais que as mulheres;

os jovens investiriam mais que os mais velhos; e as pessoas mais altas investiriam mais que as pessoas mais baixas (para cada centímetro de altura, o valor investido aumentava em cerca de €200). O curioso era que as pessoas que apreciavam correr riscos viam-se como mais felizes e mais otimistas que as outras, embora não esteja claro o que vinha primeiro — o ato de correr riscos ou o otimismo. Sem nenhuma surpresa, um apetite para o risco leva as pessoas a trabalhar como autônomas, enquanto aos menos inclinadas a correr riscos sentem-se mais atraídas pelo serviço público, que oferece estabilidade no emprego e benefícios, ainda que com rendimentos menores.[22] Assim como a altura, o comportamento de risco relacionado ao empreendedorismo está distribuído em uma sequência contínua, com homens que assumem riscos ocupando as posições extremas. E, assim como a altura, é, em grande medida, uma característica herdada, já que cerca de metade da propensão a se dedicar ao empreendedorismo deve-se aos genes da pessoa, segundo um estudo britânico que comparou o histórico das atividades profissionais exercidas por mais de 1.200 pares de gêmeos.[23]

Uma menor aversão ao risco é um dos aspectos salutares do perfil do TDAH. Uma extroversão irrestrita é outro. Paul Orfalea, fundador da Kinko's, tinha um "padrão imprevisível, era um furacão", com "raciocínio não linear, rápido", segundo Ann Marsh, jornalista e coautora de sua autobiografia. Diagnosticado com TDAH e dislexia, Orfalea frequentou oito escolas diferentes quando era criança, foi expulso quatro vezes, nunca conseguia obter a nota mínima nas primeiras tentativas e também jamais conseguiu fazer isso enquanto esteve na universidade. Se havia um homem frágil que estava fadado ao fracasso, esse alguém era Orfalea. Tendo sido suficientemente malsucedido na escola, ele já se sentia um forasteiro na universidade, onde seus amigos recebiam as notas mais altas da turma e onde seu cabelo muito crespo e ruivo lhe rendia apelidos como Angorá, Cabeça de carpete, Pentelho, Palha de aço, Pixaim e, finalmente, Kinko. O nome pegou. Ele o odiava, mas usava-o a seu favor. A ovelha desgarrada usou o apelido para batizar uma pequena loja de fotocópias que abriu, ainda como estudante, em 1970, e que transformou, gradualmente, em um império de 1.200 lojas, com lucros de US$2 bilhões por ano. "Não levei muito tempo para chegar à conclusão de que eu seria, basicamente, um desempregado. Tinha de descobrir minha própria maneira de conseguir me realizar", disse-me, em uma ligação telefônica feita de sua casa em Santa Bárbara.

Conversar com Orfalea é como ser levado por um tornado. Antes que eu conseguisse entender o que estava acontecendo, ele dominou a entrevista, disparando-me perguntas pessoais para se certificar "com quem estava falando". Então, começou a falar com surpreendente franqueza sobre si mesmo. Estabeleceu imediatamente um consenso comigo, demonstrando com que facilidade ele transforma sócios comerciais em amigos, e amigos em sócios. Parecia não haver barreiras — Orfalea estava claramente consciente de suas vulnerabilidades e discutia-as abertamente. "Eu estava morrendo de medo de que eu mesmo pudesse me destruir. Mas tive tantos contratempos desde cedo que estava preparado para cometer uma série de erros. Isso faz parte do jogo. Quando tudo sai de modo perfeito, você não aprende a ser flexível. E acaba não vendo as oportunidades à sua frente." Orfalea compreendia, intuitivamente, que, nos negócios, seus clientes eram apenas versões dele mesmo — ansiosos, temiam perder os prazos, desorganizados, sempre com pressa e, talvez, com necessidade de ter um pouco de companhia em momentos de maior dificuldade. "Ainda estávamos montando a loja quando um professor da universidade veio até nós. Como cada um dos milhões de outros consumidores que iríamos atender nas próximas três décadas, ele estava estressado e com pressa. (...) Aprenderíamos, depois, que não estávamos apenas vendendo cópias, porém, mais do que isso, diminuindo a ansiedade. Ele não sabia exatamente o que queria, mas queria tudo para ontem."[24]

Orfalea também era muito inquieto e impulsivo para fazer isso sozinho. Deixar as lojas abertas ininterruptamente, 24 horas por dia, os sete dias da semana, era o seu conceito, mas ele deixava o trabalho pesado para os outros, e se concentrava naquilo que sabia fazer melhor: lidar com as pessoas e sugerir novas ideias. "Descobri que, se me afastasse do escritório da administração central, isso me libertaria do trabalho maçante, rotineiro e diário, que não deixava nenhum espaço para o discernimento, a inspiração, ou a inovação. Aqui, como em qualquer lugar, eu era poderosamente auxiliado pelos meus supostos transtornos. Jamais consegui suportar ficar em um mesmo lugar por muito tempo." Mas ele não era apenas fisicamente inquieto. Seus empregados o descreviam como "um estalo ambulante — cansativo e estimulante ao mesmo tempo", e tendo tantas ideias que "era preciso abrir o próprio caminho entre elas". Uma de suas forças era prever o que os consumidores queriam. Cópias feitas durante a noite? Tudo bem. Um artista queria tirar cópias de pássaros mortos? Claro. Um ambientalista queria mapas plastificados da floresta tropical africana? Ótimo. Havia até aqueles que tiravam as calças para serem fotocopiados nus. Tudo bem, também. Se houvesse algum nicho relacionado com cópias, Orfalea estava pronto a ocupá-lo, usando a confiança mútua e o entusiasmo para deixar claro o que *ele* queria. Um apetite para o risco, em combinação com sua habilidade de entender o que as pessoas queriam, fez com que seus limites se expandissem.

## O estilo flexível e elástico

As melhores ideias de Ron Wall surgem enquanto ele se relaciona com as pessoas e realiza, simultaneamente, outras atividades. Em um momento típico de seu dia, podemos vê-lo andando sinuosamente com seu Rolls-Royce, subindo uma ladeira de ré, ao mesmo tempo em que conta uma história e atende chamadas em seu BlackBerry. Em vez de se dedicar à resolução de problemas com extrema concentração e de modo solitário, dentro de portas fechadas, Wall acredita que seu estilo disperso e elástico faz com que ele perceba outros elementos do panorama geral e observe além das categorias, explica ele, para identificar conexões onde os outros não as veem. Ele atribui esta fluidez ao seu TDAH, que ele chama de "superávit de atenção". Quando novas ideias aparecem, ele conta com a ajuda de Burke, seu austero diretor financeiro, para avaliá-las e "controlar meu risco", e outro sócio disciplinado para colocar suas ideias em prática. "Eu sonho, ele executa", diz Wall.

Segundo muitos cientistas e inventores, novas ideias aparecem com mais facilidade quando a consciência está dispersa e desconcentrada.[25] Romper com a previsibilidade é a maneira de estimular o aparecimento de uma ideia realmente nova, escreveu o psicólogo William James, nos últimos anos do século XIX.

> Em vez de raciocínios de operações concretas que, pacientemente, sucedem-se uns aos outros no já conhecido caminho da sugestão habitual, temos os mais abruptos cortes transversais e transições

de uma ideia para a outra, as mais nobres abstrações e diferenciações, as mais surpreendentes combinações de elementos, as mais sutis associações por analogia; em uma palavra, parecemos subitamente apresentados a um caldeirão de ideias em ebulição, onde tudo está crepitando e borbulhando em um estado de desconcertante atividade, em que as parcerias podem ser formadas ou desfeitas em um instante, a rotina de um trabalho monótono é algo desconhecido e o inesperado parece ser a única lei.[26]

"Desconcertante atividade" é um bom termo para o estilo cognitivo de Wall. A experimentação sem limites é uma das características distintivas do TDAH — uma das razões pelas quais muitas pessoas afetadas pelo transtorno estão propensas a se envolver em acidentes. Elas colocam inúmeras ideias em prática e cometem vários erros. "Elas perdem algo, elas ganham algo", diz Daniel Goleman, o psicólogo que explicou o conceito de inteligência emocional ao mundo. Ele considera que as pessoas criativas cometem mais erros, não porque sejam menos hábeis, mas porque sempre propõem mais alternativas. E, nas pessoas com TDAH, a censura interna, responsável por colocar um freio nos esquemas temerários e nas ideias inovadoras, está, quase sempre, silenciada.

Como se corroborasse as suspeitas de Wall de que esta atenção preguiçosa é uma bênção, em *Greatness*, Dean Keith Simonton fala sobre as associações oníricas, às quais os inventores geralmente creditam a inspiração para suas ideias. Uma vez que conexões improváveis estão em atividade, um segundo processo entra em operação para avaliar o mérito destas conexões. O dramaturgo inglês John Dryden começava a escrever uma peça "quando ela ainda é uma massa confusa de pensamentos que se atropelam um ao outro no escuro"; o arquiteto Auguste Kekulé descobriu, de forma memorável, a estrutura do anel de benzeno em um sonho sobre cobras mordendo o próprio rabo; Thomas Edison concebeu suas melhores invenções quando estava prestes a adormecer, ou quando acabava de acordar. Chamado de "atrapalhado" por seus professores, Edison abandonou a escola aos 12 anos. Mas explorou todas as ideias que lhe surgiram em seu estado hipnagógico e desenvolveu, até mesmo, uma técnica para captar as ideias que poderiam aparecer por acaso, enquanto estivesse semiconsciente. Aqui, Goleman descreve o engendramento de Edison para criar inventos:

Ele escolhia uma cadeira para tirar um cochilo e apoiava os braços e as mãos nos encostos da cadeira. Em cada uma das mãos, segurava uma bolinha de metal. Embaixo de cada mão, no assoalho, havia dois pratos grandes. Quando começava a oscilar entre os estados de vigília e de sono, as mãos, naturalmente, relaxavam, e as bolinhas caíam nos pratos. Desperto pelo barulho, Edison tomava nota imediatamente de quaisquer ideias que tivessem passado por sua cabeça.[27]

As pessoas com TDAH costumam alternar períodos de hiperconcentração e um estilo difuso de atenção, do tipo que fica procurando, tentando encontrar novidades. O que é fundamental não é somente ter as ideias, mas saber reconhecer se elas têm alguma utilidade, e aqui, também, os indivíduos com TDAH podem estar em vantagem. Um estudo recente comparou um grupo de estudantes universitários que relataram possuir TDAH, com um grupo de controle. A psicóloga Cecile Marczinski descobriu que os indivíduos com TDAH respondiam com mais presteza às novidades do que aqueles com uma amplitude normal de atenção. O grupo com TDAH era muito mais rápido ao discernir as novidades das coisas já conhecidas.[28]

Novos ângulos, de fato, são o que interessa a Wall — especialmente quando observa um nicho ainda não ocupado por ninguém. Ele se perguntou por que os bancos privados poderiam ser as únicas instituições a ampliar o crédito do consumidor. Por que estímulos potenciais, como pontos cumulativos ou ingressos de cinema não poderiam ser produzidos à semelhança dos talões de cheque — permitindo-lhe que vendesse algo a ser resgatado em algum momento no futuro — ou, talvez, em momento nenhum? Suas habilidades matemáticas são decisivas para calcular os riscos e as margens de lucros envolvidos. Mas seu TDAH entra em operação quando ele tem de conectar as ideias disparatadas. Ele é impulsivo demais para deixar que as "análises hipotéticas" o impeçam e, ao mesmo tempo, cauteloso o suficiente para ter alguém a seu lado aplicando-lhe freios quando necessário. Na maioria das vezes, ele vai em frente, sabendo que, se fracassar, poderá, simplesmente, começar tudo de novo.

\* \* \*

Vários meses depois de encontrá-lo em Lake Tahoe, Ron Wall chegou inesperadamente a Montreal e eu o convidei para um almoço. Distintamente vestido e corado pelo frio, ele desenrolou seu lenço de seda do pescoço, ofereceu-me um pequeno vaso com narcisos e, imediatamente, desviou sua atenção para meus filhos. Pediu ao meu filho de 14 anos que falasse sobre si mesmo, e, então, deixou escapar com orgulho: "Na sua idade, eu já tinha abandonado a escola e aberto meu primeiro negócio." Eric levantou as sobrancelhas, mas não respondeu. Depois, me perguntou: "Por que ele me disse isso?" Era a primeira vez que meu filho entrava em contato com um adulto que defendia o trabalho, em vez da escola. Eu expliquei como Wall era um aluno brilhante, que aprendia tudo com muita rapidez — ele aprendia tudo por conta própria. Mas a escola havia sido uma experiência de incompatibilidades. Significava corresponder às expectativas do que as outras pessoas entendiam por sucesso. E sua atenção e energia irrequietas nunca foram traços muito valorizados nas salas de aula tradicionais. O mercado de trabalho — ou, pelo menos, alguns tipos de trabalho — era o local mais indicado para seu apetite pela novidade e pelo risco.

Escolher o trabalho de alto risco em detrimento do percurso normal de formação escolar é, paradoxalmente, uma das razões pelas quais os homens com TDAH podem abandonar a escola mais cedo que seus companheiros e, ainda assim, ganhar, tanto dinheiro quanto eles, ou ainda mais.[29] Com menos opções de formação escolar, porém com mais coragem, um terço deles se torna empreendedor antes dos 30 anos.[30] Aqui, portanto, está outro exemplo de homens em posição extrema funcionando como uma hipérbole masculina — exacerbando uma tendência que observamos entre homens considerados mais "normais". Apesar de sua capacidade de ganhar dinheiro, abandonar a escola é algo dificilmente desejável, e um analista norte-americano, chamado Thomas Mortenson, tem monitorado sistematicamente a evasão escolar, publicando relatórios embasados em fatos concretos, que mostram como as mulheres estão deixando os homens para trás. Eu o localizei e fui ao seu encontro, até sua choupana no meio da floresta, no norte de Minnesota, onde ele estava preparando bases para a temporada de caça aos veados, em novembro. Um estudioso sênior do Pell Institute for the Study for Opportunity in Higher Education, Mortenson investiga quais camadas da sociedade têm menos probabilidade de chegar à universidade. Um número cada vez maior dessas populações é formado por meninos, e Mortenson espera que a publicação dos índices possa ajudar a reverter a tendência. "Em quase todos os países, exceto na África subsaariana, há mais mulheres do que homens na educação superior", disse ele, citando estatísticas da OCDE e da UNESCO. "Quando a frequência se torna voluntária, os meninos se desligam do sistema."

Logo compreendi uma das razões pelas quais Mortenson está tão comprometido em descobrir quem está saindo dos trilhos. Por ter sido um menino com TDAH, isso quase aconteceu com ele. Mortenson descreveu-se como tendo sido uma "pistola engatilhada", cujo desempenho escolar era melhor nas matérias de "sair correndo e sair para o intervalo". O que o motivava a permanecer era uma professora que lhe dizia que suas notas eram as melhores da turma, repetindo, incansavelmente, que ele tinha um potencial extraordinário. Ter uma professora e uma família que acreditavam em suas habilidades foi o que o manteve no caminho certo, disse ele. Por mais piegas que pareça, a experiência de Mortenson reflete o que duas pesquisadoras, Gabrielle Weiss e Lily Hechtman, descobriram depois de acompanhar uma vasta amostra de crianças com TDAH à medida que ingressavam na idade adulta. A maioria disse que havia sido estimulada pela descoberta de um talento ou dom especiais, identificados por um dos pais ou por uma professora. "Quando perguntamos aos adultos que haviam sido hiperativos o que mais os ajudou a superar suas dificuldades na infância, a resposta mais comum foi que alguém havia acreditado neles."[31]

## O debate sobre mulheres e meninas com TDAH

As pessoas que acreditavam nos meninos e nos homens com TDAH que conheci eram, de um modo geral, suas próprias mães. Muitas dessas mulheres tinham empregos em horário integral e eram superatarefadas, mas arrumavam um tempo para levar seus filhos a meu consultório e, apesar de eu insistir que os pais deveriam estar presentes na primeira e na última entrevistas, eram as mães, invariavelmente, que acompanhavam seus filhos nestas e nas outras sessões intermediárias. As mães compareciam para ouvir as explicações sobre o transtorno. Geralmente, eram elas que defendiam os filhos na escola. Elas também tinham uma compreensão maior sobre o auxílio que os psicólogos poderiam prestar a seus meninos problemáticos e mais probabilidades do que os pais de procurar ajuda para si mesmas.

Ser mais competente na hora de procurar ajuda pode ser uma das razões pelas quais a proporção de mulheres adultas com TDAH parece estar aumentando. Enquanto a proporção entre crianças diagnosticadas com o transtorno gira em torno de oito meninos para cada menina, a proporção, entre os adultos, é, agora, de três homens para cada mulher.[32] Ainda assim, com três vezes mais homens do que mulheres com TDAH, não há evidências de que as diferenças de gênero previamente documentadas em taxas de diagnóstico tenham sido causadas por preconceitos de gênero ou que, desde então, desapareceram. Ao contrário, uma das razões para o aumento recente do número de mulheres com TDAH é que a categoria se tornou mais elástica. Em 1994, foi publicada uma nova versão, ampliada, do *Manual Diagnóstico e Estatístico*, de modo a incluir um tipo de TDAH puramente desatento — sem hiperatividade (em contraste, Ron Wall e Paul Orfalea apresentavam o tipo combinado).

As meninas e mulheres com características menos exacerbadas do transtorno começaram a receber um diagnóstico que não lhes seria dado dez anos atrás. Isso aumentou as taxas de diagnóstico entre elas, à medida que os modos de identificação do transtorno também se ampliaram. Assim como a dislexia, os pesquisadores raciocinaram que, se havia um preconceito contra o fornecimento do diagnóstico para as mulheres, elas não poderiam depender de médicos, locais de trabalho ou professores para identificar o problema; teriam de descobri-lo por si mesmas. Os pesquisadores foram, então, até a comunidade e testaram aleatoriamente algumas mulheres, e, de fato, encontraram mais mulheres com sintomas de TDAH do que jamais havia aparecido.[33] Estas mulheres eram menos afetadas por seus sintomas, mas, ainda assim, atendiam aos novos critérios diagnósticos do TDAH.

Mas haverá, realmente, a mesma porcentagem de meninas com TDAH? Um preconceito de gênero teria levado professores, profissionais liberais e, até mesmo, os pais a não levar em consideração as meninas desatentas? Em minha experiência, as meninas com TDAH, assim como a maioria das garotas, têm, de fato, menos chances de roubar, atear fogo às coisas, cuspir, xingar outras pessoas, ou atacá-las com tesouras. Minha prática clínica era constituída, principalmente, por pais instruídos, que monitoravam com assiduidade o progresso de seus filhos — tanto meninos quanto meninas. Ao menor sinal de um passo em falso no desenvolvimento dos filhos, eles os traziam para serem atendidos, solicitando uma completa avaliação diagnóstica e psicológica, apenas para não restar nenhuma dúvida. Os meninos eram encaminhados para avaliação com mais frequência que as meninas, pois garotos apresentavam problemas de desenvolvimento, incluindo o TDAH. E, quando eram formuladas questões sobre as meninas, dificilmente se desconsiderava a possibilidade do transtorno.

Foi esta, também, a descoberta de um abrangente estudo com meninas e meninos com TDAH. Havia menos meninas afetadas pelo transtorno e muitas das que foram identificadas com os sintomas os apresentavam de maneira um tanto diferente do que a maioria dos meninos com o transtorno. Ao comparar 280 meninos e meninas com TDAH com 240 crianças que não apresentavam o transtorno, Joseph Biederman e uma equipe de pesquisadores da Harvard Medical School descobriram que as meninas tinham mais probabilidades do que os meninos de apresentar o tipo desatento de TDAH, e menos probabilidades de apresentar, concomitantemente, outros problemas sérios. Embora menos severamente afetadas e em número menor, havia as mesmas chances de receber tratamento.[34] Assim como outros traços biologicamente determinados, existiam outras diferenças identificáveis entre meninos e meninas com TDAH que poderiam ser um tanto sutis. Mas isso não significava que as meninas estavam sendo discriminadas.

Um dos riscos de se estudarem os transtornos psicológicos é que há mais chances de identificar aquelas peculiaridades em si mesmo. Minha concentração parecia, dessa forma, estranhamente comprometida, conforme tentava me localizar durante o anoitecer atravessando a ponte Lion's Gate, em Vancouver para entrevistar a Dra. Gabrielle Weiss, uma das primeiras cientistas sociais a pesquisar o TDAH na idade adulta. Depois de dirigir por trinta quadras, adentrando a periferia da zona norte de Vancouver, e de passar por áreas repletas de casas de campo, me ocorreu que eu poderia ter ouvido mal. Ela dissera zona norte ou zona oeste de

Vancouver? Eu não havia prestado atenção. Finalmente, cheguei a sua rua escura e frondosa, onde a Dra. Weiss e sua irrequieta cachorrinha estavam me esperando. Era uma noite de domingo, mas a diminuta e nobre psiquiatra nascida na Europa, agora com setenta e poucos anos, estava vestida com um bem composto conjunto de lã. Ela me cumprimentou calorosamente, e começamos uma conversa sobre homens com TDAH que se tornaram bem-sucedidos.

"A maioria deles se sai bem", afirmou ela, especificando imediatamente que 60% dos adultos ainda apresentavam alguns sintomas. Mas esses antigos sintomas poderiam lhes servir de ajuda em suas carreiras? A Dra. Weiss parecia incerta quanto a isto. Mencionei o que ela já sabia, que meninos e homens com TDAH demonstram, usualmente, um forte apetite pelo risco. Sugeri que a habilidade de se lançar a novas experiências poderia colocá-los na vanguarda das ideias artísticas e de negócios, exercendo influência, ainda, sobre a grande quantidade de pacientes que se dedica ao empreendedorismo. "Se a pessoa for brilhante e assumir riscos, pode ser muito bem-sucedida", ela reconheceu. "O lado negativo é andar muito próximo do perigo. O lado positivo é o desbravamento. E se se estabelece uma ligação entre a criatividade e a maior disposição para correr riscos, então... seria preciso combinar o comportamento arriscado com o bom senso." Ela não estava completamente convencida de que o TDAH poderia, de alguma forma, ser uma coisa boa. Mas admitiu que, em sua época, a psiquiatria estava mais focada em déficits do que em forças. E que pensar era mudar de opinião. Ela sugeriu que eu procurasse sua filha Margaret, também psiquiatra, com quem havia escrito seu mais recente livro sobre TDAH.

Alguns dias depois, liguei para a Dra. Margaret Weiss, diretora da Clínica de TDAH no Children's and Women's Health Center, em Vancouver. Resumindo seu ponto de vista, um diagnóstico nunca revela a história toda. "Se você for rico, inteligente, tiver uma série de talentos e muito apoio, você se sairá bem. Mas, se for tolo, desagradável e não for cuidadoso o suficiente, então você se dará mal", disse ela, de modo ligeiro e entrecortado. "Algumas vezes, encontramos uma compatibilidade entre a pessoa com TDAH e o emprego perfeito. Eu atendia um rapaz com TDAH que assumia altos riscos, focava na visão de longo prazo, aprendia a delegar tarefas a todos à sua volta e trabalhava 16 horas por dia sem nunca se cansar."

Ela poderia estar se referindo a Ron Wall ou a Paul Orfalea. Wall, entretanto, falava menos sobre suas decepções do que sobre seus sucessos. Apesar das experiências frustrantes na escola, seu relato sempre havia sido inflexivelmente otimista. "Eu visualizei. Eu criei. Eu contratei as pessoas certas. Fiz todo o trabalho árduo. Mas, agora a questão é: como é que vou continuar me divertindo?" Esta era sua grande questão. Sua busca por estímulo o havia impulsionado a escalar o Monte Kilimanjaro, andar em um trenó movido por cães no polo norte, fazer trilhas na Mongólia, receber intelectuais e figuras ilustres em sua sala de visitas e assumir empreendimentos comerciais cada vez mais arriscados. Mesmo considerando a reticência de Gabrielle Weiss sobre os benefícios do TDAH, decidi perguntar a Wall sobre o fracasso.

Esperando que ele fosse se fechar em silêncio, fiquei surpresa com a força de sua resposta. Ele acabara de se divorciar e era pai de uma criança com TDAH, mas parecia aceitar que esses desafios eram apenas parte da vida adulta. Sua real medida do fracasso era a possibilidade de perder uma disputa e isso *realmente* o deixava zangado. Ele me contou como um grupo de ex-colegas havia conseguido obstruir um de seus conceitos de negócios levando o crédito — e grandes lucros — por suas ideias depois que a parceria comercial entre eles terminara. "Todos os dias, digo todos os dias", ele disse, golpeando o ar com seu dedo indicador, "acordo e penso de que forma vou conseguir deixar aqueles caras na lona." Wall havia acabado de colocar 39 milhões de ingressos de cinema em caixas de cereal e mais 50 milhões nas embalagens de fraldas Pampers. Não restavam dúvidas de que ele logo ultrapassaria aqueles oponentes com ganhos astronômicos. Qual era a possibilidade de eles competirem entre si?

Era um jogo, contou-me Wall, e todos os dias ele acordava e fazia um juramento de que iria vencer. "Adoro uma boa briga", disse-me, depois. "Gosto de ganhar muito."

A maioria das mulheres fenomenalmente bem-sucedidas que conheci havia alcançado um ponto em que conquistara sucesso material suficiente e, depois, desviara sua atenção para outras metas. Enquanto isso, muitos de seus colegas homens queriam subir ainda mais alto.

CAPÍTULO 10

# As coisas não são o que parecem

A ciência das diferenças de gênero é, nitidamente, uma caixinha de surpresas. Há uma ideia disseminada de que os homens são o sexo forte, e que vantagens históricas e culturais continuam lhes sendo favoráveis. Mas um olhar mais atento revela que os homens são vulneráveis à toda espécie de infortúnios biológicos e psicológicos. Conforme vimos, problemas de aprendizagem e de comportamento de todos os tipos perseguem o sexo masculino. Enquanto isso, um apetite aumentado pela competição e pela ousadia leva alguns meninos e homens a conquistas espetaculares — e, outros, a taxas tragicamente elevadas de acidentes e suicídios. Bastante bem informadas sobre estes números, as seguradoras oferecem prêmios maiores quando homens jovens fazem um seguro de automóvel e os psicólogos como eu esperam ter uma clientela muito maior de meninos do que meninas. Considerando essas observações da vida cotidiana, o quebra-cabeças é saber por que a ideia das diferenças de gênero continua sendo tão controversa.

Uma das razões é que, ao longo dos últimos quarenta anos, não ter levado em conta a biologia nos levou a um lugar estranho e embaraçoso, em que as mulheres têm medo de admitir seus desejos, e os homens — apesar de suas fraquezas — são considerados o parâmetro. "Caímos no conto do vigário", disse uma advogada que abandonou seu cargo em um escritório de advocacia depois de vinte anos de trabalho por longas e duras horas. O motivo foi um filho frágil, que exigia assistência e apoio, mas também poderia ter sido, com facilidade, uma crise de saúde ou um conflito existencial. Seu desejo de adaptar sua vida profissional para acomodar outras prioridades está traduzido nas pesquisas que vimos aqui, mostrando que cerca de 60% das mulheres talentosas recusam promoções ou assumem cargos com remuneração inferior para garantir a flexibilidade ou um propósito social em suas vidas profissionais. Tais tendências, estatisticamente fundamentadas, nunca mencionam nenhum indivíduo em particular. Mas nos dão pistas, sobre por que homens e mulheres se encaminham, geralmente, para trabalhos distintos, e por que, após quatro décadas de tentativas de erradicação das diferenças de gênero, algumas discrepâncias ocupacionais ainda persistem.

Algumas pessoas consideram este quadro desalentador, pois esperavam que todos os empregos estivessem, agora, divididos equitativamente, em uma proporção de 50-50. Outros não veem nada de errado nesse cenário, acreditando que, de qualquer maneira, nada pode ser feito a esse respeito. Estou convencida de que ambos os pontos de vista estão errados. Em vez de evidenciar preconceitos ocultos, algumas assimetrias de gênero no local de trabalho são indícios de uma sociedade livre e esclarecida — em que os indivíduos são capazes de fazer as próprias escolhas. E, com um olho tanto na ciência quanto na história, não vejo o reconhecimento das diferenças de gênero nem como um retrocesso, nem como motivo para desânimo. Uma compreensão mais matizada das diferenças de gênero revela os benefícios de certos traços de personalidade e indica exatamente a direção na qual devemos concentrar nossos esforços por mudanças.

## Uma mulher não deveria ser mais parecida com um homem?

Sabemos agora que muitas mulheres e homens divergem em interesses, habilidades e desejos. Mas este é um problema que precisaria ser consertado? Todas as análises empíricas das diferenças de gênero examinam minuciosamente os números para nos dar uma ideia do panorama geral. Estas estatísticas nunca poderão nos falar sobre uma pessoa individualmente, ou aconselhá-la sobre como deveria viver sua vida. Tanto o perfil típico masculino quanto o perfil típico feminino — e todas as gradações entre eles — possuem virtudes que os tornam defensáveis. Nenhum deles é melhor ou pior, ou é mais precioso para a sociedade. A ideia de que as mulheres deveriam imitar os homens era mais atraente, eu diria, quando isso era uma maneira de alcançar recursos e oportunidades considerados inacessíveis. Mas, agora, que as meninas e as mulheres estão se saindo tão bem academicamente e que os direitos das mulheres estão garantidos — pelo menos, na Europa e na América do Norte —, deveria haver uma maneira de olhar para as diferenças de gênero com mais imparcialidade e, até mesmo, otimismo.

Há vantagens em ser menos radical. As mulheres são mais saudáveis do que os homens e têm uma expectativa de vida maior. E a tendência das mulheres de demonstrar empatia e de estabelecer vínculos com as outras pessoas lhes confere benefícios cognitivos, assim como vantagens de saúde. O ato de oferecer cuidados libera hormônios que diminuem o estresse e já existem evidências de que outros comportamentos sociais também propiciam benefícios psicológicos. As pessoas que se mantêm próximas a seus amigos e parentes possuem menos probabilidades de experimentar a perda de memória e de morrer jovens. E o altruísmo — que significa, em poucas palavras, a capacidade de ajudar outras pessoas — está, agora, vinculado à melhoria da saúde mental.[1] Manter um círculo social íntimo é algo fácil para muitas mulheres, mas, até recentemente, as habilidades necessárias para manter as pessoas reunidas em torno de si tinham um peso menor no mundo como um todo. Assim como a vantagem histórica das mulheres na capacidade de ler e escrever ou na aprendizagem em sala de aula, não se falava muito nem se valorizava muito isso. Ser um bom ouvinte, um bom comunicador e um bom "leitor de mentes" parecia algo invisível diante de características mais quantificáveis, como talentos específicos para a matemática, as ciências ou a física. A maioria das mulheres que retratei aqui apresentava um equilíbrio entre as habilidades — eram boas "sistematizadoras" e boas "empatizadoras" —, mas, ainda assim, eram fortemente encorajadas a se concentrar em seus talentos nas áreas de matemática, ciências e negócios, a ponto de excluir seus outros interesses e forças, um conselho que, em muitas dessas mulheres, provocou um resultado contrário ao desejado. Tudo o que estivesse associado ao modelo masculino de sucesso era considerado mais valorizado. Mas, à medida que surgem evidências científicas demonstrando que a empatia, o altruísmo ou as habilidades verbais precoces trazem consigo benefícios secundários, tais atributos podem vir a ser considerados tão valiosos quanto os outros. Não se trata apenas de um pensamento fantasioso. Durante a última década, houve uma mudança na economia, de um foco exclusivo na aferição de riquezas e lucros para uma análise do que impulsiona a longevidade, a satisfação e a felicidade. O interesse do público por esses temas impalpáveis transformou livros como *Freakonomics, Inteligência emocional* e *O que nos faz felizes* em consagrados best sellers. Agora que a empatia, o altruísmo e a felicidade estão sendo mensurados, o que antes era aceito como um fato consumado pode ganhar um novo verniz. Se estiverem associadas a uma vida mais longa e mais feliz, talvez características como a moderação, a capacidade de evitar os riscos, ou possuir um reostato de empatia mais finamente sintonizado possam, afinal de contas, não ser assim tão insignificantes.

Mostrei como os economistas que medem a satisfação no trabalho descobriram que as mulheres são mais felizes que os homens em suas vidas profissionais. Os pesquisadores parecem perplexos com esta descoberta, especialmente considerando os estudos recentes, que demonstram que, conforme os horários e as exigências de trabalho das mulheres se aproximam do padrão masculino, seu nível de satisfação no trabalho diminui. Se as mulheres e os homens têm ambições idênticas, então a satisfação delas deveria aumentar na mesma proporção que seu status. Os economistas chamam isso de paradoxo de gênero, porque parece absurdo — nossas expectativas não são confirmadas pelos dados. As mudanças de perspectivas podem explicar uma parte desse fenômeno. Apesar de as mulheres terem começado a ganhar mais dinheiro e a construir vida profissional mais semelhante à dos homens, elas podem, ainda assim, sentir-se como suas primas pobres. Elas estão ganhando mais do que antes, mas ainda não estão conseguindo atingir o mesmo nível de seus colegas homens. Mas outros elementos podem estar envolvidos neste paradoxo, além do grupo de comparação. Se a maioria das mulheres prefere atividades altruístas ou transformadoras à disputa pelo maior contracheque, o radical modelo masculino de trabalho não será o mais adequado. Ele as fará se sentir infelizes ou incoerentes, como fez com muitas das mulheres retratadas nestas páginas. O fato de que elas podem remediar esta situação desagradável trocando de empregos para agregar seus interesses mais abrangentes, seu desejo de se relacionar com as pessoas, ou de fazer a diferença, é um dos benefícios de se viver em uma democracia ocidental pós-feminista. A habilidade de seguir suas inclinações, em vez de fazer um trabalho que os outros pensam que você *deveria* fazer, é uma das características de uma sociedade livre.

As mulheres com alternativas têm de agradecer ao liberalismo moderno e ao feminismo por essas escolhas. Optar por trabalhar menos horas, ou em empregos que são mais satisfatórios, mas que pagam menos, não significa que elas sejam vítimas de preconceito de gênero, mesmo se suas escolhas contribuírem para a discrepância de remuneração. Consideremos o outro lado da moeda. As sociedades em que as ocupações das mulheres e suas horas de trabalho não são decididas por elas não constituem, de um modo geral, o paradigma de oportunidades iguais. Catherine Hakim observa que, em países em desenvolvimento, raramente se nega o acesso das mulheres ao trabalho produtivo — e, geralmente, elas se encarregam de grande parte dele —, enquanto Claudia Goldin escreve que mulheres casadas sem qualificação nos Estados Unidos e em países pobres trabalham somente até que a renda familiar aumente o suficiente para lhes permitir ficar somente em casa.[2] Mesmo sem essas pressões econômicas, a liberdade de fazer tais escolhas não deve ser encarada com desdém. No sistema soviético, a engenharia era uma categoria ampla, remetendo a quase qualquer tipo de emprego na área de ciências, tecnologia ou administração, e uma pessoa se tornava engenheira se o comitê central considerasse necessário haver mais engenheiros no país. Os objetivos industriais e militares determinavam a quantidade e a localização das universidades e havia tão poucas vagas na área de artes e humanidades que seria necessário apelar para as relações pessoais e ter recursos financeiros suficientes para bancar alguns anos de aulas particulares exigidas para poder realizar as provas de ingresso em tais universidades. Uma jovem russa me disse que seu pais e avós eram engenheiros — assim como todos os adultos que ela conhecia — porque, fossem homens ou mulheres, suas escolhas profissionais estavam limitadas à engenharia. Sua mãe se formou e trabalhava como engenheira, embora sua paixão fosse estudar e ensinar química. Sua tia estudou para se tornar engenheira, mas queria avidamente estudar literatura russa. O estado conseguira quase que atingir uma paridade de gênero nas ciências físicas e na engenharia, silenciando as escolhas individuais. Dessa forma, uma sociedade que alcança uma proporção de gênero equilibrada de 50-50 em determinada área pode passar a impressão de ter erradicado a discriminação. Mas um olhar mais atento revela uma violação das liberdades individuais.

O problema não são as mulheres que têm escolhas demais, mas as mulheres que têm escolhas de menos. Quando elas contam com oportunidades limitadas, quando têm pouco acesso à educação, assistência médica, ou nenhum direito à licença-maternidade, e precisam trabalhar incessantemente, ou em vários empregos, para sustentar suas famílias, há problemas sérios que precisam ser solucionados. Em contraste, as mulheres que tomam decisões conscientes com base em seus interesses, habilidades e opções não deveriam ser consideradas atrasadas ou dignas de pena, mesmo quando suas escolhas não se parecerem exatamente com as dos homens. "Estamos aqui, diante de incríveis oportunidades", diria Pogo, o gambá das tiras em quadrinhos. As meninas estão se sobressaindo nas escolas e frequentando os cursos universitários e escolas profissionalizantes, em números recordes. Jovens mulheres que vivem em centros urbanos como Nova York, Los Angeles, Dallas, Chicago e Boston podem ganhar, agora, mais que os homens.[3] Se as propensões naturais das mulheres em direção à empatia e à fluência verbal ajudam a formar talentosas médicas, professoras, advogadas de direitos humanos, editoras de livros ou acompanhantes de idosos e crianças, e se elas escolhem mais essas ocupações do que carreiras na área de tecnologia da computação, no corpo de bombeiros ou como caixeiros viajantes, isso pode beneficiar a sociedade e contribuir, na mesma medida, para sua felicidade pessoal.

## Os verdadeiros problemas

Ainda assim, há um receio de que, se reconhecermos a existência das diferenças de gênero, estaremos tomando o partido de uma onda conservadora, destinada a mandar as mulheres de volta à cozinha. Eu argumentaria que uma compreensão mais matizada das diferenças médias entre homens e mulheres pode, ao contrário, levar a progressos. De fato, inúmeros problemas surgem do fato de *não* se admitir que as diferenças de gênero existem. Nos dias de hoje, os locais de trabalho e os planos de carreira projetados para um homem médio solteiro, inclinado à competitividade e à luta pelo sucesso, desencorajam muitas mulheres, mesmo levando-se em conta suas destrezas inatas, suas oportunidades educacionais e suas impressionantes realizações. Se mais de dois terços das mulheres que trabalham são "adaptativas", desejando conciliar suas vidas profissionais com um tempo para dedicar-se à família, então, um esquema único de promoções e de avaliação de desempenho, que atenda a todos, significará que uma boa parcela de mulheres talentosas desistirá, trabalhará em meio expediente, ou optará pela inatividade. Elas farão essas trocas para acomodar seu desejo de passar um tempo com suas famílias, ou, então, porque querem fazer a diferença. Apesar da recente pressão negativa sobre as mulheres que abandonam seus empregos, a maioria não quer ficar em casa indefinidamente, ou ter a vida exemplar das donas de casa dos anos 1950.[4]

Os locais de trabalho que incorporam perspectivas múltiplas, que não estigmatizam ou penalizam as mulheres por quererem um tempo para ficar com os filhos, ou que reconhecem as diferenças de gênero, concedendo licenças-maternidade especiais, programas de promoção mais elásticos e maneiras de reintegrá-las depois de uma interrupção ou de um trabalho realizado em meio expediente, terão mais mulheres no seu estafe. As universidades que deixam o relógio da estabilidade em suspenso depois que elas dão à luz, ou que oferecem licenças-maternidade exclusivas para as mulheres (ao contrário das licenças-paternidade genéricas), evitam, com mais facilidade, o fenômeno das mulheres que retornam com uma lista de coisas pendentes e dos homens que retornam com um livro. Em contrapartida, fazer vista grossa para as diferenças de gênero pode produzir o efeito indesejado de se castigar as mulheres por constituir famílias, ao mesmo tempo em que se recompensam os homens, talvez uma das razões pelas quais acadêmicos com filhos tenham um número maior de publicações do que homens sem filhos, enquanto as acadêmicas com filhos publicam menos do que mulheres sem filhos.

Reconhecer que as mulheres têm mais probabilidades de desenvolver uma carreira não linear, e oficializar os meios pelos quais elas possam ajustar a intensidade de seu trabalho ou retornar ao emprego depois de um breve desligamento, são, também, desdobramentos do reconhecimento das diferenças de gênero. "Em seu âmago, esse tipo de flexibilidade diz respeito à reincorporação, sem penalidades ou punições injustas", escreve Sylvia Ann Hewlett, em seu livro *Off-Ramps and On-Ramps*. Nos últimos tempos, empresas nas áreas bancária e financeira que planejaram trajetórias flexíveis de carreira ou de remuneração com base em projetos realizados vêm descobrindo que as mulheres estão correspondendo e retornando ao trabalho. Essas iniciativas originam-se do reconhecimento das diferenças de gênero, e não de sua negação.

Em contraste, empresas que se apegam à hipótese do gênero baunilha não conseguem perceber a maneira pela qual seus valores corporativos entram em choque com muitos dos objetivos das mulheres. Nos últimos anos, os locais de trabalho se tornaram mais radicais, competitivos e inflexíveis em suas exigências. Mesmo exaltando as virtudes do equilíbrio de gênero, as empresas que permitem um aumento do número de horas, publicações, cafés da manhã, jantares e reuniões nos fim de semana, exigidos para se estabelecer uma parceria ou para conquistar a estabilidade — ou que insistem rigidamente nas transferências como ferramentas de solidificação da carreira —, descobrirão que essas políticas desestimulam suas funcionárias. Pode-se falar da boca para fora sobre igualdade de gênero por meio de forças-tarefa, relatórios e assessoria. Mas onde se espera que as mulheres trabalhem como clones dos homens é certo que haja um êxodo feminino dos empregos com horários mais vorazes, exigentes e lucrativos. É claro que isso faz com que as instituições precisem enfrentar a tarefa de vislumbrar um cardápio de alternativas, e muitas ficam desconfiadas por ter de se afastar do tratamento idêntico, estabelecido pelas normas corporativas. Entretanto, mais do que a correção política, muitos modelos de gerenciamento não oferecem nenhuma alternativa respeitável para a dedicação praticamente exclusiva ao trabalho, já que qualquer digressão é vista como uma redução de lucros ou uma diluição da cultura empresarial. O blogueiro, consultor de administração e autor David Maister expõe um exemplo prático extraído de uma empresa que tentou combinar o modelo de alta intensidade, alta remuneração, 14 horas de trabalho por dia e trabalhos nos fins de semana defendido pelos "vilões" da empresa, com uma prática mais equilibrada, orientada às relações pessoais, proposta pelos autodenominados "mocinhos". A moral da história, como ele diz, foi que a empresa implodiu, pois os dois estilos de trabalho eram incompatíveis.[5]

Mas a adoção formal do modelo "vilão" — sem exceções — transmite, para a maioria das mulheres, a mensagem de que elas não são bem-vindas. Essa versão de alta intensidade do trabalho significa que alguns pais ou mães que trabalham neste esquema veem seus filhos somente quando um dos cônjuges ou a babá leva a criança, vestida com seu pijama, ao escritório, para dar-lhes boa-noite (conforme foi relatado pela revista *Fortune*), enquanto outros pais têm de usar, ininterruptamente, os serviços de creches. O absurdo dessas situações é que elas não passam despercebidas pelas mulheres que trabalham, dois terços das quais, pelo menos, apresentam mais probabilidade de ter outras ambições que não o status e a remuneração, e com mais chances de afirmar que, se este é o preço a ser pago, elas preferem estar no time dos "mocinhos". "Gostaríamos que todas as pessoas tivessem as mesmas chances de trabalhar 80 horas por semana no auge de seus anos reprodutivos? Sim, mas esperamos que elas não se arrisquem com a mesma frequência", disse a economista Claudia Goldin, de Harvard, comentando sobre a inflexibilidade das discrepâncias de gênero na remuneração. Em um modelo competitivo, no qual o vencedor-leva-tudo, as pessoas que trabalham 80 horas por semana serão mais altamente recompensadas que aquelas que trabalham 20, 40 ou 60 horas semanais. Esse é o atual modelo nos negócios e nas ciências, uma das inquestionáveis razões pelas quais as mulheres ocupam um número menor de posições superiores em ambas as áreas.

Adotar o modelo do vencedor-leva-tudo significa aceitar que sempre haverá menos mulheres, já que somente entre 20% e 30% delas se dispõem a aceitá-lo. Mas há outras maneiras de observar este panorama. Expedientes torturantes nem sempre se traduzem em produtividade maior. Algumas destas horas são somente "encontros presenciais", como reuniões obrigatórias ao fim do dia, ou eventos nos fins de semana, em que há uma expectativa de que a pessoa apareça. Como as gravatas e as meias-calças, essas obrigações estão ligadas mais à cultura dos negócios do que à produtividade em si mesma. Ainda assim, nenhuma empresa quer ser a primeira a abandoná-las. Mas pode ser válido reconsiderar estes símbolos ultrapassados de comprometimento, se isso significar manter em seus quadros uma brilhante cientista ou uma profissional talentosa que, em vez de investir em "encontros presenciais", quer estar em casa para ajudar os filhos a fazer seus deveres de casa e colocá-los na cama na hora de dormir.

Os países e suas indústrias podem estabelecer objetivos visionários, que vão além de solicitar a seus funcionários que trabalhem por horas ilimitadas. Quando morei na França, nos anos 1990, as pessoas trabalhavam por menos horas e tiravam mais dias de folga do que em qualquer outro lugar da Europa e da América do Norte, passando mais tempo com suas famílias e menos tempo nos escritórios. Ainda assim, o produto nacional bruto francês estava no mesmo nível que o do Reino Unido, e era maior que o de todos os outros países da União Europeia. Resumidamente, os lucros e a produtividade não precisam ser afetados se as empresas colocarem um freio no descontrolado ritmo do tempo e das expectativas no trabalho — mesmo nos mais altos níveis executivos. Há grandes possibilidades da rotatividade de funcionários, da sobrecarga de trabalho e das galopantes despesas com saúde e saúde mental serem reduzidas, passando a ter mais importância do que os custos a curto prazo, e, como um efeito secundário, mais mulheres podem sentir-se atraídas por posições de alto nível. Uma observação final sobre as diferenças de gênero e o modelo do vencedor-leva-tudo: reconhecer a validade das pesquisas que nos mostram que as mulheres têm menos probabilidades de negociar é uma dica para investigar maneiras mais equitativas de definir níveis salariais. Em contrapartida, ignorar as poderosas diferenças de gênero no tocante à competitividade e à capacidade de negociação, e simplesmente deixar as fichas caírem aleatoriamente produz um efeito discriminatório.

Desconsiderar as diferenças de gênero também provoca o efeito indesejado de desvalorizar as forças e preferências cognitivas das mulheres. Considerando-se que uma proporção significativa de mulheres tem interesses diferentes, ou uma amplitude maior de interesses do que a maioria dos homens, muitas mulheres se sentirão atraídas por diferentes ocupações. E, coincidentemente, as ocupações orientadas a pessoas ou línguas, que seduzem a maior parte das mulheres, não são tão bem remuneradas quanto as escolhas profissionais típicas dos homens. Apesar dos níveis comparáveis de formação educacional, as professoras e as enfermeiras ganham menos do que os analistas de sistemas e os engenheiros. As fonoaudiólogas e as assistentes sociais ganham menos que os desenhistas ou os técnicos de som. E, mesmo dentro de cada profissão, as especialidades que atraem as mulheres — digamos, medicina familiar ou pediatria — oferecem salários menores que aquelas mais populares entre os homens, como cirurgia, patologia ou radiologia. Não fica claro o que vem primeiro — níveis menores de remuneração em empregos orientados para pessoas, ou escalas salariais congeladas em ocupações dominadas por mulheres, que possuem menos probabilidades de negociar. Ambas as situações resultam em menores salários para os trabalhos preferencialmente femininos. As forças de mercado determinam as escalas salariais no setor privado, mas, mesmo aí, se houver um desejo de manter e de remunerar adequadamente as mulheres, as políticas corporativas poderiam ser orientadas para pagar equitativamente gerentes sêniores em recursos humanos e relacionamento com a mídia — cargos com mais chances de ser ocupados por mulheres — e gerentes sêniores em finanças ou produção — cargos que seduzem mais os homens. Em vez de esperar que as mulheres assumam empregos que não as interessam, reconhecer as diferenças de gênero nas carreiras que as pessoas escolhem pode estimular uma discussão mais frutífera sobre as maneiras de remediar esses desequilíbrios. No setor público, mais transparência, tanto sobre as diferenças de gênero quanto sobre as escalas salariais, pode superar a inércia, que faz com que professoras e enfermeiras, com qualificações idênticas, ganhem menos do que aqueles que ensinam engenharia e economia.

Na verdade, a enorme ênfase e os recursos destinados para chamar a atenção de mulheres para carreiras nas áreas de ciências, tecnologia, engenharia e matemática reforçam as marcas distintivas desses campos de estudo, que parecem mais atraentes para os homens. Não existe movimento correspondente para atrair homens para a enfermagem, a literatura comparada ou a fonoaudiologia, e nenhum incentivo ou força-tarefa para orientar os homens a demonstrar mais empatia ou desenvolver as habilidades interpessoais — mesmo considerando o fato de dúzias de homens terem escrito para minha coluna solicitando apoio exatamente nessas áreas. A mensagem atual é a de que as áreas que capitalizam sobre as forças e os interesses mais comumente encontrados entre os homens têm maior prestígio. Mesmo que os processos cognitivos exigidos para intuir as motivações de outras pessoas não sejam menos complexos do que decifrar um mapa ou que a trigonometria básica — e, na verdade, sejam mais difíceis de se ensinar —, as instituições estão dedicando mais esforços e recursos para estimular as mulheres a escolher e desenvolver um conjunto de habilidades "tipicamente masculinas". Como resultado, ainda que tenham habilidades acadêmicas equivalentes, ou, até mesmo, superiores, muitas dessas mulheres retratadas neste livro expressaram a sensação de que estariam desapontando seus companheiros ou familiares se não escolhessem carreiras tipicamente masculinas. Desvalorizar as preferências femininas é um dos aspectos indesejados quando se supõe que os gêneros devam ser exatamente iguais. Aprender sobre ciência e tecnologia é uma meta louvável. Mas uma sociedade verdadeiramente comprometida com a reparação das discrepâncias salariais entre os gêneros deveria valorizar e remunerar as hábeis professoras e enfermeiras tanto quanto os ótimos encanadores e os que realizam pequenos consertos em casa.

Exortar as mulheres a fazer escolhas "masculinas" é mais pernicioso que, simplesmente, encorajá-las a ganhar mais. Mulheres qualificadas que renunciam a empregos com salários mais altos ou com mais status estão, de um modo geral, conscientes de suas opções, e já pesaram os prós e os contras. Apontar o dedo e acusá-las de ser influenciadas pela mídia, de não se dar conta das consequências de seus atos, ou de dar abertura para que os empregadores as discriminem (o que não apenas é antiético, como ilegal), é alinhar-se à longa tradição de considerar que as mulheres não conhecem bem a própria mente. As mulheres retratadas aqui penaram para tomar suas decisões profissionais — elas não agiram de modo leviano. Elas não estavam se deixando influenciar pelos mitos do "Príncipe Encantado", ou fugindo de suas responsabilidades, mas buscando, exatamente, um ideal feminista — queriam exercitar sua autonomia. Ainda assim, a mensagem que prevalece é a de que essas mulheres estão sendo desrespeitadas ou que são as grandes vítimas. A ideia de que elas não sabem o que querem, ou que não têm poder, interesse ou inclinação para determinar o próprio destino traz uma sensação de *déjà vu* ao debate sobre homens, mulheres e trabalho. Dizer às mulheres que elas prefeririam estudar informática, a obter um diploma em inglês ou história, se não estivessem condicionadas pelas normas culturais, ou que investir

14 horas por dia quando seus filhos ainda são muito pequenos é o que realmente seria melhor para elas, é uma forma de infantilização. É, também, um mecanismo de homogeneização. O problema não é o fato de que algumas delas escolham abandonar a carreira, outras optem por trabalho em meio expediente, ou que outras mulheres prefiram continuar trabalhando por tanto tempo e tão arduamente quanto conseguirem O problema é considerar apenas uma única escolha como a correta.

Finalmente, uma falta de atenção às diferenças básicas de gênero significa que a fragilidade biológica dos meninos continuará recebendo um tratamento sumário. Os casos que retratei aqui são exemplos de homens em posições extremas que foram bem-sucedidos, e suas histórias ilustram a forma como os traços masculinos radicais podem influenciar as conquistas pessoais. Ainda assim, seria uma hipocrisia sugerir que tal variabilidade masculina é sinônimo de uma peculiar genialidade, ou que possuir tais características é sempre uma coisa boa. A maioria dos meninos frágeis que deixam de frequentar a escola não se torna uma celebridade como chefe de cozinha, um ás do pôquer, um matemático premiado ou um empreendedor brilhante. Muitos desses meninos abandonam a escola porque não recebem a assistência de psicólogos ou de pais que têm tempo, desejo e discernimento para defendê-los. Esses meninos precisam de professores e profissionais de saúde ávidos por entender os fundamentos da neurociência e da genética que estão na base de suas disfunções. Fazer vista grossa para a variabilidade biológica dos homens, ou fingir que suas dificuldades de comportamento ou de aprendizagem são causadas por modelos masculinos de comportamento ou pelo ambiente cultural, priva os meninos realmente necessitados de receber o auxílio do qual precisam. Também deixa pais e professores desamparados na tentativa de socorrer meninos e adolescentes que lutam contra suas dificuldades. Quando se percebeu que as meninas não estavam se saindo tão bem quanto os meninos em matemática e ciências, projetos específicos foram criados tendo em mente seus interesses. Livros especialmente escritos para meninas ensinavam "dicas, truques e segredos para tornar a matemática mais divertida, com nenhum teste cronometrado e, o melhor de tudo, sem notas!". A National Science Foundation destinou US$30 milhões por ano em programas educacionais em matemática, ciências e tecnologia, direcionados somente para meninas e mulheres, e ofereceu bolsas de estudo de pós-graduação exclusivamente para mulheres que estudavam engenharia ou computação (contanto que não estivessem estudando, simultaneamente, medicina, direito, saúde pública ou qualquer área que, de forma geral, seduz as mulheres).[6] No fim dos anos 1990, um projeto de lei tramitou no congresso norte-americano para investigar a atuação das mulheres nas ciências e na engenharia, e as universidades continuaram a empenhar grandes somas para estimular o ingresso delas no mundo das ciências, sendo mais notável o exemplo de Harvard, que estabeleceu um fundo de US$50 milhões apenas para este propósito.[7] Indústrias e pessoas físicas, como cientistas, astronautas e engenheiros, criaram as próprias fundações e prêmios, com o objetivo de fazer com que as mulheres se envolvessem em atividades científicas e tecnológicas (as bolsas para cientistas do sexo feminino da Christiane Nusslein-Volhard Foundation, que pagam babás e ajudantes domésticos, são as minhas favoritas). Atualmente, embora ainda existam menos engenheiras do que poderia haver, estudantes do quarto ano, de ambos os gêneros, dizem estar igualmente interessados em ciências, e a maioria dos diplomas de profissionais liberais e de especialização em biologia vai para as mulheres. É muito difícil, e ainda é muito cedo afirmar se essas iniciativas merecem uma parte do crédito por esses avanços. Mas, se uma fração desses financiamentos e da vontade política fosse destinada à questão dos meninos desertores, haveria mais probabilidades de termos um número maior de homens nos campi universitários e um número menor de homens na prisão. Agora que as meninas estão tendo um desempenho excelente nas escolas, é hora de voltar a atenção para os meninos que lutam contra suas dificuldades e esforçar-se arduamente para reparar as discrepâncias masculinas na capacidade de ler e escrever, na consciência social e no autocontrole.

## Adeus à juventude, bem-vindo à maturidade

Mencionei anteriormente, neste livro, como dois antropólogos ficaram surpresos com as preferências ocupacionais que observaram entre homens e mulheres que viviam em um *kibutz*. O *kibutz* era uma comunidade utópica, projetada para apagar quaisquer barreiras de gênero ou classe, baseada na hipótese de que, com o tempo, todas as diferenças de gênero desapareceriam. Todos os tipos de trabalho seriam repartidos igualmente entre homens e mulheres. Mas um mundo harmoniosamente dividido não foi tudo o que os antropólogos encontraram.

Eu não sabia nada sobre este estudo, quando, então uma jovem e idealista estudante, ávida por compreender o mundo, tentei viver em um *kibutz*, na metade dos anos 1970. Eu havia lido em *A mulher-eunuco* que "a nova hipótese por trás da discussão do corpo é que tudo o que observamos *poderia ser diferente*" e, embora acreditasse nisso, logo descobri que trabalhar na fábrica de plásticos do *kibutz*, ou puxar as redes para o tanque de peixes não era exatamente algo para mim (nem ficar na cozinha retirando as tripas das galinhas). Eu preferia trabalhar na biblioteca, ou com as crianças, situação em que logo descobri ter inúmeras companhias femininas. Na época em que vivenciei esta experiência na vida do *kibutz*, em 1976, setenta anos depois do primeiro estabelecimento das comunidades utópicas, os únicos homens trabalhando próximo às casas comunitárias das crianças eram dois jardineiros, que vinham para podar os arbustos empoeirados, e três guardas armados, patrulhando a área para proteger as crianças contra ataques terroristas. No fim dos anos 1970, os *kibutzniks* haviam descoberto que dar aos homens e às mulheres as mesmas oportunidades não significava que eles iriam querer sempre as mesmas coisas. Em uma sociedade em que se desejava que as pessoas fossem felizes e produtivas, simplesmente não era admissível impor quais ocupações cada um deveria assumir. Para sobreviver e se adaptar, essas comunidades tiveram de abrir mão de alguns dos princípios mais caros de sua ideologia fundadora. E tiveram de abandonar a ideia de que os dois gêneros são exatamente iguais.

Essas mudanças podem fazer com que nos sintamos melancólicos — nostálgicos por ideias que, um dia, foram revigorantes e modernas. Essas ideias não apenas mudaram a maneira pela qual víamos o mundo, mas alteraram para sempre seu panorama. Mas não nos deixaram olhando para o vácuo. Descobertas empolgantes nos mundos da neurociência, da ciência cognitiva e da economia estão criando uma complexa e mais sofisticada visão do terreno. Novas revelações nessas áreas têm surgido com tanta rapidez que tive de atualizar este livro inúmeras vezes durante os dois anos que levei para prepará-lo. Estudos com imagens de ressonância magnética sobre a percepção das emoções, a genética das disfunções de aprendizagem e do autismo, e os efeitos transformadores da testosterona e da oxitocina são somente alguns desses campos de descoberta, oferecendo-nos uma visão mais matizada das diferenças de gênero do que estava disponível, ou do que sequer era imaginável nos anos 1970. E, com uma compreensão mais abrangente das variações estatísticas em cada uma das características humanas, não faz mais sentido encarar os homens e as mulheres de forma supersimplificada. A ideia de que um determinado tipo de mulher possa fazer uma escolha que sirva de parâmetro para representar a escolha correta para todas as outras simplesmente não existe. Não há evidências biológicas de que as mulheres devam ficar em casa e cuidar dos bebês. Também não há provas de que homens e mulheres sejam idênticos e que, com as mesmas oportunidades, valorizarão as mesmas coisas e se comportarão da mesma maneira. Ao contrário, os dados apontam para uma série de catalisadores distintos para as escolhas das pessoas — muitos deles com origens neurológicas ou hormonais e, outros, relacionados ao mercado de trabalho, programado para se adaptar ao padrão masculino —, que se entrelaçam para criar a verdadeira diferença de gênero.

De fato, existem diferenças estatísticas entre homens e mulheres. Mas as estatísticas nunca deveriam falar em nome de indivíduos, restringir suas escolhas ou justificar as práticas injustas. Ao contrário, as descobertas sobre as diferenças de gênero na aprendizagem e no desenvolvimento humanos podem trazer o discernimento necessário para descobrir as melhores formas de auxiliar os meninos que precisam de assistência. Reconhecer as preferências das meninas pode ajudá-las a escolher as vidas e as carreiras que quiserem para si. Finalmente, admitir as diferenças de gênero é a única maneira de compreender as motivações e as escolhas paradoxais dos homens e das mulheres — mesmo que elas pareçam ser o oposto daquilo que esperamos.

# Notas

### Introdução: Mulheres-faraó e mulheres-eunuco

1. Susan Dominus, "A Girly-Girl Joins the Sesame Boys", *The New York Times*, 6 de agosto de 2006.
2. Louis Menand, "Stand by Your Man: The Strange Liason of Sartre and Beauvoir", *New Yorker*, 26 de setembro de 2005.
3. Juliet B. Schor, *The Overworked American: The Unexpected Decline of Leisure* (Nova York: Basic Books, 1992), 86.
4. Valendo-se de um vasto conjunto de informações da National Longitudinal Survey of Young Women, a historiadora econômica da Harvard University, Claudia Goldin, identificou uma rápida e acentuada mudança nos planos profissionais e educacionais das mulheres ocorrida no início dos anos 1970. Um número expressivo de mulheres nascidas no *baby-boom* do fim dos anos 1950 e que concluíram o ensino médio no início dos anos setenta, optaram por disciplinas mais parecidas com a de seus companheiros homens e por cursos menos "tradicionalmente femininos" em comparação com a geração anterior. Ela chama essa geração de "infantaria involuntária", já que desconhecia fazer parte de uma grande revolução nas atitudes que afetaria as gerações subsequentes. Por exemplo, 40% das mulheres formadas em 1966 concluíram o curso superior em educação. Esse número caiu para 20% em 1980 e 12% em 1998. A grande ruptura entre o fato de as mulheres escolherem cursos majoritariamente femininos, como educação e serviço social, e cursos majoritariamente masculinos, como carreiras relacionadas aos negócios e administração, aconteceu no início dos anos setenta. As mulheres deste grupo não apenas mudaram seus planos educacionais para se ajustar às suas aspirações profissionais, como também se casaram mais tarde e dedicaram mais anos à sua formação. Isso lhes permitiu fugir do modelo de empreendedoras isoladas e solitárias e avançar como força social.

5. A pílula era legalizada nos Estados Unidos em 1960, mas não no estado de Connecticut. Quando ela foi legalizada no Canadá, cerca de 13 milhões de mulheres norte-americanas já a estavam utilizando, e havia sete marcas diferentes disponíveis no mercado.
6. Poucas mulheres faziam esse trabalho em 1973 e não há muitas que desejem realizá-lo hoje em dia. Uma geração depois, 97% das pessoas que trabalham nas estradas, como vendedores comissionados, são homens. De acordo com os 3.300 membros da American Manufacturers' Agents Association, a renda média anual dos representantes comerciais em 2007 foi de U$ 105 mil, mais que o dobro da renda familiar média anual norte-americana, de U$ 44.389,00, segundo o U.S. Census Bureau.
7. Esse rápido resumo da história do trabalho feminino foi extraído das seguintes fontes, que oferecem detalhes preciosos sobre a força de trabalho feminina nos séculos XVIII e XIX:

    Alice Kessler-Harris, *Out to Work: A History of Wage-Earning Women in the United States* (Nova York: Oxford University Press, 2003); Schor, *The Overworked American*.

    Schor, *The Overworked American: The Unexpected Decline of Leisure*, 95.

    Claudia Goldin, *Understanding the Gender Gap: An Economic History of American Women* (Nova York: Oxford University Press, 1990).
8. Claudia Goldin, "From the Valley to the Summit: The Quiet Revolution That Transformed Women's Employment, Education, and Family", National Bureau of Economic Research Working Paper 10335 (Cambridge, Mass.: 2004).
9. As estatísticas recentes são dos *websites* do U.S. Department of Labor and Statistics Canada. Dados históricos foram coletados de publicações das autoras Juliet Schor (1992), Alice Kessler-Harris (2003) e Claudia Goldin (2004).
10. Claudia Goldin, "The Quiet Revolution That Transformed Women's Employment, Education, and Family". Artigo apresentado na American Economic Association Meeting, Boston, 2006.
11. Natasha Walter, "Prejudice and Evolution", *Prospect* (junho de 2005).
12. Feminist Research Center, *Empowering Women in Business* (Feminist Majoriry Foundation, 2007 [citado em 30 de março]; disponível no endereço eletrônico http://www.feminist.org/research/business/ewb_toc.html.
13. Em seu livro *Selling Women Short*, a socióloga Louise Marie Roth descreve a história de uma ostensiva discriminação de gênero em Wall Street, que resultou em sentenças e acordos judiciais de milhões de dólares, cujos beneficiários eram mulheres. Em 2004, especificamente, a Merrill Lynch e a Morgan Stanley fecharam acordos significativos com corretoras de títulos que alegavam ter sofrido discriminação, e Roth argumenta que existem discriminações mais sutis e menos passíveis de litígio na cultura de trabalho de Wall Street e que a cultura do mundo dos negócios trabalha para dificultar a ascensão profissional e a remuneração das mulheres. Louise Marie Roth, *Selling Women Short: Gender and Money on Wall Street* (Princeton, N. J.: Princeton University Press, 2006).
14. Claudia Goldin, Lawrence F. Katz e Ilyana Kuziemko, "The Homecoming of American College Women: The Reversal of the College Gender Gap", (Cambridge, Mass.: National Bureau of Economic Research, 2006).

15. Goldin, "From the Valley to the Summit: The Quiet Revolution That Transformed Women's Employment, Education, and Family".
16. U.S. Department of Labor, *Labor Day 2006: Profile of the American Worker* (citado em 4 de setembro de 2006); disponível no endereço eletrônico http://communitydispatch.com/artman/publish/article_6293.shtml.
17. C. E. Helfat, D. Harris e P. J. Wolfson, "The Pipeline to the Top: Women and Men in the Top Executive Ranks of U.S. Corporations", *The Academy of Management Perspectives* 20, n° 4 (2006).
18. Diane F. Halpern, *Sex Differences in Cognitive Abilities* (Mahwah, N.J.: Lawrence Erlbaum Associates, 2000); L. V. Hedges e A. Nowell, "Sex Differences in Mental Test Scores, Variability and Numbers of High-Scoring Individuals", *Science* 269 (1995); W. W. Willingham e N. S. Cole, *Gender and Fair Assessment* (Mahwah, N.J.: Lawrence Erlbaum Associates, 1997).
19. Lawrence H. Summers, "Remarks at NBER on Diversifying the Science and Engineering Workforce". Artigo apresentado no National Bureau of Economic Research, Cambridge, Mass., 14 de janeiro de 2005.
20. Isso é demonstrado pelas tabelas de dados de Deary: nas faixas mais baixas de habilidade — escores de QI entre 50 e 60 — havia 17,2% a mais de meninos do que meninas. E nas faixas mais altas — escores de QI entre 130 e 140 — havia 15% a mais de meninos. "A gradação entre os extremos parece regular: à medida que a população se afasta dos extremos, a diferença proporcional entre os gêneros diminui uniformemente", escreveram Deary e seus colegas. Vide Ian J. Deary et al., "Population Sex Differences in IQ at Age 11: The Scottish Mental Survey 1932", *Intelligence* 31 (2003).

Em *Tábula rasa*, meu irmão Steven explica o fenômeno do aumento da variabilidade masculina nas posições extremas dessa maneira:

As diferenças em algumas características, em média, são pequenas, mas podem ser grandes nas posições extremas. Isso acontece por duas razões. Quando as curvas em sino se sobrepõem parcialmente, quanto mais nos aproximamos das extremidades, maiores as discrepâncias entre os grupos. Por exemplo, em média, os homens são mais altos do que as mulheres e a discrepância é maior nos valores extremos. Ao chegar à altura de 1,55m, os homens ultrapassam as mulheres em uma proporção de 2 mil para um. Além disso, confirmando as expectativas da psicologia evolutiva, em muitas características pessoais, as curvas masculinas são mais achatadas e mais largas que as curvas femininas. Isto é, há, proporcionalmente, mais homens nas posições extremas.

Steven Pinker, *The Blank Slate: The Modern Denial of Human Nature* (Nova York: Viking, 2002), 344.

## Capítulo 1: Seriam os homens o sexo frágil?

1. Jane E. Brody, "Easing the Trauma for the Tiniest in Intensive Care", *The New York Times,* 27 de junho de 2006; Jane E. Brody, "For Babies, an Ounce Can Alter Quality of Life", *The New York Times,* 1º de outubro de 1991.
2. D. K. Stevenson, J. Verter e A. A. Fanaroff, "Sex Differences in Outcomes of Very Low Birth Weight Infants: The Newborn Male Disadvantage", *Archives of*

*Disease in Childhood* 83 (novembro de 2000); M. Brothwood et al., "Prognosis of the Very Low Birth Weight Baby in Relation to Gender", *Archives of Disease in Childhood* 61 (1986); Maureen Hack et al., "Growth of Very Low Birth Weight Infants to Age 20 Years", *Pediatrics* 112, n° 1 (2003).
3. Steven B. Morse, "Racial and Gender Differences in the Viability of Extremely Low Birth Weight Infants: A Population-Based Study", *Pediatrics* 117, n° 1 (2006).
4. Um dos estudos mais recentes com um amplo grupo de bebês bastante prematuros (nascidos com menos de 26 semanas de gestação) foi realizado no Reino Unido. No assim chamado estudo EPIcure, uma equipe de pesquisadores liderada por Neil Marlow, da Universidade de Nottingham, descobriu que estes meninos prematuros apresentavam um risco muito maior de disfunções e de redução das funções cognitivas do que as meninas prematuras, ao serem testados aos seis anos de idade. Neil Marlow et al., "Neurologic and Developmental Disability at Six Years of Age after Extremely Preterm Birth", *New England Journal of Medicine* 352, n° 1 (2005).
5. Allan Reiss, Helli Kesler e Betty Vohr, "Sex Differences in Cerebral Volumes of 8-Year-Olds Born Pre-Term", *Pediatrics* 145, n°s 242-249 (2004). Uma equipe de pesquisadores liderada pela Dra. Saroj Saigal, professora de pediatria na McMaster University, encontrou resultados animadores a longo prazo, revelando que um grupo de jovens adultos, nascidos com peso extremamente baixo, apresentava mais disfunções, porém uma autopercepção positiva, além de uma qualidade de vida tão boa quanto um grupo de controle nascido com peso normal. A Dra. Saroj informou, via e-mail (7 de setembro de 2006), que as diferenças de gênero em problemas escolares e no TDAH aparentes na infância dos sujeitos de sua amostra de alto risco tornaram-se menos extremos à medida que o grupo atingiu a idade adulta. Saroj Saigal et al., "Transition of Extremely Low Birth Weight Infants from Adolescence to Young Adulthood", *Journal of the American Medical Association* 295, n° 6 (2006).
6. A vulnerabilidade masculina para estímulos ambientais estressantes tornou-se mais óbvia através da proporção drasticamente reduzida de nascimento de meninos em áreas altamente industrializadas ao longo das últimas três décadas nos Estados Unidos, Canadá e Japão. Os homens são mais suscetíveis aos efeitos prejudiciais dos poluentes industriais que assemelham-se a hormônios, o que leva a mortes prematuras em fetos do sexo masculino. Embora a comunidade localizada em Sárnia, no Vale Químico de Ontário, tenha percebido declínios substantivos e nunca antes registrados em nascimentos de bebês do sexo masculino, no Japão e nos Estados Unidos houve uma redução significativa de nascimentos de meninos entre 1970 e 2002. Martin Mittelstaedt, "The Mystery of the Missing Boys", *Globe and Mail,* 11 de abril de 2007.

    Emmy E. Werner e Ruth S. Smith, *Vulnerable but Invincible. A Study of Resilient Children* (Nova York: McGraw-Hill, 1982), 36-49.

    Sebastian Kraemer, "The Fragile Male", *British Medical Journal* 321 (2000).
7. Nicholas Wade, "Pas De Deux of Sexuality Is Written in the Genes", *The New York Times,* 10 de abril de 2007.
8. Uma das únicas exceções à maior incidência de doenças crônicas em homens é a doença de Alzheimer, que é mais comum entre as mulheres. Roni Rabin, "He-

alth Disparities Persist for Men, and Doctors Ask Why", *The New York Times*, 14 de novembro de 2006.

Um relatório sobre o efeito da testosterona na saúde das mulheres foi mencionado por Malcom Gladwell em um artigo sobre dopagem em esportes competitivos. Ele afirmava que os esteroides masculinos eram comumente utilizados para aumentar o desempenho de atletas do sexo feminino nos anos 1980 com efeitos desastrosos: físicos e vozes masculinizados, tumores inexplicáveis, disfunção hepática, hemorragia interna e depressão. Malcolm Gladwell, "The Sporting Scene", *New Yorker*, 10 de setembro de 2001.

9. Richard G. Bribiescas, *Men: Evolutionary and Life History* (Cambridge, Mass.: Harvard University Press, 2006).
10. Daniel J. Kruger e Randolph M. Nesse, "Sexual Selection and the Male: Female Mortality Ratio", *Evolutionary Psychology*, n° 2 (2004).
11. Isaac Mangena, "Soweto Youths on Wrong Track as Train Surfers Die Having Fun", *Montreal Gazette*, 26 de novembro de 2006.
12. Kruger e Nesse, "Sexual Selection and the Male: Female Mortality Ratio".
13. Bribiescas, *Men: Evolutionary and Life History*.
14. Arjan Gjonca, Cecilia Tomassini e James W. Vaupel, "Male-Female Differences in Mortality in the Developed World", (Max-Planck Institute for Demographic Research, 1999); Kraemer, "The Fragile Male"; Kruger e Nesse, "Sexual Selection and the Male: Female Mortality Ratio".
15. U.S. National Vital Statistics Reports 54, n° 19 (28 de junho de 2006); Center for Disease Control. Statistics Canada: Selected Leading Causes of Death, by Sex. http://www40.statcan.ca/l01/cst0l/health36.htm?sdi=mortality%20rates%male.
16. Statistics Canada, *The Gap in Achievement between Boys and Girls* (9 de março de 2006); disponível no endereço eletrônico http://www.statcan.ca/english/freepub/81-004-XIE/200410/male.htm; Richard Whitmore, "Boy Trouble", *New Republic On-line* (2006).
17. Wendy Berliner, "Where Have All the Young Men Gone?" *The Guardian*, 18 de maio de 2004.
18. Gerry Garibaldi, "How the Schools Shortchange Boys: In the Newly Feminized Classroom, Boys Tune Out", *City Journal* (verão de 2006).
19. Da revista *Time*, 16 de abril de 1956, e citado no capítulo do livro de Bill Bryson sobre sua época de escola. Bill Bryson, *Vida e época de Kid Trovão* (São Paulo: Companhia das Letras, 2007).
20. Goldin, Katz e Kuziemko, "The Homecoming of American College Women: The Reversal of the College Gender Gap".
21. OECD, "Gender Differences in the Eighth Grade Performance on the IEA Timss Scale", in *IEA Trends in International Mathematics and Science Study 2003* (2005).
22. Persson Camilla Benbow e Julian Stanley, "Sex Differences in Mathematical Ability: Fact or Artifact?" *Science* 210 (1980); Persson Camilla Benbow e Julian Stanley, "Sex Differences in Mathematical Reasoning Ability: More Facts", *Science* 222 (1983).
23. A comparação, no entanto, não procede, já que os estudos de Benbow e Stanley examinaram apenas alunos de alto desempenho — meninos e meninas que já

haviam se destacado por serem estudantes muito aplicados e que estavam se candidatando a um programa específico. Os dados da OCDE são baseados em uma amostra de todos os estudantes do oitavo ano nos trinta países membros, e não apenas daqueles que estão nas camadas mais altas.

24. Virginia Valian, "Women at the Top in Science-and Elsewhere", in *Why Aren't More Women in Science?*, ed. Stephen J. Ceci e Wendy M. Williams (Washington, D.C.: American Psychological Association, 2007).
25. Judith Kleinfeld, "Student Performance: Males Versus Females", *Public Interest* 134 (1999).
26. Ilyana Kuziemko, "The Right Books, for Boys and Girls", *The New York Times*, 14 de junho de 2006. Goldin, Katz, e Kuziemko, "The Homecoming of American College Women". A mediana é o ponto no qual metade dos dados, ou de outros escores, aparece acima dele, e a outra metade, abaixo.
27. Claudia Goldin, economista de Harvard, e seus colegas, mostraram que, embora os meninos recebessem mais aulas de matemática e de ciências nos anos 1950, em 1992 já não havia nenhuma diferença no ensino de matemática e de ciências entre os gêneros, um fator que influenciou o aumento da procura das mulheres por cursos superiores.

    Goldin, Katz e Kuziemko, "The Homecoming of American College Women".
28. Tom Mortenson, "What's Wrong with the Guys" (Washington, D.C.: Pell Institute for the Study of Opportunity in Higher Education, 2003).
29. S. J. Ingels et al., *A Profile of the American High School Sophomore in 2002: Initial Results from the Base Year of the Education Longitudinal Study of 2002 (NCES 2005-338)*. U.S. Department of Education, (Washington, D.C.: National Center for Education Statistics, 2005). http://nces.ed.gov/pubs2005/2005338_1.pdf.
30. A pesquisa realizada com 99 mil estudantes foi coordenada pela psicóloga Nancy Leffert, agora na Universidade de Minnesota, e foi citada por Christina Hoff Sommers em "The War against Boys", *Atlantic Monthly* (maio de 2000). National Assessment of Educational Progress (NEAP) 2006: http://www.ed.gov/programs/neap/index.html.
31. Desde o início dos anos 1990, quando surgiram relatos sobre a discrepância de verbalização e sobre a negligência das professoras em relação às alunas, as inscrições para esses centros de estudos femininos, quase todos eles particulares, aumentaram em 40%. No entanto, as matrículas aumentaram somente 23% (dados estatísticos da National Coalition of Girls Schools, www.ncgs.org). A seleção das melhores e mais brilhantes crianças cujas famílias podem arcar com as despesas de uma escola particular pode ser uma das razões que explica por que a associação relata que suas alunas se formam mais em matemática e ciências do que as meninas e os meninos de escolas públicas mistas. E, agora que estes centros estão recebendo um número maior de inscrições, eles estão provavelmente selecionando, dentre as várias possibilidades, um corpo discente mais forte.
32. Christina Hoff Sommers, *The War Against Boys* (Nova York: Simon & Schuster, 2000).
33. J. E. Brophy e T. L. Good, "Teachers' Communication of Differential Expectations for Children's Classroom Performance: Some Behavioral Data", *Journal of*

*Educational Psychology* 61 (1970); Carol S. Dweck e Ellen S. Bush, "Sex Differences in Learned Helplessness", *Developmental Psychology* 12, n° 2 (1976).
34. Sandy Baum e Eban Goodstein, "Gender Imbalance in College Applications: Does It Lead to a Preference for Men in the Admissions Process?" *Economics of Education Review* 24, n° 6 (2005).
35. Alguns dos esforços para atrair mais mulheres são tão insignificantes quanto as cotas de ingresso, enquanto outros são mais sutis — por exemplo, acrescentando mais cursos na área de ciências humanas à oferta de cursos dos departamentos, substituindo os alunos que aparecem em seus websites por um alunato totalmente do sexo feminino, e recebendo meninas do ensino médio para programas intensivos de verão em informática de modo a atraí-las como futuras alunas. O Artemis Project, exclusivamente feminino, da Universidade de Brown, é um dos que defendem essa iniciativa. Cornelia Dean, "Computer Science Takes Steps to Bring Women to the Fold", *The New York Times*, 17 de abril de 2007.
36. Sarah Karnasiewicz, "The Campus Crusade for Guys", *Salon*, 15 de fevereiro de 2006.
37. Jennifer Delahunty Britz, "To All the Girls I've Rejected", *The New York Times*, 23 de março de 2006; Josh Gerstein, "Kenyon's Policy against Women Stirs a Debate", *New York Sun*, 28 de março de 2006.
38. A descoberta de Martin Seligman, de que é possível mudar os processos de pensamento que sustentam o desamparo aprendido, ajudou a forjar um novo campo, chamado de psicologia positiva, e incentivou o uso de abordagens cognitivas no tratamento da depressão.
39. Angela Lee Duckworth e Martin E. P. Seligman, "Self-Discipline Gives Girls the Edge: Gender in Self-Discipline, Grades, and Achievement Test Scores", *Journal of Educational Psychology* 98, n° 1 (2006).
40. William R. Charlesworth e Claire Dzur, "Gender Comparisons of Preschoolers Behavior and Resource Utilization in Group Problem Solving", *Child Development* 58, n° 1 (1987); Eleanor Emmons Maccoby, *The Two Sexes: Growing Apart, Coming Together* (Cambridge, Mass.: Harvard University Press, Belknap Press, 1998); Eleanor Emmons Maccoby e Carol Nagy Jacklin, *The Psychology of Sex Differences* (Stanford, Calif.: Stanford University Press, 1974); Irwin Silverman, "Gender Differences in Delay of Gratification: A Meta-Analysis", *Sex Roles* 49, nos. 9-10 (2003).
41. Outro comentário sobre escolas feito por Steve Jobs: "Eles quase me fizeram perder toda a curiosidade (...). Reconheço, a partir da minha própria formação que, se não tivesse encontrado dois ou três indivíduos que passassem horas extras comigo, é quase certo que teria ido parar na prisão". Steve Jobs, "You've Got to Find the Job You Love", *Stanford Report*, 14 de junho de 2005; Daniel Morrow, *Oral History Interview with Steve Jobs*, 1995 (citado em 26 de abril de 2006); disponível no endereço eletrônico http://americanhistory.si.edu/collections/comphist/sj1.html.
42. Simon Baron-Cohen, *Diferença Essencial* (Rio de Janeiro: Objetiva, 2004); Simon Baron-Cohen, *Mindblindness: An Essay on Autism and Theory of Mind* (Cambridge, Mass.: MIT Press, Bradford Books, 1995).

43. Jennifer Connellan, Simon Baron-Cohen, Sally Wheelwright, Anna Barki e Jag Ahluwalia, "Sex Differences in Human Neonatal Social Perception", *Infant Behavior and Development* 23 (2000); Svetlana Lutchmaya e Simon Baron-Cohen, "Human Sex Differences in Social and Non-Social Looking Preferences at 12 Months of Age", *Infant Behavior and Development* 25 (2002).
44. Simon Baron-Cohen, "Sex Differences in Mind: Keeping Science Distinct from Social Policy", in *Why Aren't More Women in Science?*, ed. Stephen J. Ceci e Christine L. Williams (Washington, D.C.: American Psychological Association, 2007); Doreen Kimura, *Sex and Cognition* (Cambridge, Mass.: MIT Press, 2000).
45. M. A. Wittig e M. J. Allen, "Measurement of Adult Performance on Piaget's Water Horizontality Task", *Intelligence* 8 (1984).
46. J. T. E. Richardson, "Gender Differences in Imagery, Cognition, and Memory", in *Mental Images in Human Cognition*, ed. R.H. Logie and M. Denis (Nova York: Elsevier,1991).
47. Kimura, *Sex and Cognition*.
48. Allan Mazur, *Biosociology of Dominance and Deference* (Oxford, D.K.: Rowman & Littlefield, 2005). Pinker, *The Blank Slate*.
49. Tim Molloy, "Woman's Rampage Leaves Six Dead in the U.S"., *Globe and Mail*, 1º de fevereiro de 2006.

    O fato de haver raras mulheres assassinas em escolas torna digno de nota o incidente ocasional de violência fatal entre meninas e mulheres e, portanto, algo mais perceptível. Meu irmão Steven Pinker escreve sobre como o incidente ocasional de violência feminina acaba sendo usado como evidência de que os gêneros estão se tornando mais equivalentes: "Uma incoerência similar entre a manchete e o fato apareceu em uma matéria publicada no jornal *Boston Globe* com o título 'As meninas parecem ter alcançando o nível de violência dos meninos'. Em que medida elas 'alcançaram este nível'? De acordo com a matéria, elas agora cometem homicídios em uma proporção de *dez para um* em relação aos meninos". Pinker, *The Blank Slate*, 339.
50. American Psychiatric Association, *Diagnostic and Statistical Manual of Mental Disorders:* 4th ed. (Washington, D.C.: American Psychiatric Association, 1994); M. Daly e M. Wilson, *Homicide* (Nova York: Aldine de Gruyter, 1988); Martin Daly e Margo Wilson, *Sex, Evolution, and Behavior*, 2a. ed. (Boston: Willard Grant Press, 1983); Steven E. Rhoads, *Taking Sex Differences Seriously* (San Francisco: Encounter Books, 2004), 297-301; Baron-Cohen, "Sex Differences in Mind: Keeping Science Distinct from Social Policy".
51. Rhoads, *Taking Sex Differences Seriously*; Richard Tremblay e Daniel Nagin, "The Developmental Origins of Physical Aggression in Humans", *Developmental Origins of Aggression,* ed. Richard Tremblay, Willard Hartup e John Archer (Nova York: Guilford Press, 2005).
52. E. Feldman et al., "Gender Differences in the Severity of Adult Familial Dyslexia", *Reading and Writing* 7, nº 2 (1995); J. M. Finucci e B. Childs, "Are There Really More Dyslexic Boys Than Girls?" in *Sex Differences in Dyslexia,* ed. A. Ansara et al. (Towson, Md.: Orton Dyslexia Society, 1981); T. R. Miles, M. N. Haslum e T. J. Wheeler, "Gender Ratio in Dyslexia", 48 (1998).

53. B. A. Shaywitz et al., "Sex Differences in the Functional Organization of the Brain for Language", *Nature* 373 (1995).
54. Louann Brizendine, *Como as mulheres pensam* (Rio de Janeiro: Campus, 2006); Halpern, *Sex Differences in Cognitive Abilities;* Hedges e Nowell, "Sex Differences in Mental Test Scores, Variability and Numbers of High-Scoring Individuals"; J. Huttenlocher et al., "Early Vocabulary Growth: Relation to Language Input and Gender", *Developmental Psychology* 27 (1991); Janet Shibley-Hyde, "Women in Science: Gender Similarities in Abilities and Sociocultural Forces", in *Why Aren't More Women in Science,* ed. Stephen J. Ceci e Wendy M. Williams (Washington, D.C.: American Psychological Association, 2007).
55. Devo agradecer a Diane Halpern pelo abrangente resumo da literatura de pesquisa sobre as diferenças de gênero em relação às habilidades verbais. Halpern, *Sex Differences in Cognitive Abilities.*
56. Macdonald Critchley, *The Dyslexic Child* (Springfield, Ill.: Charles C. Thomas, 1970).

## Capítulo 2: Meninos disléxicos bem-sucedidos

1. Já que "Andrew" ainda tem vinte e poucos anos, usarei esse pseudônimo.
2. Uta Frith, "Brain, Mind and Behaviour in Dyslexia", in *Dyslexia: Biology, Cognition and Intervention,* ed. Charles Hulme e Margaret Snowling (San Diego: Singular Publishing Group, 1997); H. S. Scarborough, "Very Early Language Deficits in Dyslexic Children", *Child Development* 61 (1990); Margaret Snowling, *Dyslexia* (Oxford, U.K.: Blackwell, 2000); Margaret Snowling, Alison Gallagher e Uta Frith, "Family Risk of Dyslexia Is Continuous: Individual Differences in the Precursors of Reading Skill", *Child Development* 74, n° 2 (2003).
3. Iona e Peter Opie, especialistas em cantigas infantis e na linguagem utilizada por crianças em suas brincadeiras, documentaram a procedência de milhares de canções e cantigas infantis em seu livro *The Lore and Language of Schoolchildren* (Londres: Oxford University Press, 1959), mostrando o que acontece com essas canções quando as crianças não compreendem bem as palavras. O erro, geralmente, preserva a rima ou o som da palavra original, que é então repetido, mudando para sempre o poema.
4. Margarita Bauza, "Boys Fall behind Girls in Grades", *Detroit News,* 9 de janeiro de 2005; Y. Gingras e Jeffrey Bowlby, *The Costs of Dropping out High School* (Ottawa: Human Resources Development Canada, 2000).
5. Em um e-mail enviado em 19 de outubro de 2006, Cathy Barr, geneticista molecular da Universidade de Toronto, especializada em identificar disfunções, fez uma advertência sobre os genes específicos envolvidos. Apesar de estar convencida sobre a localização dos cromossomos, os genes específicos relacionados aos vários aspectos das limitações na leitura podem estar localizados em regiões ligeiramente diferentes, de acordo com cada pessoa, e o mapeamento preciso dos diversos genes ainda está em andamento, escreveu ela. Cathy L. Barr e Jillian M. Couto, "Molecular Genetics of Reading", in *Single Word Reading: Cognitive, Behavioral and Biological Perspectives,* ed. E. L. Grigorenko e A. Naples (Mahwah, N.J.: Lawrence Erlbaum Associates, no prelo); L. R. Cardon et al.,

"Quantitative Trait Locus for Reading Disability on Chromosome 6", *Science* 266 (1994); A. M. Galaburda et al., "From Genes to Behavior in Developmental Dyslexia", *Nature Neuroscience* 9, n° 10 (2006).
6. J. C. DeFries, Maricela Alarcon e Richard K. Olson, "Genetic Aetiologies for Reading and Spelling Deficits: Developmental Differences", in *Dyslexia: Biology, Cognition and Intervention,* ed. Charles Hulme e Margaret Snowling (San Diego: Singular Publishing Group, 1997).
7. Embora sejam universais, os diferentes subtipos significam que uma pessoa pode ser disléxica em uma língua baseada no alfabeto, como o inglês, o francês ou o árabe, mas não em outra, baseada em símbolos, como o chinês ou o kanji (japonês ideográfico). Portanto, o transtorno não é cultural, mas significa, sim, que meninos como Andrew, com um distúrbio fonologicamente localizado, teriam mais dificuldades com uma língua como o inglês. Desta maneira, o transtorno parece ser mais comum no Ocidente — aparecendo em aproximadamente 15% da população, e é mais comum entre leitores de línguas foneticamente irregulares, como o inglês, do que entre leitores de línguas com ortografia mais previsível, como o alemão ou o italiano Vide Frith, "Brain, Mind and Behaviour in Dyslexia"; E. Paulesu et al., "Dyslexia: Cultural Diversity and Biological Unity", *Science* 291 (2001); Wai Ting Siok et al., "Biological Abnormality of Impaired Reading Is Constrained by Culture", *Nature* 431 (2004); A. Yamadori, "Ideogram Reading in Alexia", *Brain* 98 (1975).
8. Existe um debate sobre o fato de os números tradicionalmente maiores de meninos e homens disléxicos traduzirem uma verdadeira diferença de gênero ou a propensão de professores e pais em oferecer atenção, cuidados e educação especial para meninos com problemas, mas não para meninas. (vide Shaywitz, 2003, 31). Algumas das controvérsias giram em torno de estudos que demonstraram haver chances idênticas, na população em geral, de pessoas com dificuldades de leitura, em comparação com seu nível de inteligência, serem tanto mulheres quanto homens. Pelo menos dois fatores confirmam que as diferenças de gênero na dislexia são fiéis à realidade e à biologia. Quando a severidade do transtorno é levada em conta, os homens ultrapassam as mulheres em uma proporção de dez para um. Embora também haja evidências de que as meninas contam com fatores de proteção que as defendem dos efeitos de uma disfunção de leitura — a menos que estejam altamente influenciadas por uma predisposição de fatores genéticos e ultrapassem um limiar crítico —, neste caso, as poucas mulheres disléxicas podem ser afetadas mais severamente (agradeço a Jeff Gilger pelo esclarecimento sobre o "efeito do limiar de gênero"). Ainda assim, quando outros componentes diagnósticos são levados em conta, como a lentidão linguística, dificuldades com sintaxe ou nomeação, e problemas com a memória de curto prazo (em oposição a uma leitura simplesmente débil), os homens ultrapassam as mulheres em uma proporção de seis para um.

Feldman et al., "Gender Differences in the Severity of Adult Familial Dyslexia"; Finucci and Childs, "Are There Really More Dyslexic Boys Than Girls?"; Halpern, *Sex Differences in Cognitive Abilities;* Miles, Haslum e Wheeler, "Gender Ratio in Dyslexia".
9. K. G. Anderson, "Gender Bias and Special Education Referrals", *Annals of Dyslexia* 47 (1997); Rosalie Fink, "Gender and Imagination: Gender Conceptua-

lization and Literacy Development in Successful Adults with Reading Disabilities", *Learning Disabilities* 10, nº 3 (2000); Sally Shaywitz, *Overcoming Dyslexia* (Nova York: Vintage Books, 2003). Quando solicitei alguns dados estatísticos da British Dyslexia Association sobre a prevalência de dislexia entre os homens britânicos, recebi a seguinte resposta: "Estima-se que cerca de 10% da população apresentem dificuldades relacionadas à dislexia. Esse índice, provavelmente, está subestimado, e pode beirar os 15%. Pensava-se que a dislexia era mais comum entre homens, mas, agora, entende-se que um número equivalente de mulheres também pode apresentar tendências disléxicas. As meninas são, em geral, mais hábeis ao encontrar estratégias para lidar com o problema, e comportam-se melhor, e, portanto, é menos provável que chamem a atenção na escola".
10. Shaywitz, *Overcoming Dyslexia*, 33.
11. Jeff Gilger, pesquisador da neurobiologia da dislexia na Purdue University, comentou que os melhores dispositivos para mapear a dislexia são projetados para ter altos "índices de acerto", de modo que poucas crianças em situação de risco sejam deixadas de fora. A hipótese é a de que testes psicológicos posteriores sejam realizados com mais profundidade para confirmar o diagnóstico.
12. A. M. Galaburda, *Dyslexia and Development: Neurobiological Aspects of Extraordinary Brains* (Cambridge, Mass.: Harvard University Press, 1993); K. R. Pugh et al., "Cerebral Organization of Component Process in Reading", *Brain* 119 (1996); Shaywitz et al., "Sex Differences in the Functional Organization of the Brain for Language".
13. Shaywitz et al., "Sex Differences in the Functional Organization of the Brain for Language".
14. Sandra Witelson, I. Glezer, and D. L. Kigar, "Women Have Greater Density of Neurons in Posterior Temporal Cortex", *Journal of Neuroscience* 15 (1995).
15. J. Coney, "Lateral Asymmetry in Phonological Processing: Relating Behavioral Measures to Neuroimaged Structures", *Brain and Language* 80 (2002); J. Levy e W. Heller, "Gender Differences in Human Neuropsychological Function", in *Sexual Differentiation: Handbook of Behavioral Neurobiology*, ed. A. A. Gerall, M. Howard e I. L. Ward (Nova York: Plenum Press, 1992); Shaywitz et al., "Sex Differences in the Functional Organization of the Brain for Language"; Haitham Taha, "Females' Superiority in Phonological and Lexical Processing", *The Reading Matrix* 6, nº 2 (2006); H. Wagemaker, "Are Girls Better Readers? Gender Differences in Reading Literacy in 32 Countries", *International Association for the Evaluation of Educational Achievement* (1996). Galaburda et al., "From Genes to Behavior in Developmental Dyslexia".
16. J. Stein, "The Magnocellular Theory of Developmental Dyslexia", *Dyslexia 7*, nº 1 (2001).
17. J. N. Zadina et al., "Heterogeneity of Dyslexia: Behavioral and Anatomical Differences in Dyslexia Subtypes". Disponível on-line no endereço eletrônico http://www.tc.umn.edu/~athe0007/BNEsig/papers/Zadina.pdf.
18. George W. Hynd e Jennifer R. Hiemenz, "Dyslexia and Gyral Morphology Variation", in *Dyslexia: Biology, Cognition and Intervention*, ed. Charles Hulme e Margaret Snowling (San Diego: Singular Publishing Group, 1997); E. J. McCrory

et al., "More Than Words: A Common Neural Basis for Reading and Naming Deficits in Developmental Dyslexia?" *Brain* 128 (2005); Shaywitz, *Overcoming Dyslexia;* Catya von Karolyi e Ellen Winner, "Dyslexia and Visual-Spatial Talents: Are They Connected?" in *Students with Both Gifts and Learning Disabilities: Identification, Assessment and Outcomes,* ed. Tina M. Newman e Robert J. Sternberg (Nova York: Kluwer Academic Plenum Publishers, 2004).

19. Quando o tumor ou o trauma estavam localizados no lado direito, os meninos não tinham nenhum problema com a leitura ou a ortografia. Nas crianças do sexo masculino, a capacidade de decompor a fala em suas partes constitutivas — um pré-requisito para o conhecimento da leitura e da escrita — estava mais firmemente relacionada ao lado esquerdo do cérebro. Vide Uta Frith e Faraneh Vargha-Khadem, "Are There Sex Differences in the Basis of Literacy-Related Skills? Evidence from Reading and Spelling Impairments after Early Unilateral Brain Damage", *Neuropsychologia* 39 (2001).
20. Hynd e Hiemenz, "Dyslexia and Gyral Morphology Variation".
21. Cheryl L. Reed, "Few Women Warm to Chef Life", *Chicago Sun Times,* 29 de janeiro de 2006.
22. Adam Gopnik, "Dining Out: The Food Critic at Table", *New Yorker,* 4 de abril de 2005.
23. Anthony Bourdain, *Cozinha Confidencial.* (São Paulo: Companhia das Letras, 2001).
24. Bill Buford, *Calor (As aventuras de um cozinheiro amador como escravo da cozinha de um restaurante famoso fazedor de macarrão a aprendiz de açougueiro na Toscana)* (São Paulo: Companhia das Letras, 2007).
25. M. Wagner, "Youth with Disabilities: How Are They Doing?" In M. Wagner, C. Marder, J. Blackorby, R. Cameto, L. Newman, P. Levine e E. Davies-Mercier (com M. Chorost, N. Garza, A. Guzman e C. Sumi), *The Achievements of Youth with Disabilities during Secondary School: A Report from the National Longitudinal Transition Study-2 (NLTS2)* (Menlo Park, Calif.: SRI International, 2003). www.nlts2.org/reports/pdfs/achievements_ch7.pdf.

    Mary Wagner et al., "An Overview of Findings from Wave 2 of the National Longitudinal Transition Study-2 (NLTS2)" (Washington, D.C.: U.S. Department of Education, 2006).
26. Phyllis Levine e Eugene Edgar, "An Analysis by Gender of Long-Term Postschool Outcomes for Youth with and without Disabilities", *Exceptional Children* 61, n° 3 (1994).
27. Rosalie Fink, "Literacy Development in Successful Men and Women with Dyslexia", *Annals of Dyslexia* 48 (1998); Rosalie Fink, "Successful Careers: The Secrets of Adults with Dyslexia", *Career Planning and Adult Development Journal,* primavera de 2002.
28. Lisa Zunshine, *Why We Read Fiction* (Columbus: Ohio State University Press, 2006).
29. Paul J. Gerber, "Characteristics of Adults with Specific Learning Disabilities", in *Serving Adults with Learning Disabilities: Implications for Effective Practice,* ed. B. Keith Lenz, Neil A. Sturomski e Mary Ann Corley (Washington, D.C.: U.S. Department of Education, 1998).

30. Shaywitz, *Entendendo a dislexia*.
31. Anne Fadiman, *The Spirit Catches You and You Fall Down* (Nova York: Noonday Press, 1997).
32. A. M. Galaburda et al., "Developmental Dyslexia: Four Consecutive Cases with Cortical Abnormalities", *Annals of Neurology* 18 (1985). Sally Shaywitz explica os talentos da dislexia da seguinte forma:

> "Os disléxicos usam o 'panorama geral' das teorias, modelos e ideias como um sistema de referência, para ajudá-los a se recordar de detalhes específicos."

E, então, prossegue:

> "A memorização automática e a lembrança rápida de palavras são particularmente difíceis para os disléxicos. Por outro lado, os disléxicos tendem a estar desproporcionalmente representados nos altos escalões da criatividade, e em pessoas que, seja nos negócios, finanças, medicina, literatura, direito ou ciências, venceram os limites e fizeram uma diferença significativa para a sociedade. Acredito que isso se deva ao fato de que os disléxicos não conseguem memorizar ou fazer as coisas simplesmente de modo automático; eles têm de se aprofundar no conceito e entendê-lo em um nível fundamental. Essa necessidade, geralmente, leva a uma compreensão mais profunda e a uma perspectiva que é diferente daquela alcançada por pessoas para quem as coisas tornam-se mais fáceis, já que elas conseguem simplesmente memorizar e repetir — sem nunca chegar a um entendimento profundo e completo".

Shaywitz, 2003, 57-58. Veja também Gerber, "Characteristics of Adults with Specific Learning Disabilities".

33. Stein, "The Magnocellular Theory of Developmental Dyslexia".
34. Von Karolyi e Winner, "Dyslexia and Visual-Spatial Talents: Are They Connected?" *Students with Both Gifts and Learning Disabilities*, ed. Tina M. Newan e Robert J. Sternberg (Nova York: Plenum, 2004).
35. Jeffrey W. Gilger, George W. Hynd e Mike Wilkins, "Neurodevelopmental Variation as a Framework for Thinking About the Twice Exceptional", *No prelo* (2007).
36. *The Collected Papers of Albert Einstein*, traduzido por Anna Beck, com consultoria de Peter Havas (Princeton, N.J.: Princeton University Press, 1987).
37. P. Bucky, *The Private Albert Einstein*. (Kansas City, Mo.: Andrews & McMeal, 1992), conforme citado por Marlin Thomas, "Was Einstein Learning Disabled?: Anatomy of a Myth", *Skeptic*, 10, n° 4, 40-48, e "Albert Einstein and LD: An Evaluation of the Evidence", *Journal of Learning Disabilities* 33, n° 2, ( 2000), 149-158.
38. Thomas, "Was Einstein Learning Disabled?" Veja também Albert Einstein, *Autobiographical Notes,* traduzido e editado por Paul Arthur Schilpp (La Salle, Ill.: Open Court, 1979), e Albert Einstein, "A Testimonial from Professor Einstein",

em *The Psychology of Invention in the Mathematical Field,* Jacques Hadamard (Princeton, N.J.: Princeton University Press, 1949).
39. J. Hadamard, *Psicologia na invenção da matemática* (Contraponto Editora: Rio de Janeiro, 2009) Steve C. Wang, "In Search of Einstein's Genius", *Science* 289, nº 5484 (2000); Sandra Witelson, F., Debra L. Kigar e Thomas Harvey, "The Exceptional Brain of Albert Einstein", *Lancet* 353 (1999).
40. Roger Highfield e Paul Carter, *The Private Lives of Albert Einstein* (Nova York: St. Martin's Press, 1993).
41. John S. Rigden, *Einstein 1905: The Standard of Greatness* (Cambridge, Mass.: Harvard University Press, 2005).
42. Ibid.
43. Hynd e Hiemenz, "Dyslexia and Gyral Morphology Variation".
44. Witelson, Kigar e Harvey, "The Exceptional Brain of Albert Einstein".
45. George Hynd, pesquisador da Purdue University, que examina as evidências neurológicas da dislexia, escreveu, em um e-mail datado de 7 de novembro de 2006, que, apesar de procurar, nunca encontrou diferenças entre os gêneros, devido à proporção usualmente maior de homens nas amostras. O tamanho desigual dos grupos diminui as possibilidades de qualquer comparação estatística.
46. Uma revisão da literatura de pesquisa feita por Susan Vogel, da Nothern Illinois University, mostrou que, em comparação com meninos com disfunção de aprendizagem, as meninas com este distúrbio identificadas nas escolas têm QIs menores, mais déficits acadêmicos na leitura e em matemática, mas são melhores em ortografia, redação e tarefas de coordenação motora fina. Uma descoberta equivalente é que os meninos com dificuldades de aprendizagem eram melhores do que as meninas em raciocínios matemáticos. Vide S. A. Vogel, "Gender Differences in Intelligence, Language, Visual-Motor Abilities, and Academic Achievement in Students with Learning Disabilities: A Review of the Literature", *Learning Disabilities* 23, nº 1 (1990).
47. Rob Turner, "In Learning Hurdles, Lessons for Success", *The New York Times,* 23 de novembro de 2003.
48. R. Cameto, "Employment of Youth with Disabilities after High School", in *After High School: A First Look at the Postschool Experiences of Youth with Disabilities: A Report from the National Longitudinal Transition Study-2 (NLTS2),* M. Wagner, L. Newman, R. Cameto, N. Garza e P. Levine (Menlo Park, Calif.: SRI International, abril de 2005), disponível no endereço eletrônico www.nlts2.org/pdfs/afterhighschool_chp5.pdf. Veja também P. Levine e E. Edgar, "An Analysis by Gender of Long-Term Postschool Outcomes for Youth with and without Disabilities" in *Exceptional Children* 61.3 (Arlington, Va.: Council for Exceptional Children, 1994), 282-301.
49. Segundo dados recentes, o salário médio inicial de recém-formados em engenharia da computação é de US$ 51.496,00 por ano. Os professores ganham US$ 29.733,00 para começar. Vide Jeanne Sahadi, "Lucrative Degrees for College Grads", *CNNMoney,* 9 de abril de 2005, disponível on-line no endereço eletrônico http://money.cnn.com/2005/04/15/pf/college/starting_salaries. Segundo o National Research Center for Women and Families, no ano 2000, as pessoas que prestavam serviços cuidando de crianças ganharam U$ 24.600 por ano.

Diana Zuckerman, "Child Care Staff: The Lowdown and Salaries and Stability", junho de 2000, disponível on-line no endereço eletrônico http://www.center4research.org/wwf2.html.
50. Em um debate sobre as escolhas profissionais das mulheres, Claude Montmarquette, economista da Universidade de Montreal, mencionou que seus dados revelavam que, quanto à sua capacidade de se manter nos empregos, as mulheres podem ser menos sensíveis ao valor de mercado de suas escolhas profissionais do que os homens, e mais sensíveis ao impacto das licenças de trabalho que precisam tirar em função de seus filhos. Os autores também observam que, "em todos os cursos de formação superior, os índices demonstram que os rendimentos das mulheres são significativamente mais baixos que os dos homens, (...) com a estudante média que ingressa na área de educação recebendo os menores rendimentos depois de formada que todos os estudantes de outros cursos universitários". Claude Montmarquette, Kathy Cannings e Sophie Mahseredjian, "How Do Young People Choose College Majors?", in *Economics of Education Review* 21 (2002),543-556.

Independentemente dos problemas de aprendizagem, um grande número de economistas já demonstrou que, geralmente, as mulheres escolhem empregos mais mal remunerados, mas alegam estar mais satisfeitas com eles. Vide A. Clark, "Job Satisfaction and Gender: Why Are Women So Happy at Work?", *Labour Economics* 4 (1997), 341-372; J. Oswald, "Happiness and Economic Performance", *Economic Journal* 107 (novembro de 1997), 1815-1831.
51. As mulheres recebem 30% a mais de diplomas de bacharelado e 50% a mais de diplomas de mestrado do que os homens, e a diferença de gênero favorecendo o sucesso acadêmico das mulheres é mais significativa entre as minorias étnicas. As mulheres negras possuem duas vezes mais diplomas em cursos superiores do que os homens negros, em qualquer nível. Ann Hulbert, "Boy Problems", *The New York Times Magazine*, 3 de abril de 2005.

Um estudo realizado em 22 países, conduzido por pesquisadores canadenses, mostrou que um quarto das mulheres possuía formação acadêmica maior do que a exigida por seus empregos, enquanto 17% dos homens possuíam uma formação *menor* do que o mínimo exigido por seus empregos. Daniel Bootheby, *International Adult Literacy Survey: Literacy Skills, Occupational Assignment and Returns to Over- and Under-Education,* (Statistics Canada/Human Resources Development Canada, 2002), disponível no endereço eletrônico http://www.nald.ca/Fulltext/nls/inpub/litskill/litskill.pdf.

## Capítulo 3: Abandonem o navio! Mulheres de sucesso que desistiram das carreiras nos campos da ciência e da engenharia

1. A economista Anne Preston, que estudou o fenômeno utilizando estatísticas da Survey of Natural and Social Scientists and Engineers, de 1982 a 1989, conclui: "Qualquer que seja a faixa etária das mulheres, elas têm mais probabilidade do que os homens de abandonar a força de trabalho. Além disso, as mulheres, independentemente também da faixa etária, têm mais probabilidade do que os homens de abandonar a força de trabalho por razões que não estejam relaciona-

das à família. Portanto, a explicação convencional de que eses comportamentos desertores femininos devem-se à sua criação é infundada. Essas taxas relativamente altas de abandono da força de trabalho ao longo da carreira por mulheres que atuam nos campos da ciência e da engenharia levantam uma questão séria. Por que mulheres com habilidades altamente competitivas e socialmente valorizadas estão deixando a força de trabalho com baixíssimas probabilidades de reingresso?" Anne Preston, "Why Have All the Women Gone? A Study of Exit of Women from the Science and Engineering Professions", *American Economic Review* 84, nº 5 (1994).

2. Catherine Weinberger, ed., *A Labor Economist's Perspective on College-Educated Women in the Information Technology Workforce, Encyclopedia of Gender and Information* (Santa Barbara, Calif.: Information Science Publishing Group, 2005).

3. Bryant Simon, professor de história da Temple University, na Filadélfia, pesquisa hábitos sociais, observando como as pessoas se comportam nas cafeterias da rede Starbucks em todo o mundo. Ele confirmou, em um e-mail enviado em janeiro de 2006, que há predominância de mães na Starbucks ao fim das manhãs, e que muitas mulheres já estabelecidas em suas carreiras utilizam a cafeteria como um local de encontros e como escritório, durante as tardes.

4. Aproximadamente um em cada quatro doutorados em economia é do sexo feminino, que também totalizam apenas 12% do corpo docente com estabilidade nessa área. Vide Claudia Goldin e Lawrence F. Katz, "Summers Is Right", *Boston Globe,* 23 de janeiro de 2005; Donna K. Ginther e Shulamit Kahn, "Women in Economics: Moving Up or Falling Off the Academic Ladder?" *Journal of Economic Perspectives* 18, nº 3 (agosto de 2000),193-214.

5. Daniel S. Hamermesh, "An Old Male Economist's Advice to Young Female Economists", (maio de 2004) disponível no endereço eletrônico www.eco.utexas.edu/faculty/Hamermesh/FemAdviceCSWEP.pdf.

6. Em um artigo de outubro de 2004, "Plugging the Leaky Pipeline", escrito por Elizabeth Durant *(Technology Review,* outubro de 2004, disponível on-line no endereço eletrônico www.technologyreview.com/articles/04/10/durant1004.asp), a professora de biologia do MIT, Nancy Hopkins, faz referência a essa escassez de mulheres em disciplinas tradicionalmente dominadas pelos homens, como matemática, física e informática, como um "ambiente cultural". Ainda assim, a hipótese de que as mulheres se sentiriam assustadas por um "ambiente cultural" masculino também significaria, paradoxalmente, que aquelas que conseguissem ingressar nessas áreas se sentiriam pressionadas a se transformar em um modelo de comportamento para outras mulheres. No artigo, a professora adjunta de engenharia mecânica do MIT, Simona Socrate, confessou sentir-se dividida entre encorajar outras mulheres e revelar-lhes o quanto é difícil ter uma família e uma carreira acadêmica na área de ciências. "Há um preço a ser pago, e você se pergunta, devo ficar quieta ou devo avisá-las disso? Estou tentando ficar quieta". Muitos outros livros, ensaios e relatórios universitários sobre a diversidade atribuem o menor número de mulheres nas áreas de ciências e engenharia ao ambiente cultural masculino e à falta de modelos femininos de comportamento. Há muitos trabalhos a serem citados aqui, mas, entre os mais

recentes, podemos destacar o de Jacqueline Stalker e Susan Prentice, eds., *The Illusion of Inclusion: Women in Post-Secondary Education*; Margaret A. Eisenhart e Elizabeth Finkel, *Women's Science*; Annmarie Adams e Peta Tancred, *Designing Women: Gender in the Architectural Profession*; e Nelson e Rogers, *A National Analysis of Diversity in Science and Engineering Faculties at Research Universities*.

7. Belle Rose Ragins, "Understanding Diversified Mentoring Relationships", in *Mentoring and Diversity: An International Perspective*, ed. D. Clutterbuck e B. Ragins (Oxford, U.K.: Butterworth-Heinemann, 2002).
8. Em um vasto estudo sobre um programa de orientação em eletrônica para alunas de graduação e de pós-graduação em engenharia e ciências correlatas, 68% declararam ter um relacionamento positivo com seus orientadores (que já estavam trabalhando na área), mas o gênero do orientador não estava necessariamente relacionado à satisfação das estudantes com o processo de orientação. Carol B. Muller e Peg Boyle Single, "Benefits for Women Students from Industrial E-Mentoring", artigo apresentado na conferência anual de 2001 da American Society for Engineering, 2001.
9. Ronald J. Burke e Carol A. McKeen, "Gender Effects in Mentoring Relationships", *Journal of Social Behavior and Personality* 11, n° 5 (1996).
10. Algumas professoras funcionam como modelos de comportamento mais confiáveis. A historiadora norte-americana, vencedora do Prêmio Pulitzer e pesquisadora de Harvard, Laurel Ulrich, também é mórmon, mãe de cinco filhos e feminista. Quando fiquei sabendo que ela serve de modelo de comportamento para jovens acadêmicas por afirmar que "Você tem o direito de ter uma vida completa. Você precisa fazer voto de castidade para ser bem-sucedida", entrei em contato com ela. Sua visão é a de que as mulheres poderiam, inclusive, inspirar-se em modelos masculinos de comportamento, ainda que isso significasse "entrar em conflito consigo mesmas, de certa maneira". Ela listou os seguintes exemplos, em um e-mail enviado em 11 de outubro de 2006: "É claro que um homem pode ser o modelo de comportamento de uma mulher! Há centenas de exemplos na história. Um dos meus favoritos está no livro *Book of the City of Ladies* (1405), de Christine de Pizan, quando ela cita Pentesileia, rainha das amazonas, que usou como modelo de comportamento o herói troiano Hector. E quanto à infinidade de mulheres que tentaram se comportar da mesma forma que Jesus? Ou Elizabeth Cady Stanton, que se baseou na Declaração de Independência dos Estados Unidos para rascunhar a declaração de sentimentos de Sêneca Falls? Certamente, elas estavam usando como modelos os 'Pais fundadores'".
11. Virginia Valian, *Why So Slow? The Advancement of Women* (Cambridge, Mass.: MIT Press, 2000).
12. Frederick M. E. Grouzet et al., "Goal Contents across Cultures", *Journal of Personality and Social Psychology* 89 (2005).
13. Recompensas intrínsecas como um fator de estimulação mais forte para as mulheres é uma descoberta poderosa e permanente. Mas pesquisadores norte-americanos constataram que mulheres que não têm seguros de saúde comportam-se de modo diferente daquelas que possuem cobertura através dos planos de seus cônjuges, ou de mulheres que vivem em países onde existe um seguro nacional de

saúde. Elas trabalham por mais horas do que gostariam e em tipos diferentes de empregos que escolheriam se dispusessem de cobertura de um seguro de saúde. Vide Jacobs, Shapiro e Schulman, 1993, e Buchmueller e Valetta, 1998.

14. J. Bokemeier e P. Blanton, "Job Values, Rewards, and Work Conditions as Factors in Job Satisfaction among Men and Women", *Sociological Quarterly* 28 (1986); Sylvia Martinez, "Women's Intrinsic and Extrinsic Motivations for Working", in *Being Together, Working Apart*, ed. Barbara Schneider e Linda J. Waite (Cambridge, U.K.: Cambridge University Press, 2005); J. Phelan, "The Paradox of the Contented Female Worker: An Assessment of Alternative Explanations", *Social Psychology Quarterly* 57 (1994).

15. Marcia Barinaga, "Surprises across the Cultural Divide", *Science* 263 (1994).

16. Uma pesquisa de opinião pública encomendada conjuntamente pelo Independent Women's Forum e pelo Pew Research Center perguntou às mulheres que expediente de trabalho elas escolheriam "se tivessem dinheiro suficiente para viver com conforto da maneira que sempre sonharam". Descobriu-se que 15% das mulheres escolheriam trabalhar em horário integral e outro terço escolheria trabalhar em meio expediente. O restante — isto é, 50% — escolheria não trabalhar em qualquer emprego remunerado.

17. American Institute of Physics, "Percentages of Physics Degrees Awarded Women in Selected Countries, 1997 and 1998 (2 Year Averages)", (International Study of Women in Physics, 2001). Rachel Ivie e Kim Nies Ray, "Women in Physics and Astronomy, 2005", American Institute of Physics (fevereiro de 2005).

18. Embora as Filipinas tenham um dos maiores números mundiais de estudantes do sexo feminino em faculdades de física, trata-se, também, de um país em desenvolvimento em que 10% da população está trabalhando fora do país o tempo todo. Cerca de 7,9 milhões de pessoas são "trabalhadores filipinos no exterior", transferindo valores da ordem de US$ 15 bilhões, para apoiar financeiramente suas famílias estendidas. Jason DeParle, "A Good Provider Is One Who Leaves", *The New York Times*, 22 de abril de 2007; Pranjal Tiwari e Aurelio Estrada, "Worse than Commodities", relatório da Asia Pacific Mission for Migrants, 19 de novembro de 2002.

19. Lucy Sherriff, "World's Cleverest Woman Needs a Job", *The Register* (5 de novembro de 2004).

20. Kingsley R. Browne, *Biology at Work: Rethinking Sexual Equality* (New Brunswick, N.J.: Rutgers University Press, 2002,) 61; Kenneth Chang, "Women in Physics Match Men in Success", *The New York Times*, 22 de fevereiro de 2005; Catherine Hakim, *Work-Lifestyle Choices in the 21st Century* (Nova York: Oxford University Press, 2000); American Institute of Physics, "Percentages of Physics Degrees Awarded to Women in Selected Countries, 1997 and 1998 (2 Year Averages)" (International Study of Women in Physics, 2001); Doug Saunders, "Britain's New Working Class Speaks Polish", *Globe and Mail*, 23 de setembro de 2006.

21. Uma jovem mulher, imigrante no Canadá, proveniente da antiga União Soviética, trocou seu curso superior de engenharia pelo de direito. Quando lhe perguntei sobre seus pais e seu padrasto, todos engenheiros na Rússia, ela contou que, quando era pequena, pensava que todas as crianças cresceriam para se tornar

engenheiras. Essa generalização provinha das limitadas oportunidades educacionais disponíveis para os adultos com quem ela convivia, todos judeus russos, a quem não era permitido estudar ciências humanas e a quem era oferecida uma limitada seleção de cursos universitários.
22. Essa mensagem de e-mail foi recebida em 24 de setembro de 2006.
23. Alan Feingold, "Gender Differences in Personality: A Meta-Analysis", *Psychological Bulletin* 116, nº 3 (novembro de 1994), 429-456; Baron-Cohen, *Diferença essencial* (Editora Objetiva: Rio de Janeiro, 2004); Claudia Strauss, "Is Empathy Gendered, and if So, Why? An Approach from Feminist Psychological Anthropology", *Ethos* 32, nº 4 (dezembro de 2004), 432-457.
24. Robert Plomin et al., "Genetic Influence on Language Delay in Two-Year-Old Children", *Nature Neuroscience* 1, nº 4 (1998), 324-328.
25. Persson Camilla Benbow et al., "Sex Differences in Mathematical Reasoning Ability at Age 13: Their Status 20 Years Later", *Psychological Science* 11, nº 6 (2000).
26. Kingsley R. Browne, "Women in Science: Biological Factors Should Not Be Ignored", *Cardozo Women's Law Journal* 11 (2005); David Lubinski, "Top 1 in 10,000: A 10-Year Follow-up of the Profoundly Gifted", *Journal of Applied Psychology* 86 (2001).
27. Kenneth Chang, "Journeys to the Distant Fields of Prime", *The New York Times,* 13 de março de 2006.
28. Para os índices dos Estados Unidos, vide o National Center for Education Statistics, "Percentage of Bachelor's Degrees Earned by Women and Change in the Percentage Earned by Women from 1970-71 to 2001-02, by Field of Study: 1970-71,1984-85, and 2001-02", disponível no endereço eletrônico http://nces.ed.gov/quicktables/Detail.asp?Key=1169. No Canadá, no ano 2000, as mulheres receberam 24% de diplomas em cursos de graduação em engenharia, assim como 32% de diplomas em matemática e ciências físicas. Ao mesmo tempo, receberam 58% de diplomas em ciências sociais, 68% em belas artes e artes aplicadas, 71% em educação, 64% em humanidades e 67% na categoria genérica de artes e ciências. Receberam 62% de diplomas em agricultura e ciências biológicas e 73% de diplomas em profissões relacionadas à área da saúde. Vide "University Qualifications Granted by Field of Study, by Sex" (última modificação em 17 de fevereiro de 2005), do website da Statistics Canada, http://www40.statcan.ca/l01/cst01/ healtheduc21.htm.
29. Edward Krupat, "Female Medical Students More Patient-Centered", *International Journal of Psychiatry in Medicine* (1999).
30. Margaret A. Eisenhart e Elizabeth Finkel, *Women's Science: Learning and Succeeding from the Margins* (Chicago: University of Chicago Press, 1998).
31. Robin Wilson, "How Babies Alter Careers for Academics", *Chronicle of Higher Education,* 5 de dezembro de 2003.
32. Menos da metade dos homens britânicos que são pais novatos usam a licença-paternidade a que têm direito. Na Suécia, que oferece os mais generosos programas de licenças-paternidade do mundo — pagando de 80% a 100% do salário de ambos os pais —, apenas 5% a 8% dos homens se valeram, inicialmente, do benefício.

Brian Christmas, "Half of British Fathers Not Taking Full Paternity Leave", *Globe and Mail,* 2 de agosto de 2006; Hakim, *Work-Lifestyle Choices in the 21st Century.*

33. Esse caso curioso me foi relatado por uma jovem professora da universidade no final de 2006. Embora, inicialmente, tivesse demonstrado interesse em ser citada no livro, ela terminou decidindo não querer ser identificada, com receio de que quaisquer menções a diferenças de gênero afetando a produtividade, ou a benefícios parentais em sua instituição, pudessem afetar a iminente revisão de seu direito de estabilidade no emprego. Este é um dos muitos exemplos que revelam que o debate sobre as diferenças de gênero nos campi universitários é um assunto considerado tabu. Até mesmo nos departamentos de ciências, o corpo docente fica instantaneamente nervoso quando o assunto é abordado.
34. Rhoads, *Taking Sex Differences Seriously,* 9-13.
35. Anne E. Preston, *Leaving Science: Occupational Exit from Scientific Careers* (Nova York: Russell Sage Foundation, 2004), xiii. Preston também salienta que o casamento, especialmente quando há filhos, aumenta a probabilidade de as mulheres abandonarem qualquer emprego de horário integral, e não apenas na área da ciência. Além disso, quanto mais trabalhos domésticos houver para fazer, maiores as probabilidades das mulheres abandonarem a carreira acadêmica.
36. Tradicionalmente, sempre houve uma discrepância muito grande na produtividade de pesquisa entre cientistas masculinos e femininos. Quando esse fenômeno foi mensurado pela primeira vez, no fim dos anos 1960 e início dos anos 1970, as mulheres produziam, aproximadamente, metade do número de publicações realizadas pelos homens. Ao fazer um estudo de acompanhamento para cobrir o intervalo de tempo entre aquelas décadas e os dias atuais, Xie e Shauman descobriram que a discrepância havia diminuído: as cientistas femininas haviam alcançado, agora, entre 75% e 80% da produtividade de seus colegas masculinos. E, quando outros fatores como idade e estado civil eram descartados, as cientistas produziam o mesmo volume de pesquisa que os homens.

    Xie e Shauman, 115-177, e Jonathan R. Cole, *Pair Science: Women in the Scientific Community* (Nova York: Free Press, 1979); J. Scott Long, "Productivity and Academic Position in the Scientific Career", *American Sociological Review* 43, nº 6 (1978), 889-908; Jonathan R. Cole e Harriet Zuckerman, "The Productivity Puzzle: Persistence and Change in Patterns of Publication of Men and Women Scientists", *Advances in Motivation and Achievement* 2 (1984).
37. Mary Ann Mason e Marc Goulden, "Marriage and Baby Blues: Redefining Gender Equity in the Academy", *Annals of the American Academy of Political and Social Science* 596 (2004).
38. Ellen Goodman, "Of Pensions and Pacifiers", *The Montreal Gazette,* 26 de janeiro de 2005.
39. No livro *Leaving Science,* Anne Preston examina um enorme conjunto de dados e afirma que tanto os homens quanto as mulheres estão abandonando as carreiras ligadas à ciência em índices alarmantes — 15,5%, entre os homens e 31,5% entre as mulheres. Em todos os estágios e em todos os contextos, a proporção de mulheres abandonando a carreira é o dobro do número de homens. Das 1.688 pessoas que abandonaram as carreiras no campo das ciências, entre

64% e 68% dos homens disseram que estavam fazendo isso em troca de melhores oportunidades e remuneração, enquanto que apenas entre 33% e 34% das mulheres apresentaram as mesmas razões, afirmando que tinham "outros campos de maior interesse", ou, ainda, "preferências por outros trabalhos", como razões equivalentes, ou ainda mais tentadoras, para escolher outras ocupações. Na pesquisa de Preston, 21,4% das mulheres que deixaram as carreiras na área de ciências argumentavam que era impossível constituir uma família e trabalhar na área de ciências e engenharia ao mesmo tempo. Apenas 4,5% dos homens descreveram isso como um problema. Vinte por cento das mulheres que se desligaram da carreira no campo das ciências argumentavam que os expedientes eram muito longos. Nenhum dos homens que abandonou a carreira científica considerou os longos expedientes como uma razão suficiente para desistir da carreira.

40. Kingsley R. Browne, "Evolved Sex Differences and Occupational Segregation", *Journal of Organizational Behavior* 26 (2005); David S. Lubinski e Camilla Persson Benbow, *Sex Differences in Personal Attributes for the Development of Scientific Expertise,* ed. Stephen J. Ceci e Wendy M. Williams, *Why Aren't More Women in Science?* (Washington, D.C.: American Psychological Association, 2007).
41. Joe Alper, "The Pipeline Is Leaking Women All the Way Along", *Science 260* (1993).
42. Lucy W. Sells, "The Mathematics Filter and the Education of Women and Minorities", in *Women and the Mathematical Mystique,* ed. Lynn Fox, Linda Brody e Dianne Tobin (Baltimore: Johns Hopkins University Press, 1980).
43. Yu Xie e Kimberlee Shauman, *Women in Science: Career Processes and Outcomes* (Cambridge, Mass.: Harvard University Press, 2003), 45.
44. "Choosing a Career: Labor Market Inequalities in the New Jersey Labor Market", artigo elaborado e publicado pelo Center for Women and Work da Rutgers University e pelo State Employment and Training Commission de Nova Jersey (setembro de 2002), disponível no endereço eletrônico http://www.cww.rutgers.edu/dataPages/choosingcareer.pdf.

    Um relatório do American Institute of Physics demonstrou que não há nenhum indício de que as mulheres estejam sendo discriminadas nas ciências, mesmo considerando os 82% de diplomas de doutorado obtidos pelos homens. Ao contrário, apesar de terem cumprido os pré-requisitos no ensino médio, menos mulheres estavam optando por estudar física em nível universitário. As estudantes do ensino médio tampouco estavam menos preparadas para estudar física na universidade se este fosse o seu desejo. Rachel Ivie, socióloga e autora do relatório, publicado em 2005, explicou: "Não estou dizendo que é fácil para as mulheres." Mas, apesar de terem procurado por evidências de discriminação, não havia nenhum indício de que as mulheres estavam sendo excluídas.
45. Claude Montmarquette, Kathy Cannings e Sophie Mahseredjian, "How Do Young People Choose College Majors?" *Economics of Education Review* 21 (2002).
46. De acordo com a Association of American Medical Colleges, em 2004, o número de mulheres inscritas em cursos de medicina ultrapassou o número de

homens em uma proporção de 50,4% para 49,6%, mas os homens apresentavam a mesma ligeira margem de vantagem em relação ao ingresso efetivo. As estatísticas estão disponíveis no endereço eletrônico www.aamc.org/data/facts/2004/2004summary.htm. No Canadá, os números são semelhantes. Em 2004, 50,1% de graduados nas escolas de medicina eram mulheres. Vide Ian K. Wong, "A Force to Contend With: The Gender Gap Closes in Canadian Medical Schools", *Canadian Medical Association Journal* 170, nº 9 (27 de abril de 2004), 1385-1386, disponível on-line no endereço eletrônico www.cmaj.ca/cgi/reprint/170/9/1385. Na Inglaterra, em 2003, 58,81% dos inscritos e 61,48% de todas as matrículas efetivas nas escolas de medicina eram de mulheres. Vide "The Demography of Medical Schools: A Discussion Paper" (British Medical Association, junho de 2004), 59, disponível no endereço eletrônico www.bma.org.uk/ap.nsf/Content/DemographyMedSchls.

47. Mark O. Baerlocher e Allan S. Detsky, "Are Applicants to Canadian Residency Programs Rejected Because of Their Sex?" *Canadian Medical Association Journal* 173, nº 12 (2005).

## Capítulo 4: A vantagem da empatia

1. E. Armstrong, "'My Glass Ceiling is Self-Imposed'", *Globe and Mail*, 15 de dezembro de 2004.

2. Catalyst, "Leaders in a Global Economy: A Study of Executive Women and Men" (2003). Anne E. Preston, *Leaving Science* (Nova York, Russell Sage Foundation, 2004), 70.

    Para um debate sobre o fato de as executivas serem "esposas", ou serem casadas com homens que ganham menos do que elas, veja as veementes cartas enviadas ao editor da *Harvard Business Review*, em seguida à publicação do artigo "Off-Ramps and On-Ramps: Keeping Talented Women on the Road to Success" (março de 2005), assinado por Sylvia Ann Hewlett e Caralyn Buck Luce. As cartas ao editor aparecem na edição de julho/agosto de 2005 da *Harvard Business Review*.

    J. Bokemeier e Blanton, "Job Values, Rewards, and Work Conditions as Factors in Job Satisfaction among Men and Women", *Sociological Quarterly* 28 (1986); R. Feldberg e E. Glenn, "Male and Female: Job Versus Gender Models in Sociology of Work", in *Women and Work*, ed. R. Kahn-Hut, A. Daniels e R. Colvard (Oxford, U.K.: Oxford University Press, 1982).

3. Sylvia Ann Hewlett, "Extreme Jobs: The Dangerous Allure of the 70-Hour Work-week", *Harvard Business Review* (dezembro de 2006).

    Hewlett e Luce, "Off-Ramps and On-Ramps: Keeping Talented Women on the Road to Success" (Boston, Mass.: Harvard Business School Press, 2007).

4. Em 2004, a AARP e a National Alliance of Caregiving encomendaram uma pesquisa que revelou que existiam 44,4 milhões de cuidadores voluntários de adultos nos Estados Unidos. Nos estágios iniciais da doença, 61% desses cuidadores eram mulheres, mas esse percentual aumentava para 84% conforme as demanda se tornava mais intensa. As mulheres têm mais probabilidades de conseguir adaptar seus horários de trabalho, de obter permissão para ausentar-

se do emprego, ou de aposentar-se mais cedo para tratar de parentes ou cônjuges idosos. Vide Gross, 2005, e http://www.aarp.org/research/press-center/presscurrentnews/a2004-03-30-caregiving.html.
5. Lea Baider, "Gender Disparities and Cancer" (artigo apresentado na American Society of Clinical Oncology, Orlando, Fla., maio de 2005).
6. Jane Grass, "Forget the Career: My Parents Need Me at Home", *The New York Times*, 24 de novembro de 2005.
7. Phyllis Moen, socióloga da Universidade de Minnesota, analisou múltiplas entrevistas concedidas por 762 homens e mulheres para o Cornell Retirement and Wele-Being Study, realizado entre 1994 e 2000, e relata, ainda, que homens com esposas doentes costumavam retardar sua aposentadoria talvez com o intuito de poder pagar para que outras pessoas que tomassem conta delas. Os homens costumavam fazer, com mais frequência, planejamentos financeiros para sua aposentadoria. As mulheres costumavam planejar mais suas necessidades de cuidados pessoais e de saúde.

Phyllis Moen e Joyce Altobelli, *Strategic Selection as a Retirement Project, The Crown of Life: Dynamics of the Early Postretirement Period, Annual Review of Gerontology and Geriatrics*, ed. Jacqueline Boone James e Paul Wink, vol. 26 (Nova York: Springer, 2006).
8. Harald Bear, Frances Lovejoy e Ann Daniel, "How Working Parents Cope with the Care of Sick Young Children", *Australian Journal of Early Childhood* 28, nº 4 (2003); Nancy L. Marshall e Rosalind C. Bamett, "Child Care, Division of Labor, and Parental Emotional Well-Being among Two-Earner Couples" (Sloan Work and Family Research Network, 1992).
9. Louise Story, "Women at Elite Colleges Set Career Path to Motherhood", *The New York Times*, 20 de setembro de 2005.
10. No estudo de 2005 da Ivy League, as recém-diplomadas não seriam as únicas a optar por trabalhos em meio expediente ou inteiramente não remunerados. Dos ex-alunos na casa dos quarenta anos, 56% das mulheres identificaram o trabalho remunerado como sua principal atividade, em comparação com 90% entre os homens. A diferença diminuía entre os graduados na casa dos trinta anos (65% das mulheres estavam trabalhando, em comparação com 88% dos homens), mas, atualmente, demonstra uma nova tendência de aumento. Rebecca Friedkin, do Office of Institutional Research, de Yale, divulgou estas estatísticas sobre os universitários diplomados, com a ressalva de que a universidade não dispunha de qualquer dado que comprovasse se aquelas mulheres que alegaram ter um "trabalho remunerado como principal atividade" estavam empregadas em horário integral ou em meio expediente, e de que as informações não abrangiam graduados de todas as turmas. Como estas informações provinham de uma pesquisa interna, não há nenhum relatório formal da Yale University sobre elas, segundo informou a senhorita Friedkin em um e-mail. A discrição foi algo típico nas universidades da Ivy League quando lhes perguntei sobre o assunto. O gênero é um tema tão controverso que as instituições ficaram relutantes em divulgar estatísticas sobre o que suas alunas graduadas estavam fazendo e evitaram revelar o quanto cada universidade está investindo em programas de igualdade de gênero.

David Sloan Wilson e Mihaly Csikszentmihalyi, "Health and the Ecology of Altruism", in *Altruism and Health,* ed. Stephen G. Post (Nova York: Oxford, 2007).
11. Paul C. Light, "The Content of the Nonprofit Workforce", *Nonprofit Quarterly* 9, nº 3 (2002); Louise Mailloux, Heather Horak e Colette Godin, "Motivation at the Margins: Gender Issues in the Canadian Voluntary Sector" (Human Resources Development Canada Voluntary Sector Secretariat, 2002); Ron Saunders, "Passion and Commitment under Stress: Human Resource Issues in Canada's Nonprofit Sector" (Canadian Policy Research Networks, 2005).
12. Uma das mulheres que participou como membro fundadora do *kibutz* Tsvi descreveu um conflito entre trabalho e família, resultante do fato de homens e mulheres serem considerados unidades de trabalho intercambiáveis. É assustadoramente semelhante aos problemas enfrentados pelas mulheres executivas contemporâneas: "Eu, geralmente, trabalhava no estábulo, assim como meu marido. Eu tinha um filho pequeno e costumava trabalhar no Shabat, portanto, sempre ficava preocupada em saber onde meu filho poderia estar [nas manhãs de sábado, as creches ficavam fechadas]. Meu filho detestava o estábulo, então ele nunca aparecia por lá, mas outras crianças, sim. Quando chegava a minha vez de trabalhar no estábulo durante a troca de turno da noite, eu não conseguia mais colocá-lo para dormir por dois ou três meses." Extraído de Lionel Tiger e J. Shepher, *Women in the Kibbutz* (Nova York: Harcourt Brace Jovanovich, 1975).
13. As pesquisas revelam que os homens são mais altruístas quando há heroísmo ou riscos envolvidos, quando se trata de um meio para atingir um fim, ou em situações públicas. Em tipos mais anônimos ou discretos de altruísmo (doação de órgãos, voluntariado no Holocausto), o percentual de mulheres é equivalente ou, até mesmo, superior ao dos homens.

S. W. Becker e Alice Eagly, "The Heroism of Women and Men", *American Psychologist* 59 (2004); Gustavo Carlo et al., "Sociocognitive and Behavioral Correlates of a Measure of Prosocial Tendencies for Adolescents", *Journal of Early Adolescence* 23 (2003); Alice Eagly e M. Crowley, "Gender and Helping Behavior: A Meta-Analytic Review of the Social Psychological Literature", *Psychological Bulletin* 100 (1986).
14. H. Stephanie Nolen, "Maggy's Children", *Globe and Mail,* 15 de maio de 2006.
15. Nancy Eisenberg considera que a compaixão provém da empatia: a compaixão começa como uma resposta emocional que reflete o estado de outra pessoa, mas que também desperta o desejo de ajudar.
16. Nancy Eisenberg et al., "Personality and Socialization Correlates of Vicarious Emotional Responding", *Journal of Personality and Social Psychology* 61, nº 3. (1991).
17. Alan Feingold, "Gender Differences in Personality: A Meta-analysis", *Psychological Bulletin* 116, nº 3 (1994).
18. E. J. Lawrence et al., "Measuring Empathy: Reliability and Validity of the Empathy Quotient", *Psychological Medicine* 34 (2004).

Eisenberg, et al. (1991).

Simon Baron-Cohen, *Diferença essencial* (Editora Objetiva: Rio de Janeiro, 2004); R. Campbell et al., "The Classification of 'Fear' from Faces Associated

with Face Recognition Skill in Women", *Neuropsychologia* 40 (2002); Eisenberg et al., "Personality and Socialization Correlates of Vicarious Emotional Responding"; S. Orozco e C. L. Ehlers, "Gender Differences in Electrophysiological Responses to Facial Stimuli", *Biological Psychiatry* 44 (1998).
19. Simon Baron-Cohen e Sally Wheelwright, "The Empathy Quotient: An Investigation of Adults with Asperger Syndrome or High Functioning Autism, and Normal Sex Differences", *Journal of Autism and Developmental Disorders* 34, nº 2 (2004); Emma Chapman et al., "Fetal Testosterone and Empathy: Evidence from the Empathy Quotient (EQ) and the 'Reading the Mind in the Eyes' Test", no prelo (2006).
20. Baron-Cohen, *Diferença essencial* (Editora Objetiva: Rio de Janeiro, 2004).
21. Lawrence, et al., "Measuring Empathy: Reliability and Validity of the Empathy Quotient".
22. Carol Gilligan considera a sensibilidade feminina às necessidades dos outros um componente decisivo de seu senso moral, mas também algo problemático. Ela escreve: "A sensibilidade às necessidades alheias e a crença de que são responsáveis por estas pessoas levam as mulheres a responder a vozes que não as delas próprias e a incluir outras perspectivas em seus julgamentos. A fraqueza moral das mulheres, manifestada em uma aparente dispersão e confusão de julgamento, é, dessa maneira, inseparável de sua força moral e de sua preocupação prioritária com relacionamentos e responsabilidades". Carol Gilligan, *In a Different Voice* (Cambridge, Mass.: Harvard University Press, 1982).
23. J. A. Hall, *Nonverbal Sex Differences* (Baltimore: Johns Hopkins University Press, 1985).
24. R. F. Baumeister e K. L. Sommer, "What Do Men Want? Gender Differences in Two Spheres of Belongingness", *Psychological Bulletin* 122 (1997), 38-44.
25. J. J. Haviland e C. Z. Malatesta, "The Development of Sex Differences in Nonverbal Signals: Fallacies, Facts and Fantasies", in *Gender and Nonverbal Behavior*, ed., C. Mayo e N. M. Henley (Nova York: Springer-Verlag, 1981).
26. J. Scourfield et al., "Heritability of Social Cognitive Skills in Children and Adolescents", *British Journal of Psychiatry* 175 (1999).
27. Nesse estudo, 102 bebês recém-nascidos, com apenas três dias, foram filmados enquanto olhavam para um rosto humano ou para um móbile, concebido para ter características semelhantes, mas muito parecido com uma obra mecânica e cubista de Picasso. A estudante de pós-graduação da Universidade de Cambridge, Jennifer Connellan, e o pesquisador-chefe, Simon Baron-Cohen, queriam testar sua hipótese de que os bebês do sexo feminino olhariam mais demoradamente para um rosto humano do que para um objeto, e que os bebês do sexo masculino apresentariam o comportamento contrário: ficariam mais interessados na mecânica de um objeto em movimento do que em um rosto humano. Mais bebês recém-nascidos do sexo masculino olharam mais demoradamente para o móbile mecânico do que para o rosto, enquanto apenas 17% das meninas fizeram isso. Mais bebês do sexo feminino do que do masculino preferiram olhar para o rosto humano. Connellan, et al., "Sex Differences in Human Neonatal Social Perception" (2000).
28. C. Zahn-Waxler et al., "Development of Concern for Others", *Developmental Psychology* 28 (1992); M. L. Hoffman, "Sex Differences in Empathy and Related

Behaviors", *Psychological Bulletin* 84 (1977); Rhoads, *Taking Sex Differences Seriously;* Connellan, "Sex Differences in Human Neonatal Social Perception"; Hall, *Nonverbal Sex Differences;* David e. Geary, *Male, Female: The Evolution of Human Sex Differences* (Washington, D.C.: American Psychological Association, 1998); Geoffry Hall, B. C., et al., "Sex Differences in Functional Activation Patterns Revealed by Increased Emotion Processing Demands", *Neuroreport* 15, nº 2 (2004).

29. Jill M. Goldstein, David N. Kennedy e V. S. Caviness, "Brain Development and Sexual Dimorphism", *American Journal of Psychiatry* 156, nº 3 (1999).
30. Nancy Eisenberg, Richard A. Fabes e Tracy L. Spinard, "Prosocial Development", in *Handbook of Child Psychology: Social, Emotional, and Personality Development,* ed. William Damon, Richard Lerner e Nancy Eisenberg (Nova York: John Wiley & Sons, 2006); R. Koestner, C. Franz e J. Weinberger, "The Family Origins of Empathic Concern: A 26-Year Longitudinal Study", *Journal of Personality and Social Psychology* 58 (1990).
31. Nancy Eisenberg et al., "The Relations of Empathy-Related Emotions and Maternal Practices to Children's Comforting Behavior", *Journal of Experimental Child Psychology* 55 (1993).
32. Lutchmaya e Baron-Cohen, "Human Sex Differences in Social and Non-Social Looking Preferences, at 12 Months of Age".
33. Rebecca Knickmeyer et al., "Foetal Testosterone, Social Relationships, and Restricted Interests in Children", *Journal of Child Psychology and Psychiatry* 46, nº 2 (2005). Koestner, Franz e Weinberger, "The Family Origins of Empathic Concern: A 26-Year Longitudinal Study".
34. Chapman et al., "Fetal Testosterone and Empathy: Evidence from the Empathy Quotient (EQ) and the 'Reading the Mind in the Eyes' Test".
35. S. Coté et al., "The Development of Impulsivity, Fearfulness, and Helpfulness During Childhood: Patterns of Consistency and Change in the Trajectories of Boys and Girls", *Journal of Child Psychology and Psychiatry* 43 (2002).
36. Michael J. Meaney, "Maternal Care, Gene Expression, and the Transmission of Individual Differences in Stress Reactivity Across Generations", *Annual Review of Neuroscience* 24 (2001),1161-1192.
37. Kathryn Shutt et al., "Grooming in Barbary Macaques: Better to Give Than to Receive?" *Biology Letters,* no prelo (2007).
38. Shelley E. Taylor, *The Tending Instinct: How Nurturing Is Essential to Who We Are and How We Live* (Nova York: Henry Holt, 2002).
39. David Dobbs, "The Gregarious Brain", *The New York Times Magazine,* 8 de julho de 2007, Kate Sullivan e Helen Tager-Flusberg, "Second-Order Belief Attribution in Williams Syndrome: Intact or Impaired?" *American Journal of Mental Retardation,* 104 (1999), 523-532.
40. Helen Fisher, *The First Sex* (Nova York: Ballantine Books, 1999).
41. Isto não quer dizer que os homens não secretem oxitocina em situações de estresse, mas que seus níveis de androgênios, naturalmente elevados, podem neutralizar os efeitos da oxitocina. Além disso, os níveis de testosterona aumentam quando os homens estão sob estresse fisiológico ou psicológico (por exemplo, durante exercícios intensos, ou quando confrontados), o que os torna mais hos-

tis e agressivos em combate, e também inibe os efeitos da oxitocina. Finalmente, os efeitos da oxitocina são potencializados pelo estrogênio, o que faz com que as mulheres tornem-se não apenas menos hostis, como menos apreensivas e, inclusive, mais maternais.

Susan Pinker, "Women Naturally Tend and Befriend", *Globe and Mail,* 20 de setembro de 2006; Shelley E. Taylor et al., "Biobehavioral Responses to Stress in Females: Tend-and-Befriend, Not Fight or Flight", *Psychological Review 107,* n° 3 (2000).

42. Gregor Domes et al., "Oxytocin Improves 'Mind-Reading' in Humans", *Biological Psychiatry* 61, no.6 (2006), 731-733.
43. Peter Kirsch et al., "Oxytocin Modulates Neural Circuitry for Social Cognition and Fear in Humans", *Journal of Neuroscience* 25, n° 49 (2005). Agradeço a Michael Lombardo, do Austism Research Center, da Cambridge University, por ter me esclarecido sobre alguns dos efeitos contraditórios da oxitocina.
44. O Dr. John Evans, médico pesquisador do Departamento de Obstetrícia e Ginecologia da Christchurch School of Medicine, na Nova Zelândia, apresentou evidências que comprovam que as mulheres têm de quatro a cinco vezes mais índices de oxitocina circulante em comparação com os homens. Não sabemos exatamente como essas diferenças afetam seu comportamento, mas sabemos que as mulheres produzem mais oxitocina durante suas atividades diárias regulares e não apenas quando fazem sexo ou dão à luz. L. Shukovski, D. L. Healy e J. K. Findlay, "Circulating Immunoreactive Oxytocin during the Human Menstrual Cycle Comes from the Pituitary and Is Estradiol-Dependent", *Journal of Clinical Endocrinology and Metabolism* 68 (1989) e J. John Evans, "Oxytocin in the Human — Regulation of Derivations and Destinations", *European Journal of Endocrinology* 137 (1997). Agradeço ao meu primo, o Dr. Harold Wiesenfeld, pesquisador em obstetrícia e ginecologia da University of Pittsburgh, por ter me alertado sobre os estudos com animais, demonstrando que ratas e arganazes fêmeas secretam mais oxitocina do que os machos, e que estas diferenças hormonais estão ligadas a diferenças de gênero no modo como esses mamíferos estabelecem vínculos com indivíduos do sexo oposto, reagem a situações de estresse e alimentam sua prole. Vide Sue C. Carter, "Developmental Consequences of Oxytocin", *Physiology and Behavior* 79 (2003).
45. A. Luckow, A. Reifman e D. N McIntosh, "Gender Differences in Coping: A Meta-analysis" (artigo apresentado na convenção anual da American Psychological Association, São Francisco, agosto de 1998); Taylor et al., "Biobehavioral Responses to Stress in Females: Tend-and-Befriend, Not Fight or Flight".
46. A. C. De Vries et al., "Stress Has Sexually Dimorphic Effects on Pair Bonding in Prairie Voles", *Proceedings of the National Academy of Science* 93 (1996). Sue C. Carter, "Monogamy, Motherhood and Health", in *Altruism and Health,* ed. Stephen G. Post (Nova York: Oxford University Press, 2007).
47. D. Belle, "Gender Differences in the Social Moderators of Stress", in *Gender and Stress,* ed. R. C. Barnett, L. Biener e G. K. Baruch (Nova York: Free Press, 1987); J. T. Ptacek, R. E. Smith e J. Zanas, "Gender, Appraisal, and Coping: A Longitudinal Analysis", *Journal of Personality* 60 (1992).

48. Hoffman, "Sex Differences in Empathy and Related Behaviors". Belle, "Gender Differences in the Social Moderators of Stress".
49. Douglas Coupland, *Terry* (Toronto: Douglas & McIntyre, 2005); Gary Mason, "Marathon Man", *Globe and Mail*, 2 de abril de 2005.
50. Benedict Carey, "Message from Mouse to Mouse: I Feel Your Pain", *The New York Times*, 4 de julho de 2006; David Dobbs, "The Gregarious Brain", *The New York Times*, 8 de julho de 2007.
51. Stephanie D. Preston e Frans B. M. de Waal, "Empathy: Its Ultimate and Proximate Bases", *Behavior and Brain Sciences* 25 (2002).
52. Frans B. M. de Waal, *Eu primata* (São Paulo: Companhia das Letras, 2007).
53. Tania Singer et al., "Empathy for Pain Involves the Affective but Not the Sensory Components of Pain", *Science* 303, nº 5661 (2004).
54. Anne McIlroy, "Why Do Females Feel More Pain Than Males Do?" *Globe and Mail*, 23 de outubro de 2006; Jeffrey S. Mogil e Mona Lisa Chanda, "The Case for the Inclusion of Female Subjects in Basic Science Studies of Pain", *Pain* 11 (2005).
55. Roger Dobson, "If You Don't Understand Women's Emotions, You Must Be a Man", *Independent on Sunday*, 5 de junho de 2005; Michael Kesterton, "What Her Think Now?" *Globe and Mail*, 9 de junho de 2005.
56. Hall, Witelson, et. al., 2004.
57. Turhan Canli et al., "Sex Differences in the Neural Basis of Emotional Memories", *Proceedings of the National Academy of Sciences* 99, nº 16 (2002): 10789-10794.
58. R. J. Erwin et al., "Facial Emotion Discrimination", *Psychiatry Research* 42, nº 3 (1992); Gina Kolata, "Man's World, Woman's World? Brain Studies Point to Differences", *The New York Times*, 28 de fevereiro de 1995.
59. Hewlett, "Extreme Jobs: The Dangerous Allure of the 70-Hour Workweek". Sylvia Ann Hewlett, "Women and the New 'Extreme' Jobs", *Boston Globe*, 2 de dezembro de 2006.
60. J. Mirowsky e C. E. Ross, "Sex Differences in Distress: Real or Artifact?" *American Sociological Review* 60 (1995).
61. Ronald C. Kessler, "The Epidemiology of Depression among Women", in *Women and Depression*, ed. Corey L. M. Keyes e Sherryl H. Goodman (Nova York: Cambridge University Press, 2006).
62. Ronald C. Kessler e Jane D. McLeod, "Sex Differences in Vulnerability to Undesirable Life Events", *American Sociological Review* 49, nº 5 (1984).
63. Roy Baumeister e K. L. Sommer, "What Do Men Want? Gender Differences in Two Spheres of Belongingness: Comment on Cross and Madson", *Psychological Bulletin* 122 (1997); Geary, *Male, Female: The Evolution of Human Sex Differences*.
64. Sarah Hampson, "Fonda Contradictions", *Globe and Mail*, 23 de abril de 2005; Heather MacDonald, "Girl Problems", *National Review On-line*, 5 de julho de 2005.
65. Eva M. Pomerantz, Florrie Fei-Yin Ng e Qian Wang, "Gender Socialization: A Parent X Child Model", in *The Psychology of Gender*, ed. Alice Eagly, Anne E. Beall e Robert J. Sternberg (Nova York: Guilford Press, 2004).

66. Gilligan (1982), 17; e Fisher (1999).
67. Sandra Lee Bartky, "Feeding Egos and Tending Wounds: Deference and Disaffection in Women's Emotional Labor", in *Femininity and Domination: Studies in The Phenomenology of Oppression* (Nova York: Routledge, 1990), 109.
68. L. Fratiglioni, S. Paillard-Borg e B. Winblad, "An Active and Socially Integrated Lifestyle in Late Life Might Protect against Dementia", *Lancet Neurology* (2004); L. Fratiglioni et al., "Influence of Social Network on Occurrence of Dementia: A Community-Based Longitudinal Study", *Lancet* 355, nº 9212 (2004); Thomas Glass et al., "Population-Based Study of Social and Productive Activities as Predictors of Survival among Elderly Americans", *British Medical Journal (1999)*.
69. Browne, "Evolved Sex Differences and Occupational Segregation"; R. A. Josephs, H. R. Markus e R. W. Tafarodi, "Gender and Self-Esteem", *Journal of Personality and Social Psychology* 63 (1992).

## Capítulo 5: A vingança dos nerds

1. De acordo com o analista político Tom Mortenson, do Pell Institute, 72% dos homens norte-americanos abandonaram a escola sem diplomas pós-secundários antes de completar vinte anos. Setenta e cinco por cento dos homens britânicos abandonaram os estudos com essa idade; e os índices são de 56%, no Canadá, e 59%, na Espanha. Mortenson, "What's Wrong with the Guys", relatório do Pell Institute para o Study of Opportunity in Higher Education, 2003, também apresentado na European Access Network, Thessaloniki, Grécia, setembro de 2006.
2. Simon Baron-Cohen e sua equipe de pesquisadores demonstraram que os pais e os avôs de pessoas com distúrbios de espectro autista (dos quais a síndrome de Asperger é a forma mais branda) apresentam duas vezes mais probabilidade de ser engenheiros do que a população em geral. Olhando a situação por outro ângulo, os estudantes universitários de física, engenharia ou matemática possuíam um número significativamente maior de parentes com autismo em comparação com aqueles que estudavam literatura. O ponto em comum é uma predisposição genética para determinado perfil cognitivo: déficits em "psicologia popular", ou uma compressão inata de como as pessoas interagem, contrabalançada por habilidades superiores de "física popular", uma compreensão inata dos objetos inanimados e de como eles são organizados em sistemas. Baron-Cohen levanta a hipótese de que dois pais que apresentem este último perfil possuem mais probabilidades de ter um filho com distúrbios de espectro autista. De fato, isso pode ser verdadeiro no caso de Bob.

    Simon Baron-Cohen, "Autism Occurs More Often in Families of Physicists, Engineers, and Mathematicians", *Autism* 2 (1998); Simon Baron-Cohen, "Is There a Link between Engineering and Autism?" *Autism* 1 (1997); Simon Baron-Cohen, "Two New Theories of Autism: Hyper-Systemising and Assortative Mating", *Archives of Disease in Childhood* 91 (2006).
3. Diagnostic and Statistical Manual of Mental Disorders, 4a. edição (Washington D.C.: American Psychiatric Association, 1994).

4. Baron-Cohen, *Diferença essencial* (Editora Objetiva: Rio de Janeiro, 2004); Simon Baron-Cohen et al., "A Mathematician, a Physicist, and a Computer Scientist with Asperger Syndrome: Performance on Folk Psychology and Folk Physics Tests", *Neurocase* 5 (1999). Baron-Cohen cunhou o termo "sistematizadores" para descrever pessoas que possuem uma compreenssão inata de sistemas complexos, sejam eles sistemas técnicos, biológicos, matemáticos ou sociais (como as leis ou a economia). Embora seja identificável tanto em homens quanto em mulheres, ele propôs que a sistematização é mais comum entre homens e, em sua forma extrema, em homens com distúrbios de espectro autista.
5. Uta Frith, *Autism: Explaining the Enigma* (Cambridge, Mass.: Blackwell, 1989).
6. Emily Bazelon, "What Are Autistic Girls Made Of?" *The New York Times Magazine*, 5 de agosto de 2007; David H. Skuse, "Rethinking the Nature of Genetic Vulnerability to Autistic Spectrum Disorders", *Trends in Genetics* 23, nº 8 (2007), 387-395.
7. Bill Bryson, *Breve história de quase tudo* (São Paulo: Companhia das Letras, 2005).
8. Oliver Sacks, "Henry Cavendish: An Early Case of Asperger's Syndrome?" *Neurology* 57, nº 7 (2001).
9. Peter F. Ostwald, *Glenn Gould: The Ecstasy and the Tragedy of Genius* (Nova York: W. W. Norton & Company, 1997), 122.
10. Baron-Cohen, *Diferença essencial* (Editora Objetiva: Rio de Janeiro, 2004).
11. Ibid., 161.
12. "Male Female Enrollment patterns in Electrical Engineering at MIT and Other Schools". Relatório final do EECS Women's Undergraduate Enrollment Commitee, MIT, janeiro de 1995. Rachel Ivie e Kim Nies Ray, "Women in Physics and Astronomy, 2005", American Institute of Physics (fevereiro de 2005). Donna J. Nelson e Diana C. Rogers, "A National Analysis of Diversity in Science and Engineering Faculties at Research Universities" (janeiro de 2004), disponível no endereço eletrônico http://www.now.org/issues/diverse/diversity_report.pdf.
13. O jornalista Philip Weiss descreveu Craig Newmark como um "homem de ação, que destruiu o jornalismo". Philip Weiss, "A Guy Named Craig", *The New York Times,* 16 de janeiro de 2006).
14. Ibid.
15. Os indivíduos com síndrome de Asperger, talvez 30% de todos aqueles diagnosticados com distúrbios de espectro autista, funcionam melhor, entretanto, com aconselhamento social.
16. Baron-Cohen, "Autism Occurs More Often in Families of Physicists, Engineers, and Mathematicians"; Baron-Cohen, "Is There a Link between Engineering and Autism?"; Baron-Cohen, "Two New Theories of Autism: Hyper-Systemising and Assortative Mating".
17. Steve Silberman, "The Geek Syndrome", in *Wired* (2001).
18. Temple Grandin chamou a si mesma de "antropóloga em Marte", o que inspirou o título do livro de casos clínicos de Oliver Sacks. Em sua própria autobiografia, Grandin também se dizia identificada com o androide Data, do seriado *Star Trek*, enquanto Claire Sainsbury descreveu ter vivenciado a síndrome de Asperger na infância como a sensação de ser uma "marciana no playground".

19. Essa persistência de traços infantis nos adultos é semelhante ao conceito de neotenia, descrito por Stephen Jay Gould em *Ontogeny and Phylogeny*, em 1977, e por Bruce Charlton, "The Rise of the Boy Genius: Psychological Neoteny, Science and the Modern Life", *Medical Hypotheses* 67 (2006), 674-681.
20. Agradeço ao Dr. Darold Treffert pelos dados fornecidos sobre a síndrome do autista sábio.
21. Jules Asher, *Gene Linked to Autism in Families with More Than One Affected Child* (National Institute of Mental Health, 2006; disponível no endereço eletrônico http://www.nimh.nih.gove/press/autismmetgene.cfm; P. Bolton et al., "A Case Control Family History Study of Autism", *Journal of Child Psychology and Psychiatry* 35, nº 5 (1994); Mohammad Ghaziuddin, "A Family History of Asperger Syndrome", *Journal of Autism and Developmental Disorders* 35, nº 2 (2005). Baron-Cohen, *Diferença essencial* (Editora Objetiva: Rio de Janeiro, 2004), 137.
22. Dentre outros laboratórios, o laboratório do Dr. Eric Courchesne, da Universidade de San Diego, induziu a duplicação do cromossomo 15q11-13.
23. C. A. Mejias-Aponte, C. A. Jimenez-Rivera e A. C. Segarra, "Sex Differences in Models of Temporal Lobe Epilepsy: Role of Testosterone", *Brain Research* 944, nos. 1-2 (2002); Lidia Gabis, John Pomeroy e Mary R. Andriola, "Autism and Epilepsy: Cause, Consequence, Comorbidity, or Coincidence?" *Epilepsy & Behavior* 7 (2005).
24. Darold A. Treffert e Gregory L. Wallace, "Islands of Genius", *Scientific American* 286 (2002); Darold A. Treffert, *Extraordinary People* (Lincoln: iUniverse, 2006). De acordo com Treffert e Wallace, a síndrome do autista sábio afeta desproporcionalmente os homens, em uma relação de quatro a seis homens com a síndrome para cada mulher. Seus talentos extremos favorecem as habilidades do lado direito do cérebro, que são não simbólicas, visuais ou espaciais, como matemática, habilidades mecânicas, música, cálculo ou computadores, ao mesmo tempo em que demonstram déficits em habilidades do lado esquerdo do cérebro. Dependendo de sua localização, transtornos epiléticos sintomáticos são também mais comuns em homens, segundo Christensen e seus colegas da Dinamarca. Supõe-se que uma concentração maior de testosterona no sangue também aumente a suscetibilidade para ataques, pelo menos no lobo temporal. J. Christensen et al., "Gender Differences in Epilepsy", *Epilepsia* 46, nº 6 (2005); Mejias-Aponte, Jimenez-Rivera e Segarra, "Sex Differences in Models of Temporal Lobe Epilepsy: Role of Testosterone".
25. Treffert e Wallace, "Islands of Genius"; Norman Geschwind e Albert Galaburda, *Cerebral Lateralization: Biological Mechanisms, Associations and Pathology* (Cambridge, Mass.: MIT Press, 1987).
26. Ruben C. Gur e Raquel E. Gur, "Neural Substrates for Sex Differences in Cognition", in *Why Aren't More Women in Science?* ed. Stephen J. Ceci e Wendy M. Williams (Washington, D. C.: American Psychological Association, 2007).
27. Nigel Goldenfeld, Simon Baron-Cohen e Sally Wheelwright, "Empathizing and Systemizing in Males, Females, and Autism", *Clinical Neuropsychiatry* 2, nº 6 (2005).

28. Sandra Blakeslee, "Focus Narrows in Search for Autism's Cause", *The New York Times,* 8 de fevereiro de 2005.
29. Kimura, *Sex and Cognition.*
30. Um experimento recente descobriu que o bloqueio da exposição à testosterona durante o desenvolvimento pré-natal fazia com que macacos rhesus machos se comportassem, subsequentemente, como macacas, usando parâmetros quando exploravam uma área aberta, à procura de comida. Rebecca Herman, "Sex and Prenatal Hormone Exposure Affect Cognitive Performance", *Hormones and Behavior* (no prelo, 2007). Para informações sobre meninas com HAC, vide Sheri A. Berenbaum e Susan Resnick, "The Seeds of Career Choices: Prenatal Sex Hormone Effects on Psychological Sex Differences", in *Why Aren't More Women in Science?* ed. Stephen J. Ceci e Wendy M. Williams (Washington, D.C.: American Psychological Association, 2007).
31. Doreen Kimura, "Sex Hormones Influence Human Cognitive Patterns", *Neuroendocrinology Letters* 23, nº 4 (2002).
32. Os níveis de testosterona no útero dizem respeito aos níveis hormonais do bebê, e não aos da mãe. Simon Baron-Cohen, Svetlana Lutchmaya e Rebecca Knickmeyer, *Prenatal Testosterone in Mind: Amniotic Fluid Studies* (Cambridge, Mass.: MIT Press, 2004); Knickmeyer et al., "Foetal Testosterone, Social Relationships, and Restricted Interests in Children".
33. Para exemplos dos registros no diário de Georges Huard e de sua linguagem pernóstica, consulte seu website, no endereço eletrônico http://people.sca.uqam.ca/~huard/asperger_pedant_e.html.
34. Eles também não são representativos dos homens autistas em geral, cujos obstáculos podem ser ainda mais limitadores. Escolhi homens cuja inteligência e redes de comunicações sociais eram tais que eles excediam suas "ilhotas" de habilidades, ao mesmo tempo em que conseguiam usar sua inteligência inata e os apoios sociais para fortalecer suas áreas de fraquezas.
35. Em um artigo recente sobre a síndrome de Asperger, Uta Frith destacou que o próprio Hans Asperger considerava o transtorno como tendo uma origem biológica, mas passível de melhorias com o curso do desenvolvimento (Frith, 2004).

### Capítulo 6: Ninguém nunca me perguntou se eu queria ser o papai

1. Uma pesquisa feita por Fiona Kay, professora de sociologia do direito da Queen's University, mostra que as mulheres abandonam a prática do direito 60% a mais do que os homens. E a Catalyst, uma organização que acompanha o desempenho de mulheres no mundo dos negócios, divulgou em 2005 um relatório indicando que 62% das mulheres sócias de escritórios de advocacia (em comparação com 47% de homens) não desejam permanecer em seus escritórios depois dos cinco primeiros anos, pretendendo migrar para outras funções ou desligar-se completamente da advocacia para buscar um equilíbrio maior entre vida pessoal e trabalho. O relatório estima que o custo médio de um escritório com a perda de um advogado associado é de U$ 315 mil.
2. Jill Abramson e Barbara Franklin, *Where Are They Now: The Story of the Women of Harvard Law* (Nova York: Doubleday, 1986); Wendy Werner, "Where

Have All the Women Attorneys Gone?" *Law Practice Today* (2005). Um dos advogados de maior sucesso nos Estados Unidos, David Boies defendeu a IBM, a AOL, a CBS e o Napster, entre outros. A citação "descansar a cabeça ou vencer a ação" é de Deborah Rhode, "Searching for Balanced Lives" (Ordem dos Advogados dos Estados Unidos, 2003).

3. Fiona Kay e John Hagan, "Raising the Bar: The Gender Stratification of Law-Firm Capital", *American Sociological Review* 63 (1998). Kirk Makin, "Female Lawyers Hiding Illness to Remain Competitive", *Globe and Mail*, 15 de agosto de 2007.
4. Um website dedicado ao mundo jurídico no Reino Unido, http://www.thelawyer.com, citou as estatísticas do Bar Council, demonstrando que 48,9% dos advogados convocados à Ordem dos Advogados em 2005 eram mulheres, enquanto elas representavam apenas 30% do número de advogados independentes. A mesma publicação on-line divulgou um relatório dos cem maiores escritórios de advocacia (http://www.thelawyere.com/euro100/2005). Dos trinta escritórios europeus concorrentes, apenas três possuíam mais de 20% de sócias. Um escritório holandês, listado entre os cem maiores, tinha apenas uma sócia entre seus 53 membros.
5. Fiona Kay e Joan Brockman, "Barriers to Gender Equality in the Canadian Legal Establishment", *Feminist Legal Studies* (2000).
6. Claire Sanders, "Women Law Lecturers Pay the Price for Their Freedom", [Londres] *Times On-line*, 23 de maio de 2006.
7. Linda Hirshman, "Homeward Bound", *American Prospect On-line (2005)*.
8. Charlotte Chiu, "Do Professional Women Have Lower Job Satisfaction Than Professional Men? Lawyers as a Case Study", *Sex Roles: A Journal of Research* (abril de 1998); John Hagan e Fiona Kay, *Gender in Practice: A Study in Lawyers Lives* (Nova York: Oxford University Press, 1995).
9. Ronit Dinovitzer, "After the J.D.: First Results of a National Study of Legal Careers" (NALP Foundation for Law Career Research and Education and American Bar Foundation, 2004).
10. Claudia Goldin, no ensaio intitulado "The Quiet Revolution", cita o conjunto de dados do estudo College and Beyond mostrando que tirar licenças-maternidade cada vez maiores a cada gravidez era o padrão da mulher média que havia iniciado sua formação universitária nas turmas de 1976. Ao refutar a ideia de que as mulheres qualificadas "abandonam" a força de trabalho, ela menciona que quatro meses era o tempo médio de licença-maternidade tirado após o nascimento do primeiro filho e esse intervalo aumentava para pouco mais de um ano depois do segundo filho (embora Goldin não esclareça se, ao retornar, essas mulheres escolhiam um trabalho em horário integral ou em meio expediente). Ao chegar o terceiro filho, a mesma mulher, em média, contabilizava 2,84 anos totalmente fora do trabalho remunerado nos 15 anos seguintes à sua graduação (em comparação com um total de dois meses fora do trabalho para homens da mesma turma, também com três filhos). Goldin, "From the Valley to the Summit: The Quiet Revolution That Transformed Women's Employment, Education and Family".

Catherine Hakim, da London School of Economics, assinala que, depois do nascimento de um filho, 80% das mulheres que trabalham na União Europeia não escolhem nem as tarefas domiciliares nem empregos em horário integral, mas certa combinação de ambos, usualmente um emprego flexível, em meio expediente, perto de casa. Ela cita pesquisas (feitas por S. McRae, publicadas pelo London Policy Institute) que mostram que, dentre os 40% de mulheres que pretendiam voltar a trabalhar em 1988, a maioria retornava para empregos em meio expediente, e não para sua ocupação original, em horário integral. Em 1999, 80% das mães estavam trabalhando em empregos flexíveis e em meio expediente. S. McRae, "Constraints and Choices in Mothers' Employment Careers: A Consideration of Hakim's Preference Theory", *British Journal of Sociology* 54 (2003).

11. Hakim, *Work-Lifestyle Choices in the 21st Century.* (Nova York: Oxford University Press, 2000).
12. Eduardo Porter, "Stretched to the Limit, Women Stall Março to Work", *The New York Times,* 2 de março de 2006.
13. Fisher, *The First Sex.*
14. Joanna Moorhead, "For Decades We've Been Told Sweden Is a Great Place to Be a Working Parent. But We've Been Duped", *The Guardian,* 22 de setembro de 2004.
15. Catherine Hakim, "A New Approach to Explaining Fertility Patterns: Preference Theory", *Population and Development Review* 29, n° 3 (2003); S. Wyatt e C. Langridge, *Getting to the Top in the National Health Service,* ed. S. Ledwith e F. Colgan, *Women in Organizations: Challenging Gender Politics* (Londres: Macmillan, 1996).
16. Linda Tischler, "Winning the Career Tournament", *Fast Company* 2004.
17. Julie Creswell, "How Suite It Isn't: A Dearth of Female Bosses", *The New York Times,* 17 de dezembro de 2006.
18. Hakim, *Work-Lifestyle Choices in the 21st Century,* 16.
19. Sarah Blaffer Hrdy, *Mother Nature: Maternal Instincts and How They Shape the Human Species* (Nova York: Random House, 1999).
20. Linda Mealey, *Sex Differences: Developmental and Evolutionary Strategies* (San Diego: Academic Press, 2000),74.
21. Blaffer Hrdy, *Mother Nature: Maternal Instincts and How They Shape the Human Species.*
22. Craig Howard Kinsley e Kelly G. Lambert, "The Maternal Brain", *Scientific American,* janeiro de 2006.
23. B. J. Mattson et al., "Comparison of Two Positive Reinforcing Stimuli: Pups and Cocaine Throughout the Postpartum Period", *Behavioral Neuroscience* 115 (2001).
24. Mattson et al., "Comparison of Two Positive Reinforcing Stimuli: Pups and Cocaine Throughout the Postpartum Period".
25. Andreas Bartels e Semir Zeki, "The Neural Correlates of Maternal and Romantic Love", *Neuroimage* 21 (2004).
26. Mona Harrington, *Women Lawyers: Rewriting the Rules* (Nova York: Plume, 1995).
    Chiu, "Do Professional Women Have Lower Job Satisfaction Than Professional Men? Lawyers as a Case Study".

27. I. Gati, S. H. Osipow e M. Givon, "Gender Differences in Career Decision Making: The Content and Structure of Preferences", *Journal of Counseling Psychology* 42 (1995); Halpern, *Sex Differences in Cognitive Abilities*, 267.
28. Martinez, "Women's Intrinsic and Extrinsic Motivations for Working", in *Being Together, Working Apart*, ed. Barbara Schneider e Linda J. Waite (Cambridge, U.K.: Cambridge University Press, 2005).
29. Jennifer Matjasko e Amy Feldman, "Emotional Transmission between Parents and Adolescents: The Importance of Work Characteristics and Relationship Quality", In *Being Together, Working Apart*, ed. Barbara Schneider e Linda J. Waite (Cambridge, U.K.: Cambridge University Press, 2005); Susan Pinker, "Looking Out for Number One", *Globe and Mail*, 4 de abril de 2007.
30. Fiona Kay, "Flight from Law: A Competing Risks Model of Departures from Law Firms", *Law Society Review* 31, nº 2 (1997).
31. Werner, "Where Have All the Women Attorneys Gone?" *Law Practice Today*, novembro de 2005.
32. Sara Beth Haviland, "Job Satisfaction and the Gender Paradox: An International Perspective" (artigo apresentado na American School Association, 16 de agosto de 2004); Sangmook Kim, "Gender Differences in the Job Satisfaction of Public Employees", *Sex Roles* (maio de 2005); P. Sloane e H. Williams, "Are Overpaid Workers Really Unhappy? A Test of the Theory of Cognitive Dissonance", *Labour* 10 (1996); Alfonso Sousa-Poza, "Taking Another Look at the Gender/Job Satisfaction Paradox", *Kyklos* 53, nº 2 (2000).
33. Michael Rose, "So Less Happy Too? Subjective Well-Being and the Vanishing Job Satisfaction Premium of British Women Employees", artigo apresentado na conferência anual da Social Policy Association, 27 de junho de 2005.
34. R. Richard Layard, *Felicidade: Lições de uma nova ciência*. (Rio de Janeiro: BestSeller, 2008).
35. Heather MacLean, K. Glynn e D. Ansara, "Multiple Roles and Women's Mental Health in Canada", In *Women's Health Surveillance Report* (Toronto: Centre for Research in Women's Health, 2003); A. McMunn et al., "Life Course Social Roles and Women's Health in Midlife: Causation or Selection", *Journal of Epidemiology and Community Health* 60, nº 6 (2006).

### Capítulo 7: Escondendo o impostor dentro de si

1. Lawrence K. Altman, "Her Job: Helping Save the World from Bird Flu", *The New York Times*, 9 de agosto de 2005. Joan Harvey, psicóloga que pesquisou a síndrome do impostor no início dos anos 1980, descobriu que as com maior rendimento — as mais fortes em um programa honorário, por exemplo — tinham mais probabilidade de ter sentimentos de impostura do que os estudantes médios. Em outras palavras, os êxitos pessoais objetivos não eram um antídoto, e, uma vez que provocavam sua passagem para outras categorias, poderiam estimular, também, o surgimento de novos sentimentos de impostura.
2. Joan C. Harvey e Cynthia Katz, *If I'm So Successful, Why Do I Feel Like a Fake? The Imposter Phenomenon* (Nova York: St. Martin's Press, 1985).

3. Pauline Rose Clance e Suzanne Ament Imes, "The Impostor Phenomenon in High-Achieving Women: Dynamics and Therapeutic Intervention", *Psychotherapy: Theory, Research and Practice* 15, nº 3 (1978); Harvey e Katz, *If I'm So Successful, Why Do I Feel Like a Fake?*
4. Susan Vinnicombe e Val Singh, "Locks and Keys to the Boardroom", *Women in Management Review* 18, nº 5/6 (2003).
5. Margaret S. Gibbs, Karen Alter Reid e Sharon De Vries, "Instrumentality and the Imposter Phenomenon". Artigo apresentado no encontro da American Psychological Association, Toronto, 1984.
6. "Pfeiffer Still Fears Being Shown Up as a 'Sham'" 18 de janeiro de 2002: http://www.imdb.com/news/wenn/2002-01-18#celeb5. Mal Vincent "Pfeiffer Still Feels Being Shown Up as a 'Sham'", *Virginian Pilot*, 25 de janeiro de 2002. A citação de Kate Winslet também apareceu no website imdb.com.
7. Gail M. Matthews, "Impostor Phenomenon: Attributions for Success and Failure", artigo apresentada na American Psychological Association, Toronto, 1984.
8. Joan S. Girgus e Susan Nolen-Hoeksema, "Cognition and Depression", in *Women and Depression*, ed. Corey L. M. Keyes e Sherryl H. Goodman (Nova York: Cambridge University Press, 2006); Susan Nolen-Hoeksema e B. Jackson, "Mediators of the Gender Differences in Rumination", *Psychology of Women Quarterly* 25 (2001); Susan Nolen-Hoeksema, J. Larson e C. Grayson, "Explaining the Gender Difference in Depression", *Journal of Personality and Social Psychology* 77 (1999).
9. Agradeço a Valerie Yound pelas informações de apoio e pelas citações de celebridades quanto à síndrome do impostor.
10. Sonnert Gerhard e Gerald Holton, "Career Patterns of Women and Men in the Sciences", *American Scientist* 84, nº 1 (1996).
11. Allegra Goodman, *Intuição* (Rio de Janeiro: Record, 2008).
12. Feingold, "Gender Differences in Personality: A Meta-analysis"; Hall, *Nonverbal Sex Differences;* Kessler, "The Epidemiology of Depression among Women"; Susan Nolen-Hoeksema e Cheryl Rusting, "Gender Differences in Well-Being", in *Well-Being: The Foundations of Hedonic Psychology,* ed. D. Kahneman, Ed Diener e N. Schwarz (Nova York: Russell Sage Foundation, 1999).
13. S. Van Goozen et al., "Anger Proneness in Women: Development and Validation of the Anger Situation Questionnaire", *Aggressive Behavior* 20 (1994).
14. L. Y. Abramson, Martin E. P. Seligman e J. Teasdale, "Learned Helpiessness in Humans", *Journal of Abnormal Psychology* 87 (1978), 49-74. Kay Deaux e T. Emswiller, "Explanations of Successful Performance on Sex-Linked Tasks: What Is the Skill for the Male Is the Luck for the Femail", *Journal of Personality and Psychology* 29 (1974), 80-85.
15. Joyce Ehrlinger e David Dunning, "How Chronic Self-Views Influence (and Potentially Mislead) Estimates of Performance", *Journal of Personality and Social Psychology* 84, n° 1 (2003).
16. David Dunning, Chip Heath e Jerry Suls, "Flawed Self-Assessment", *Psychological Science in the Public Interest* 5, n° 3 (2004).
17. Gerry Pallier, "Gender Differences in The Self-Assessment of Accuracy on Cognitive Tasks", *Sex Roles* 48, nos. 5-6 (2003).

18. Ehrlinger e Dunning, "Chronic Self-Views"; Jeanne M. Stahl et al., "The Impostor Phenomenon in High Sehool and College Science Majors", artigo apresentado na American Psychological Association, Montreal, 1980.
19. Niek Paumgarten, "The Tycoon", *New Yorker,* 23 de julho de 2007.
20. Em um livro sobre candidatos a universidades da Ivy League, a autora Alexandra Robbins apresenta o perfil de oito jovens, moradores de um subúrbio de Washington. Enquanto Julie, "a superestrela", está cheia de inseguranças, Sam perde o prazo de conclusão de um projeto e forja a transcrição completa de uma entrevista fictícia, a fim de conseguir entregar a tarefa escolar na data final estipulada. Vide Alexandra Robbins, *The Overachievers: The Secret Lives of Driven Kids* (Nova York: Hyperion, 2006). Jeanne M. Stahl et al., "The Imposter Phenomenon in High School and College Science Majors".
21. Michelle Cowley e Ruth M. J. Byrne, "Chess Masters' Hypothesis Testing", *Cognitive Psychology,* no prelo. Jule Norem e N. Cantor, "Defensive Pessimism: Harnessing Anxiety as Motivation", *Journal of Personality and Social Psychology:* 52 (1986), 1208-1217.
22. A. T. Beek, "Cognitive Models of Depression", *Journal of Cognitive Psychoterapy: An International Quarterly* 1, (1987), 5-37; Girgus e Nolen-Hoeksema, "Cognition and Depression".
23. Martin E. P. Seligman et al., "Depressive Attributional Style", *Journal of Abnormal Psychology* 88 (1979).
24. Ronald C. Kessler et al., "Prevalence, Severity and Comorbidity of Twelve-Month DSMIV Disorders in the National Comorbidity Survey Replication (NCS-R)", *Archives of General Psychiatry* 62, nº 6 (2005); Kessler, "The Epidemiology Depression among Women"; Ania Korszun, Margaret Altemus e Elizabeth Young, "The Biological Underpinnings of Depression", in *Women and Depression,* ed. Corey L. M. Keyes e Sherryl H. Goodman (Nova York: Cambridge University Press, 2006).
25. Yawen Cheng et al., "Association between Psychosocial Work Characteristics and Health Functioning in American Women", *British Medical Journal* 320 (2000); Mary Clare Lennon, "Women, Work, and Depression", in *Women and Depression,* ed. Corey L. M. Keyes e Sherryl H. Goodman (Nova York: Cambridge University Press, 2006).

## Capítulo 8: Competição: coisa de meninos?

1. Janet S. Hyde, "Gender Differences in Aggression", in *The Psychology of Gender,* ed. J. S. Hyde e M. C. Linn (Baltimore: Johns Hopkins University Press, 1986); Maccoby e Jacklin, *The Psychology of Sex Differences.* Steven Pinker, *The Blank Slate: The Modern Denial of Human Nature* (Nova York: Viking, 2002).
2. Baron-Cohen, "Sex Differences in Mind: Keeping Science Distinct from Social Policy"; Charlesworth e Dzur, "Gender Comparisons of Preschoolers Behavior and Resource Utilization in Group Problem Solving".
3. Anne Campbell, *A Mind of Her Own: The Evolutionary Psychology of Women"* (Oxford, U.K.: Oxford University Press, 2002); Maccoby, *The Two Sexes: Growing Apart, Coming Together.*

4. Uri Gneezy e Aldo Rustichini, "Gender and Competition at a Young Age", *American Economic Review* 94, nº 2 (2004).
5. Carol Cronin Weisfeld, "Female Behavior in Mixed Sex Competition: A Review of the Literature", *Developmental Review* 6 (1986).
6. Muriel Niederle e Lise Vesterlund, "Do Women Shy Away from Competition.: Do Men Compete Too Much?" *Quarterly Journal of Economics* No prelo (2006).
7. Linda Babcock e Sara Laschever, *Women Don't Ask: Negotiation and the Gender Divide* (Princeton, N.J.: Princeton University Press, 2003); Mirowsky e Ross, "Sex Differences in Distress: Real or Artifact?"
8. Hannah Riley Bowles, Linda Babcock e Lei Lai, *It Depends Who Is Asking and Who You Ask: Social Incentives for Sex Differences in the Propensity to Initiate Negotiation* (Social Science Research Network, julho de 2005); disponível no endereço eletrônico http://ssrn.com/abstract=779506.
9. Isso corresponde ao conceito jurídico de discriminação por efeito adverso, em que, embora a intenção de uma ação não seja discriminar, o resultado produz esse impacto. Agradeço a Martin Boodman por me esclarecer este conceito.
10. Virginia Woolf, "Equality, Opportunity and Pay", *Atlantic Monthly* (maio-junho de 1938).
11. Maccoby e Jacklin, *The Psychology of Sex Differences.*
12. Os pesquisadores em agressão Richard Tremblay e Sylvana Coté, da Universidade de Montreal, defendem o irrefutável argumento de que a agressividade, o comportamento antissocial e o comportamento de risco não deveriam nunca ser confundidos e que, quando se investiga cientificamente como estes fenômenos se desenvolvem, há maior entendimento do conflito entre "divisão" e "generalização". Concordo e estou apenas colocando-os juntos devido a seus estímulos biológicos comuns relativos às diferenças de gênero.
13. Marianne Bertrand e Kevin F. Hallock, "The Gender Gap in Top Corporate Jobs", *Industrial and Labor Relations Review* 55 (2001); Elizabeth Cashdan, "Are Men More Competitive Than Women?" *British Journal of Social Psychology* 37 (1998); Alice Eagly e S.J. Karau, "Gender and the Emergence of Leaders: A Meta-analysis", *Journal of Personality and Social Psychology* 60 (1991), 685-710; Weisfeld, "Female Behavior in Mixed Sex Competition: A Review of the Literature".
14. David Brooks, "All Politics Are Thymotic", *The New York Times,* 16 de março de 2006. Steven Pinker, *How the Mind Works* (Nova York: W. W. Norton, 1997), 364.
15. Sol Steinmetz e Carol G. Braham, eds., *Random House Webster's Dictionary* (Toronto: Random House, 1993).
16. M. Frankenhaueser, "Challenge-Control Interaction as Reflected in Sympathetic-Adrenal and Pituitary-Adrenal Activity: Comparison between the Sexes", *Scandinavian Journal of Psychology* 23, nº 1 (1982).
17. Paul Taylor, "What's Nastier Than a Loser? A Winner", *Globe and Mail,* abril de 2005.
18. Jennifer Klinesmith, Tim Kasser e Francis McAndrew, "Guns, Testosterone, and Aggression: An Experimental Test of a Mediational Hypothesis", *Psychological Science* 17, nº 7 (2006).

19. Tania Singer et al., "Empathic Neural Responses Are Modulated by the Perceived Fairness of Others", *Nature* (2006).
20. U.S. Census Bureau, "Population in Group Quarters by Type, Sex, and Age for the United States: 2000" (2000).
21. Centers for Disease Control and Prevention, National Center for Injury Prevention and Control. Web-based Injury Statistics Query and Reporting System (2004): http://www.cdc.gov/ncipc/wisqars/default.htm.
    McClure, "Changes in Suicide in England and Wales, 1960-1997", *British Journal of Psychiatry* 176 (2000).
22. Browne, *Biology at Work: Rethinking Sexual Equality*, 20.
    O criminologista James Alan Fox, da Universidade de Northeastern, afirmou que, de 450 disparos com armas de fogo em locais de trabalho nos últimos trinta anos, apenas 7% foram feitos por mulheres. Tim Molloy, "Women's Rampage Leaves Six Dead in the U.S.", *Globe and Mail*, 1º de fevereiro de 2006. Além disso, os homens apresentam um índice mais alto de mortalidade no trabalho do que as mulheres, porque elas escolhem trabalhos mais seguros, sendo mais avessas a correr riscos fatais, de acordo com um estudo do National Bureau of Economic Research. Thomas DeLeire e Helen Levy, "Gender, Occupation Choice and the Risk of Death at Work" (National Bureau of Economic Research, 2001).
23. Kruger e Nesse, "Sexual Selection and the Male:Female Mortality Ratio".
24. Um website que armazena videoclip de "truques estúpidos": XXXL Games: http://xxxlgames.com.
25. Wendy Northcutt, *The Darwin Awards: Unnatural Selection*. (Nova York: Plume. 2004); Wendy Northcutt, *The Darwin Awards: Unnatural Selection*. (Nova York: Plume, 2003); Wendy Northcutt, *O prêmio Darwin: a evolução em ação*. (Rio de Janeiro: Editora Frente, 2008.)
26. Northcutt, *The Darwin Awards: Unnatural Selection*.
27. James P. Byrnes, David C. Miller e William D. Shafer, "Gender Differences in Risk Taking: A Meta-analysis", *Psychological Bulletin* 125, nº 3 (1999).
28. Em um capítulo sobre a competição entre membros da mesma espécie, Martin Daly e Margo Wilson (1983) apresentam dados dramáticos, mostrando como os carneiros da ilha escocesa de St. Kilda e os macacos rhesus machos de Porto Rico têm duas vezes mais chances de morrer durante a época do cio do que as fêmeas. A luta feroz pelas parceiras significa que muitos dos machos assumem riscos belicosos e morrem jovens.
29. Blaffer Hrdy, *Mother Nature: Maternal Instincts and How They Shape the Human Species,* 84-85. Michael Kesterton, "Man with 78 Children Gearing Up for 100", *Globe and Mail,* 21 de agosto de 2007; Jeremy Page, "Father, 90, Shows Off New Baby — and Wants More", *Times of London,* 22 de agosto de 2007.
30. Robert L. Trivers, "Parental Investment and Sexual Selection", in *Sexual Selection and the Descent of Man 1871-1971*, ed. B. Campbell (Chicago: Aldine, 1972).
31. Sarah Blaffer Hrdy (1999) defende uma tese convincente de que as mães, em muitas espécies, fazem escolhas "inteligentes" sobre qual macho seria a melhor aposta, com base em uma complexa rede de fatores. Esses fatores podem incluir a relação entre idade, tamanho e gênero dos filhotes da prole anterior, fatores

ambientais que influenciam sua sobrevivência e o número de ajudantes, ou de machos disponíveis à sua volta — incluindo o pai —, que fariam valer a pena seu investimento em uma nova ninhada.
32. Richard Wiseman, *Esquisitologia: A estranha psicologia da vida cotidiana.* (Rio de Janeiro: Best Seller, 2008).
33. No estudo, a igualdade de gênero foi medida pelo status das mulheres, conforme relatado no Programa de Desenvolvimento da ONU de 1995. Vide Alice H. Eagly, Wendy Wood e Mary C. Johannesen-Schmidt, "Social Role Theory of Sex Differences and Similarities: Implications for the Partner Preferences of Women and Men", In *The Psychology of Gender,* 2ª ed., ed. Alice Eagly, Anne E. Beall e Robert J. Sternberg (Nova York: Guilford Press, 2004).
34. Bojan Todosijevic, Snezana Ljubinkovic e Aleksandra Arancic, "Mate Selection Criteria: A Trait Desirability Assessment Study of Sex Differences in Serbia", *Evolutionary Psychology* 1 (2003).
35. David M. Buss, "Sex Differences in Human Mate Preferences: Evolutionary Hypothesis Tested in 37 Cultures", *Behavioral and Brain Sciences* 12 (1989); David M. Buss et al., "A Half Century of Mate Preferences: The Cultural Evolution of Values", *Journal of Marriage and Family* 63 (2001).
36. Nancy Etcoff, *Survival of the Prettiest: The Science of Beauty* (Nova York: Doubleday, 1999); John Marshall Townsend, *What Women Want — What Men Want* (Nova York: Oxford University Press, 1998).
37. Mealey, *Sex Differences: Developmental and Evolutionary Strategies.*
38. Drake Bennett, "The Evolutionary Revolutionary", *The Boston Globe*, 27 de março de 2005.
39. Os sociólogos Allan Mazur e Alan Booth estudaram a testosterona endógena em uma vasta amostra de veteranos da força aérea, e concluíram que ela afeta a liderança dos indivíduos nos grupos, uma liderança que pode ser antissocial, mas que nem sempre é agressiva. Eles propuseram um circuito de retroalimentação, no qual a testosterona incita os homens a encarar um desafio e, então, aumenta em resposta a uma vitória, e declina como resultado de uma perda, agindo, portanto, ao mesmo tempo como causa e consequência do comportamento. Allan Mazur e Alan Booth, "Testosterone and Dominance in Men", *Behavioral and Brain Sciences* (2001).
40. Browne, *Biology at Work: Rethinking Sexual Equality*, 114.
41. Daniel Olweus, B. J. Mattson e H. Low, "Circulating Testosterone Levels and Aggression in Adolescent Males: A Causal Analysis", *Psychosomatic Medicine* 50 (1988); Tremblay e Nagin, "The Developmental Origins of Physical Aggression in Humans".
42. Kimura, *Sex and Cognition.*
43. Rhoads, *Taking Sex Differences Seriously.*
44. Sheri A. Berenbaum e Susan M. Resnick, "Early Androgen Effects on Aggression in Children and Adults with Congenital Adrenal Hyperplasia", *Psychoneuroendocrinology* 22 (1997), conforme citado em Browne, *Biology at Work.*
45. Berenbaum e Resnick, "The Seeds of Career Choices: Prenatal Sex Hormone Effects on Psychological Sex Differences".
46. Carter, "Developmental Consequences of Oxytocin".

47. Tomei emprestada esta frase de uma resenha científica com este título. Vide Jeri S. Janowski, "Thinking with Your Gonads: Testosterone and Cognition", *Trends in Cognitive Sciences* 20, n° 20 (2005).
48. James McBride Dabbs e Mary Godwin Dabbs, *Heroes, Rogues, and Lovers: Testosterone and Behavior* (Nova York: McGraw-Hill, 2000).
49. Frances E. Purifoy e Lambert H. Koopmans, "Androstenedione, Testosterone, and Free Testosterone Concentration in Women of Various Occupations", *Social Biology* 26, n° 1 (1979).
50. Elizabeth Cashdan, "Hormones, Sex, and Status in Women", *Hormones and Behavior* 29 (1995).
51. Rocio Garcia-Romero, "Prejudice Against Women in Male Congenial Environments: Perceptions of Gender Role Congruity in Leadership", *Sex Roles* 55 (2006).
52. Elizabeth Cashdan, "Hormones and Competitive Aggression in Women", *Aggressive Behavior* 29 (2003).
53. V. Burbank, "Female Aggression in Cross-Cultural Perspective", *Behavior Science Research* 21 (1987).
54. Kaj Bjorkqvist, "Sex Differences in Physical, Verbal, and Indirect Aggression: A Review of Recent Research", *Sex Roles* 30, n° 314 (1994); K. M. J. Lagerspetz, K. Bjorkqvist e T. Peltonen, "Is Indirect Aggression Typical of Females? Gender Differences in Aggressiveness in 11-12-Year-Old Children", *Aggressive Behavior* 14 (1988).
55. Bjorkqvist, "Sex Differences in Physical, Verbal, and Indirect Aggression".
56. Para uma descrição da agressividade entre mulheres na era pós-feminista, veja o livro de Chery Dellasega, publicado em 2005, *Mean Girls Grown Up*, e um ensaio de Laura Miller, "Women's Ways of Bullying", *Salon* (1997).
57. O curso de treinamento empresarial direcionado a mulheres, oferecido pela consultora executiva Jean Holland, intitulado Espaço de Treinamento de Polidez Feminina, no Growth and Leadership Center, no Vale do Silício, despertou uma série de comentários negativos na imprensa quando foi lançado em 2001. O curso foi divulgado como uma ferramenta de aprimoramento da carreira, destinado a "mulheres excepcionais que queiram compartilhar e aprender mais umas com as outras", mas muitos críticos entenderam-no como uma tentativa de atenuar certo tipo de agressividade competitiva, que, antes de mais nada, coloca mulheres executivas em posições de poder. A ementa do curso e um documentário de divulgação fixavam-se na velha teoria de que o mesmo comportamento que era aceito em homens seria considerado antifeminino e inadequado nas mulheres. "A queixa de 90% das mulheres que fazem o nosso curso é que elas estão se comportando de maneira intimidativa e agressiva, deixando as pessoas assustadas. Não estamos ensinando as mulheres a serem menos agressivas, não estamos pedindo que mudem suas mensagens, apenas a maneira como a mensagem é comunicada", disse um porta-voz do Growth and Leadership para um repórter da BBC News On-line. Enquanto muitos críticos massacraram o curso e o livro subsequente de Holland, chamado *Same Game, Different Rules,* considerando-o mais uma exortação para que as mulheres se tornassem "adoráveis capachos", muitos dos comportamentos visados pelo treinamento não

seriam admissíveis nem mesmo entre os homens. Vide "Bitchy Bosses Go to Boot Camp", BBC News On-line, 2001, e Robin Gerber, "Bully Broads", James MacGregor/Bums Academy of Leadership (2006). http://www.academy.umd.edu/AboutUs/news/articles/09-12-01.htm.

58. Mazur, *Biosociology of Dominance and Deference.*
59. Deborah Blum, *Sexo na cuca* (São Paulo: Beca, 1999).
60. Satoshi Kanazawa, "Why Productivity Fades with Age: The Crime-Genius Connection", *Journal of Research in Personality* 37 (2003).
61. Cado Morselli e Pierre Tremblay, "Criminal Achievement Offender Networks, and the Benefits of Low Self-Control", *Criminology* 42, nº 3 (2004).
62. Cado Morselli e Marie-Noele Royer, "Criminal Mobility and Criminal Achievement" (*paper* apresentado no Environmental Criminology and Crime Analysis Meeting, Chilliwack, B.C., julho de 2006); Cado Morselli, Pierre Tremblay e Bill McCarthy, "Mentors and Criminal Achievement", *Criminology* 11, nº 1 (2006).
63. Bryson, *Breve história de quase tudo.* John S. Rigden, *Einstein 1905: The Standard of Greatness* (Cambridge Mass.: Harvard University Press, 2005), 43-46. Walter Isaacson, *Einstein: His Life and Universe* (Nova York: Simon & Schuster, 2007),149-54.
64. Dean Keith Simonton, *Greatness: Who Makes History and Why* (Nova York: Guilford Press, 1994), 163.
65. Conforme citado in Morselli, et al. (2004). Christopher Jencks, *Inequality: Who Gets Ahead? The Determinants of Economic Success in America* (Nova York: Basic Books, 1979).
66. Kevin Conley, "The Players", *New Yorker,* 11 e 18 de julho de 2005.
67. Em um artigo que explorava a relação entre autoestima elevada, de tipo egoísta, e a agressividade, o psicólogo social Roy Baumeister e seus colegas escreveram o seguinte trecho sobre o "autoaperfeiçoamento", comparando-o com um impulso pela competitividade:

> A busca de oportunidades em que se possa colocar-se à prova ou aumentar o próprio prestígio deveria, portanto, parecer mais atraente para pessoas com autoestima elevada. Por exemplo, um padrão de busca por situações em que o valor de alguém seja desafiado ou posto em dúvida pode significar, para uma pessoa extremamente confiante, uma boa oportunidade de afastar tais ameaças e exibir-se como vencedora. Ao contrário, pessoas com baixa autoestima, provavelmente, procurarão evitar tais situações. [Baumeister, Smart e Boden, 1996, 8].

68. Daniel Olweus, "Bullying at School: Long-Term Outcomes for the Victims and an Effective School-Based Intervention Program", in *Aggressive Behavior: Current Perspectives,* ed. R. Huesmann (Nova York: Plenum, 1994).
69. Ehrlinger e Dunning, "How Chronic Self-Views Influence (and Potentially Mislead) Estimates of Performance".
70. Roy Baumeister et al., "Does High Self-Esteem Cause Better Performance, Interpersonal Success, Happiness, or Healthier Lifestyles?" *Psychological Science in the Public Interest* 4, nº 1 (2003).

71. Roy Baumeister, Laura Smart e Joseph M. Boden, "Relation of Threatened Egotism to Violence and Aggression: The Dark Side of Self-Esteem", *Psychological Review* 103, n° 1 (1996).
72. Daniel J. Kruger e Randolph M. Nesse, "An Evolutionary Life-History Framework for Understanding Sex Differences in Human Mortality Rates", *Human Nature* 17, n° 1 (2006); Kruger e Nesse, "Sexual Selection and the Male: Female Mortality Ratio".
   Brian A. Jonah, "Accident Risk and Risk-Taking Behavior among Young Drivers", *Accident Analysis and Prevention* 18 (1986).
73. Um estudo realizado com 4.500 veteranos do exército mostrou que homens solteiros e divorciados apresentam níveis de testosterona mais elevados do que os homens casados com a mesma idade (Mazur e Michalek, 1998). Níveis mais elevados de testosterona provocam comportamento agressivo em estudos com animais, e estão relacionados ao comportamento criminoso e à violência doméstica em homens adultos.
74. Christina Rouvalis, "Risk-Taking Can Be a Two-Faced Monster", *Pittsburgh Post-Gazette*, 14 de junho de 2006.
75. Browne, *Biology at Work*.
76. U.K. National Statistics, "Injuries to Workers by Industry and Severity of Injury: Great Britain" (2004).
77. Browne, *Biology at Work*, 53.
78. Na edição de 21 de julho de 2006 da revista *Economist*, um artigo sobre mulheres no mundo dos negócios estimava que 46,5% da força de trabalho norte-americana era formada por mulheres e que 95% dos gerentes sêniores eram homens. Dizia-se que a mesma proporção era válida na Grã-Bretanha e na França.
79. De acordo com um artigo assinado por Philip Ross, intitulado "The Expert Mind", e publicado, em 2006, na revista *Scientific American*, um professor húngaro chamado Laszlo Polgar determinou-se a transformar suas três filhas, que haviam recebido educação doméstica, em campeãs de xadrez. Ele estabelecia seis horas diárias de treinamento prático de xadrez, e acabou conseguindo formar uma campeã internacional e duas grandes vencedoras, que são "as irmãs enxadristas mais fortes da história", segundo Ross. A filha mais nova de Polgar, Judit, de trinta anos, ocupa, agora, a décima quarta posição no ranking mundial.
80. Marianne Frankenhaeuser et al., "Sex Differences in Psychoneuroendocrine Reactions to Examination Stress", *Psychosomatic Medicine* 40, n° 4 (1978).

### Capítulo 9: Turbinados: homens com TDAH bem-sucedidos

1. Russell A. Barkley et al., "The Persistence of Attention Deficit/Hyperactivity Disorder into Young Adulthood as a Function of Reporting Source and Definition of the Disorder", *Journal of Abnormal Psychology* 111 (2002); Joseph Biederman, "Impact of Comorbidity in Adults with Attention Deficit/Hyperactivity Disorder", *Journal of Clinical Psychiatry* 65, n° 3 (2004); Ronald C. Kessler et al., "The Prevalence and Effects of Adult Attention Deficit/Hyperactivity Disorder on Work Performance in a Nationally Representative Sample of Workers",

*Journal of Occupational and Environmental Medicine* 47, n° 6 (2005); S. Mannuzza et al., "Educational Achievement, Occupational Rank, and Psychiatric Status", *Archives of General Psychiatry* 50 (1993).
2. Joseph Biederman, "Attention-Deficit/Hyperactivity Disorder: A Selective Overview", *Biological Psychiatry* 57 (2005). O fracasso na vida acadêmica é uma das dificuldades mais comuns provocadas pelo TDAH, mas há também uma grande probabilidade de enfrentar problemas sociais na infância, e um alto índice de abuso de substâncias na adolescência e na vida adulta, além de mudanças frequentes de emprego.
3. Thomas E. Brown, "DSM IV: ADHD and Executive Function Impairments", *Advanced Studies in Medicine* 2, n° 25 (2002). Em vez de um simples transtorno de atenção, Thomas Brown, diretor-associado da Yale Clinic for Attention and Related Disorders, defende a tese de que o TDAH é uma falta de coordenação de várias habilidades cognitivas, incluindo a habilidade de decidir quando começar e quando parar as atividades, e como priorizá-las. Ele compara a pessoa que apresenta o transtorno com uma orquestra de bons músicos sem um maestro para conduzi-los e ajudá-los a produzir um som harmônico.
4. American Psychological Association, *Diagnostic and Statistical Manual of Mental Disorders: 4th Edition.* Joseph Biederman e S. V. Faraone, "Attention Deficit Hyperactivity Disorder", *The Lancet* 366 (2005).

O nível de distúrbios causados pelos sintomas do TDAH é uma questão intrigante. De acordo com estudos citados por Joseph Biederman e Stephen Faraone, em um artigo publicado, em 2005, em *The Lancet*, quando os sintomas são investigados na população em geral, a prevalência do transtorno ultrapassa os 16% nos Estados Unidos, Alemanha e Austrália (três países em que amplos estudos epidemiológicos foram realizados). Reduzindo o escopo dessa rede de sujeitos através da limitação do diagnóstico àqueles que apresentam distúrbios funcionais (isto é, quando os sintomas interferem na vida diária), os índices caem para 6,8%, o que ainda é uma taxa alta. Mas a questão não diz respeito somente a números. As crianças, incapazes de controlar seus ambientes, têm mais probabilidade de apresentar distúrbios causados por seus sintomas, e essa é uma das razões pelas quais existe um índice maior de diagnósticos em crianças do que em adultos. Os adultos com habilidades e recursos de compensação podem adaptar seus ambientes para reduzir o impacto de seus sintomas e, portanto, ser afetados menos severamente por eles.
5. Ronald C. Kessler et al., "The Prevalence and Correlates of Adult ADHD in the United States: Results from the National Comorbidity Survey Replication", *American Journal of Psychiatry,* (2004); Timothy E. Wilens, Stephen V. Faraone e Joseph Biederman, "Attention Deficit/Hyperactivity Disorder in Adults", *Journal of the American Medical Association* 292, n° 5 (2004).
6. Joseph Biederman et al., "Influence of Gender on Attention Deficit Hyperactiviry Disorder in Children Referred to a Psychiatric Clinic", *American Journal of Psychiatry* 159, nº 1 (2002); Ronald C. Kessler et al., "The Epidemiology of Major Depressive Disorder: Results from the National Comorbidity Survey Replication (NCS-R)", *Journal of the American Medical Association* 289, n° 23 (2003)

7. G. F. Still, "The Coulstonian Lectures on Some Abnormal Physical Conditions in Children", *The Lancet* 1 (1902).
8. William Shakespeare, *"Second Part of King Henry IV: The Complete Works of Shakespeare"* (Nova York: Spring, 1976).
9. Carl G. Jung, *O homem e seus símbolos* (Rio de Janeiro: Nova Fronteira, 1996); Paul Radin, *The Trickster: A Study in American Indian Mythology* (Nova York: Schocken, 1956).
10. Uma pequena amostra de livros que questionam a validade do diagnóstico do transtorno: Thomas Armstrong, *The Myth of the ADD Child* (Nova York: Dutton, 1995); Peter Breggin, *Toxic Psychiatry* (Irvine, Calif.: Griffin, 1994); J. Reichenberg-Ullman e Robert Ullman, *Ritalin Free Kids* (Rocklin, Calif.: Prima, 1996).
11. Hershel Jick, James A. Kaye e Corri Black, "Incidence and Prevalence of Drug-Treated Attention Deficit Disorder among Boys in the U.K"., *British Journal of General Practice* 54,502 (2004).
12. Cordelia Rayner, "The ADHD Dilemma for Parents", *BBC News On-line*: http://news.bbc.co.uk/go/pr/fr/-/2/hi/uk_news/education/6071216.stm (2006).
13. Florence Levy, David A. Hay e Kellie S. Bennett, "Genetics of Attention Deficit Hyperactivity Disorder: A Current Review and Future Prospects", *International Journal of Disability, Development and Education* 53, n° 1 (2006).
14. M. Clikeman Semrud et al., "Attention-Deficit Hyperactivity Disorder: Magnetic Resonance Imaging Morphometric Analysis of the Corpus Callosum", *Journal of American Academy of Child and Adolescent Psychiatry* 33, n° 6 (1994).
15. F. X. Castellanos, "Approaching a Scientific Understanding of What Happens in the Brain in ADHD", *Attention* 4, n° 1 (1997), 30-43; A. J. Zametkin e J. L. Rapoport, "Neurobiology of Attention Deficit Disorder with Hyperactivity: Where Have We Come in 50 Years", *Journal of American Academic Child and Adolescent Psychiatry* 26 (1987), 676-686.
16. Michael Rutter, *Genes and Behavior: Nature-Nurture Interplay Explained* (Malden, Mass.: Blackwell, 2006).
17. S.V. Faraone, Joseph Biederman e D. Friedman, "Validity of DSM-IV Subtypes of Attention-Deficit/Hyperactivity Disorder: A Family Study Perspective", *Journal of the American Academy of Child and Adolescent Psychiatry* 39 (2000); Jeannette Wasserstein, Lorraine E. Wolf e Frank F. Lefever, eds., *Adult Attention Deficit Disorder: Brain Mechanisms and Life Outcomes*, Annals of the New York Academy of Sciences 931 (Nova York: New York Academy of Sciences, 2001).
18. Biederman, "Attention-Deficit/Hyperactivity Disorder: A Selective Overview"; Levy, Hay e Bennett, "Genetics of Attention Deficit Hyperactivity Disorder: A Current Review and Future Prospects"; Rutter, *Genes and Behavior: Nature-Nurture Interplay Explained*.
19. Benedict Carey, "Living on Impulse", *The New York Times*, 4 de abril de 2006.
20. Lois Gilman, "ADD in the Comer Office", in *Additudemag.com* (2004); Chris Woodyard, "Jet Blue Soars on CEO's Creativity", *USA Today*, 8 de outubro de 2002.

21. Kessler et al., "The Prevalence and Correlates of Adult ADHD in the United States".
22. Thomas Dahmen et al., "Individual Risk Attitudes: New Evidence from a Large Representative Experimentally Validated Survey", (Bonn: Institute for the Study of Labor, 2005).
23. Lynn Cherkas et al., "Is the Tendency to Engage in Self-Employment Genetic?" (London Business School: 2006).
24. Paul Orfalea e Ann Marsh, *Copy This! Lessons from a Hyperactive Dyslexic Who Turned a Bright Idea into One of America's Best Companies* (Nova York: Workman Publishing, 2005).
25. R. Ochse, *Before the Gates of Excellence: The Determinants of Creative Genius* (Nova York: Cambridge University Press, 1990). Simonton, *Greatness: Who Makes History and Why*.
26. William James, "Great Men, Great Thoughts, and the Environment", *Atlantic Monthly* 1880, citado em Simonton, 1994.
27. D. Goleman, P. Kaufman e Michael Ray, *The Creative Spirit* (Nova York: Dutton, 1992).
28. Cecile A. Marczinski, "Self-Report of ADHD Symptoms in College Students and Repetition Effects", *Journal of Attention Disorders* 8, nº 4 (2005).
29. Gabrielle Weiss e Lily Trokenberg Hechtman, *Hyperactive Children Grown Up*, 2<aa> ed. (Nova York: Guilford, 1993), 147.
30. Lynne Lamberg, "ADHD Often Undiagnosed in Adults: Appropriate Treatment May Benefit Work, Family, Social Life", *Journal of the American Medical Association* 290, nº 12 (2003).
31. Weiss e Hechtman, *Hyperactive Children Grown Up*, 2ª ed.
32. Os índices de proporcionalidade em crianças são de Biederman et al., "Influence of Gender on Attention Deficit Hyperactivity Disorder in Children Referred to a Psychiatric Clinic". Os índices em adultos estão próximos de 60% para os homens e 40% para as mulheres, uma estimativa fornecida pela Dra. Margaret Weiss, especialista canadense em TDAH, em uma entrevista por telefone, concedida em 18 de novembro de 2005.
33. Joseph Biederman et al., "Absence of Gender Effects on Attention Deficit Hyperactivity Disorder: Findings in Nonreferred Subjects", *American Journal of Psychiatry* 162, nº 6 (2005). Uma pesquisa epidemiológica realizada com 9.282 adultos norte-americanos na população em geral, realizada por um grupo de pesquisa associado a Ronald Kessler, da Harvard Medical School e do NIMH, descobriu que 62% das pessoas com TDAH na comunidade eram homens e 38%, mulheres. Kessler et al., "The Prevalence and Effects of Adult Attention Deficit/Hyperactivity Disorder on Work Performance in a Nationally Representative Sample of Workers"; Kessler et al., "The Prevalence and Correlates of Adult ADHD in the United States". Resultados da National Comorbidity Survey Replication.
34. Joseph Biederman et al., "Gender Effects on Attention Deficit/Hyperactivity Disorder in Adults, Revisited", *Biological Psychiatry* 55 (2004); Biederman et al., "Absence of Gender Effects on Attention Deficit Hyperactivity Disorder"; Biederman et al., "Influence of Gender on Attention Deficit Hyperactivity Disorder in Children Referred to a Psychiatric Clinic".

## Capítulo 10: As coisas não são o que parecem

1. Fratiglioni, Paillard-Borg e Winblad, "An Active and Socially Integrated Lifestyle in Late Life Might Protect against Dementia"; Fratiglioni et al., "Influence of Social Network on Occurrence of Dementia: A Community Based Longitudinal Study"; C. Schwartz, J. B. Meisenhelder, Y. Ma e G. Reed, "Altruistic Social Interest Behaviors Are Associated with Better Mental Health", *Psychosomatic Medicine* 65, no.5 (2003) 778-785.
2. Hakim, *Work-Lifestyle Choices in the 21st Century*. Goldin, "From the Valley to the Summit: The Quiet Revolution That Transformed Women's Employment, Education, and Family".
3. Uma pesquisa realizada por Andrew Beveridge, demógrafo e sociólogo do Queen's College, de Nova York, mostra que mulheres com menos de trinta anos, em diversos centros urbanos norte-americanos, recebem salários até 120% maiores do que os homens nestes mesmos locais. Sam Roberts, "Young Earners in Big City, a Gap in Women's Favor", *The New York Times*, 3 de agosto de 2007.
4. A dificuldade que muitas mulheres "desertoras" têm quando tentam fazer a transição de volta ao trabalho é descrita por Sylvia Ann Hewlett em *Off-Ramps and On-Ramps*. De acordo com suas pesquisas, 93% das mulheres "removidas" desejam retornar para trabalhos remunerados. Apenas 74% conseguem e somente 40% regressam para empregos importantes, em horário integral. O resto termina aceitando empregos em meio expediente ou passa a trabalhar como autônoma. Sylvia Ann Hewlett, *Off-Ramps and on-Ramps: Keeping Talented Women on the Road to Success* (Boston: Harvard Business School Press, 2007).
5. David Maister, *True Professionalism: The Courage to Care About Your People, Your Clients, and Your Career* (Nova York: Touchstone, 1997).
6. Para mais informações sobre os prêmios da National Science Foundations para meninas e mulheres, consulte a página do Research on Gender in Science and Engineering (GSE) no *website* http://www.nsf.gov/funding/pgm_summ.jsp?pims_id=5475&org=NSF&sel_org=NSF&from=fund. Desde 1993, o GSE (inicialmente chamado de Program for Women and Girls, ou PWG) já destinou U$ 10 milhões por ano para a formação em ciências e engenharia de meninas, desde o jardim de infância até o ensino médio. Outros U$ 20 milhões por ano foram complementados em 2001 para incentivar mulheres em carreiras acadêmicas nos campos das ciências e da engenharia através do programa ADVANCE (Increasing the Participation and Advancement of Womem in Academic Science and Engineering Careers: http://www.nsf.gov/funding/pgm_summ.jsp?pims_id=5383&from=fund).

    Judith Kleinfeld, "The Morella Bill, My Daughter Rachel, and the Advancement of Women in Science", *Academic Questions* 12, n° 1 (1999); Lynette Long, *Math Smarts: Tips, Tricks, and Secrets for Making Math More Fun! American Girl Library* (Middleton, Wis.: Pleasant, 2004).

# Bibliografia

Abramson, Jill, and Barbara Franklin. *Where Are They Now: The Story of the Women of Harvard Law*. Nova York: Doubleday, 1986.

Abramson, L. Y., Martin E. P. Seligman e J. Teasdale. "Learned Helplessness in Humans". *Journal of Abnormal Psychology* 87 (1978): 49-74.

Alper, Joe. "The Pipeline Is Leaking Women All the Way Along". *Science* 260 (1993): 409-11.

Altman, Lawrence K. "Her Job: Helping Save the World from Bird Flu". *The New York Times,* 9 de agosto de 2005.

American Institute of Physics. "Percentages of Physics Degrees Awarded to Women in Selected Countries, 1997 and 1998 (2 Year Averages)". International Study of Women in Physics, 2001.

American Psychiatric Association. *Diagnostic and Statistical Manual of Mental Disorders,* 4th ed. Washington, D.C.: American Psychiatric Association, 1994.

Anderson, K. G. "Gender Bias and Special Education Referrals". *Annals of Dyslexia* 47 (1997): 151-62.

Asher, Jules. 2006. Gene Linked to Autism in Families with More Than One Affected Child. In National Institute of Mental Health, http://www.nimh.nih.gove/press/autismmetgene.cfm. (acessado no dia 18 de outubro de 2006).

Babcock, Linda e Sara Laschever. *Women Don't Ask: Negotiation and the Gender Divide*. Princeton, N.J.: Princeton University Press, 2003.

Baerlocher, Mark O. e Allan S. Detsky. "Are Applicants to Canadian Residency Programs Rejected Because of Their Sex?", *Canadian Medical Association Journal* 173, nº 12 (2005).

Baider, Lea. "Gender Disparities and Cancer". Artigo apresentado na American Society of Clinical Oncology, Orlando, Fla., maio de 2005.

Barinaga, Marcia. "Surprises across the Cultural Divide". *Science* 263 (1994).

Barkley, Russell A., M. Fischer, L. Smallish e K. Fletcher. "The Persistence of Attention Deficit/Hyperactivity Disorder into Young Adulthood as a Function of Reporting Source and Definition of the Disorder". *Journal of Abnormal Psychology* 111 (2002): 279-89.

Baron-Cohen, Simon. "Autism Occurs More Often in Families of Physicists, Engineers, and Mathematicians". *Autism* 2 (1998): 296-301.

_____. *Diferença essencial:* Rio de Janeiro: Objetiva, 2004.

_____. "Is There a Link between Engineering and Autism?" *Autism* 1 (1997): 153-63.

_____. *Mindblindness: An Essay on Autism and Theory of Mind.* Cambridge, Mass.: MIT Press, Bradford Books, 1995.

_____. "Sex Differences in Mind: Keeping Science Distinct from Social Policy". In *Why Aren't More Women in Science?*, editado por Stephen J. Ceci e Christine L. Williams. Washington, D.C.: American Psychological Association, 2007.

_____. "Two New Theories of Autism: Hyper-Systemising and Assortative Mating". *Archives of Disease in Childhood* 91 (2006): 2-5.

Baron-Cohen, Simon, Svetlana Lutchmaioa e Rebecca Knickmeyer. *Prenatal Testosterone in Mind: Amniotic Fluid Studies.* Cambridge, Mass.: MIT Press, 2004.

Baron-Cohen, Simon e Sally Wheelwright. "The Empathy Quotient: An Investigation of Adults with Asperger Syndrome or High Functioning Autism, and Normal Sex Differences". *Journal of Autism and Developmental Disorders* 34, nº 2 (2004): 163-75.

Baron-Cohen, Simon, Sally Wheelwright, Valerie Stane e Melissa Rutherford. "A Mathematician, a Physicist, and a Computer Scientist with Asperger Syndrome: Performance on Folk Psychology and Folk Physics Tests". *Neurocase* 5 (1999): 475-83.

Barr, Cathy L. e Jillian M. Couto. "Molecular Genetics of Reading". In *Single Word Reading: Cognitive, Behavioral and Biological Perspectives,* editado por E. L. Grigorenko e A. Naples. Mahwah, N.J.: Lawrence Erlbaum Associates, no prelo.

Bartels, Andreas e Semir Zeki. "The Neural Correlates of Maternal and Romantic Love". *Neuroimage* 21 (2004): 1155-66.

Bartky, Sandra Lee. "Feeding Egos and Tending Wounds: Deference and Disaffection in Women's Emotional Labour". In *Femininity and Domination: Studies in The Phenomenology of Oppression,* 99-119. Nova York: Routledge, 1990.

Baum, Sandy e Eban Goodstein. "Gender Imbalance in College Applications: Does It Lead to a Preference for Men in the Admissions Process?" *Economics of Education Review* 24, nº 6 (2005): 611-704.

Baumeister, Roy, Jennifer D. Campbell, Joachim I. Krueger e Kathleen D. Vohs. "Does High Self-Esteem Cause Better Performance, Interpersonal Success, Happiness, or Healthier Lifestyles?" *Psychological Science in the Public Interest* 4, nº 1 (2003).

Baumeister, Roy, Laura Smart e Joseph M. Boden. "Relation of Threatened Egotism to Violence and Aggression: The Dark Side of Self-Esteem". *Psychological Review* 103, nº 1 (1996): 5-33.

Baumeister, Roy, and K. L. Sommer. "What Do Men Want? Gender Differences in Two Spheres of Belongingness: Comment on Cross and Madson". *Psychological Bulletin* 122 (1997): 38-44.

Bauza, Margarita. "Boys Fall Behind Girls in Grades". *The Detroit News*, 9 de janeiro de 2005.
Bazelon, Emily. "What Are Autistic Girls Made of?" *The New York Times Magazine*, 5 de agosto de 2007.
Bear, Harold, Frances Lovejoy e Ann Daniel. "How Working Parents Cope with the Care of Sick Young Children". *Australian Journal of Early Childhood* 28, n° 4 (2003): 53-57.
Beck, A. T. "Cognitive Models of Depression". *Journal of Cognitive Psychotherapy: An International Quarterly* 1, n° 5-37 (1987).
Becker, S. W. e Alice Eagly. "The Heroism of Women and Men". *American Psychologist* 59 (2004): 163-78.
Belle, D. "Gender Differences in the Social Moderators of Stress". In *Gender and Stress*, editado por R. C. Barnett, L. Biener e G. K. Baruch, 257-77. Nova York: Free Press, 1987.
Benbow, Persson Camilla, David Lubinski, Daniel Shea e Hossain Eftekhari-Sanjani. "Sex Differences in Mathematical Reasoning Ability at Age 13: Their Status 20 Years Later". *Psychological Science* 11, n° 6 (2000): 474-80.
Benbow, Persson Camilla, and Julian Stanley. "Sex Differences in Mathematical Ability: Fact or Artifact?" *Science* 210 (1980): 1262-64.
_____. "Sex Differences in Mathematical Reasoning Ability: More Facts". *Science* 222 (1983): 1029-31.
Bennett, Drake. "The Evolutionary Revolutionary". *Boston Globe*, 27 de março de 2005.
Berenbaum, Sheri A. e Susan M. Resnick. "Early Androgen Effects on Aggression in Children and Adults with Congenital Adrenal Hyperplasia". *Psychoneuroendocrinology* 22 (1997): 505-15.
_____. "The Seeds of Career Choices: Prenatal Sex Hormone Effects on Psychological Sex Differences". In *Why Aren't More Women in Science?*, editado por Stephen J. Ceci e Wendy M. Williams, 147-57. Washington, D.C.: American Psychological Association, 2007.
Berliner, Wendy. "Where Have All the Young Men Gone?" *The Guardian*, 18 de maio de 2004.
Bertrand, Marianne e Kevin F. Hallock. "The Gender Gap in Top Corporate Jobs". *Industrial and Labor Relations Review* 55 (2001): 3-21.
Biederman, Joseph. "Attention-Deficit/Hyperactivity Disorder: A Selective Over view". *Biological Psychiatry* 57 (2005): 1215-120.
_____. "Impact of Comorbidity in Adults with Attention Deficit/Hyperactivity Disorder". *Journal of Clinical Psychiatry* 65, n° 3 (2004): 3-7.
Biederman, Joseph, Anne Kwon, B. A. Aleardi, Virginie-Anne Chouinard, Teresa Marino, Heather Cole, Eric Mick e S. V. Faraone. "Absence of Gender Effects on Attention Deficit Hyperactivity Disorder: Findings in Nonreferred Subjects". *American Journal of Psychiatry* 162, n° 6 (2005): 1083-89.
Biederman, Joseph e S. V. Faraone. "Attention Deficit Hyperactivity Disorder". *Lancet* 366 (2005): 237-48.
Biederman, Joseph, S. V. Faraone, M. C. Monuteaux, Marie Bober e Elizabeth Cadogen. "Gender Effects on Attention Deficit/Hyperactivity Disorder in Adults, Revisited". *Biological Psychiatry* 55 (2004): 692-700.

Biederman, Joseph, Eric Mick, Stephen V. Faraone, Ellen Braaten, Alysa Doyle, Thomas Spencer, Timothy E. Wilens, Elizabeth Frazier e Mary Ann Johnson. "Influence of Gender on Attention Deficit Hyperactivity Disorder in Children Referred to a Psychiatric Clinic". *American Journal of Psychiatry* 159, nº 1 (2002): 36-42.

Bjorkqvist, Kaj. "Sex Differences in Physical, Verbal, and Indirect Aggression: A Review of Recent Research". *Sex Roles* 30, nº 314 (1994).

Blakeslee, Sandra. "Focus Narrows in Search for Autism's Cause". *The New York Times*, 8 de fevereiro de 2005.

Blum, Deborah. *Sexo na cuca*. São Paulo: Beca, 1999.

Bokemeier, J. e P. Blanton. "Job Values, Rewards, and Work Conditions as Factors in Job Satisfaction among Men and Women". *Sociological Quarterly* 28 (1986): 189-204.

Bolton, P., H. Macdonald, A. Pickles, P. Rios, S. Goodes, M. Crowson, A. Bailey e M. Rutter. "A Case-Control Family History Study of Autism". *Journal of Child Psychology and Psychiatry* 35, nº 5 (1994): 877-900.

Bowles, Hannah Riley, Linda Babcock e Lei Lai. 2005. "It Depends Who Is Asking and Who You Ask: Social Incentives for Sex Differences in the Propensity to Initiate Negotiation". In Social Science Research Network, http://ssrn.com/abstract=779506 (acessado em 2005).

Bribiescas, Richard G. *Men: Evolutionary and Life History*. Cambridge, Mass.: Harvard University Press, 2006.

Britz, Jennifer Delahunty. "To All the Girls I've Rejected". *The New York Times*, 23 de março de 2006.

Brizendine, Louann. *The Female Brain*. Nova York: Morgan Road, 2006.

Brody, Jane E. "Easing the Trauma for the Tiniest in Intensive Care". *The New York Times*, 27 de junho de 2006.

———. "For Babies, an Ounce Can Alter Quality of Life". *The New York Times*, 1º de outubro de 1991.

Brooks, David. "All Politics Are Thymotic". *The New York Times*, 16 de março de 2006.

Brophy, J. E. e T. L. Good. "Teachers' Communication of Differential Expectations for Children's Classroom Performance: Some Behavioral Data". *Journal of Educational Psychology* 61 (1970): 365-74.

Brothwood, M., Dieter Wolke, H. Gamsu, J. Benson e D. Coopero "Prognosis of the Very Low Birthweight Baby in Relation to Gender". *Archives of Disease in Childhood* 61 (1986): 559-64.

Brown, Thomas E. "DSM IV: ADHD and Executive Function Impairments". *Advanced Studies in Medicine* 2, nº 25 (2002): 910-14.

Browne, Kingsley R. *Biology at Work: Rethinking Sexual Equality*. New Brunswick, N.J.: Rutgers University Press, 2002.

———. "Evolved Sex Differences and Occupational Segregation". *Journal of Organizational Behavior* 26 (2005): 1-20.

———. "Women in Science: Biological Factors Should Not Be Ignored". *Cardozo Women's Law Journal* 11 (2005): 509-28.

Bryson, Bill. *Vida e época de Kid Trovão*. São Paulo: Companhia das Letras, 2007.

_____. *Breve história de quase tudo*. São Paulo: Companhia das Letras, 2005.

Buford, Bill. *Calor (Aventuras de um cozinheiro amador como escravo da cozinha de um restaurante famoso fazedor de macarrão e aprendiz de açogueiro na Toscana)*. São Paulo: Companhia das Letras, 2007.

Burbank, V. "Female Aggression in Cross-Cultural Perspective". *Behavior Science Research* 21 (1987): 70-100.

Burke, Ronald J. e Carol A. McKeen. "Gender Effects in Mentoring Relationships". *Journal of Social Behavior and Personality* 11, nº 5 (1996): 91-105.

Buss, David M. "Sex Differences in Human Mate Preferences: Evolutionary Hypothesis Tested in 37 Cultures". *Behavioral and Brain Sciences* 12 (1989): 1-49.

Buss, David M., Todd K. Shackelford, Lee A. Kirkpatrick e Randy J. Larsen. "A Half Century of Mate Preferences: The Cultural Evolution of Values". *Journal of Marriage and Family* 63 (2001): 491-503.

Byrnes, James P., David C. Miller e William D. Shafer. "Gender Differences in Risk Taking: A Meta-Analysis". *Psychological Bulletin* 125, nº 3 (1999): 367-83.

Campbell, Anne. *A Mind of Her Own: The Evolutionary Psychology of Women*. Oxford, U.K.: Oxford University Press, 2002.

Campbell, R., K. Elgar, J. Kuntsi, R. Akers, J. Terstegge, M. Coleman e D. Skuse. "The Classification of 'Fear' from Faces Is Associated with Face Recognition Skill in Women". *Neuropsychologia* 40 (2002): 575-84.

Canada Statistics. "The Gap in Achievement between Boys and Girls". In *Education Matters*, http://www.statcan.ca/englishlfreepub/81-004-XIE/200410/mafe.htm (2004) (acessado em 9 de março de 2006).

Cardon, L. R., S. D. Smith, D. W. Fulker, W. J. Kimberling, B. G. Pennington e J. C. DeFries. "Quantitative Trait Locus for Reading Disability on Chromosome 6". *Science* 266 (1994): 276-79.

Carey, Benedict. "Living on Impulse". *The New York Times*, 4 de abril de 2006.

_____. "Message from Mouse to Mouse: I Feel Your Pain". *The New York Times*, 4 de junho de 2006.

Carlo, Gustavo, A. Hausmann, S. Christiansen e B. A. Randall. "Sociocognitive and Behavioral Correlates of a Measure of Prosocial Tendencies for Adolescents". *Journal of Early Adolescence* 23 (2003): 107-34.

Carter, Sue C. "Developmental Consequences of Oxytocin". *Physiology and Behavior* 79 (2003): 383-97.

_____. "Monogamy, Motherhood and Health". In *Altruism and Health*, editado por Stephen G. Post. Nova York: Oxford University Press, 2007.

Cashdan, Elizabeth. "Are Men More Competitive Than Women?" *British Journal of Social Psychology* 37 (1998): 213-29.

_____. "Hormones and Competitive Aggression in Women". *Aggressive Behavior* 29 (2003): 107-15.

_____. "Hormones, Sex, and Status in Women". *Hormones and Behavior* 29 (1995): 354-66.

Castellanos, F. X. "Approaching a Scientific Understanding of What Happens in the Brain in ADHD". *Attention* 4, nº 1 (1997): 30-43.

Chang, Kenneth. "Journeys to the Distant Fields of Prime". *The New York Times*, 13 de março de 2007.

———. "Women in Physics Match Men in Success". *The New York Times*, 22 de fevereiro de 2005.

Chapman, Emma, Simon Baron-Cohen, Bonnie Auyeung, Rebecca Knickmeyer, Kevin Taylor e Gerald Hackett. "Fetal Testosterone and Empathy: Evidence from the Empathy Quotient (Eq) and the 'Reading the Mind in the Eyes' Test". (2006).

Charlesworth, William R., and Claire Dzur. "Gender Comparisons of Preschoolers' Behavior and Resource Utilization in Group Problem-Solving". *Child Development* 58, n° 1 (1987): 191-200.

Cheng, Yawen, Ichiro Kawachi, Joel Schwartz e Graham Colditz. "Association between Psychosocial Work Characteristics and Health Functioning in American Women". *British Medical Journal* 320 (2000): 1432-36.

Cherkas, Lynn, J. Hunkin, T. Spector, N. Nicolaou e Scott Shane. "Is the Tendency to Engage in Self-Employment Genetic?" London Business School, 2006.

Chiu, Charlotte. "Do Professional Women Have Lower Job Satisfaction Than Professional Men? Lawyers as a Case Study". *Sex Roles: A Journal of Research* (Abril 1998).

Christensen, J., M. J. Kjeldsen, H. Anderson, M. L. Friis e P. Sidenius. "Gender Differences in Epilepsy". *Epilepsia* 46, n° 6 (2005): 956-60.

Christmas, Brian. "Half of British Fathers Not Taking Full Paternity Leave". *Globe and Mail*, 2 de agosto de 2006.

Clance, Pauline Rose e Suzanne Ament Imes. "The Imposter Phenomenon in High-Achieving Women: Dynamics and Therapeutic Intervention". *Psychotherapy: Theory, Research, and Practice* 15, n° 3 (1978).

Cole, Jonathan R. e Harriet Zuckerman. "The Productivity Puzzle: Persistence and Change in Patterns of Publication of Men and Women Scientists". *Advances in Motivation and Achievement* 2 (1984): 217-58.

Coney, J. "Lateral Asymmetry in Phonological Processing: Relating Behavioral Measures to Neuroimaged Structures". *Brain and Language* 80 (2002): 355-65.

Conley, Kevin. "The Players". *New Yorker* (11 e 18 de junho de 2005), 52-58.

Connellan, Jennifer, Simon Baron-Cohen, Sally Wheelwright, Anna Batki e Jag Ahluwalia. "Sex Differences in Human Neonatal Social Perception". *Infant Behavior and Development* 23 (2000): 113-18.

Coté, S., Richard Tremblay, Daniel Nagin, Mark Zoccolillo e Frank Vitaro. "The Development of Impulsivity, Fearfulness, and Helpfulness during Childhood: Patterns of Consistency and Change in the Trajectories of Boys and Girls". *Journal of Child Psychology and Psychiatry* 43 (2002): 609-18.

Coupland, Douglas. *Terry*. Toronto: Douglas & McIntyre, 2005.

Creswell, Julie. "How Suite It Isn't: A Dearth of Female Bosses". *The New York Times*, 17 de dezembro de 2006.

Critchley, Macdonald. *The Dyslexic Child*. Springfield, Ill.: Charles C. Thomas, 1970. Dabbs, James McBride e Mary Godwin Dabbs. *Heroes, Rogues, and Lovers: Testosterone and Behavior*. Nova York: McGraw-Hill, 2000.

Daly, Martin e Margo Wilson. *Homicide*. Nova York: Aldine de Gruyter, 1988.

———. *Sex, Evolution, and Behavior*. 2ª. ed. Boston: Willard Grant, 1983.

De Vries, A. C., M. B. DeVries, S. E. Taymans e Sue C. Carter. "Stress Has Sexually Dimorphic Effects on Pair Bonding in Prairie Voles". *Proceedings of the National Academy of Science* 93 (1996): 11980-84.

Dean, Cornelia. "Computer Science Takes Steps to Bring Women to the Fold". *The New York Times*, 17 de abril de 2007.
Deary, Ian J., Graham Thorpe, Valerie Wilson, John M. Starr e Lawrence Whalley. "Population Sex Differences in IQ at Age 11: The Scottish Mental Survey 1932". *Intelligence* 31 (2003): 533-42.
DeFries, J. C., Maricela Alarcon e Richard K. Olson. "Genetic Aetiologies of Reading and Spelling Deficits: Developmental Differences". In *Dyslexia: Biology, Cognition and Intervention*, editado por Charles Hulme e Margaret Snowling. San Diego: Singular, 1997.
DeLeire, Thomas e Helen Levy. "Gender, Occupation Choice and the Risk of Death at Work". National Bureau of Economic Research, 2001.
De Waal, Frans. *Eu primata*. São Paulo: Companhia das Letras, 2007.
Dinovitzer, Ronit. "After the J.D.: First Results of a National Study of Legal Careers". The NALP Foundation for Law Career Research and Education and the American Bar Foundation, 2004.
Dobbs, David. "The Gregarious Brain". *The New York Times*, 8 de junho de 2007.
Dobson, Roger. "If You Don't Understand Women's Emotions, You Must Be a Man". *Independent on Sunday*, 5 de junho de 2005.
Dohmen, Thomas, Armin Falk, David Huffman, Uwe Sunde, Jurgen Schupp e Gert G. Wagner. "Individual Risk Attitudes: New Evidence from a Large Representative Experimentally Validated Survey". Bonn: Institute for the Study of Labor, 2005.
Domes, Gregor, Markus Heinrichs, Andre Michel, Chrstoph Berger e Sabine Herpetz. "Oxytocin Improves 'Mind-Reading' in Humans". *Biological Psychiatry* (2006).
Dominus, Susan. "A Girly-Girl Joins the Sesame Boys". *The New York Times*, 6 de agosto de 2006.
Duckworth, Angela Lee e Martin E. P. Seligman. "Self-Discipline Gives Girls the Edge: Gender in Self-Discipline, Grades, and Achievement Test Scores". *Journal of Educational Psychology* 98, n° 1 (2006).
Dunning, David, Chip Heath e Jerry Suls. "Flawed Self-Assessment". *Psychological Science in the Public Interest* 5, n° 3 (2004): 69-106.
Dweck, Carol S. e Ellen S. Bush. "Sex Differences in Learned Helplessness". *Developmental Psychology* 12, n° 2 (1976): 147-56.
Eagly, Alice e M. Crowley. "Gender and Helping Behavior: A Meta-analytic Review of the Social Psychological Literature". *Psychological Bulletin* 100 (1986): 283-308.
Eagly, Alice e S. J. Karau. "Gender and the Emergence of Leaders: A Meta-analysis". *Journal of Personality and Social Psychology* 60 (1991), 685-710.
Eagly, Alice H., Wendy Wood e Mary C. Johannesen-Schmidt. "Social Role Theory of Sex Differences and Similarities: Implications for the Partner Preferences of Women and Men". In *The Psychology of Gender*, 2ª· ed., editado por Alice Eagly, Anne E. Beall e Robert J. Sternberg, 269-91 Nova York: Guilford, 2004.
Ehrlinger, Joyce e David Dunning. "How Chronic Self-Views Influence (and Potentially Mislead) Estimates of Performance". *Journal of Personality and Social Psychology* 84, n° 1 (2003): 5-17.
Eisenberg, Nancy, Richard A. Fabes, Gustavo Carlo, A. L. Speer, G. Switzer e M. Karbon. "The Relations of Empathy-Related Emotions and Maternal Practices

to Children's Comforting Behavior". *Journal of Experimental Child Psychology* 55 (1993): 131-50.

Eisenberg, Nancy, Richard A. Fabes, Mark Schiller, Paul Miller, Gustavo Carlo, Rick Poulin, Cindy Shea e Rita Shell. "Personality and Socialization Correlates of Vicarious Emotional Responding". *Journal of Personality and Social Psychology* 61, n° 3 (1991): 459-70.

Eisenberg, Nancy, Richard Fabes, A. e Tracy L. Spinard. "Prosocial Development". In *Handbook of Child Psychology: Social, Emotional, and Personality Development*, editado por William Damon, Richard Lerner e Nancy Eisenberg. Hoboken, N.J.: John Wiley & Sons, 2006.

Erwin, R. J., R. C. Gur, R. E. Gur, B. Skolnick, M. Mawhinney-hee e J. Smailis. "Facial Emotion Discrimination". *Psychiatry Research* 42, n° 3 (1992): 231-40.

Etcoff, Nancy. *Survival of the Prettiest: The Science of Beauty*. Nova York: Doubleday, 1999.

Evans, John J. "Oxytocin in the Human: Regulation of Derivations and Destinations". *European Journal of Endocrinology* 137 (1997): 559-71.

Fadiman, Anne. *The Spirit Catches You and You Fall Down*. Nova York: Noonday, 1997.

Faraone, S. V., Joseph Biederman, and D. Friedman. "Validity of DSM-IV Subtypes of Attention-Deficit/Hyperactivity Disorder: A Family Study Perspective". *Journal of The American Academy of Child and Adolescent Psychiatry* 39 (2000): 469-76.

Feingold, Alan. "Gender Differences in Personality: A Meta-analysis". *Psychological Bulletin* 116, n° 3 (1994): 429-56.

Feldberg, R. e E. Glenn. "Male and Female: Job Versus Gender Models in Sociology of Work". In *Women and Work*, editado por R. Kahn-Hut, A. Daniels e R. Colvard, 65-80. Oxford, U.K.: Oxford University Press, 1982.

Feldman, E., B. E. Levin, B. Fleischmann, B. Jallad, A. Kushch, K. Gross-Glenn, M. Rabin e H. A. Lubs. "Gender Differences in the Severity of Adult Familial Dyslexia". *Reading and Writing* 7, n° 2 (1995): 155-61.

Feminist Research Center. Empowering Women in Business. In Feminist Majority Foundation, http://www.feminist.org/research/business/ewb_toc.html (2007) (acessado em 30 de março de 2007).

Fink, Rosalie. "Gender and Imagination: Gender Conceptualization and Literacy Development in Successful Adults with Reading Disabilities". *Learning Disabilities* 10, n° 3 (2000): 183-96.

———. "Literacy Development in Successful Men and Women with Dyslexia". *Annals of Dyslexia* 48 (1998): 311-46.

———. "Successful Careers: The Secrets of Adults with Dyslexia". *Career Planning and Adult Development Journal* (Spring 2002): 118-29.

Finucci, J. M. e B. Childs. "Are There Really More Dyslexic Boys Than Girls?" In *Sex Differences in Dyslexia*, editado por A. Ansara, N. Geschwind, A. M. Galaburda e M. Gartrell. Towson, Md.: Orton Dyslexia Society, 1981.

Fisher, Helen. *The First Sex*. Nova York: Ballantine Books, 1999.

Frankenhaueser, Marianne. "Challenge-Control Interaction as Reflected in Sympathetic-Adrenal and Pituitary-Adrenal Activity: Comparison between the Sexes. *Scandinavian Journal of Psychology* 23, n° 1 (1982): 158-64.

Frankenhaeuser, Marianne, Maijaliisa Rauste von Wright, Aila Collins, Johan von Wright, Goran Sedvall e Carl-Gunnar Swahn. "Sex Differences in Psychoneuroendocrine Reactions to Examination Stress". *Psychosomatic Medicine* 40, n° 4 (1978): 334-42.

Fratiglioni, L., S. Paillard-Borg e B. Winblad. "An Active and Socially Integrated Lifestyle in Late Life Might Protect against Dementia". *Lancet Neurology* (2004); 343-53.

Fratiglioni, L., H. Wang, K. Ericsson, M. Maiotan e B. Winblad. "Influence of Social Network on Occurrence of Dementia: A Community Based Longitudinal Study". *Lancet 355,* n° 9212 (2004): 1315-19.

Frith, Uta. *Autism: Explaining the Enigma.* Cambridge, Mass.: Blackwell, 1989.

_____. "Brain, Mind, and Behavior in Dyslexia". In *Dyslexia: Biology, Cognition and Intervention,* editado por Charles Hulme e Margaret Snowling. San Diego: Singular Publishing Group, 1997.

Frith, Uta e Faraneh Vargha-Khadem. "Are There Sex Differences in the Brain Basis of Literacy Related Skills? Evidence from Reading and Spelling Impairments after Early Unilateral Brain Damage". *Neuropsychologia* 39 (2001): 1485-88.

Gabis, Lidia, John Pomeroy e Mary R. Andriola. "Autism and Epilepsy: Cause, Consequence, Comorbidity, or Coincidence?" *Epilepsy & Behavior* 7 (2005): 652-56.

Galaburda, A. M. *Dyslexia and Development: Neurobiological Aspects of Extraordinary Brains.* Cambridge, Mass.: Harvard University Press, 1993.

Galaburda, A. M., Joseph LoTurco, Franck Ramus, R. Holly Fitch e Glenn Rosen. "From Genes to Behavior in Developmental Dyslexia". *Nature Neuroscience* 9, n° 10 (2006): 1213-17.

Galaburda, A. M., G. Sherman, G. Rosen, F. Aboitiz e N. Geschwind. "Developmental Dyslexia: Four Consecutive Cases with Cortical Abnormalities". *Annals of Neurology* 18 (1985): 222-33.

Garcia-Romero, Rocio. "Prejudice against Women in Male Congenial Environments: Perceptions of Gender Role Congruity in Leadership". *Sex Roles* 55 (2006): 51-61.

Garibaldi, Gerry. "How the Schools Shortchange Boys: In the Newly Feminized Classroom, Boys Tune Out". *City Journal,* 2006.

Gati, L, S. H. Osipow e M. Givon. "Gender Differences in Career Decision-Making: The Content and Structure of Preferences". *Journal of Counseling Psychology* 42 (1995): 204-16.

Geary, David C. *Male, Female: The Evolution of Human Sex Differences.* Washington, D.C.: American Psychological Association, 1998.

Gerhard, Sonnert e Gerald Holton. "Career Patterns of Women and Men in the Sciences". *American Scientist* 84, n° 1 (1996): 63-79.

Gerstein, Josh. "Kenyon's Policy against Women Stirs a Debate". *New York Sun,* 28 de março de 2006.

Ghaziuddin, Mohammad. "A Family History of Asperger Syndrome". *Journal of Autism and Developmental Disorders* 35, n° 2 (2005): 177-82.

Gilger, Jeffrey W., George W. Hynd e Mike Wilkins. "Neurodevelopmental Variation as a Framework for Thinking About the Twice Exceptional", no prelo (2007).

Gilligan, Carol. *In a Different Voice.* Cambridge, Mass.: Harvard University Press, 1982.

Gilman, Lois. "Add in the Comer Office". In *Additudemag.com,* 2004.

Gingras, Y. e Jeffrey Bowlby. "The Costs of Dropping Out of High School". Ottawa: Human Resources Development Canada, 2000.

Girgus, Joan S. e Susan Nolen-Hoeksema. "Cognition and Depression". In *Women and Depression,* editado por Corey L. M. Keyes e Sherryl H. Goodman. Nova York: Cambridge University Press, 2006.

Gjonca, Arjan, Cecilia Tomassini e James W. Vaupel. "Male-Female Differences in Mortality in the Developed World". Max-Planck Institute for Demographic Research, 1999.

Gladwell, Malcolm. "The Sporting Scene". *New Yorker,* 10 de setembro de 2001.

Glass, Thomas, Carlos Mendes de Leon, Richard Marottoli e Lisa F. Berkman. "Population-Based Study of Social and Productive Activities as Predictors of Survival among Elderly Americans". *British Medical Journal* (1999).

Gneezy, Uri e Aldo Rustichini. "Gender and Competition at a Young Age". *American Economic Review* 94, nº 2 (2004): 377-84.

Goldenfeld, Nigel, Simon Baron-Cohen e Sally Wheelwright. "Empathizing and Systemizing in Males, Females, and Autism". *Clinical Neuropsychiatry* 2, nº 6 (2005).

Goldin, Claudia. "From the Valley to the Summit: The Quiet Revolution That Transformed Women's Employment, Education, and Family". In American Economic Association Meeting. Boston, 2004.

———. *Understanding the Gender Gap: An Economic History of American Women.* Nova York: Oxford University Press, 1990.

Goldin, Claudia, Lawrence F. Katz e Ilyana Kuziemko. "The Homecoming of American College Women: The Reversal of the College Gender Gap". Cambridge, Mass.: National Bureau of Economic Research, 2006.

Goldstein, Jill M., David N. Kennedy e V. S. Caviness. "Brain Development, Xi, Sexual Dimorphism". *American Journal of Psychiatry* 156, nº 3 (1999): 352.

Goleman, D. e P. Kaufman. "The Art of Creativity". *Psychology Today* (março de 1992).

Goleman, D., P. Kaufman e Michael Ray. *The Creative Spirit.* Nova York: Dutton, 1992.

Goodman, Allegra. *Intuição.* Rio de Janeiro; Record, 2008.

Goodman, Ellen. "Of Pensions and Pacifiers". *Gazette,* 26 de janeiro de 2005.

Gross, Jane. "Forget the Career: My Parents Need Me at Home". *The New York Times,* 24 de novembro de 2005.

Grouzet, Frederick M. E., Tim Kasser, Aaron Ahuvia, et al. "Goal Contents across Cultures". *Journal of Personality and Social Psychology* 89 (2005).

Gur, Ruben C. e Raquel E. Gur. "Neural Substrates for Sex Differences in Cognition". In *Why Aren't More Women in Science?* editado por by Stephen J. Ceci e Wendy M. Williams, 189-98. Washington, D.C.: American Psychological Association, 2007.

Hack, Maureen, Mark Schluchter, Lydia Carter, Mahboob Rahman, Leona Cuttler e Elaine Borawski. "Growth of Very Low Birthweight Infants to Age 20 Years". *Pediatrics* 112, nº 1 (2003): e30-e38.

Hadamard, J. *Psicologia da invenção na matemática.* Rio de Janeiro: Contraponto, 2009.
Hagan, John e Fiona Kay. *Gender in Practice: A Study in Lawyers' Lives.* Nova York: Oxford University Press, 1995.
Hakim, Catherine. "A New Approach to Explaining Fertility Patterns: Preference Theory". *Population and Development Review* 29, n° 3 (2003).
_____. *Work-Lifestyle Choices in the 21st Century.* Nova York: Oxford University Press, 2000.
Hall, Geoffry B. C., Sandra Witelson, F. Henry Szechtman e Claude Nhmias. "Sex Differences in Functional Activation Patterns Revealed by Increased Emotion Processing Demands". *Neuroreport* 15, n° 2 (2004): 219-23.
Hall, J. A. *Nonverbal Sex Differences.* Baltimore: Johns Hopkins University Press, 1985.
Halpern, Diane F. *Sex Differences in Cognitive Abilities.* Mahwah, N.J.: Lawrence Erlbaum Associates, 2000.
Hamby, Vickie. The Trickster. In http://www.create.org/myth/trick/htm (1996) (acessado em 21 de novembro de 2005).
Hampson, Sarah. "Fonda Contradictions". *Globe and Mail,* 23 de abril de 2005.
Harrington, Mona. *Women Lawyers: Rewriting the Rules.* Nova York: Plume, 1995.
Harvey, Joan C. e Cynthia Katz. *If I'm So Successful, Why Do I Feel Like a Fake? The Imposter Phenomenon.* Nova York: St. Martin's Press, 1985.
Haviland, Sara Beth. "Job Satisfaction and the Gender Paradox: An International Perspective". *Paper* apresentado na American Sociological Association, 16 de agosto de 2004.
Hedges, L. V. e A. Nowell. "Sex Differences in Mental Test Scores, Variability, and Numbers of High-Scoring Individuals". *Science* 269 (1995): 41-45.
Helfat, C. E., D. Harris e P. J. Wolfson. "The Pipeline to the Top: Women and Men in the Top Executive Ranks of U.S. Corporations". *Academy of Management Perspectives* (2006).
Herman, Rebecca. "Sex and Prenatal Hormone Exposure Affect Cognitive Performance". *Hormones and Behavior,* no prelo (2007).
Hewlett, Sylvia Ann. "Extreme Jobs: The Dangerous Allure of the 70-Hour Workweek". *Harvard Business Review* (dezembro de 2006): 49-58.
_____. *Off-Ramps and on-Ramps: Keeping Talented Women on the Road to Success.* Boston: Harvard Business School Press, 2007.
_____. "Women and the New 'Extreme' Jobs". *Boston Globe,* 2 de dezembro de 2006.
Highfield, Roger e Paul Carter. *The Private Lives of Albert Einstein.* Nova York: St. Martin's Press, 1993.
Hirshman, Linda. "Homeward Bound". In *American Prospect On-line,* 2005.
Hoff Summers, Christina. "The War against Boys". *Atlantic Monthly* (maio de 2000).
_____. *The War against Boys.* Nova York: Simon & Schuster, 2000.
Hoffman, M. L. "Sex Differences in Empathy and Related Behaviors". *Psychological Bulletin* 84 (1977): 712-22.
Hrdy, Sarah Blaffer. *Mother Nature: Maternal Instincts and How They Shape the Human Species.* Nova York: Random House, 1999.

Huttenlocher, J., W. Haight, A. Bryk, M. Seltzer e T. Lyons. "Early Vocabulary Growth: Relation to Language Input and Gender". *Developmental Psychology* 27 (1991): 236-48.

Hyde, Janet S. "Gender Differences in Aggression". In *The Psychology of Gender*, editado por J. S. Hyde e M. C. Linn. Baltimore: Johns Hopkins University Press, 1986.

Hynd, George W. e Jennifer R. Hiemenz. "Dyslexia and Gyral Morphology Variation". In *Dyslexia: Biology, Cognition, and Intervention*, editado por Charles Hulme e Margaret Snowling. San Diego: Singular, 1997.

James, William. "Great Men, Great Thoughts, and the Environment". *The Atlantic Monthly* (1880): 441-59.

Janowski, Jeri S. "Thinking with Your Gonads: Testosterone and Cognition". *Trends in Cognitive Sciences* 20, n° 20 (2005).

Jencks, Christopher. *Inequality: Who Gets Ahead? The Determinants of Economic Success in America*. Nova York: Basic, 1979.

Jick, Hershel, James A. Kaye e Corri Black. "Incidence and Prevalence of Drug-Treated Attention Deficit Disorder among Boys in the UK". *British Journal of General Practice* 54, n° 502 (2004): 345-47.

Jobs, Steve. "You've Got to Find the Job You Love". *Stanford Report*, 14 de junho de 2005.

Jonah, Brian A. "Accident Risk and Risk-Taking Behavior among Young Drivers". *Accident Analysis and Prevention* 18 (1986): 255-71.

Josephs, R. A., H. R. Markus e R. W. Tafaradi. "Gender and Self-Esteem". *Journal of Personality and Social Psychology* 63 (1992): 391-402.

Jung, Carl G. *O homem e seus símbolos*. Rio de Janeiro: Nova Fronteira, 1996.

Kanazawa, Satoshi. "Why Productivity Fades with Age: The Crime-Genius Connection". *Journal of Research in Personality* 37 (2003): 257-72.

Karnasiewicz, Sarah. "The Campus Crusade for Guys". *Salon*, 15 de fevereiro de 2006.

Kay, Fiona. "Flight from Law: A Competing Risks Model of Departures from Law Firms". *Law Society Review* 31, n° 2 (1997): 301-35.

Kay, Fiona e Joan Brockman. "Barriers to Gender Equality in the Canadian Legal Establishment". *Feminist Legal Studies* (2000): 169-98.

Kay, Fiona e John Hagan. "Raising the Bar: The Gender Stratification of Law-Firm Capital". *American Sociological Review* 63 (1998): 728-43.

Kessler, Ronald C. "The Epidemiology of Depression among Women". In *Women and Depression*, editado por Corey L. M. Keyes e Sherryl H. Goodman. Nova York: Cambridge University Press, 2006.

Kessler, Ronald C., Lenard Adler, Russell A. Barkley, Joseph Biederman, C. Keith Conners, Olga Demler, S. V. Faraone, Laurence Greenhill, Mary Howes, Kristina Secnik, T. Spencer, T. Ustun, Ellen E. Walters e Alan M. Zaslavsky. "The Prevalence and Correlates of Adult ADHD in the United States: Results from the National Comorbidity Survey Replication". *American Journal of Psychiatry* (2004).

Kessler, Ronald C., Lenard Adler, Minnie Ames, Russell A. Barkley, Howard Birnbaum, Paul Greenberg, Joseph A. Johnston, T. Spencer, T. Ustun e T. Bedirhan. "The Prevalence and Effects of Adult Attention Deficit/Hyperactivity Disorder on Work Performance in a Nationally Representative Sample of Workers". *Journal of Occupational and Environmental Medicine* 47, n° 6 (2005).

Kessler, Ronald C., P. Berglund, O. Dernier, R. Jin, D. Koretz, K. R. Merikangas, A. J. Rush, E. E. Walters e P. S. Wang. "The Epidemiology of Major Depressive Disorder: Results from the National Comorbidity Survey Replication (NCS-R)". *Journal of the American Medical Association* 289, n° 23 (2003): 3095-105.

Kessler, Ronald C., W. T. Chiu, Olga Demler e E. E. Walter. "Prevalence, Severity and Comorbidity of Twelve-Month DSMIV Disorders in the National Comorbidity Survey Replication (NCS-R)". *Archives of General Psychiatry* 62, n° 6 (2005): 617-27.

Kessler, Ronald C. e Jane D. McLeod. "Sex Differences in Vulnerability to Undesirable Life Events". *American Sociological Review* 49, n° 5 (1984): 620-31.

Kessler-Harris, Alice. *Out to Work: A History of Wage-Earning Women in the United States*. Nova York: Oxford University Press, 2003.

Kesterton, Michael. "What Her Think Now?" *Globe and Mail*, 9 de junho de 2005.

Kim, Sangmook. "Gender Differences in the Job Satisfaction of Public Employees". *Sex Roles* (2005).

Kimura, Doreen. *Sex and Cognition*. Cambridge, Mass.: MIT Press, 2000.

_____. "Sex Hormones Influence Human Cognitive Pattern". *Neuroendocrinology Letters* 23, n° 4 (2002): 67-77.

Kinsley, Craig Howard e Kelly G. Lambert. "The Maternal Brain". *Scientific American* (janeiro de 2006): 72-77.

Kirsch, Peter, Christine Esslinger, Qiang Chen, Daniela Mier, Stefanie Lis et al. "Oxytocin Modulates Neural Circuitry for Social Cognition and Fear in Humans". *Journal of Neuroscience* 25, n° 49 (2005): 11489-93.

Kleinfeld, Judith. "The Morella Bill, My Daughter Rachel, and the Advancement of Women in Science". *Academic Questions* 12, n° 1 (1999): 79-86.

_____. "Student Performance: Males Versus Females". *Public Interest* 134 (1999). 3-20.

Klinesmith, Jennifer, Tim Kasser e Francis McAndrew. "Guns, Testosterone, and Aggression: An Experimental Test of a Mediational Hypothesis". *Psychological Science* 17, n° 7 (2006): 568.

Knickmeyer, Rebecca, Simon Baron-Cohen, Peter Raggatt e Kevin Taylor. "Foetal Testosterone, Social Relationships, and Restricted Interests in Children". *Journal of Child Psychology and Psychiatry* 46, n° 2 (2005): 198-210.

Koestner, R., C. Franz e J. Weinberger. "The Family Origins of Empathic Concern: A 26-Year Longitudinal Study". *Journal of Personality and Social Psychology* 58 (1990): 709-17.

Kolata, Gina. "Man's World, Woman's World? Brain Studies Point to Differences". *The New York Times*, 28 de fevereiro de 1995, C1.

Korszun, Ania, Margaret Altemus e Elizabeth Young. "The Biological Underpinnings of Depression". In *Women and Depression*, editado por Corey L. M. Keyes e Sherryl H. Goodman. Nova York: Cambridge University Press, 2006.

Kraemer, Sebastian. "The Fragile Male". *British Medical Journal* 321 (2000): 1609-12.

Kruger, Daniel J. e Randolph M. Nesse. "An Evolutionary Life-History Framework for Understanding Sex Differences in Human Mortality Rates". *Human Nature* 17, n° 1 (2006): 74-97.

———. "Sexual Selection and the Male: Female Mortality Ratio". *Evolutionary Psychology*, n° 2 (2004): 66-85.

Krupat, Edward. "Female Medical Students More Patient-Centered". *International Journal of Psychiatry in Medicine (1999).*

Kuziemko, Ilyana. "The Right Books, for Boys and Girls". *The New York Times,* 14 de junho de 2006.

Lagerspetz, K. M. J., K. Bjorkqvist e T. Peltonen. "Is Indirect Aggression Typical of Females? Gender Differences in Aggressiveness in 11-12-Year-Old Children". *Aggressive Behavior* 14 (1988): 303-15.

Lamberg, Lynne. "ADHD Often Undiagnosed in Adults: Appropriate Treatment Maio Bendit Work, Family, Social Life". *Journal of the American Medical Association* 290, n° 12 (2003).

Lawrence, E. J., P. Shaw, D. Baker, S. Baron-Cohen e A. S. David. "Measuring Empathy: Reliability and Validity of the Empathy Quotient". *Psychological Medicine* 34 (2004): 911-24.

Layard, Richard. *Felicidade: Lições para uma nova ciência.* Rio de Janeiro: Best*Seller*, 2008.

Lennon, Mary Clare. "Women, Work, and Depression". In *Women and Depression,* editado por Corey L. M. Keyes e Sherryl H. Goodman, 309-27. Nova York: Cambridge University Press, 2006.

Levine, Phyllis e Eugene Edgar. "An Analysis by Gender of Long-Term Postschool Outcomes for Youth with and without Disabilities". *Exceptional Children* 61, n° 3 (1994): 282-301.

Levy, Florence, David A. Hay e Kellie S. Bennett. "Genetics of Attention Deficit Hyperactivity Disorder: A Current Review and Future Prospects". *International Journal of Disability, Development and Education* 53, n° 1 (2006).

Levy, J. e W. Heller. "Gender Differences in Human Neuropsychological Function". In *Sexual Differentiation: Handbook of Behavioral Neurobiology,* editado por A. A. Gerall, M. Howard e I. L. Ward. Nova York: Plenum, 1992.

Light, Paul C. "The Content of the Nonprofit Workforce". *Nonprofit Quarterly* 9, n° 3 (2002).

Long, Lynette. *Math Smarts: Tips, Tricks, and Secrets for Making Math More Fun!* American Girl Library. Middleton, Wis.: Pleasant, 2004.

Lubinski, David. "Top 1 in 10,000: A 10-Year Follow-up of the Profoundly Gifted". *Journal of Applied Psychology* 86 (2001): 718.

Lubinski, David S. e Camilla Persson Benbow. *Sex Differences in Personal Attributes for the Development of Scientific Expertise.* Editado por Stephen J. Ceci e Wendy M. Williams, *Why Aren't More Women in Science?* Washington, D.C.: American Psychological Association, 2007.

Luckow, A., A. Reifman e D. N McIntosh. "Gender Differences in Coping: A Meta-analysis". Artigo apresentado na convenção anual da American Psychological Association, São Francisco, agosto de 1998.

Lutchmaya, Svetlana e Simon Baron-Cohen. "Human Sex Differences in Social and Non-Social Looking Preferences, at 12 Months of Age". *Infant Behavior and Development* 25 (2002): 319-25.

Maccoby, Eleanor Emmons. *The Two Sexes: Growing Apart, Coming Together.* Cambridge, Mass.: University Press, Belknap Press, 1998.

Maccoby, Eleanor Emmons e Carol Nagy Jacklin. *The Psychology of Sex Differences.* Stanford, Calif.: Stanford University Press, 1974.

MacDonald, Heather. "Girl Problems". *National Review On-line,* 5 de junho de 2005. MacLean, Heather, K. Glynn e D. Ansara. "Multiple Roles and Women's Mental Health in Canada". In *Women's Health Surveillance Report.* Toronto: Centre for Research in Women's Health, 2003.

Mailloux, Louise, Heather Horak e Colette Godin. "Motivation at the Margins: Gender Issues in the Canadian Voluntary Sector". Human Resources Development Canada Voluntary Sector Secretariat, 2002.

Maister, David. *True Professionalism: The Courage to Care About Your People, Your Clients, and Your Career.* Nova York: Touchstone, 1997.

Makin, Kirk. "Female Lawyers Hiding Illness to Remain Competitive". *Globe and Mail,* 15 de agosto de 2007.

Malatesta, C. Z. e J. J. Haviland. "The Development of Sex Differences in Nonverbal Signals: Fallacies, Facts and Fantasies". In *Gender and Nonverbal Behavior,* ed. C. Mayo e N. M. Henley, 183-208. Nova York: Springer-Verlag, 1981.

Mangena, Isaac. "Soweto Youths on Wrong Track as Train Surfers Die Having Fun". *Gazette,* 26 de novembro de 2006.

Mannuzza, S., R. G. Klein, A. Bessler, P. Malloy e M. LaPadula. "Educational Achievement, Occupational Rank, and Psychiatric Status". *Archives of General Psychiatry* 50 (1993): 565-76.

Marczinski, Cecile A. "Self-Report of ADHD Symptoms in College Students and Repetition Effects". *Journal of Attention Disorders* 8, n° 4 (2005): 182-87.

Marlow, Neil, Dieter Wolke, Melanie Bracewell e Muthanna Samara. "Neurologic and Developmental Disability at Six Years of Age after Extremely Preterm Birth". *New England Journal of Medicine* 352, n° 1 (2005): 9-19.

Marshall, Nancy L. e Rosalind e. Barnett. "Child Care, Division of Labor, and Parental Emotional Well-Being among Two-Earner Couples". Sloan Work and Family Research Network, 1992.

Martinez, Sylvia. "Women's Intrinsic and Extrinsic Motivations for Working". In *Being Together, Working Apart,* editado por Barbara Schneider e Linda J. Waite, 79-101. Cambridge, U.K.: Cambridge University Press, 2005.

Mason, Gary. "Marathon Man". *Globe and Mail,* 2 de abril de 2005.

Mason, Mary Ann e Marc Goulden. "Marriage and Baby Blues: Redefining Gender Equity in the Academy". *Annals of the American Academy of Political and Social Science* 596 (2004): 86-103.

Matjasko, Jennifer e Amy Feldman. "Emotional Transmission between Parents and Adolescents: The Importance of Work Characteristics and Relationship Quality". In *Being Together, Working Apart,* editado por Barbara Schneider e Linda J. Waite. Cambridge, U.K.: Cambridge University Press, 2005.

Matthews, Gail M. "Imposter Phenomenon: Attributions for Success and Failure". Artigo apresentado na American Psychological Association, Toronto, 1984.

Mattson, B. J., S. Williams, J. S. Rosenblatt e J. L Morrell. "Comparison of Two Positive Reinforcing Stimuli: Pups and Cocaine Throughout the Postpartum Period". *Behavioral Neuroscience* 115 (2001): 683-94.

Mazur, Allan. *Biosociology of Dominance and Deference*. Oxford, U.K.: Rowman & Littlefield, 2005.

Mazur, Allan e Alan Booth. "Testosterone and Dominance in Men". *Behavioral and Brain Sciences* (2001).

McClure, G. "Changes in Suicide in England and Wales, 1960-1997". *British Journal of Psychiatry* 176 (2000): 247-62.

McCrory, E. J., A. Mechelli, U. Frith e C. J. Price. "More Than Words: A Common Neural Basis for Reading and Naming Deficits in Developmental Dyslexia?" *Brain* 128 (2005): 261-67.

McIlroy, Anne. "Why Do Females Feel More Pain Than Males Do?" *Globe and Mail*, 23 de outubro de 2006.

McMunn, A., M. Bartley, R. Hardy e D. Kuh. "Life Course Social Roles and Women's Health in Midlife: Causation or Selection". *Journal of Epidemiology and Community Health* 60, nº 6 (2006): 484-89.

McRae, S. "Constraints and Choices in Mothers' Employment Careers: A Consideration of Hakim's Preference Theory". *British Journal of Sociology* 54 (2003): 317-38.

Mealey, Linda. *Sex Differences: Developmental and Evolutionary Strategies*. San Diego: Academic, 2000.

Mejias-Aponte, C. A., C. A. Jimenez-Rivera e A. C. Segarra. "Sex Differences in Models of Temporal Lobe Epilepsy: Role of Testosterone". *Brain Research* 944, nos. 1-2 (2002).

Menand, Louis. "Stand by Your Man: The Strange Liason of Sartre and Beauvoir". *New Yorker*, 26 de setembro de 2005.

Miles, T. R., M. N. Haslum e T. J. Wheeler. "Gender Ratio in Dyslexia". 48 (1998): 27-56.

Mirowsky, J. e C. E. Ross. "Sex Differences in Distress: Real or Artifact?" *American Sociological Review* 60 (1995): 449-68.

Mittelstaedt, Martin. "The Mystery of the Missing Boys". *Globe and Mail*, 11 de abril de 2007.

Moen, Phyllis e Joyce Altobelli. *Strategic Selection as a Retirement Project*. Editado por Jacqueline Boone James e Paul Wink. Vol. 26, *The Crown of Life: Dynamics of the Early Postretirement Period, Annual Review of Gerontology and Geriatrics*. Nova York: Springer, 2006.

Mogil, Jeffrey S. e Mona Lisa Chanda. "The Case for the Inclusion of Female Subjects in Basic Science Studies of Pain". *Pain* 117 (2005): 1-5.

Molloy, Tim. "Woman's Rampage Leaves Six Dead in the U.S". *Globe and Mail*, 1º de fevereiro de 2006.

Montmarquette, Claude, Kathy Cannings e Sophie Mahseredjian. "How Do Young People Choose College Majors?" *Economics of Education Review* 21 (2002): 543-56.

Moorhead, Joanna. "For Decades We've Been Told Sweden Is a Great Place to Be a Working Parent, but We've Been Duped". *The Guardian*, 22 de setembro de 2004.

Morrow, Daniel. Oral history interview with Steve Jobs. In *Smithsonian Institution Oral and Video Histories*, ed. J. Thomas Campanella (1995), http://american history.si.edu/collections/comphist/sj1.html. (acessado em 26 de abril de 2006).

Morse, Steven B. "Racial and Gender Differences in the Viability of Extremely Low Birthweight Infants: A Population-Based Study". *Pediatrics* 117, n° 1 (2006).

Morselli, Carlo e Marie-Noele Royer. "Criminal Mobility and Criminal Achievement". Artigo apresentado no Environmental Criminology and Crime Analysis Meeting, Chilliwack, B.C., junho de 2006.

Morselli, Carlo e Pierre Tremblay. "Criminal Achievement, Offender Networks, and the Benefits of Low Self-Control". *Criminology* 42, n° 3 (2004).

Morselli, Carlo, Pierre Tremblay e Bill McCarthy. "Mentors and Criminal Achievement". *Criminology* 11, n° 1 (2006): 17-33.

Mortenson, Tom. "What's Wrong with the Guys". Washington, D.C.: Pell Institute for the Study of Opportunity in Higher Education, 2003.

Muller, Carol B. e Peg Boyle Single. "Benefits for Women Students from Industrial E-Mentoring". Artigo apresentado nos preparativos da conferência anual da American Society for Engineering, 2001.

Nagin, Daniel e Richard E. Tremblay. "Trajectories of Boys' Physical Aggression, Opposition, and Hyperactivity on the Path to Physically Violent and Nonviolent Juvenile Delinquency". *Child Development* 70, n° 5 (1999): 1181-96.

Niederle, Muriel e Lise Vesterlund. "Do Women Shy Away from Competition? Do Men Compete Too Much?" *Quarterly Journal of Economics (2006)*.

Nolen, Stephanie. "Maggy's Children". *Globe and Mail*, 15 de maio de 2006.

Nolen-Hoeksema, Susan e B. Jackson. "Mediators of the Gender Differences in Rumination". *Psychology of Women Quarterly* 25 (2001): 37-47.

Nolen-Hoeksema, Susan, J. Larson e C. Grayson. "Explaining the Gender Difference in Depression". *Journal of Personality and Social Psychology* 77 (1999): 1061-72.

Nolen-Hoeksema, Susan e Cheryl Rusting. "Gender Differences in Well-Being". In *Well-Being: The Foundations of Hedonic Psychology*, editado por D. Kahneman, Ed Diener e N. Schwarz. Nova York: Russell Sage Foundation, 1999.

Northcutt, Wendy. *O prêmio Darwin: A revolução em ação*. Rio de Janeiro: Frente Editora, 2007.

_____. *The Darwin Awards: Survival of the Fittest*. Nova York: Plume, 2004.

_____. *The Darwin Awards: Unnatural Selection*. Nova York: Plume, 2003.

Ochse, R. *Before the Gates of Excellence: The Determinants of Creative Genius*. Nova York: Cambridge University Press, 1990.

OECD. "Gender Differences in the Eighth-Grade Performance on the IEA Timss Scale".

In *IEA Trends in International Mathematics and Science Study* 2003, 2005.

Olweus, Daniel. "Bullying at School: Long-Term Outcomes for the Victims and an Effective School-Based Intervention Program". In *Aggressive Behavior: Current Perspectives*, editado por R. Huesmann Nova York: Plenum Press, 1994

Olweus, Daniel, B. J. Mattson e H. Low. "Circulating Testosterone Levels and Aggression in Adolescent Males: A Causal Analysis". *Psychosomatic Medicine* 50 (1988): 262-72.

Orfalea, Paul e Ann Marsh. *Copy This! Lessons from a Hyperactive Dyslexic Who Turned a Bright Idea into One of America's Best Companies.* Nova York: Workman, 2005.

Orozco, S. e C. L. Ehlers. "Gender Differences in Electrophysiological Responses to Facial Stimuli". *Biological Psychiatry* 44 (1998): 281-89.

Ostwald, Peter F. *Glenn Gould: The Ecstasy and the Tragedy of Genius.* Nova York: W. W Norton, 1997.

Pallier, Gerry. "Gender Differences in The Self-Assessment of Accuracy on Cognitive Tasks". *Sex Roles* 48, nos. 5-6 (2003): 265-76.

Paulesu, E., J. F. Demonet, F. Fazio, E. McCrory, V. Chanoine, N. Brunswick, S. F. Cappa, G. Cossu, M. Habib, C. D. Frith e U. Frith. "Dyslexia: Cultural Diversity and Biological Unity". *Science* 291 (2001): 2165-67.

Paumgarten, Nick. "The Tycoon: The Making of Mort Zuckerman". *New Yorker,* 23 de junho de 2007, 44-57.

Phelan, J. "The Paradox of the Contented Female Worker: An Assessment of Alternative Explanations". *Social Psychology Quarterly* 57 (1994): 95-107.

Pinker, Steven. *The Blank Slate: The Modern Denial of Human Nature.* Nova York: Viking, 2002.

_____. *Como a mente funciona.* São Paulo: Companhia das Letras, 1998.

Pinker, Susan. "Looking out for Number One". *Globe and Mail,* 4 de abril de 2007.

_____. "Women Naturally Tend and Befriend". *Globe and Mail,* 20 de setembro de 2006.

Pomerantz, Eva M., Fei-Yin Ng, Florrie e Qian Wang. "Gender Socialization: A Parent X Child Model". In *The Psychology of Gender,* editado por Alice Eagly, Anne E. Beall e Robert J. Sternberg. Nova York: Guilford, 2004.

Porter, Eduardo. "Stretched to the Limit, Women Stall March to Work". *The New York Times,* 2 de março de 2006.

Preston, Anne. "Why Have All the Women Gone? A Study of Exit of Women from the Science and Engineering Professions". *American Economic Review* 84, n° 5 (1994): 1446-62.

Preston, Stephanie D. e Frans B. M. de Waal. "Empathy: Its Ultimate and Proximate Bases". *Behavior and Brain Sciences* 25 (2002): 1-72.

Ptacek, J. T., R. E. Smith e J. Zanas. "Gender, Appraisal, and Coping: A Longitudinal Analysis". *Journal of Personality* 60 (1992): 747-70.

Pugh, K. R., B. A. Shaywitz, Sally Shaywitz, R. T. Constable, P. Skudlarski, R. K. Fulbright, R. A. Bronen, D. P. Shankweiler, L. Katz, J. M. Fletcher e J. C. Gore. "Cerebral Organization of Component Process in Reading". *Brain* 119 (1996): 1221-38.

Purifoy, Frances E. e Lambert H. Koopmans. "Androstenedione, Testosterone, and Free Testosterone Concentration in Women of Various Occupations". *Social Biology* 26, n° 1 (1979): 179-88.

Rabin, Roni. "Health Disparities Persist for Men, and Doctors Ask Why". *The New York Times*, 14 de novembro de 2006.

Radin, Paul. *The Trickster: A Study in American Indian Mythology*. Nova York: Schocken Books, 1956.

Ragins, Belle Rose. "Understanding Diversified Mentoring Relationships". In *Mentoring and Diversity: An International Perspective*, editado por D. Clutterbuck e B. Ragins, 23-53. Oxford, U.K.: Butterworth-Heinemann, 2002.

Rayner, Cordelia. "The ADHD Dilemma for Parents". 2006.

Reed, Cheryl L. "Few Women Warm to Chef Life". *Chicago Sun Times*, 29 de janeiro de 2006.

Reiss, Allan, Helli Kesler e Betty Vohr. "Sex Differences in Cerebral Volumes of 8-Year-Olds Born Preterm". *Pediatrics* 145, nos. 242-249 (2004).

Rhoads, Steven E. *Taking Sex Differences Seriously*. São Francisco: Encounter, 2004.

Richardson, J. T. E. "Gender Differences in Imagery, Cognition, and Memory". In *Mental Images in Human Cognition*, editado por R. H. Logie e M. Denis, 271-303. Nova York: Elsevier, 1991.

Rose, Michael. " So Less Happy Too? Subjective Well-Being and the Vanishing Job Satisfaction Premium of British Women Employees". Artigo apresentado na conferência anual da Social Policy Association, 27 de junho de 2005.

Roth, Louise Marie. *Selling Women Short: Gender and Money on Wall Street*. Princeton, N.J.: Princeton University Press, 2006.

Rouvalis, Christina. "Risk-Taking Can Be a Two-Faced Monster". *Pittsburgh Post-Gazette*, 14 de junho de 2006.

Rutter, Michael. *Genes and Behavior: Nature-Nurture Interplay Explained*. Malden, Mass.: Blackwell, 2006.

Sacks, Oliver. "Henry Cavendish: An Early Case of Asperger's Syndrome?" *Neurology* 57, n° 7 (2001).

Saigal, Saroj, Barbara Stoskopf, David Streiner, Michael Boyle, Janet Pinelli, Nigel Paneth e John Goddeeris. "Transition of Extremely Low Birthweight Infants from Adolescence to Young Adulthood". *Journal of the American Medical Association* 295, n° 6 (2006): 667-75.

Sanders, Claire. "Women Law Lecturers Pay the Price for Their Freedom". (London) *Times On-line*, 23 de maio de 2006.

Saunders, Doug. "Britain's New Working Class Speaks Polish". *Globe and Mail*, 23 de setembro de 2006.

Saunders, Ron. "Passion and Commitment under Stress: Human Resource Issues in Canada's Nonprofit Sector". Canadian Policy Research Networks, 2005.

Scarborough, H. S. "Very Early Language Deficits in Dyslexic Children". *Child Development* 61 (1990): 1728-43.

Schor, Juliet B. *The Overworked American: The Unexpected Decline of Leisure*. Nova York: Basic, 1992.

Scourfield, J., N. Martin, G. Lewis e P. McGuffin. "Heritability of Social Cognitive Skills in Children and Adolescents". *British Journal of Psychiatry* 175 (1999): 559-64.

Seligman, Martin E. P., L. Y. Abramson, A. Semmel e C. von Baeyer. "Depressive Attributional Style". *Journal of Abnormal Psychology* 88 (1979): 242-47.

Semrud-Clikeman, M., P. A. Filipek, Joseph Biederman, R. Steingard, D. Kennedy, P. Renshaw e K. Bekken. "Attention-Deficit Hyperactivity Disorder: Magnetic Resonance Imaging Morphometric Analysis of the Corpus Callosum". *Journal of American Academy of Child and Adolescent Psychiatry* 33, n° 6 (1994): 875-81.

Shakespeare, William. *Second Part of King Henry IV: The Complete Works of Shakespeare*. Nova York: Spring, 1976.

Shaywitz, B. A., Sally Shaywitz, K. R. Pugh, R. T. Constable e P. Skurlarski. "Sex Differences in the Functional Organization of the Brain for Language". *Nature* 373 (1995): 607-9.

Shaywitz, Sally. *Overcoming Dyslexia*. Nova York: Vintage, 2003.

Sherriff, Lucy. "World's Cleverest Woman Needs a Job". *Register*, 5 de novembro de 2004.

Shibley-Hyde, Janet. "Women in Science: Gender Similarities in Abilities and Sociocultural Forces". In *Why Aren't More Women in Science?*, editado por Stephen J. Ceci e Wendy M. Williams. Washington, D.C.: American Psychological Association, 2007.

Shukovski, L., D. L. Healy e J. K. Findlay. "Circulating Immunotreactive Oxytocin during the Human Menstrual Cycle Comes from the Pituitary and Is Estradiol-Dependent". *Journal of Clinical Endocrinology and Metabolism* 68 (1989): 455-60.

Shutt, Kathryn, Ann MacLarnon, Michael Heistermann e Stuart Semple. "Grooming in Barbary Macaques: Better to Give Than to Receive?" *Biology Letters* (2007).

Silberman, Steve. "The Geek Syndrome". In *Wired,* 2001.

Silverman, Irwin. "Gender Differences in Delay of Gratification: A Meta-analysis". *Sex Roles* 49, n° 9-10 (2003): 451-63.

Simonton, Dean Keith. *Greatness: Who Makes History and Why*. Nova York: Guilford, 1994.

Singer, Tania, Ben Seymour, John P. O'Doherty, Holger Kaube, Raymond J. Dolan e C. D. Frith. "Empathy for Pain Involves the Affective but Not the Sensory Components of Pain". *Science* 303, n° 5661 (2004): 1157-62.

Singer, Tania, Ben Seymour, John P. O'Doherty, Klaas E. Stephan, R. Dolan e Chris D. Frith. "Empathic Neural Responses Are Modulated by the Perceived Fairness of Others". *Nature* (2006).

Siok, Wai Ting, Charles Perfetti, Ahen Jin e Li Hai Tan. "Biological Abnormality of Impaired Reading Is Constrained by Culture". *Nature* 431 (2004): 71-76.

Sloan Wilson, David e Mihaly Csikszentmihalyi. "Health and the Ecology of Altruism". In *Altruism and Health,* editado por Stephen G. Post. Nova York: Oxford, 2007.

Sloane, P. e H. Williams. "Are Overpaid Workers Really Unhappy? A Test of the Theory of Cognitive Dissonance". *Labour* 10 (1996): 3-15.

Snowling, Margaret. *Dyslexia*. Oxford, U.K.: Blackwell, 2000.

Snowling, Margaret, Alison Gallagher e Uta Frith. "Family Risk of Dyslexia Is Continuous: Individual Differences in the Precursors of Reading Skill". *Child Development* 74, n° 2 (2003): 358-73.

Sousa-Poza, Alfonso. "Taking Another Look at the Gender/Job-Satisfaction Paradox". *Kyklos* 53, n° 2 (2000): 135-52.

Stahl, Jeanne M., Henrie M. Turner, Alfreeda Wheeler e Phyllis Elbert. "The Imposter Phenomenon in High School and College Science Majors". Artigo apresentado na American Psychological Association, Montreal, 1980.

Stein, J. "The Magnocellular Theory of Developmental Dyslexia". *Dyslexia* 7, n° 1 (2001): 12-36.

Steinmetz, Sol e Carol G. Braham, eds. *Random House Webster's Dictionary*. Toronto: Random House, 1993.

Stevenson, D. K., J. Verter e A. A. Fanaroff. "Sex Differences in Outcomes of Very Low Birthweight Infants: The Newborn Male Disadvantage". *Archives of Disease in Childhood* 83 (novembro de 2000): F182-F85.

Still, G. F. "The Coulstonian Lectures on Some Abnormal Physical Conditions in Children". *Lancet* 1 (1902): 1008-12.

Story, Louise. "Many Women at Elite Colleges Set Career Path to Motherhood". *The New York Times*, 20 de setembro de 2005.

Summers, Lawrence H. "Remarks at NBER on Diversifying the Science and Engineering Workforce". Artigo apresentado no National Bureau of Economic Research, Cambridge, Mass., 14 de janeiro de 2005.

Taha, Haitham. "Females' Superiority in Phonological and Lexical Processing". *Reading Matrix* 6, n° 2 (2006).

Taylor, Paul. "What's Nastier Than a Loser? A Winner". *Globe and Mail*, 1°· de abril de 2005.

Taylor, Shelley E. *The Tending Instinct: How Nurturing Is Essential to Who We Are and How We Live*. Nova York: Henry Holt, 2002.

Taylor, Shelley E., Laura Cousino Klein, Brian P. Lewis, Tara L. Gruenwald, Regan A. R. Gurung e John A. Updegraff. "Biobehavioral Responses to Stress in Females: Tend-and-Befriend, Not Fight or Flight". *Psychological Review* 107, n° 3 (2000): 411-29.

Tiger, Lionel e J. Shepher. *Women in the Kibbutz*. Nova York: Harcourt Brace Jovanovich, 1975.

Tischler, Linda. "Winning the Career Tournament". *Fast Company*, 2004.

Tiwari, Pranjal e Aurelio Estrada. Worse Than Commodities. In *ZNet* (2002) (acessado em 2006).

Todosijevic, Bojan, Snezana Ljubinkovic e Aleksandra Arancic. "Mate Selection Criteria: A Trait Desirability Assessment Study of Sex Differences in Serbia". *Evolutionary Psychology* 1 (2003): 116-26.

Townsend, John Marshall. *What Women Want-What Men Want*. Nova York: Oxford University Press, 1998.

Treffert, Darold A. e Gregory L. Wallace. "Islands of Genius". *Scientific American* 286 (2002).

Tremblay, Richard e Daniel Nagin. "The Developmental Origins of Physical Aggression in Humans". In *Developmental Origins of Aggression*, editado por Richard Tremblay, Willard Hartup e John Archer, 83-105. Nova York: Guilford, 2005.

Trivers, Robert L. "Parental Investment and Sexual Selection". In *Sexual Selection and the Descent of Man* 1871-1971, editado por B. Campbell, 136-79. Chicago: Aldine, 1972.

Turner, Rob. "In Learning Hurdles, Lessons for Success". *The New York Times*, 23 de novembro de 2003.

U.K. National Statistics. "Injuries to Workers by Industry and Severity of Injury: Great Britain". 2004.

U.S. Census Bureau. "Population in Group Quarters by Type, Sex, and Age for the United States: 2000".

U.S. Department of Labor. Labor Day 2006: Profile of the American Worker. In http://communitydispatch.com/artman/publish/article_6293.shtml (acessado em 4 de setembro de 2006).

Valian, Virginia. *Why So Slow? The Advancement of Women*. Cambridge, Mass.: MIT Press, 2000.

_____. "Women at the Top in Science — and Elsewhere". In *Why Aren't More Women in Science?* editado por Stephen J. Ceci e Wendy M. Williams. Washington, D.C.: American Psychological Association, 2007.

Van Goozen, S., N. Frijda, M. Kindt e N. E. van de Poll. "Anger Proneness in Women: Development and Validation of the Anger Situation Questionnaire". *Aggressive Behavior* 20 (1994): 79-100.

Vinnicombe, Susan e Val Singh. "Locks and Keys to the Boardroom". *Women in Management Review* 18, n° 5/6 (2003): 325-34.

Vogel, S. A. "Gender Differences in Intelligence, Language, Visual-Motor Abilities, and Academic Achievement in Students with Learning Disabilities: A Review of the Literature". *Learning Disabilities* 23, n° 1 (1990): 44-52.

Von Karolyi, Catya e Ellen Winner. "Dyslexia and Visual-Spatial Talents: Are They Connected?" In *Students with Both Gifts and Learning Disabilities: Identification, Assessment and Outcomes*, editado por Tina M. Newman e Robert J. Sternberg, 95-115. Nova York: Kluwer Academic Plenum Publishers, 2004.

Wade, Nicholas. "Pas De Deux of Sexuality Is Written in the Genes". *The New York Times*, 10 de abril de 2007.

Wagemaker, H. "Are Girls Better Readers? Gender Differences in Reading Literacy in 32 Countries". *International Association for the Evaluation of Educational Achievement* (1996).

Wagner, Mary, Lynn Newman, Renée Cameto, Phyllis Levine e Nicolle Garza. "An Overview of Findings from Wave 2 of the National Longitudinal Transition Study-2 (Nlts2)". Washington, D.C.: U.S. Department of Education, 2006.

Walter, Natasha. " Prejudice and Evolution". *Prospect*, junho de 2005.

Wang, Steve C. "In Search of Einstein's Genius". *Science* 289, n° 5484 (2000): 1477.

Wasserstein, Jeannette, Wolf, E. Lorraine e Frank F. Lefever, eds. *Adult Attention Deficit Disorder: Brain Mechanisms and Life Outcomes, Annals of the New York Academy of Sciences*. vol. 931. Nova York: New York Academy of Sciences, 2001.

Weinberger, Catherine, ed. *A Labor Economist's Perspective on College-Educated Women in the Information Technology Workforce*. Editado por Eileen M. Trauth, *Encyclopedia of Gender and Information*. Santa Barbara, Calif.: Information Science, 2005.

Weisfeld, Carol Cronin. "Female Behavior in Mixed Sex Competition: A Review of the Literature". *Developmental Review* 6 (1986): 278-99.

Weiss, Gabrielle e Lily Trokenberg Hechtman. *Hyperactive Children Grown Up*, 2ª ed. Nova York: Guilford, 1993.

Werner, Wendy. "Where Have All the Women Attorneys Gone?" *Law Practice Today* (2005).

Whitmore, Richard. "Boy Trouble". *New Republic On-line* (2006).

Wilens, Timothy E., Stephen V. Faraone e Joseph Biederman. "Attention Deficit/ Hyperactivity Disorder in Adults". *Journal of the American Medical Association* 292, nº 5 (2004).

Willingham, W. W. e N. S. Cole. *Gender and Pair Assessment*. Mahwah, N.J.: Lawrence Erlbaum Associates, 1997.

Wilson, Robin. "How Babies Alter Careers for Academics". *Chronicle of Higher Education*, 5 de dezembro de 2003.

Witelson, Sandra F., I. I. Glezer e D. L. Kigar. "Women Have Greater Density of Neurons in Posterior Temporal Cortex". *Journal of Neuroscience* 15 (1995): 3418-28.

Witelson, Sandra F., Debra L. Kigar e Thomas Harvey. "The Exceptional Brain of Albert Einstein". *Lancet* 353 (1999).

Wittig, M. A. e M. J. Allen. "Measurement of Adult Performance on Piaget's Water Horizontality Task". *Intelligence* 8 (1984): 305-13.

Woodyard, Chris. "Jet Blue Soars on CEO's Creativity". *USA Today*, 8 de outubro de 2002.

Woolf, Virginia. "Equality, Opportunity, and Pay". *The Atlantic Monthly* (maio-junho de 1938): 585-94, 750-59.

Wyatt, S. e C. Langridge. *Getting to the Top in the National Health Service*. Editado por S. Ledwith e F. Colgan, *Women in Organizations: Challenging Gender Politics*. London: Macmillan, 1996.

Xie, Yu e Kimberlee Shauman. *Women in Science: Career Processes and Outcomes*. Cambridge, Mass.: Harvard University Press, 2003.

Yamadori, A. "Ideogram Reading in Alexia". *Brain* 98 (1975): 231-38.

Zadina, J. N., T. A. Knaus, D. M. Corey, R. M. Casbergue, L. C. Lemen e A. L. Foundas. "Heterogeneity of Dyslexia: Behavioral and Anatomical Differences in Dyslexia Subtypes".

Zahn-Waxler, C., M. Radke-Yarrow, E. Wagner e M. Chapman. "Development of Concern for Others". *Developmental Psychology* 28 (1992): 126-36.

Zametkin, A. J. e J. L. Rapoport. "Neurobiology of Attention Deficit Disorder with Hyperactivity: Where Have We Come in 50 Years?" *Journal of American Academic Child and Adolescent Psychiatry* 26 (1987): 676-86.

Zunshine, Lisa. *Why We Read Fiction*. Columbus: Ohio State University Press, 2006.

# CRÉDITOS DOS GRÁFICOS E TABELAS

P. 134: Quociente de Empatia (QE). De Baron-Cohen, Simon, *Diferença essencial*. Rio de Janeiro: Objetiva, 2004. 57. Reproduzida sob permissão do autor.

# FONTES DAS TABELAS

P. 25: "Isso foi naquela época, agora é assim: Formação educacional": Medicina veterinária (Canadá) — Canadian Veterinary Medical Association; medicina veterinária (E.U.A.) em 1973 — National Center for Education Statistics, *U.S. Digest of Educational Stats*, 1975; farmácia em 1973 — National Center for Education Statistics, *Chartbook of Degrees Conferred, 1969-70 to 1993-94*; medicina veterinária (E.U.A.) e farmácia em 2003, negócios, direito (E.U.A.), medicina (E.U.A.), arquitetura, engenharia — National Center for Education Statistics, *U.S. Digest of Educational Stats*, 2004; direito (Reino Unido) — The Law Society, *Trends in the Solicitors Profession: Annual Statistical Report 200*; medicina (Canadá) — Association of Faculties of Medicine of Canada, *Canadian Medical Education Statistics*, 2006; física — American Institute of Physics, *Women in Physics and Astronomy*, 2005

P. 25: "Isso foi naquela época, agora é assim: Ocupação profissional": Músicos em orquestras – Daniel J. Wakin, "In Violin Sections Women Make their Presence Heard", *The New York Times*, 23 de junho de 2005, e Claudia Goldin e Cecilia Rouse, "Orchestrating Impartiality: The Effect of 'Blind' Auditions on Female Musicians", in *American Economic Review* (setembro de 2000); médicos (Canadá) — Canadian Medical Association; médicos (E.U.A.) — American Medical Association, *Physician Characteristics and Distribution in the U.S.*, edições de 1973 e 2006; advogados, guardas florestais e ambientalistas, engenheiros aeroespaciais, instaladores e reparadores de linhas de telefone e computadores, eletricistas, encanadores e mecânicos — Bureau of Labor Statistics, *Current Population Survey: A Datebook*, setembro de 1982, Bulletin 2096, e *Current Population Survey: Unpublished Occupation and Industry Table 1*, 2003; juízes federais (Canadá) — Office of the Commissioner for Federal Judicial Affairs; juízes federais (E.U.A.) — Federal Judicial Center; empregados em ciências e engenharia — National Science Foundation, *Minorities in Science and Engineering*, 1986, e *Science and Engineering Indicators*, 2006; legisladores (Canadá) — Library of Parliament; legisladores (União Europeia) — U.N. Economic and

Social Council, *Commission on the Status of Women*, 50th Session, WOM/1541; U.S. House of Representatives and Senate – womenincongress.house.gov/data/wic-by-congress.html e www.senate.gov/artandhistory/history/common/briefing/women_senators.htm; bombeiros – Women in the Fire Service, Inc.; representantes comerciais – Estimativa da Manufacturers' Agents National Association.

*Os índices dos advogados canadenses são dos censos de 1971 e 2001, já que não havia índices disponíveis para os anos de 1973 e 2003. Statistics Canada, "Economic Characteristics, Labour Force: Occupations", *1971 Census of Canada*, Volume III, Part 2, e "Occupation — 2001 National Occupational Classification for Statistics (523), Class of Worker (6) and Sex (3) for Labour Force 15 Years and Over, for Canada, Provinces, Territories, Census Metropolitan Areas and Census Agglomerations", censo de 2001.

P. 29-30: Ian Heary, Graham Thorpe, Valeriu Wilson, John N. Starr e Lawrence J. Whalley. "Population Sex Differences in IQ at age 11: The Scottish Mental Survey 1932". *Intelligence* 31 (2003), 533-542. Gráficos de Martin Lysy.

Este livro foi composto na tipologia Sabon,
em corpo 10,5/14,7, impresso em papel off white 80g/m²,
no Sistema Cameron da Divisão Gráfica
da Distribuidora Record.